ISBN 978-0-260-34703-9
PIBN 10977620

English
Français
Deutsche
Italiano
Español
Português

www.forgottenbooks.com

Mythology Photography **Fiction**
Fishing Christianity **Art** Cooking
Essays Buddhism Freemasonry
Medicine **Biology** Music **Ancient
Egypt** Evolution Carpentry Physics
Dance Geology **Mathematics** Fitness
Shakespeare **Folklore** Yoga Marketing
Confidence Immortality Biographies
Poetry **Psychology** Witchcraft
Electronics Chemistry History **Law**
Accounting **Philosophy** Anthropology
Alchemy Drama Quantum Mechanics
Atheism Sexual Health **Ancient History**
Entrepreneurship Languages Sport
Paleontology Needlework Islam
Metaphysics Investment Archaeology
Parenting Statistics Criminology
Motivational

ROTULI

DE

Liberate

AC DE

Misis et Praestitis,

REGNANTE JOHANNE.

CURA

Cur T. DUFFUS HARDY.

LONDON:

PRINTED BY GEORGE E. EYRE AND ANDREW SPOTTISWOODE,
PRINTERS TO THE QUEEN'S MOST EXCELLENT MAJESTY.

1844.

The Printing of this Work was commenced BY THE Co

His late Majesty King William IV., under the Directio

Commissioners of the Public Records of the Kingdom.

The Work has been for some time suspended, it is now c

according to the original design, and published BY THE

OF HER MAJESTY.

LANGDALE,

PREFACE.

THIS Volume contains the LIBERATE ROLLS of the second, third, and fifth years of the reign of King John, the MISÆ ROLL of the eleventh, and the PRÆSTITA ROLL of the twelfth years of the same reign.

LIBERATE ROLLS.

The Liberate Rolls derive their name from the Original Writs which are recorded on them. These Writs were issued out of the Court of Chancery under the Great Seal[1] of England, and were directed to the Treasurer

---

[1] In subsequent times a Letter of Privy Seal was sufficient to issue money out of the King's coffers without the Great Seal (2 Inst. 555.; 2 Rep. 17.; 2 Roll. Abr. 188.), but a *verbal* order from the Sovereign, or a Warrant under the Signet only, was not sufficient for that purpose. There is, however, evidence among the Records of the Exchequer of some few issues by Signet Letters only. It appears by the Close Roll (4 Edw. III. mm. 2. 19.) that some wines and jewels had been delivered by the King's Butler and the Keeper of the Wardrobe, on the authority of the King's *verbal* order, without a written Warrant, and which, on their accounts being audited, were

and Chamberlains [1] of the Exchequer (for those Officers were not allowed to issue any money out of the Treasury without the King's express command in writing), ordering them to deliver or pay out of the Treasury such sums of money as were due to individuals, either in discharge of debts, as pensions and gifts, or for occasional or regular disbursements. The Writ was so called from the emphatical word " LIBERATE," which occurs in the precept immediately following the *Salutem;* thus, " Rex Thesaurario et Camerariis suis, salutem. *Liberate* de thesauro nostro," &c.

Sir Edward Coke states [2], that " it is not called *Liberate* by reason of any such word contained in the Writ (as for the most part Writs are), for the words be *quod solvas,* or *solvatis,* but it is so named ab effectu." That learned lawyer would not, it is presumed, have

---

disallowed by the Barons of the Exchequer; but, upon a petition to Parliament in one instance, and to the King himself in the other, special Writs were directed to the Barons commanding them to relieve the Accountants, who had proved by testimony, and upon their oaths, that they had received the King's commands, by word of mouth, in justification of their acts. See also Petilian's Case, cited in 4 Inst. 116.

[1] The Chest, with three different locks, containing the Royal treasure was under the care of the Treasurer and the two Chamberlains of the Exchequer. Each of the Chamberlains and the Treasurer had the custody of one of the keys; and over the chest was placed a strong leather strap, upon which the Treasurer affixed his seal after the locks were fastened, so that nothing could be taken out without the consent of those three Officers. Hence it is that Writs of Liberate were addressed to them.

[2] 4 Inst. 116.

made such a statement if he had been acquainted with
the formula of the Writs in question. The instances he
cites from the Registrum Brevium [1] certainly do not
contain the word *liberate*, but those examples are not in
the form of the regular Writ which had been in use from
the reign of King Henry the Second [2], and continued to
that of King William the Fourth, and from which the
Liberate Rolls derive their name. Those to which he
refers were Writs issued upon grants of annual payments
or salaries by Letters Patent, and would be more properly
called Writs of " Solvatis."

The Writ of *Liberate*, however, was in process of time
almost superseded by the Writ of *Solvatis*, which never-
theless (*if current*) was indorsed " *Liberate;*" the Master
of the Rolls [3] and the Usher of the Exchequer were the
only two officers who continued to receive payments by
Writs of Liberate in the ancient form.

The ancient Writs of Liberate were of two sorts; the
" *Liberate pro hac vice*," and the " *Liberate current* or
dormant:" the first was issued to pay a sum of money for
a special purpose; the other for paying in continuance, or

---

[1] pp. 192, 193.

[2] Dialogus de Scaccario, lib. I., VI.

[3] The last Writ of Liberate that passed under the Great Seal was
in the year 1837 for the Master of the Rolls. During many years pre-
viously the Writ for the Master of the Rolls was the only one that was
issued under that Seal. The Usher of the Exchequer also receives certain
payments by virtue of a " *Liberate* " under the Exchequer Seal; the last
is that of Hilary Term 1844. The Writ is addressed in the Queen's
name to the Comptroller of the Exchequer only.

oftener than once, and did not require to be renewed.[1]
The following are examples, in English, of the two
writs of *Liberate*, and also that of *Solvatis* :—

Liberate pro hac vice. } The King to his Treasurer and Chamberlains of the Exchequer, Greeting. *Deliver*
(*Liberate*) out of our Treasury to Adam
the Goldsmith twenty-eight shillings and four-pence, for
two rings bought of him, and given to Pedallo and his
companion, clerks of the Lord Bishop of Bordeaux. Witness the King at Westminster on the 2nd day of August.

Liberate current. } The King to his Treasurer and Chamberlains of the Exchequer, Greeting.
Deliver out of our Treasury to the Abbot of Croxton
every year 100s., to wit, 50s. at Michaelmas and 50s.
at Easter, which we have granted to him and his Canons to receive every year at the Exchequer at the said
Terms. Witness ourself at Westminster on the 7th day
of September.

Solvatis. } Richard, by the grace of God, King of England and France and Lord of Ireland, to his
Treasurer and Chamberlains, Greeting. Whereas the
Lord Edward late King of England, our ancestor, by his
Letters Patent (which we have confirmed), of his especial
grace, at the humble request of his beloved clerk John

---

[1] There was no necessity for Writs of Liberate to issue *every* time a
payment was made, if a Writ Current had *once* been sent to the Treasurer
and Chamberlains. On the Issue Rolls are entered, among other
things, all payments made "*per breve currens,*" and which are not recorded on the Liberate Rolls.

de Hermestorp, then warden of the hospital of St. Ka-
therine by the Tower of London, gave and granted to the
same warden, brethren, and sisters of the same hospital
one small piece of land contiguous to the garden of the
same hospital, which same piece of land our progenitors,
formerly Kings of England, had, together with other land
where the ditch is dug round the said Tower, of the gift
and grant of the warden, brethren, and sisters of the said
hospital who then were; and our same progenitors
granted, in recompense of the said piece and of other
land aforesaid, to the aforesaid warden, brethren, and
sisters, and their successors, 73*s.* 4*d.*, to be received
annually at our Exchequer for ever, to have and to hold
to the then warden, brethren, and sisters, and their successors, for the enlargement of their garden aforesaid, of
our same progenitor and his heirs for ever, rendering for
the aforesaid piece of land to our same progenitor and his
heirs for ever 6*s.* 8*d.* at our Exchequer, yearly, at the feasts
of St. Michael and Easter, by equal portions, as in the
letters and confirmation aforesaid is more fully contained:
We command you that to our beloved William Wryxham,
clerk, now warden of the hospital aforesaid, and the brethren and sisters of the same hospital, and their successors,
you pay (*solvatis*) out of our Treasury what is in arrear
of the aforesaid annual 73*s.* 4*d.*, and the same 73*s.* 4*d.*
henceforth yearly, at the feasts aforesaid, from time to
time, at our Exchequer, according to the tenor of our
letters and confirmation aforesaid, receiving from the
aforesaid warden, brethren, and sisters of the hospital
aforesaid, from time to time, their letters of acquittance,

which shall be sufficient for us in that behalf. Witness ourself at Westminster, the 20th day of May, in the first year of our reign.

WHELER.

ENTRIES on the LIBERATE ROLLS during the REIGN of ·KING JOHN.

The LIBERATE ROLLS of the reign of King John contain entries precisely similar to those which occur on the CLOSE ROLLS. The two series of records were then in fact identical[1], and the Close Rolls commence when the Liberate Rolls of that reign terminate. From the 6th year of King John to the 9th of King Henry the Third inclusive there are not any Liberate Rolls; but the Writs of that description during that period are enrolled among the other Writs on the Close Rolls.

The Liberate Rolls recommence in the 10th year of King Henry the Third, and continue to the 14th year of King Henry the Sixth, after which time no Roll of that description seems to have been made up. The few Writs of *Liberate*, *Allocate*, and *Computate*, which issued after that period under the Great Seal, are enrolled among the other Writs on the Close Rolls.

---

[1] The Liberate Roll of the 5th and the Close Roll of the 6th year have nearly the same titles, from which it may be inferred that originally the two series of Rolls were considered as the same. The present classification of the Chancery Records is as ancient as the reign of King Richard the Second.

ENTRIES on the LIBERATE ROLLS during the REIGN of
King HENRY THE THIRD.

The entries on the Liberate Rolls during the reign of
King Henry the Third abound in materials for the illus-
tration of History, and furnish many interesting details
of the Royal expenditure. They supply the desideratum
between the MISÆ ROLLS[1] of the reign of King John and
the Wardrobe Accounts of the reign of King Edward
the First, records which are now universally admitted
to contain the most valuable information on all subjects
connected with the rise and progress of the arts, com-
merce, and manufactures of the Realm.

These Rolls during the time of King Henry the Third
are not, as in some subsequent reigns, confined to Writs
of Liberate, but contain others of a similar character,
technically called Writs of "ALLOCATE" and "COMPUTATE."
They also issued out of Chancery, and were addressed
to the Barons of the Exchequer, commanding them to
compute with and allow to accountants and debtors
such sums of money as they had paid away pursuant
to the King's written mandate to them directed; thus,
Writs and Warrants of *Liberate* were addressed to the
Treasurer and Chamberlains who had the charge of
Royal coffers, and those of *Allocate* and *Computate* to the
Barons whose office it was to audit and check the Royal
Accounts.

---

[1] For a description of the MISÆ ROLLS, see p. xvi.

Examples, in English, of Writs of *Allocate* and *Computate*.

Writ of "Allocate."—The King to his Barons of the Exchequer, Greeting. Allow (*allocate*) to William de Axemue, in the issues of the Abbey of Hyde, which was in his custody, £30, which he delivered by our precept to Richard de Burgo to purchase horses for his Knighthood, of our gift. Allow also to the same William, in his said issues, 20 marks, which he delivered by our precept to Richard Ruffus, our clerk, to pay the allowances to our servants sent to guard the passage at Aulton. Allow also to the same, in his said issues, 20 marks, which he delivered by our precept to Sir Geoffrey Tyreuel, Knight of Guy de Leusignan, of our gift, upon his annual fees. Witness the King at Winchester, on the 28th day of June.

Writ of "Computate."—The King to the Barons of the Exchequer, Greeting. Compute (*computate*) with William Hardel, Keeper of our Exchange in London, in his issues of the same Exchange, for one silver plateau (platello argenteo), weighing seven pounds six shillings and three pence, for the use of the Queen, and for gold for gilding the shields of our arms on the same plateau, and for his workmanship on the same, £8. 4s. 7d. Compute also with the same William, in his aforesaid issues, for silver weighing twelve shillings and four pence, to make a foot and pommel to a cup of Mazre [1] ("ad facient pedem et pomellum unius cuppe de Mazre") which the Bishop elect of Valence

---

[1] Opinions differ respecting the material of the Mazre or Mazer. It is supposed to have been the wood of the maple tree. According to Ducange, cups of the more valuable kind were called "Mazer."

gave to us, without ornament (" sine apparatu"), and for
gold to gild the aforesaid foot and pommel, 25*s*. 5½*d*.
Compute also with the said William, in his said issues, for
13*s*., which he laid out by our command in the repair of
the pommel of a silver cup kept for our own use, and
for gold for gilding, and for burnishing the same cup.
Witness the King at Windsor, on the 8th day of May.—
(*Liberate*, 21 *Hen.* 3.)

The Liberate Rolls also contain the registration of
other mandates, addressed to Sheriffs, and other Public
Accountants, through whom the greater part of the
Royal expenditure was made[1], commanding them to pay
money lodged in their hands for the erection, repair, and

---

[1] The principal sources of the ancient revenue of the Crown arose
from the royal demesnes, escheats, feudal profits, the farms of counties
and towns, fines and amerciaments, aids, scutages, tallages, customs, and
from casual profits, such as treasure trove, wrecks of the sea, &c. The
persons chiefly entrusted with collecting the money arising from these
sources were the Sheriffs of each county, the Escheators, and the Farmers
of the King's possessions, who acted as general agents or disbursers to the
Crown. Those officers not only paid for works when completed, but also
had to see them executed, and frequently to hire the artists; for instance:

" The King to the Sheriff of Hampshire, Greeting. We command you,
that, out of the issues of your county, you do cause to be painted in the
Chapel of our Queen at Winchester, on the gable towards the east, the
figure of St. Christopher, as he is elsewhere represented, bearing Christ
in his arms, and also the picture of St. Edward the King giving his ring
to a stranger, which is also elsewhere painted; and the cost which you
incur shall be allowed to you at the Exchequer. Witness the King at
Windsor, on the 7th day of May."—*Liberate*, 32 *Hen. III., m.* 7.

" The King to the Sheriff of London, Greeting. We command you
that you do cause the keeper of our white bear which was lately sent to
us from Norway, and is now in our Tower of London, to have one muzzle
and one iron chain to hold the bear when out of the water, and one long

adornment of the King's castles and residences[1]; for articles of food, dress, jewellery, and arms required for the Royal family, and for all miscellaneous expenditure on public and private occasions. Upon rendering their Accounts at the Exchequer, an allowance was made *de tanto* to the Accountant on his producing the King's writ to the Barons as the warrant for such expenditure; and if he could not show a written authority for his disbursements the claim was disallowed.

ENTRIES on the LIBERATE ROLLS from the REIGN of KING EDWARD THE FIRST to that of KING HENRY THE FOURTH.

From the commencement of the reign of King Edward the First the entries on the Liberate Roll have gradually less Historical value, because the fiscal arrangements of the Realm underwent a great revolution. Large sums were issued annually to the Keeper of the Wardrobe, in

---

and strong cord to hold the same bear when he is fishing in the river Thames; and the cost, &c. shall be allowed to you. Witness the King at Windsor, on the 30th day of October."—*Liberate,* 37 *Hen. III., m.* 15.

" The King to the Sheriffs of London, Greeting. We command you that out of the farm of our city of London you do cause to be immediately built, at our Tower of London, a house forty feet long and twenty feet broad, for our elephant, and let it be so constructed that it be strong, and fit for other purposes if necessary; and the cost shall be allowed to you at the Exchequer. Witness the King at Westminster, on the 26th day of February."—*Liberate,* 37 *Hen. III., m.* 11.

1 Perhaps no English Sovereign ever paid so much attention to architecture, sculpture, and painting as King Henry the Third. The Liberate Rolls are full of notices relative to rebuilding, enlarging, and decorating the King's houses and chapels; to paintings to be executed and sculpture to be made according to the Monarch's own direction.

whose department the necessary articles for the Royal family were provided, and in subsequent times those miscellaneous payments which did not pass through the Wardrobe were discharged by virtue of Letters of Privy Seal[1] addressed to the Treasurer and Chamberlains of the Exchequer; and as those Letters did not pass through the Chancery, they were not recorded upon the Rolls of that Court. After that time Writs of Liberate appear to have been issued out of Chancery only for fixed salaries or for payments ordered by Letters Patent under the Great Seal. The entries on the later Rolls are almost entirely confined to the salaries of the Judges and Law officers, and of some few other functionaries.

ENTRIES on the LIBERATE ROLLS in the PELL OFFICE.

Among the records lately preserved in the Pell Office, and now deposited in the Rolls House, are several Exchequer Liberate Rolls of the reigns of King Henry the Third and King Edward the First. They are confined to Writs of Liberate only, those of Allocate and Computate[2] not being thereon recorded: neither are all the Writs of Liberate which are on the Chancery Rolls en-

---

[1] A *Letter* of Privy Seal after the Restoration differed from the *Writ* of Privy Seal, inasmuch as the former had the Seal appendent at the bottom like Letters Patent, while the latter was sealed up as a Close Writ. Moreover, the *Letter* did not pass under the Great Seal, but was itself the final instrument; whereas the *Writ* of Privy Seal is one of the stages to the Great Seal, being a warrant to the Chancellor for using the Great Seal.

[2] For instance, the Chancery Liberate Roll of the 24th of Henry the Third contains 670 entries, and the Exchequer Roll only 174.

tered on those of the Exchequer [1] of the same year. The latter Record contains only those Writs that were discharged in each year, and therefore does not include all which were issued. It should however be stated that the Exchequer Rolls contain a few entries not on the Chancery Roll, such as payments connected with the expenses and salaries of the Officers of the Receipt of the Exchequer, for which the precept of the Treasurer was alone required, so that the authority of the Great Seal of England not being required, no Entry thereof could appear on the Chancery Roll.

The Exchequer Liberate Rolls were made in triplicate; —one by the Treasurer, and one by each of the two Chamberlains: they differ slightly in form though not in substance from the Chancery Roll, as may be seen by specimens of the two Rolls.

---

[1] The Exchequer Rolls contain the record of Writs which were issued in *several* years; those of the Chancery are confined to the writs of *one* year only.

Liberate, 42 Hen. III. m. 1.
CHANCERY ROLL.

Pro Alano Le Usher et Davide de Lindeš.

Rex Thesaurario et Camerariis suis salutem. Liberate sine dilatione de Thesauro nostro dilectis et fidelibus nostris Alano Le Usher et Davidi de Lindeš centum marcas videlicet utrique eorum quinquaginta marcas ad expensas suas de dono nostro. Teste Rege apud Mertoñ secundo die Aprilis.

Per Johannem Maunsel et Philippum Luvel.

Liberate, 42 Hen. III.
EXCHEQUER ROLL.

Solucio—Summa centum marcas.

HENRICUS Dei gratia Rex Angliæ Dominus Hiberniæ Dux Normanniæ Aquitaniæ et Comes Andegaviæ Thesaurario et Camerariis nostris salutem. Liberate de Thesauro nostro dilectis et fidelibus nostris Alano Le Husser et Davidi de Lindeš centum marcas ad expensas suas de dono nostro. Teste me ipso apud Mertoñ secundo die Aprilis anno regni nostri quadragesimo secundo.

ISSUE ROLL,
EASTER Æm. 42 Hen. III.

Alano Le Husser et Davidi de Lindeš.

ALANO Le Usser et Davidi de Lindeš emm marcas ad ' ex mas suas de dono Regis.

The Issue Rolls of the Exchequer, which were also made in triplicate, appear to be the Treasurer and Chamberlains' account of money actually issued pursuant to the Writ of *Liberate* directed to them. They contain entries, however, which are neither on the Chancery nor on the Exchequer *Liberate* Roll: for instance, *payments* made by authority of Letters of Privy Seal and Writs Current occur on the Issue Roll, but which are not on the Liberate Rolls. It may be proper to observe, that occasionally the triplicate Issue Rolls differ from each other, or rather there are more entries on the one than on the other; the cause of which it is at the distance of time difficult to explain. The entry relative to the same payment on the Chancery and Exchequer Liberate Rolls, and on the Issue Roll, has been selected in the above example, to show in what respect the entries vary, and how much fuller they are on the Liberate than on the Issue Rolls.

MISÆ ROLLS.

The only Rolls of the rare series of Records denominated MISÆ (expenses [1]) now extant are those of the 11th and 14th years of the reign of King John. The

---

[1] There are other significations of the word Misæ besides *expenses*; it expresses taxes and tallages, and also the honorary gifts or customary presents which were anciently made by the Welch to every new King and Prince of Wales. The tribute paid by the inhabitants of the palatinate of Chester to each new earl was also termed *Misæ*. It is enacted, in the statute 27 Hen. VIII. c. 23., "that the Lords Marchers shall have " all such mises and profits of their tenants as they have had or used to " have at the first entry into their lands in times past." Blount defines Misæ to be " money given by way of contract to purchase liberties," &c.

first, deposited in the Tower, is printed in this volume; the other [1], formerly in the Office of the King's Remembrancer, but now among the muniments at Carlton Ride, has been lately printed, with a selection of other records from that repository. [2]

The MISÆ ROLL here printed contains an account of the daily expenses of the Court of King John, during the eleventh year of his reign. It gives those minute details which reveal so much of the spirit, manners, and customs of the age, both public and private, and which are sought for in vain in the chronicles and writings of Historians. This Record throws considerable light upon the trade of that period; the value of gold, silver, jewellery, and arms; the prices of robes, dresses, wines, provisions, and the various other articles used in domestic economy; the presents made to distinguished individuals; the salaries and pensions to the Officers of State and others in the Royal household; the expenses of Ambassadors and Messengers; the money bestowed in alms and oblations; all of which were registered on the Misæ Roll with scrupulous exactness.

The value of this Record is increased by its being the only one of the series of Chancery Rolls of that year which has escaped the ravages of time and civil war.

---

[1] A duplicate of that Roll is at the Chapter House.
[2] Selections from the Miscellaneous Records of the Exchequer. Edited by Mr. Henry Cole.

PRÆSTITA ROLL.

On the PRÆSTITA ROLL, so called from the word *præstitum*, were entered the sums of money which issued out of any of the Royal Treasuries by way of imprest[1], advance, or accommodation.

The only Roll of this description among the muniments in the Tower is that of the 12th year of the reign of King John, printed in this volume; but among the Records lately in the custody of the King's Remembrancer, and now deposited at the Carlton Ride Record Office, there are two others bearing the same title; one of the 7th and the other of the 14th, 15th, and 16th years of the same reign. The Roll of the seventh year has also been lately printed in the volume entitled " Selections from the Miscellaneous Records of the Office of the King's Remembrancer of the Exchequer."

Though the entries on the Præstita Roll, when compared with the other Records printed in the volume, are

---

[1] The *prest* or *imprest* was in the nature of a *concreditum;* and when a man had money imprested to him, he immediately became accountable for the same to the Crown; for instance, it appears by the Liberate Roll, 21 Hen. III. m. 9., that the Countess of Pembroke, the King's sister, had 100*l.* *de præstito*, which she accounted for at the Exchequer. The citizens of London paid into the Exchequer 200 marks, " *de præstito eis facto ad civitatem suam claudendam.*" On the Præstita Roll now printed are several notices of money advanced to individuals; and the entries are cancelled because the parties had repaid it. Thus, Roland Bloet had one mark, " *de præstito,*" and the entry is cancelled " *quia reddidit;*" Warin Fitz Gerold had 5*s.* of the King for play, the entry is cancelled " *quia solvit;*" Peter Fitz Herbert had 20*l.*, the entry is cancelled " *quia solvit in camera apud Odiham.*"

not of an equally interesting character, nor of the same importance to History, yet they will occasionally be found to illustrate ancient manners, and may furnish the archæological student with other useful information.   This Roll is the only one of that year of all the Chancery records which now exists, consequently every occurrence recorded on this and on the Misæ Roll of the preceding year must be valuable.

The observation of the historian Gibbon relative to the perpetuation, by means of the press, of such historical relics as have escaped destruction, is so forcible and pertinent as to justify its repetition here: " The losses of " History are indeed irretrievable : when the productions " of fancy or science have been swept away, new poets " may invent and new philosophers may reason; but if " the inscription of A SINGLE FACT be once obliterated, it " can never be restored by the united efforts of genius or " industry." [1]

---

[1] Miscellaneous Works, vol. III. p. 561.

ROTULI
BREVIUM DE LIBERATE.

JOHANNE REGE.

ROTULUS BREVIUM de LIBERATE de anno regni Regis JOHANNIS secundo.

Memb. 4.

D'N'S Rex ꝑcep̄ G. fil̄ Pet' p litt̄as suas pat̄ qđ faciat hr̄e dn̄o Rothom̄ custodiā t̄re Ric̄ de Wyka usq, ad finē t'ū annoꝝ un̄ t̄min⁹ ī cepit ad festū Sc̄i Mich̄, anno regni dn̄i Reḡ sec̄do.

REX ⁊c̄. W. thesaur̄ ⁊ cam̄ de scacc̄ ⁊c̄. Lib̄ate de thesaur̄ nr̄o xxv. sol̄ Eustac̄ Capell̄ ⁊ Ambros̄ cl̄icis nr̄is, qui cantav̄nt Xp̄c̄ vic̄ ad sc̄dam coron̄ nr̄am, ⁊ ad unct̄oem nr̄am ⁊ coron̄ I. Reḡ ux̄ nr̄e. T. me ip̄o ap̄ Westm̄, x. die Octob̄.

REX ⁊c̄. vic̄ Oxon̄ ⁊c̄. Precipim⁹ t' qđ sn̄ dil̄one facias hr̄e dilc̄o ⁊ fideli nr̄o Witt̄o de Cantilupo sen̄ nr̄o h̄edē Alan̄ de Dunstanvill̄ q' est ī c⁹todia mr̄is sue ux̄ q°ndā ꝑdc̄i Alan̄: et si ip̄a h̄edē illū redd̄e nolūit sn̄ dil̄one capias ī man̄ nr̄am totā terrā q' ip̄a h̄t, ⁊ ip̄am terrā lib̄es ꝑfato Witt̄o tenend̄ donᶜ ꝑdc̄s h̄es ei sit

reddit⁹. T. me iƥo aƥ Westm̃ ⅃ x. die Octoƀ. Ᵽ G. fił
Petⁱ.

Essex'. } Precept' est bałł com̃ Ꝑticen̄ de Rocheford̄ qd̄
faciat liƀari Ric̄ de Mountfichet plenariā saisinā
ƭre ꞇ catalloȝ Wiłłi Basset qⁱ capt⁹ est ƥ foresta dñi Ᵽ. Ᵽ
dñm Regē⅃ aƥ Gełdeford̄⅃ xj. die Octoƀ. *S'r debitis q'rend̄.*

Rex ꞇc̄. Wiłło de Sc̄o Mich̄ ꞇc̄. Mandam⁹ tⁱ qd̄
facias hr̄e dilc̄o nr̄o Norman̄ iiijᵒʳ. hanepos ad iiij. cuppas
qᵃs ƥ eū mittim⁹ ī Norm̃⦂ et cōputabitʳ tⁱ ad scacc̄.
T. me iƥo aƥ Kildeford̄⅃ xij. die Octoƀ.

Rex ꞇc̄. bałł de Sorham̃ ꞇc̄. Invenite passag̃ iiijᵒʳ. equoȝ
dilc̄o nr̄o Norman̄ tᵃnsfretanti ī Norm̃ ī neḡm nr̄m⅃ ꞇ
tᵃnsfretat̄oem suā qᵃntū poꝰitis expedite⦂ et cōputabitʳ
voƀ ad scacc̄. T. me iƥo aƥ Kildeford̄⅃ xij. die Octoƀ.

Rex ꞇc̄. dilc̄is ꞇ fidelibȝ suis tesaur̄ ꞇ cam̃ar̄ de scacc̄
ꞇc̄. Liƀate L. łi. de thesaur̄ nr̄o Lupillun̄ balist̄ nr̄o ad
quietanda vad̄ sua ꞇ socioȝ suoȝ balistar̄. T. me iƥo aƥ
Kildeford̄⅃ xij. die Octoƀ.

Rex ꞇc̄. thesaur̄ ꞇ cam̃ar̄ de scacc̄ ꞇc̄. Liƀate de
thesaur̄ nr̄o xx. m̃. arḡ mag̃ro Wiłło Cumin̄ cłico nr̄o
quē ad curiā Romanā ī nūtiū nr̄m tᵃnsmittim⁹. T. me
iƥo aƥ Kildeford̄⅃ xij. die Octoƀ.

Rex ꞇc̄. bałłis de Sorh̄. Invenite passag̃ iiijᵒʳ. equoȝ
mag̃ro G. Scoto cłico nr̄o eunti ad com̃ Engolism̃ ī nūtiū
nr̄m⅃ ꞇ tᵃnsfretat̄oem suā expedite⦂ et cōputabitʳ voƀ ad
scacc̄. T. me iƥo aƥ Gełdeford̄⅃ xij. die Octoƀ.

Rex ꞇc̄. majori Winton̄⅃ sałł. Mandam⁹ tⁱ qd̄ facias
hr̄e ƥsentiū latori unū cooptoriū de viridi ꞇ cunic̄lis⅃
ꞇ j. pellic̄ de cunic̄lis⅃ ꞇ j. capā de russeꞇ cū furrura de
agnis⅃ ꞇ duas robas de russeꞇ cū penuł de agnis⅃ ꞇ
xxx. ulnas de linea tela⅃ ꞇ tᵃa paria hosar̄⅃ ꞇ duo pia
caligar̄⅃ ad op⁹ Gauffr̄ filii nr̄i⦂ et computabitʳ tⁱ ad
scacc̄. ⋅ T. me iƥo aƥ ~~Winton̄~~ Esseleḡ⅃ xiiij. die Octoƀ.

Rex ꝉc̄. baꝉꝉis de Portesmues ꝉc̄. Sciatis q̄d̄ nos q̄ieta-
vim⁹ Meiꝉꝉ fiꝉ Henr̄ justic̄ n̄ro Hyb̄nie pontaḡ qd̄ exigitis
de Steph̄ Lupo nauta ip̄i⁹ Meiꝉꝉ usꝗ ad sūmā x. sol ꞉ et īo
voꝫ mandam⁹ qd̄ p̄dc̄m Steph̄ de demanda p̄dc̄i pontagii
usꝗ ad sūmā x. soꝉ q̄ietū clametis.   T. me ip̄o ap̄ Aseꝉ ᴠ
xiij. die Octoꝫ.

Rex ꝉc̄. Wiꝉꝉo fiꝉ Alañ ᴠ saꝉꝉ.   Liꝫate dilc̄o n̄ro in Xp̄o
dño Bangoreñ ep̄o v. m̄. arḡ de firmᵃ v̄ra qᵃs ei . . . . . .
. . . . ei ꝓvid̄im⁹ ꞉ et ꝯput̄ voꝫ ad scacc̄.   T. me
ip̄o ap̄ M'leꝫḡ ᴠ xix. die Octoꝫ.

. . . . ꞉. . . saꝉꝉ.   Sciatis nos ꝑdonasse
maḡro ꞇ frīb₃ templi Salom̄ amerciam̄ꝉ qd̄dā xxiiij. m̄.
. . . . Yvelcestr̄ qⁱ ad petic̄õem ip̄oꝝ
frm plegiaᵛnt q̄dā hōiem ip̄oꝝ frm qⁱ forisfec̄at ad fores-
tar̄ . . . . plevine ꞉ et īo voꝫ mandam⁹ qd̄ ip̄os
iñ quietos ēe faciatis.   T. Wiꝉꝉo Briwr̄ ᴠ ap̄ M'leꝫḡ ᴠ xx.
die Octoꝫ.   Ᵽ maḡrm Rad̄ de Stoꝫ.

Rex ꝉc̄. Wiꝉꝉo thesaur̄ ꞇ W. ꞇ R. cam̄is suis ꝉc̄.   Liꝫate
de thaur̄ n̄ro Sim̄ de Han . . . . ad op⁹ com̄ Flandr̄
cent̄ m̄. qᵃs id̄ com̄ hr̄e debꝫ de feudo suo ad scacc̄ n̄rm.
T. G. fiꝉ Petⁱ com̄ Essex̄ ᴠ ap̄ M'leꝫḡ ᴠ xx. die Octoꝫ.   Ᵽ
eund̄.

Rex ꝉc̄. W. thur̄ ᴠ ꞇ W. ꞇ R. cam̄ar̄ suis ᴠ ꝉc̄.   Liꝫate
de thesaur̄ n̄ro Everardo de la Beuerie v̄l c̄to nūtio suo
qᵃrtā ptē L. mar̄ qᵃs h̄t ꝑ annū de scacc̄ n̄ro ᴠ donᶜ ei
fꝛint assignate L. m̄. c̄re ꞉ et Waloni de Cotes v̄l c̄to
nūtio suo qᵃrtā ptē xxx. liꝫ qᵃs siꝉr recipe ꝯsuevit de
scacc̄ n̄ro.   T. G. fiꝉ Petⁱ com̄ Essex̄ ᴠ ap̄ M'leꝫḡ ᴠ xx.
die Octoꝫ.   Ᵽ eūd̄.

Rex ꝉc̄꞉ W. `cam̄' ᴠ ꞇ W. ꞇ Roꝫ cam̄ar̄ ᴠ ꝉc̄.   Liꝫate de
th̄ n̄ro Anker̄ de Frescheviꝉꝉ qᵃrtā ptē L. liꝫ qᵃs h̄t ꝑ añ
de scacc̄ n̄ro ꝑ feudo suo ᴠ donec ei fꝛint assignate L. liꝫ

Ɵre. T. G. fil Pet¹ cõm Essex̃ ⸼ a𝑝̃ M'lebg̃ ⸼ xx. die Octob̃.
Ᵽ eunđ.

Memb. 3.

ƒ·} REX ᴛc̃. W. 'th ᴛ W. ᴛ R. cãm suis ᴛc̃. Libate
de thaur̃ nr̃o Wilto de Aies ṽl ꝯto nūtio suo qᵃrtã
ptē de decē lib ⸼ ᴛ Wilto Greset ṽl ꝯto nūtio suo qᵃrtã
ptē xxx. li. ⸼ ᴛ Baldewiñ de Briac̃ ṽl ꝯto suo nūtio
qᵃrtã ptē decē libr̃ ⸼ ᴛ Walto de Baillolet ṽl ꝯto nūtio suo
qᵃrtã ptē xxxv. lib ⸼ ᴛ Ade Keret ṽl ꝯto nūtio suo qᵃrtã
[partem] xxx. li. ⸼ ᴛ Wilto Butery ṽl ꝯto nūtio suo
qᵃrtã ptē xxx. lib ⸼ de feodo eoᵹ. T. G. fil Pet¹ cõm
Essex̃ ⸼ a𝑝̃ M'lebg̃ ⸼ xx. die Oct̃. Ᵽ eũđ.

ƒ·} Rᴇx ᴛc̃. vic̃ Gloc̃ ᴛc̃. Precipim⁹ t¹ qđ p leg̃ ᴛ
disꝯtos hõīes de visnet̃ de Slochtre mag̃ ydoneos
ad Ɵras extenđndas extendi facias mañiū de Slochtre cū
ptiñ qᵃntū alti⁹ pot̃it extendi ⸼ cū õmi instaur̃ ᴛ ꝑficuo qđ
iñ ꝑvenire pot̃it꞉ et cū extensū fũit ⸼ assignari facias ī
eođ mañio Everardo de la Beuer̃ L. m̃. Ɵre ⸼ et si residuū
illi⁹ mañii valat xxx. li. p anñ assignari facias Valoñ de
Cotes iltas xxx. li. Si v° iltd residuū nõ sufficiat ad illas
xxx. lib Ɵre ꝑficiendas ⸼ tc qᵃntū ibi fũit eiđ Waloñ
assignes ⸼ ᴛ not scire facias qᵃntū ibiđ deer̃ ᴛ nos ei
assignari faciem⁹ alibi id qđ ei deer̃ de xxx. li. Ɵre. T. G.
fil Pet' ⸼ a𝑝̃ Merlebg̃ ⸼ xx. die Octob̃. Ᵽ eunđ.

Rᴇx ᴛc̃. vic̃ Suff ᴛ Norf ᴛc̃. Precipim⁹ t¹ qđ sñ
dilone facias hr̃e Rob de Hose Ɵrã suā ī Bertoñ cū ptiñ ⸼
qᵃ ei dedim⁹ ᴛ qᵃ Rex Ric̃ fr̃ ñr ei abstulit ᴛ dedit Reiñ
de Mailloler̃. T. Rob de Turnhā ⸼ a𝑝̃ Crikelanđ ⸼ xxj.
die Octob̃. Ᵽ iᵽm Rob.

Rᴇx ᴛc̃. th ᴛ cãm ᴛc̃. Libate. de thaur̃ nr̃o Wilto de
Sc̃o Mich cãm nr̃o Lonđ Lxxiiij. li. ᴛ xix. s̃. ᴛ ix. đ. qᵃs
posuit ī robis emđñdis ad sc̃dam coroñ nr̃am ᴛ ad coroñ

Regiñ ux̃ nr̃e.   T. Rob de Turnħ ⸌ ap̃ Mereb ⸌ xx. die
Octob.   P̃ eunð.

Rex t̃c̃. vic̃ Linc̃.   Scias qð pdonavim⁹ Alañ fil Com̃
v. marc̃ uñ ꝑra sua arñciata fuit corā Hug̃ Barð t̃ sociis
sociis [suis].   Et ĩo p̃cipim⁹ qð iñ sit quiet⁹ ⸌ et qð nõ
dist'ngas deceꝰo hõies ꝑre ꝑ hoc debito.   T. G. fil Pet¹ ⸌
ap̃ Cheleswrtħ ⸌ xxj. die Octob.   P̃ eunð.

Rex t̃c̃. t̃haur̃ t̃ cam̃ de scacc̃ t̃c̃.   Libate de t̃haur̃
nr̃o x. li. Henr̃ de Bohun com̃ Heref de xx. li. q's hr̃e
deb; ꝑ annū nõie com̃ ad duos ꝑmiñ ⸌ scłt ⸌ in festo Sc̃i
Micħ x. li. t̃ ī festo Pascħ x. li.   Mandam⁹ auꝷ vob q'tin⁹
inrotulari faciatis illas xx. li. ī rotulis de scacc̃ ꝑcipiendas
ī ꝑdc̃is ꝑmiñ ⸌ t̃ sciri faciatis vic̃ Hereforð ut ad ꝑmiñ
ꝑdc̃os faciat eið Henr̃ hr̃e de firmᵃ sua xx. li. ꝑ anñ ⸌ t̃
qð ei ꝯputabitʳ ad scacc̃.   T. G. fil Pet¹ com̃ Esx̃ ⸌ ap̃
Chelewor ⸌ xxij. die Oct̃.   P̃ eunð.

f.
Litͭe pat. } Rex t̃c̃. t̃haur̃ t̃ cam̃ de scacc̃ ⸌ sałꝷ.   Mandam⁹ vob qð Lx. m̃. arg̃ q'ˢ assignavim⁹
Eustac̃ de Neviłł ad scacc̃ nr̃m faciatis inrotulari ī rotło nr̃o de feudis ⸌ et medietatē ei faciatis hr̃e
de ꝑmiñ Sc̃i Micħ anno regni nr̃i sc̃do ⸌ t̃ aliā medietatē
ad Pasc̃ꝑximo seq̃ns.   T. G. fil Pet¹ com̃ Essex̃ t̃ B.
com̃ Albam̃ ⸌ ap̃ Mereb g̃ ⸌ xx. die Octob.

Memb. 2.

Rex t̃c̃. W. tħ ⸌ t̃ G. t̃ R. cam̃ ⸌ sałꝷ.   Libate de t̃haur̃
nr̃o xxx. m̃. arg̃ de ꝑmiñ Sc̃i Micħ ꝑꝺiti Eustac̃ de Neviłł ⸌
sic̃ ꝯtinetʳ ī littͭis nr̃is patentib; q'ˢ iñ vob misim⁹.   T. G.
fil Pet¹ ⸌ ap̃ Cheleworħ ⸌ xxj. die Octob.

f. } Rex t̃c̃. t̃haur̃ t̃ cam̃ t̃c̃.   Libate de t̃haur̃ nr̃o
L. li. Anketiłł ꝑvienti Gauffr̃ de Celł de ꝑmiñ Sc̃i
Micħ ꝑterit ⸌ de C. li. annuis q'ˢ iꝑi Gauffr̃ assignavim⁹

B 3

ad scacc̃ nr̃m ⏑ donᶜ ei illas ī loco certo assignav̉im⁹. T. G. fił Petⁱ com̃ Essex̃ ⏑ ap̃ Chelleworħ ⏑ xxj. die Octoƀ.

Rᴇx łc̃. W. tħ ⅂ G. ⅂ R. cam̃ ⏑ sałł. Liƀate de tħaur̃ nr̃o x. m̃. arg̃ de ᵗmiñ Sc̃i Micħ p̃łiti Joħi cłico ⏑ nepoti Sc̃i Thom̃ Martir̃ ⏑ de xx. m̃. annuis qᵃs ei assignavim⁹ ad scacc̃m nr̃m p qᵒdā molendiñ ī Canł ⏑ q�̃d Rex H. p̃r n̄r ei dedat ⅂ qᵃ̃d ip̃e noƀ reddidit. T. me ip̃o ap̃ Chele-wrtħ ⏑ xxj. die Octoƀ.

Rᴇx łc̃. W. tħ ⅂ G. ⅂ R. cam̃ łc̃. Liƀate de tħaur̃ nr̃o ⏑ p mañ W. archiᵃ̃d Dereƀ ⏑ qᵃᵗxxᵗⁱ. łi. vij. łi. xvij. soł ⅂ vj. ᵭ. qᵃᵗviginti ⅂ quatuor balistar̃ ⏑ quo₎ xxvj. sunt sing̃li cū ᵗnis equis ⏑ ⅂ Lj. sing̃li cū binis equis ⏑ ⅂ vijᵗᵉ'. sing̃li cū uno equo ⏑ de liƀałonibჳ suis xxᵗⁱ. die₎ ⏑ sełt ⏑ a die .M'cur̃ pxīa post fesł Sc̃i Dionis̃ cōputata [usqჼ] diē Lune pximᵃm post festū Ap̃loჳ Sym̃ ⅂ Juᵃ̃d cōpuł ⸫ et p̃łea liƀate de tħaur̃ nr̃o ⏑ p mañ ej⁹ᵃ̃d ⏑ CC.xiij. łi. ⅂ xv. soł cenł sexaginta ᵛvientibჳ ⅂ uni militi ⏑ quo₎ q'nqᵃginta quinqჼ sunt sīg̃li cū duobჳ equis ⏑ ⅂ ᵗmiñ eo₎ xl. die₎ ⏑ sełt ⏑ a die Lune pxīa post Nativitatē B'e Marie cōputata usqჼ diē Veñlis pxīa post festū Sc̃i Luce Evᵃng̃łe cōpu-tatā ⸫ et cenł quinqჼ quo₎ xvj. sunt cū ᵗnis eq's sing̃li ⏑ et qᵃᵗviginti ⅂ ix. sing̃li cū binis equis ⏑ ⅂ ᵗmiñ eo₎ cenł q'nqჼ xxᵗⁱ. dier̃ ⏑ sełt ⏑ a Dñica pxīa p⁹t fesł Sc̃i Micħ cōputata usqჼ diē Veñlis pxim̃ post festū Sc̃i Luce Ev'n-gelisł cōputał ⸫ et sciatis q ⏑ p̃ł p̃dc̃am sūmā q̃ debetʳ servientibჳ ⏑ recepunt ip̃i xxx. łi. de cam̃a nr̃a ad pficien-das liƀałões suas de tot diebჳ. T. Petᵒ de Rupibჳ tħaur̃ Picł ⏑ ap̃ Chelewrtħ ⏑ xxj. die Octoƀ.

Rᴇx łc̃. tħaur̃ ⅂ cam̃ar̃ ⏑ sałł. Liƀate de tħauro nr̃o xviij. marc̃ ⅂ dimiᵃ̃d Simoñ de Hanes ⅂ sociis suis ⏑ p manū dilc̃i nr̄i W. archiᵃ̃d Derƀ ⏑ ad pacanᵃ̃d passag̃ suū inᵗ̃ Diepā ⅂ Sorham ⏑ ⅂ faciatis hos denar̃ imbreviari re-q'rendos ab hõibჳ de Diepa ⏑ ⅂ p̃łea m̃iam nr̃am qჼ p̃dc̃os

ꝸvientes nr̃os nõ t'nsfretaꝟunt ad mandaꞇ nr̃m ꝯ sic̃ eis
p̃cepam⁹ ꝯ ꞇ q̦ p̃ꞇ rectū forū nr̃m recepunt pecuniā
p̃dc̃am ab eis. T. me iꝓo aꝑd Chelewurꞇħ ꝯ xxij. die
Ocꞇ.

Rex ꞇc̃. p̃põito Wintoñ ꞇc̃. P̃lcipim⁹ ꞇ' qd̃ venaꞇõem
nr̃am q̃ est aꝑ Wintoñ cariari facias usq̦ M'leħg̃ ꝯ ꞇ id qd̃
ī cariag̃ illo posꝰis ꞇ' ꝯputabiꞇʳ ad scacc̃. T. me iꝓo aꝑ
Bradenestosc̃ ꝯ xxiiij. die Octoħ.

Rex ꞇc̃. bar̃ de scacc̃ ꞇc̃. Cõputate Henr̃ del Pusac
xxx. m̃. arg̃ ꝯ quas reddidit ī cam̃a nr̃a aꝑ insulā Andeꞁ ī
soluc̃õem CC. m̃. uñ finivit noħcū ꝑ c̃a q̃ ꝟtebaꞇʳ inꞇ iꝑm
Henr̃ ꞇ eꝑm Dũlm̃. [T.] G. fiꞀ Pet' ꝯ aꝑ Malmesbir̃ ꝯ
xxiij. die Octoħ. P Petr̃ de Rupibȝ.

Rex ꞇc̃. tħaur̃ ꞇ cam̃ar̃ ꞇc̃. Liħate de tħaur̃ nr̃o xl. ꝉi.
Hug̃ de NeviꞀ ad porcos em̃dos ad op⁹ nr̃m. T. G. fiꞀ
Pet' ꝯ aꝑ Stanlegā ꝯ xxv. die Octoħ.

Rex ꞇc̃. Hug̃ de NeviꞀ. Inveni de firma tua ux̃ nr̃e
Regiñ ꞇ iꞀ q' c̃ ea moranꞇʳ aꝑ M'leħg̃ necc̃ia ad victualia ꝯ
ꝑ visū leg̃ hoīum ꞇ ꝑ testim̃ Roħ de Veꝓi Ponte ꝯ et
cõputabiꞇʳ ꞇ' ad scacc̃. T. G. fiꞀ Pet' ꝯ aꝑ Stanleg̃ ꝯ xxv.
die Octoħ.

Rex ꞇc̃. baꞀ de ~~Portesmues~~ 'Suhantoñ' ꞇc̃. Precipim⁹
voħ qd̃ statī visis litꞇis istis ematis unū doleū vini Andeg̃
de meliori qd̃ īvenire poꝓitis ad op⁹ dñe Regiñ ꝯ ꞇ aliud
doleū de forti vino Picꞇ ꝯ ꞇ cū festinaꞇõe illa aꝑ M'leħg̃
cariari faciatis ꝯ et cõputabiꞇʳ voħ ad scacc̃. T. me iꝓo aꝑ
Stāleg̃ ꝯ xxv. die Octoħ.

LiꞀ paꞇ. } Rex ꞇc̃. WiꞀo de Braos* ꝯ saꞀꞇ. Mandam⁹
ꞇ' qd̃ liħes illi q̃ Gaufr̃ fiꞀ Pet' com̃ Essex̃ ꞇ'
destinaꝟit cū litꞇis suis patentibȝ com̃ Hereforꝺ ꝯ cū
rotulis ꞇ ħribȝ ꝯ ꞇ casteꞀ de Hereforꝺ ꝯ ꞇ alia castella
de eom̃ Hereforꝺ quoȝ custodiā habes ꝯ cū instaur̃ ꝯ ꞇ

implem̃tis ⸱ ᵗ armis sicut ea recepisti ⸴ ᵗ in ħ⁹ rei testimoniū has littͤas ñras patentes tⁱ tᵗnsmittim⁹.   T. Wiłło
Briwerꝛ⸴ aꝑ Melkesham ⸴ xxvj. die Octoƀ.   Ᵽ magr̃m Raď
de Stoᵏ.

Rᴇx ᵗc̃. ꝓpõito Wintoñ ᵗc̃.   Precipim⁹ tⁱ qď sũ diłone
facias hr̃e dñe Regiñ uᵡ ñre q̃ est aꝑ M'leƀg̃ cenᵗ liƀ
cere⸴ et cōputabitͬ tⁱ ad scacc̃.   T. me iꝑo aꝑ Melkesham ⸴
xxvj. die Octoƀ.

Rᴇx ᵗc̃. W. tħaur̃ ᵗ W. ᵗ R. cam̃ aꝛ⸴ salᵗ.   Sciatis qď
justic̃ ñr receꝑ CC. marc̃ qᶜs noƀ misistis ꝑ manū Elye
de Rohing̃⸴ ᵗ Joħis filii Roƀ⸴ ᵗ Aleᵡ cłici.   T. me iꝑo
aꝑ Gloc̃ ⸴ xxx. die Octoƀ.

Rᴇx ᵗc̃. bałł de Dovre ᵗc̃.   Invenite passag̃ dilc̃o
cłico ñro Alañ de Hertilanď ᵗ iij. ostⁱciaꝛ ñris cū viij.
eqⁱs⸴ et ꝯputabitͬ voƀ ad scacc̃.   T. me iꝑo aꝑ Gloc̃⸴
xxix. die Octoƀ.

Rᴇx ᵗc̃. W. tħaur̃ ᵗ W. ᵗ R. cam̃ aꝛ de scacc̃⸴ ᵗc̃.
Liƀate m̃catoribȝ de Plesenc̃ de tħaur̃ ñro quingenᵗ marc̃
de mille m̃. qᶜs eis debem⁹⸴ ᵗ cartā ñram qᶜm ħnt de
ꝓdc̃is miłł marc̃ ab eis accipiatis ⸴ ᵗ cartā ñram qᶜm
Gauffꝛ de Bokelanď ħt de quingenᵗ m̃. eis tᵗdatis.   T. me
iꝑo aꝑ Gloc̃⸴ xxx. die Octoƀ.

Rᴇx ᵗc̃. W. tħaur̃ ᵗ W. ᵗ R. cam̃ aꝛ⸴ ᵗc̃.   Liƀate de
tħaur̃ x. m̃. arg̃ Ankeꝛ de Fressenviłł tᵗnsfretanti ī Norm̃
ꝑ negociis ñris.

Rᴇx ᵗc̃. W. tħ ᵗ G. ᵗ R. cam̃⸴ ᵗc̃.   Liƀate de the-
saur̃ ñro ij. m̃. arg̃ Odoñ de Bramustꝛ militi Hug̃ de
Gornac̃ de dono ñro.   T. me iꝑo aꝑ Westbiꝛ⸴ xxxj. die
Octoƀ.

Rᴇx ᵗc̃. W. tħaur̃ ᵗ G. ᵗ R. cam̃⸴ ᵗc̃.   Liƀate de
tħaur̃ ñro fr̃i Em̃ico magr̃o Tempł qⁱngenᵗ m̃. arg̃ ⸴ qᶜs

debem⁹ Regiñ mñ nře ad faciend testam̃tū suū ⸝ ad illas
ei deferend. T. me ipo ap̄ Sc̃m Briaveɫɫ ⸝ ij. die Novēɓ.
P G. fiɫ Petⁱ.

REX ɫc̃. Nicoɫ de Kenect ɫc̃. Sciatis q manͦiū de Srive-
ham ꝯmisim⁹ Huꝗ de Tabarie cꝰtodiend⸝ et ıo tⁱ mandam⁹ q iɫɫd ei hře facias ⸝ ɫ scire noɓ facias sñ diɫone
qᵘntū vaɫat iɫɫd manͦiū ⸝ cū instauꝝ ɫ ı̄plem̃tis ⸝ sic̃ altiꝰ
potest extendi. T. me ipo ap̄ Leddebiꝝ ⸝ vj. die Novēbꝝ.

Memb. 1.

REX ɫc̃. constaɓ Bristoɫɫ ɫc̃. Precipim⁹ tⁱ qd facias fi
ad op⁹ camͤe nře duas carrettas novas ⸝ ɫ unū barhutū ⸝ ɫ
octo collaria ⸝ ɫ octo dorsarias ⸝ et ea liɓes Stepͪ carrettaꝝ
nřo⸝ et qd ı hiis faciendis posͦiis cōputabitʳ ad scacc̃. T.
me ipo ap̄ Uptoñ ⸝ vij. die Novēbꝝ. P Petᵘᵛ de Rupibꝫ.

REX ɫc̃. vic̃ Wigoꝝ ɫc̃. Fac hře Wiɫɫo carettaꝝ ⸝ latori
p̄sentiū ⸝ unā carettā bonā ɫ novā ad deferend venaꝷoem
nřam cū ͪneꝭ ad carettā illā ptiñte⸝ ɫ 9. tⁱ ad scacc̃.
T. G. fiɫ Petⁱ comͦ Esseẍ ⸝ ap̄ Fekeham ⸝ viij. die Novēbꝝ.

REX ɫc̃. vic̃ Lond ɫc̃. Fac hře constaɓ de Turri ⸝ ɫ
W. de Sc̃o Micͪ camͦ Lond ⸝ ɫ Nicoɫ Duket p̄ciū xij.
ulnaꝝ de scarlatto ⸝ ɫ tⁱū peñlarū de bissis ⸝ ɫ uniꝰ peli-
zonis gris de ix. fessis ⸝ ɫ uniꝰ robe de viridi v̄l de burneɫ
de v. ulñ cū penula de cuniñ ⸝ ɫ iiijᵒʳ. paꝝ botaꝝ ad feminas ⸝
qᵉꝝ j. par fʳretʳ de gris ⸝ ɫ uniꝰ ulñ de nigᵃ burneɫ ad caliꝗ ⸝
ɫ iiijᵒʳ. wimpliaꝝ albaꝝ ɫ bonaꝝ q̃ ı̄pi mi͙int ap̄ M'leɓꝗ ad
op⁹ Regine uẍ nře p p̄cept nřm⸝ ɫ ꝯputabitʳ tⁱ ad scacc̃.
T. G. fiɫ Petⁱ comͦ Esseẍ ⸝ ap̄ Fekehā ⸝ viij. die Novēbꝝ.
P eund.

REX ɫc̃. Wiɫɫ thesauꝝ ⸝ ɫ G. ɫ R. camͦ ⸝ ɫc̃. Liɓate de
thesauꝝ nřo nūtio Wiɫɫi de Garland ⸝ p mañ dñi Canɫ
v̄l illiꝰ q̃ ipe loco suo posͦii ⸝ i estⁱlingis ad valentiā

Lxx. łi. Anđ de Ꝑmiñ Sc̄i Micħ ᴊ sclȝ ᴊ medietatē feudi qđ eiđ Wiłło debem⁹ p anñ. T. me iꝓo aꝑ Bruges ᴊ xj. die Novēbr̄.

Rex ꝉc̄. vic̄ Warewic̄ ꝉc̄. Liƀa de firma nr̄a comitat⁹ de War̄ monialibȝ de Hynewuđ xl. soł quos eis dedim⁹ de elem̄ nr̄a ꞉' ꝉ t' ꝯputabitʳ ad scac̄ nr̄m. T. G. fił Petⁱ ꝉc̄. aꝑ Burtoñ ᴊ xvj. die Novēbr̄. Ꝑ eunđ.

Hyƀnia. } Rex ꝉc̄. justic̄ Hyƀnie ꝉc̄. Mandam⁹ t' qđ facias hr̄e Gauff̄ de Marisc̄ xx. m̄. arḡ q'ˢ ei dedim⁹ ad firm̄đ domū suā de Katherain. T. G. fił Petⁱ com̄ ᴊ aꝑ Meleburñ ᴊ xvij. die Novēbr̄. Ꝑ Petr̄ de Rupibȝ.

Rex ꝉc̄. Wiłło de Stutevił ꝉc̄. Precipim⁹ t' qđ facias hr̄e Huḡ de Neuviłł villā de Meburñ cū ptiñ nⁱ valūit plusq' x. łi. sꝉlinḡ p anñ ᴊ q' nos ei dedim⁹ si plus nō valūit. T. G. fił Petⁱ com̄ Essex̄ ᴊ aꝑ Clipestoñ ᴊ xx. die Novēbr̄. Ꝑ eunđ.

Rex ꝉc̄. W. tħaur̄ ᴊ ꝉ R. ꝉ G. cam̄ ᴊ ꝉc̄. Sciatis qđ decan⁹ ꝉ canonic̄ Eboȝ pacaꝟnt ī cam̄a nr̄a L. marc̄ arḡ de C. m̄. q'ˢ noƀ ꝑmiꞩunt꞉' et īo voƀ mandam⁹ qđ eos iñ q'etos ēe faciatis. T. me iꝓo aꝑ Clipestoñ ᴊ xx. die Novēbr̄. Ꝑ Petr̄ de Rupibȝ.

Rex ꝉc̄. baroñ de scac̄ [ꝉc̄.] Cōputate Gerarđ de Kanviłł ᴊ vic̄ Linc̄ ᴊ xxvj. łi. de firm' comitat⁹ Linc̄ q'ˢ pacavit ī cam̄a nr̄a Dñica ꝑxīa añ festū Sc̄i Andr̄ aꝑ Linc̄ ᴊ ꝉ xxvij. łi. ix. soł ꝉ iij. đ. de debitis Judeoȝ q'ˢ pacavit ī cam̄a nr̄a aꝑ Laffordꝺ die Lune ꝑxīa añ festū Sc̄i Andr̄. T. me iꝓo˙ aꝑ Stanffordꝺ ᴊ xxvij. die Novēbr̄.

Rex ꝉc̄. baroñ de scac̄ ꝉc̄. Sciatis qđ burgenses de Scardeburc̄ pacaꝟnt ī cam̄a nr̄a aꝑ Eboȝ ᴊ cū ibi ēem⁹ ᴊ xl. m̄. q'ˢ noƀ ꝑmisꞌat꞉' et īo voƀ mandam⁹ qđ iꝓos iñ

quietos ēe faciatis. T. me ip̄o ap̄ Stanforđ ⸓ xxvij. die
Novēbr̃. Ᵽ Petr̃ de Rupib꞉.

Memb. 3. in dorso.

PRIOR de Brewetoñ posuit corā dño [Rege] loco
suo ad lucᵃndū v̄l pdenđ Thom̃ canōic̃ suū ⸓ de loq̃la q̃
est int͛ ip̄m ⁊ Jeilañ de Pomeray de j. molendiñ cū ptiñ ī
Meismis.

Memb. 2. in dorso.

J. Đi gr̃a [⁊c̃.] vic̃ Heref ⁊ bał suis de Treweñ [⁊c̃.]
Ᵽhibem⁹ ne inj⁹te vexetis v̄l vexari pmittatis hōīes nr̃os
de Treweñ de libo teñ qđ de nob̃ tenēt ī Treweñ ⸓ nᶜ ab
eis exigatis v̄l exigi pmittatis ꝯsuetudines v̄l servicia ⸓ q̃
iñ fac̃e nō debnt v̄l fac̃e nō ꝯsuev̄nt ⸓ ne ampli⁹ ⁊c̃·

Memb. 1. in dorso.

HUB' de Burgo ħt custodiā castełł ⁊ com̃ Heref.
Wiłłs de Kantilupo ħt custodiā castełł ⁊ com̃ Wigor̃.

Rotulus Brevium de Liberate de anno regni
Regis Johannis tertio.

Memb. 5.

REX ⁊c̃. Wiłłmo de Rupib꞉ ⸓ señ Anđ ⸓ ⁊c̃. Mandam⁹
vob̃ qđ hr̃e faciatis dilc̃o ⁊ fideli nr̃o Petᵒ de Rupib꞉
custodiā totius t̃re q̃ fuit Gilb de Hostily donᶜ ī ptib꞉ iłł
veñim⁹. T. me ip̄o ap̄ Merlebg̃ ⸓ iij. die Maii.

Rex ⁊c̃. vic̃ Lonđ ⁊c̃. Precipim⁹ t̃ qđ recipias de
Rob de Levelanđ Rađ Russełł prisonē ⁊ iłū salvo ad
nos venire facias usꝗ Wintoñ ⸓ ita qđ ibi sit die Lune
pxim̃ añ Pent̃ mane꞉ et invenias custū ad iłū carianđ

usq̄ Wintoñ, et 9. tⁱ ad scacc̄. T. me ip̄o ap̄ M'leƀg̃,
iiij. die Maii.

Rᴇx ⁊c̃. vic̃ Essex̄ ⁊c̃. Precipim⁹ tⁱ qꝺ sñ diłone
facias hr̄e Brieñ Hostiar̄ ꝯvienti nr̄o ꝑr̄a qᵃm Wiłł de
Martiwas ħuit ī bałła tua cū officio suo q ħuit. T. G. fił
Petⁱ com̄ Essex̄, ap̄ Lutegar̄, iiij. die Maii.

Rᴇx ⁊c̃. vic̃ Gloc̃ ⁊c̃. Inveni de firma tua p visū ⁊
testimōium leg̃ hōīum id q necc̆m fꝰit ad repac̃oem
muri de ballio castelli Gloc̃, ⁊ ad gistas ponendas ī
gayola castelli Gloec̃⫶ ⁊ computabitʳ tⁱ ad scacc̄. T. me
ip̄o ap̄ Lutegar̄hałł, v. die Maii.

Rᴇx ⁊c̃· Wiłłmo de Faleis̃ ⁊c̃. Inveni de firma tua
ħ qꝺ necc̆m fꝰit p visū ⁊ testimōiū leg̃ hōīū ad faciend̄
muhas ap̄ Fereford̄, ⁊ ad repand̄ chimineos ap̄ Theoł ⁊
fenestˢs⫶ ⁊ co. tⁱ ad scacc̄. T. me ip̄o ap̄ Wintoñ,
vij. die Maii.

Rᴇx ⁊c̃. W. thaur̄ ⁊ bar̄ de scacc̄ ⁊c̃. Cōputate Hug̃
de Wełł ⁊ Hug̃ de Boby xj. łi. ⁊ iij. s̃. quos posꝰnt ī
exp̄nsa J. filii nr̄i dū ēet ī cᵒtodia eoꝥ p p̄cept̄ nr̄m ī
ep̄atu Linc̃. T. me ip̄o ap̄ Wintō, vj. die Maii.

Rᴇx ⁊c̃. vic̃ Noting̃ ⁊c̃. Inveni hoc qꝺ necc̆m fꝰit
p visū ⁊ testimōiū leg̃ hōīū ad faciend̄ carcerē de
Notinḡa⫶ ⁊ cōputabitʳ tⁱ ad scacc̄. T. me ip̄o ap̄
Wintoñ, vij. die Maii.

Rᴇx ⁊c̃. bar̄ de scacc̄ ⁊c̃. Cōputate vic̃ Sum̃set ⁊
Dors̃ xxviij. m̃. ⁊ x. soł qᵒs liƀavit ī cam̃a nr̄a p p̄cept̄
nr̄m. T. me ip̄o ap̄ Porc̄, ix. die Maii.

Rᴇx ⁊c̃. vic̃ Salopesbir̄ ⁊c̃. Precipim⁹ tⁱ qꝺ veñabili
pr̄i nr̄o E. Hereford̄ ep̄o facias hr̄e unū m̃cat̄ sīg̃lis ebdom̄
una die, sciłt, die Dñica ap̄ Ledebir̄ ī Nort̄d, ita t̄n qꝺ
nō sit ⁊c̃. T. me ip̄o ap̄ Porc̄, ix. die Maii.

Rex ꝉc̃. G. fiꝉ Pet¹ ꝉc̃. Mandam⁹ voꝏ q� faciatis hr̃e abꝏi ꝉ monachis de Crodesdeñ C. soꝉ sꝶling̃ de scacc̃ nr̃o sing̃lis anñ, scꝲt, ad scacc̃ Sc̃i Micħ L. soꝉ ꝉ ad scacc̃ Pascħ L. soꝉ quos eisᵭ monacħ p āīa Roꝏ Caperoñ miliꝉ, cuj⁹ corp⁹ ī eccꝉia eoꝝᵭ monachoꝝ requiescit, concessim⁹ quousꝗ eis ipos C. s̃. ī aliqᵃ escaeta assigna-ꝟim⁹ꞏ et volum⁹ qᵭ vos ipos C. s̃. ī pˡma escaeta ipis monachis assignetisꞏ ꝉ cū assignaꝟitis noꝏ scire faciatis p litꝶas vr̃as uⁱ ꝉ ī qᵃ villa ipos C. s̃. assignaꝟitis. T. me ipo ap̃ Porc̃, x. die Maii.

Rex ꝉc̃. G. fiꝉ Pet¹ ꝉc̃. Mandam⁹ voꝏ ꝗ dilc̃o ꝉ fideli militi nr̃o Engelrañ de Pᵃteꝉꝉ tᵃnsfretanti noꝏcū in ꞇvic̃o nr̃o faciatis hr̃e xxᵗⁱ. m̃. argenꝉ ad se p̃parand̃. T. me ipo ap̃ Porc̃, xj. die Maii.

Rex ꝉc̃. Meilero fiꝉ Henr̃ ꝉc̃. Sciatis qᵭ Latimer⁹ satisfec̃ noꝏ in Angꝉ, ad scaccar̃ Westm̃, de xv. m̃. argenti, unde noꝏcum finē fecit p habenda ꞇra sua ꝗ fuit in manu nostraꞏ ꝉ ideo voꝏ mandam⁹ qᵃtin⁹ ipm iñ quieꝉ ēe, ꝉ finem illū de rotuꝉ nr̃is deleri faciatis. T. me ipo ap̃d Porcesꝉ, x. die Maii. Ᵽ dñm Norwic̃.

Bar̃ de scacc̃. } Rex ꝉc̃. Cōputate Wiꝉꝉmo Briwerr̃ L. m̃. qᵃs liꝏavit in camꝉa nr̃a de fine suo p ꞇra ꝉ ħede Raᵭ Murdac, anno regni nr̃i primo, ap̃ Vernoꝉ, si eiᵭ illas L. m̃. nō cōputastis, ꝉ p̃tea cōputate eiᵭ xxix. marc̃ x. soꝉ iiij. ᵭ. qᵒs liꝏavit ī camꝉa nr̃a ap̃d Alne-wic̃ de p̃sentaꝷoe Ysaac Juᵭi de Oxoñ, si deñ illos ei alias nō cōputastis. T. me ipo ap̃d Porc̃, xj. die Maii.

Rex ꝉc̃. bar̃ de scacc̃ ꝉc̃ꞏ Cōputate Hug̃ de Weꝉꝉ ꝉ Hug̃ de Boby, cᵒtodibꝝ ep̃at⁹ Linc̃, eleñ ꝯstitutas de ep̃atu Linc̃. T. H. Barᵭ, ap̃ Portesmues, xiiij. die Maii. Ᵽ eund̃.

Rex t̃c̃. baron̄ de scacc̃ t̃c̃. Sciatis qd̃ recepim⁹ ī
cam̃a nr̃a de G. fil̃ Pet¹ com̃ Essex̃ C. t xl. m̃. ad quietand̃
exp̄nsas nr̃as⸱ t x. li. t xvij. s̃. t iij. d̃. ad q¹etand̃ robas
nr̃as fc̃as ap̃ Winton̄⸱ t qᵗt̃xxᵘ. li. t xiij. li. t v. s̃. ad
libat̃oem Lupilionis t alioӡ balistoӡ nr̃oӡ qui tᵃnsfretant
nobcū⸱ t C. t xj. li. t xviij. s̃. t viij. d̃. ad libac̃oes
svientū t balistarioӡ nr̃oӡ morantiū ap̃ H'ford̃. [T. t̃c̃.]
xij. die Maii⸱ anno regni nr̃i t̃cio.

Rex t̃c̃. Henr̃ fil̃ Warin̄ t̃c̃. P'cipim⁹ t¹ qd̃ īvenias
necc̃ia Warin̄ de Hybnia⸱ latori p̃sntiū⸱ t duobӡ equis
suis⸱ t xxᵘ.iiijᵒʳ. canibӡ nr̃is⸱ t v. leporariis⸱ t v. hõibӡ
ip̃ius Warin̄⸱ t id qd̃ ī ill postĩs 9. t¹ ad scacc̃. T. me
ip̃o ap̃ Portesmues⸱ xiiij. die Maii. ℞ Hub cam̃ar̃.

Rex t̃c̃. W. thaur̃⸱ t G. t R. cam̃ariis⸱ t̃c̃. Libate
de thaur̃ nr̃o xxv. sol Jacob de Templo t Hug̃ de H'ford̃
clicis nr̃is⸱ q¹ cantav̄nt Xp̃c̃ vincit die Pent ap̃ Porc̃ corā
nob. T. me ip̃o ap̃ Porc̃⸱ xiij. die Maii.

Rex t̃c̃. G. fil̃ Pet¹ [t̃c̃]. Mandam⁹ t' qd̃ facias hr̃e
Will̃o de Sc̃o Mich iiij. li. t xvij. sol t j. d̃. quos ei debem⁹
p robis libatis ī cam̃a nr̃a cōputatis corā H. de Burgo
cam̃ar̃ nr̃o ap̃ Porc̃⸱ x. die Maii⸱ anno regni nr̃i iijᵒ.
T. me ip̃o ap̃ Porc̃⸱ x. die Maii. ℞ H. de Burgo.

Rex t̃c̃. Gaufr̃ fil̃ Pet¹ t̃c̃. Mandam⁹ vob qd̃ assedeatis
dilc̃o nr̃o mag̃ro Urrico tantū t̃re quant est ī Wikeford̃
t Canewaudon̄⸱ q̃ fūnt Henr̃ de Essex̃⸱ ī loco cōpet̃nti⸱
t c̃to nūtio suo latori p̃sntiū faciatis in̄ hr̃e saisinā⸱⸴
nos enī nobcū adducim⁹ p̃dc̃m' Urric̃ ī svic̃o nr̃o ad
faciend̃ ingenia nr̃a⸱ ita qd̃ a nob nō potest reced̃e⸱⸴ et
cⁱ⁰todiatis⸱ t ptegatis⸱ t man̄ om̃s t̃ras⸱ res⸱ hõies⸱ t
poss̃ ip̃ius Urric̃⸱ nō pmittentes ei v̄l rebӡ suis ī aliqᵒ
fi molestiā v̄l gᵃvam̃⸱ qᵃmdiu nobcum fũit ī svic̃o nr̃o.
T. me ip̃o ap̃ Bonā Villā sup Tokā⸱ ij. die Jun̄.

Pat. } Rex ĩc̃. G. fił Pet¹ com̃ Essex̃ ĩc̃. Mandam⁹ voƀ qđ faciatis h̄re dilc̃o ꞇ fideli nr̃o B. com̃ Flandr̃ feođ suū ad scacc̃ nr̃m ⸴ nō obstante p̃hibic̃one q¹ voƀ fecim⁹ p̃ Wiłłmo de Warenñ nepote nr̃o ꞏ ꞇ hõibȝ ip̃ius com̃ faciatis sñ diłone reddi antiq° feoda sua ⸴ sic̃ ea h̄re solebant. T. W. Maresc̃ com̃ de Pemb°c ⸴ ap̃ Insulā Andeł ⸴ ix. die Juñ. P̃ dñm Regē.

Rex ĩc̃. G. fił Pet¹ ĩc̃. Mandam⁹ voƀ qđ Wiłłmo avūclo com̃ Flandr̃ reddi faciatis xxv. łi. sꞇlingoȝ ⸴ q̃ ei deƀnt︐ ut dicyt de rerag̃ feodi sui de ꞇmiñ Pasch̃ p̃ximo p̃ꞇiti ⸴ n¹ ip̃e illas recepit. T. me ip̃o ap̃ Insulā Andeł ⸴ x. die Juñ. P̃ B. com̃ Albemarłł.

Memb. 4.

REX ĩc̃. G. fił Pet¹ ĩc̃. Mandam⁹ voƀ qđ sñ diłone ꞇ occ̃one faciatis h̄re dilc̃o valeto nr̃o ⸴ Thom̃ de Burg̃ ⸴ scutag̃ suū de feođ suis q̃ tenȝ de dñis suis ⸴ ꞇ ip̃is cōputari faciatis ī scutag̃ suo qđ noƀ deƀnt tantū q°ntū cape deƀent de ip̃o Thom̃ de feodis suis ꞏ et si quid de feođ ip̃ius Thom̃ capꞇ fꞇit de scutag̃ suo ⸴ id ei sñ diłone reddi faciatis. T. me ip̃o ap̃ Insulā Andeł ⸴ x. die Juñ.

Rex ĩc̃. G. fił Pet¹ ĩc̃. Sciatis qđ q¹eta clamavimus B. com̃ de Aubemar̃ in vita sua õia debita q̃ Wiłłs de Foȝ p̃decessor ej⁹ debuit ad scacc̃ nr̃m ꞏ et ĩo voƀ mandam⁹ qđ eū iñ q¹etū ēe faciatis `ī vita sua.' T. me ip̃o ap̃ Insulā Andeł ⸴ x. die Junii.

Rex ĩc̃. Gwidoni de Diva ꞇ Math̃o cłico de Rothom̃ ⸴ sałꞇ. Liƀate de thesauro nr̃o quē habetis veñabili p̃ri nr̃o dño Burdegał archiep̃o CCC. m̃. argenti de debito qđ ei debem⁹. T. me ip̃o ap̃ Insulā Andeliac̃ ⸴ xj. die Juñ.

Rex tc̃. G. de Diva त Matho clic̃ tc̃. Libate de thesauro nr̃o quē habetis veñabili p̃ri nr̃o dño Burdegaleñ archiep̃o quingentas marcas argenti, q̃ꜱ deferet comiti Engolism̃ p p̃ceptū nr̃m. T. me ip̃o ap̃ Insulā Andeliac̃, xj. die Junii.

Cancellāt q' in Rotulo Norm̃.

Pat. ⎱ Rex tc̃. G. fit Pet¹ tc̃. Mandam⁹ vob̃ qđ faciatis hr̃e vicedominio de Pinkeny q̃ꜱdragint marc̃ de feudo suo sic̃ vob̃ dixim⁹ in Angī, n¹ illas ħũit. T. me ip̃o ap̃ Insulā Andet, x. die Juñ.

Rex tc̃. G. fit Pet¹ tc̃. Mandam⁹ vob̃ qđ su̅ om̅i ditone faciatis hr̃e dilc̃o nr̃o Petº de Meinillo q¹nqꜱgint libr̃ ad scacc̃ nr̃m q̃ꜱ ei dedim⁹. T. me ip̃o ap̃ Insulā Andet, xj. die Juñ.

Rex tc̃. G. fit Pet¹ tc̃. Mandam⁹ vob̃ qđ ī p¹mis escaet̃ nr̃is assignetis dilc̃o त fideli nr̃o Galoñ de Fruges C. sot̃ t̃re p t̃ra sua q̃ꜱm ħuit ap̃ Brurgesce: त intim ei ad scacc̃ nr̃m C. sot̃ hr̃e faciatis. T. me ip̃o ap̃ Gimeges, xiiij. die Juñ.

Cancellāt q' inferi⁹ alit̃.

Rex tc̃. G. fit Pet¹ tc̃. Sciatis qđ deđam⁹ Waloñ de Fruges C. sot̃ t̃re in terra com̃ Augi: त q reddidim⁹ eiđ comit̃ t̃ras त feoda sua, vob̃ mādamus qđ p̃dc̃o Waloñ C. sot̃ t̃re alibi assignetis. T. me ip̃o ap̃ Gimeges, xv. die Juñ.

Rex tc̃. G. fit Pet¹ tc̃. Monstravit nob̃ Wittus Roillarđ qđ ip̃e ħt ad scacc̃ nr̃m de feodo p annū xxv. lib̃ st̃lingo₂, त st̃ ei aretº xvj. libr̃ त xiij. sot̃ iiij. đ.: uñ vob̃ mandamus qđ, si ita ꝺ ut dic̃, areragiū ittd ei hr̃e faciatis. T. me ip̃o ap̃ Gemeg̃, xv. die Juñ. Ᵽ P. Pict̃ thesaur̃.

Rex &c. G. fil P.   Monstravit nob Wills Buri qđ iρe
ħt ad scacc̃ nr̃m de feodo p annū xxx. libr̃ st̃lingoꝣ ◡ ᵹ
st̃ ei aret° xv. libr̃ de ᵽmino Pasch ꝑx° ꝓ̃titi ut dicit᷎ uñ
vob᷎mandamus qđ ◡ si ita est ut dicit ◡ areragiū iłłd ei hr̃e
faciatis.   T. me iρ̃o aꝑ Gemeg̃ ◡ xv. die Junii.   ꝑ P.
thesaur̃ Picꞇ,

Rex &c. G. fil Per'.   Monst°vit nob Adā Keret qđ
iρe ħt ad scacc̃ nr̃m de feođ p annū xl. lib st̃lig̃ ◡ ᵹ st̃
ei aret° xx. libr̃ a ᵽmino Pasch ꝑx° ꝓ̃titi ut dicit᷎ uñ
vob mandam⁹ qđ ◡ si ita ᵻ ut dicit ◡ areragiū iłłd ei hr̃e
faciatis.   T. me iρ̃o aꝑ Gemeg̃ ◡ xv. die Juñ.   ꝑ P.
thesaur̃ Picꞇ.

Rex &c. G. fil Per¹ &c.   Monst°vit nob Anselm⁹ de
Kaiou qđ iρe ħt ad scacc̃ nr̃m de feođ p annū xxxv. lib
st̃lig̃ ◡ ᵹ st̃ ei aretro xvij. lib ᵹ x. s̃. de ᵽmino Pasch ꝑx°
ꝓ̃titi ut dic᷎̃ uñ vob mandam⁹ qđ ◡ si ita ᵻ ut dic̃ ◡
areragiū iłłd ei hr̃e faciatis.   T. me iρ̃o aꝑ Gemeg̃ ◡
xv. die Juñ.   ꝑ P. thesaur̃ Picꞇ.

Rex &c. G. fil Per¹ &c.   Monst°vit nob Wills de
Monte Keᵽelli qđ iρe ħt ad scacc̃ nr̃m de feođ p annū
L. lib st̃ling̃ ◡ ᵹ st̃ ei aret° xxv. lib st̃ling̃ de ᵽmino
Pasch ꝑximo ꝓ̃titi ut dic᷎̃ uñ vob mandam⁹ qđ ◡ si ita
ᵻ ut dicit ◡ areragiū iłłd ei hr̃e faciatis.   T. me iρ̃o aꝑ
Gemeg̃ ◡ xv. die Juñ.   ꝑ Petrū thesaur̃ Pictav̄.

Rex &c. G. fil Per¹ &c.   Mandam⁹ vob qđ viđi faciatis
ꝺ rotulis scacc̃ q°ntū feodi Gerard⁹ ◡ cancellari⁹ Flandr̃ ◡
hr̃e debꝫ ad scacc̃m nr̃m ◡ ᵹ q°ntū iñ recepit᷎ ᵹ id ꝗ ei
iñ fꝰłit aret° ei reddi faciatis sñ diłone.   T. me iρ̃o aꝑ
Insulā Andeł ◡ xxv. die Juñ.

Rex &c. G. fil Per¹ &c.   Mandam⁹ vob qđ faciatis hr̃e
com̃ Nevur̃ C. marc̃ arg̃ de feodo suo ◡ q̃ ei aret° sunt de

c

P̃mino Pasch ꝓximo p̃titi.   T. me iꝓo aꝓ Insulā Andel͵ xxvij. die Juñ.

REX l̃c. G. fil Pet¹ cõm Essex̃ l̃c.   Mandam⁹ voᵬ qđ faciatis h̄re Nicol de Cunđ x. li. de feodo.   T. me iꝓo aꝓ Insulā Andel͵ xxvij. die Juñ.

Patentes. } REX l̃c. G. fil Pet¹ l̃c.   Mandam⁹ voᵬ qđ faciatis h̄re dilc̃o ꞇ fideli nr̃o Huḡ de Fontibȝ viginí quinꝗ liᵬ sẽlinḡ͵ medietatē͵ scḭt͵ ad fesí Sc̃i Mich͵ ꞇ aliā medietatē ad Pasch͵ donᶜ ei illas viginí quinꝗ liᵬ in c̃to loco assignav̂im⁹.   T. me iꝓo aꝓ Longū Cāpū͵ xxviij. die Juñ.

Pal. } REX l̃c. G. fil Pet¹ l̃c.   Mandam⁹ voᵬ qđ faciatis h̄re Petᵒ cõm Tornodori ꞇ Altissiodori C. li. sẽlinḡ ad scacc̃ nr̃m͵ medietatē ad scacc̃ Sc̃i Mich͵ ꞇ mediel ad scacc̃ Pasch͵ scḭt͵ de antiqᵒ feodo C. m̃. ꞇ L. m̃. de cre-m̃to.   T. Willo Maresc̃͵ aꝓ Parisi⁹͵ j. die Julii.

REX l̃c. G. fil Pet¹ l̃c.   Mandam⁹ voᵬ qđ assignetis ī aliqᵃ escaetaȝ nr̃aȝ Willo fil Willi ꞇ Ele ux̃ sue x. li. P̃re͵ ī escambiū de Radepont qđ ꝑdc̃a Ela clam̃ ī dotē.   T. me iꝓo aꝓ Alenc̃͵ xviij. die Julii.

MANDAT' ꝉ G. fil Pet¹ qđ dñs Rex reddidit Alañ de Rohā oñs P̃ras suas ī Angl͵ scḭt͵ Costeseyā͵ ꞇ Suave-seyā͵ ꞇ Foleburñ͵ cū oñibȝ ptiñ suis͵ ꞇ iñ homaḡ suū cepit͵ ꞇ ꝗ iñ saisinā suā iñ faciat h̄re͵ sic̃ ħuit tẽpe Ric̃ ꝶ.   T. W. Maresc̃͵ aꝓ Alenc̃͵ xviij. die Julii.   Ꝑ eunđ.

COMES de Pontiv̄ ħt littᵽas dñi Regis ad G. fil Pet¹ l̃c. qđ ħat id qđ est aretᵒ de P̃miñ Pasch ꝓxiñ p̃titi de D. li. qᵃˢ debȝ h̄re ꝑ anñ ad scacc̃͵ scḭt͵ medietatē ꝑdc̃e pecūie ad Pasch͵ ꞇ alᵽam medietatē ad scacc̃ Sc̃i Mich.

REX l̃c. G. fil Pet¹ l̃c.   Sciatis qđ nos cõmisim⁹ dilc̃o ꞇ fideli nr̃o Huᵬ de Burgo͵ cam̃ar̃ nr̃o͵ mañliū de

Cawestuñ ad sustentand̄ se ī ꝗvic̄o nr̄o⸳ et ĩo voƀ mandam⁹ qđ iłłd ei sñ diłone hr̄e faciatis.   T. me iꝑo aꝑ
Chinoñ⸝ xxx. die Julii.

Rex ꝛc̄. G. fił Petⁱ ꝛc̄.   Sciatis nos cōmisisse dilc̄o ꝛ
fideli nr̄o Huƀ de Burgo⸝ cam̄ar̄ nr̄o⸝ ad sustentand̄ se ī
servic̄o nr̄o⸝ castella de Grosmūt⸝ Schenefrith⸝ ꝛ de
Lantelieu cū ptiñ suis⸝ uñ voƀ mandam⁹ qđ ꝑdc̄a castella cū ptiñ ei hr̄e faciatis.   T. me iꝑo aꝑ Chiñ⸝ xxvj.
die Julii.

Rex Angł ꝛc̄.   Mandam⁹ voƀ q̃ faciatis hr̄e Reḡ
ꝓposito Carnoꝛ⸝ ꝯsanguineo comitisse Engolismi⸝ pⁱmā
eccⁱᵃ q̃ de donõe nr̄a vacare ꝯtiḡit⸝ salvis aliis ꝯcessionibꝛ
qˢ aliis fecim⁹.   T. me iꝑo aꝑ Chinoñ⸝ j. die Auḡ.

Rex ꝛc̄. G. fił Petⁱ ꝛc̄.   Mandam⁹ voƀ qđ sñ diłone
assignetis dilc̄o ꝛ fideli nr̄o Roƀ de Mortuo Mari⸝ ᶦ
escaetis nr̄is⸝ ꞇm ꞇre qⁿtū ħuit ī manīio de Costesheia⸝
q̃ reddim⁹ Alañ de Rohan⸝ ꝛ catałł q̃ ī ꞇra illa fūnt qñ
iñ fuit dissaisit⁹ eiđ Roƀ sñ diłone reddi faciatis.   T. me
iꝑo aꝑ Losduñ⸝ iiij. die Auḡ.

D'n's Rex ꝑdonavit Fulcoñ de Kantilupo L. s̃. de x. łi.
q̃ ab eo exiguntʳ ad scacc̄ ꝑ litꞇas suas.   Aꝑ Chiñ   xⁱx.
die Auḡ.

Memb. 3.

REX ꝛc̄. G. fił Petˈ ꝛc̄.   Mandam⁹ voƀ qđ cōputari
faciatis constaƀ Bristołł ad scacc̄ id qđ iꝑe r̄onabiłr
posūit in repaꞇõe molendinoꝛ Bristołł⸝ ꝑ visū tⁱū leḡ
hōīū.   T. me iꝑo aꝑ Salmur̄⸝ xxix. die Auḡ.

Rex ꝛc̄. G. fił Petⁱ ꝛc̄.   Mandam⁹ voƀ qđ assignetis
Luꞥ fił Joħ ꝛ Eustaꞔ uꝛ̃ ej⁹ x. łi. ꞗre in pˈmis escaetis
nr̄is⸝ ꝑ x. łi. qˢ dedam⁹ ꝑdc̄e Eustaꞔ in ꞗra com̄ de

Sc̃o Paulo qᵘ nos eiđ com̃ reddidimꝰ. T. com̃ Wiłło Maresc̃ ⸱ ap̃ Chinonē ⸱ xxx. die Aug̃. Ᵽ eunđ.

REX ꝋc̃. G. fił Petᵘ ꝋc̃. Mandamꝰ voꝗ qđ faciatis hr̃e Gaufr̃ Salsar̃ ⸱ ꝶvienti nr̃o ⸱ custodiā ꝑre ꝑ hedū [   ] de la Muwe qᵘ ei dedimꝰ⸱ q̃ fuit Philipp̃ le Bret. T. me ip̃o ap̃ Chinonē ⸱ vij. die Sepť.

REX ꝋc̃. G. fił Petᵘ ꝋc̃. Sciatis qđ ⸱ ad peticõem m̃ris nr̃e ⸱ ꝰcessimꝰ Osꝗ hõi suo pᵘmā p̃bndā uniꝰ deñ q²m vacare ꝯtīget ⸴ ꝑ io voꝗ mandamꝰ quod illā ei hr̃e faciatis. T. me ip̃o ap̃ Novū Castr̃ sup Sartā ⸱ ix. die Sepť.

Pat. } REX ꝋc̃. G. fił Petᵘ ꝋc̃. Mandamꝰ voꝗ qđ Roꝗ de Mortuo Mari faciatis assignari r̃onabile escam-biū de ꝑra q²m huit ī Coteseya ⸱ sive ī honore Peverełł ⸱ sive alias ⸱ dūmodo hat r̃onabile escambiū ⸱ ꝑ bladū anni p̃sentis de illo escambio ei faciatis hr̃e v̄l valentiā illiꝰ bladi ⸱ ꝑ firmā de h ꝑmiñ Sc̃i Micꝗ ei siłr hr̃e facia-tis. T. me ip̃o ap̃ Bellū Mōtē ⸱ xxviij. die Sepť.

REX ꝋc̃. G. fił Petᵘ com̃ Essex̃ ꝋc̃. Mandamꝰ voꝗ q Wiłłmo de Bretteviłł faciatis hr̃e denar̃ de scacc̃ nr̃o p annū ⸱ ad valentiā ꝑre sue de Ragheride qᵘ liꝗavimꝰ comiti Ᵽticii ⸱ quousꝗ eiđ Wiłło ī loco certo ad valenciā illiꝰ ꝑre aliā ꝑrā assignaꝟimꝰ. T. me ip̃o ap̃ Harecurt ⸱ xxix. die Sepť.

REX ꝋc̃. G. fił Petᵘ ꝋc̃. Sciatis qđ pdonavimꝰ dilc̃o ꝑ fideli nr̃o Rađ de Crumełł reveliū suū de feodo j. militis qđ tenꝫ de ep̃atu Linc̃ ⸱ qᵘ est ī manu nr̃a ⸱ ꝗ ip̃e ✠ ī ꝶvic̃o nr̃o cū equis ꝑ armis ⸴ et io voꝗ mandamꝰ qđ iñ ip̃m quietū hatis. T. me ip̃o ap̃ Harecᵘt ⸱ xxix. die Sep̃. Ᵽ W. Maresc̃.

REX ꝋc̃. G. fił Petᵘ ꝑ bar̃ ꝋc̃. Mandamꝰ voꝗ qđ dilc̃o nr̃o Ger̃ ꝑp̃õito de Brug̃ faciatis hr̃e feođ suū qđ de noꝗ

hr̃e deb₃ ⌐ sic̃ ǫtinet͛ ī rotuł scacc̃ ⌐ ᴅ arrerag̃ sua silr q̃ ei
inde aret° sūt ⌐ sic̃ ǫtinet͛ ī eoᵭ rotulo. T. me ip̃o ap̃
Harec͛t ⌐ xxix. die Sep̃.

· Rᴇx ᴅc̃. G. fił Pet¹ ᴅ bar̃ ᴅc̃. Sciatis qᵭ com̃ Flandr̃
multū est ad voluntatē nr̃am ⌐ ᴅ m̃ltū de ip̃o nos laudam⁹ ⌐
ᴅ ip̃e ⧾ ī tali articlo itiᴅs sui qᵭ ñllaten⁹ vult n° pᵗ re-
mañe ⁚ et ïo vob̃ mandam⁹ qᵭ eiᵭ com̃ integ͛ faciatis hr̃e
feoᵭ suū qᵭ de nob̃ hr̃e deb₃ ⌐ sic̃ ǫtinet͛ ī rotlo scaccar̃ ⌐
ᴅ arrerag̃ sua q̃ ei aret° sunt de feodo illo ⌐ sic̃ scire
potꞌitis p rotꞁm scacc̃ ⌐ ᴅ comiti silr de Namur̃ ⌐ ᴅ Will̃mo
de Hainou ⌐ ᴅ mag̃ro Uluino ⌐ & si nō ïveniãt͛ ïrotulati ad
scacc̃. Aliis & hõib₃ p̃dc̃i com̃ Flandr̃ silr hr̃e faciatis feoda
sua q̃ de nob̃ hr̃e deb̃ent ⌐ sic̃ ïveniãt͛ ïrotulati ī rotulo
scacc̃. T. me ip̃o ap̃ Harec͛t ⌐ xxix. die Sept̃.

Rᴇx ᴅc̃. G. fił Pet¹ ᴅc̃. Mandam⁹ vob̃ qᵭ Matħ com̃
de Bello Mōte faciatis hr̃e feodū suū ad scacc̃ nr̃m ⌐
sclt ⌐ xxx. łi. sig̃lis annis ī ꝑmiñ Pasch̃. T. me ip̃o ap̃
Aurivall ⌐ xix. die Oct̃. Ᵽ Regē.

Rᴇx ᴅc̃. G. fił Pet¹ ᴅc̃. Mandam⁹ vob̃ qᵭ sñ dilone
faciatis hr̃e Hug̃ de Fontib₃ integ͛ redditū suū q̃ ei
debem⁹. T. me ip̃o ap̃ Andeł ⌐ xxvj. die Octob̃.

Rᴇx ᴅc̃. G. fił Pet¹ ᴅc̃. Mandam⁹ vob̃ qᵭ sñ dilone
faciatis hr̃e Joħi de Augo totā ꝑram q̃ fuit com̃ Augi in
Angł ⌐ salvis nob̃ boscis ᴅ vendic̃õe boscoⱬ ⁚ ᴅ qᵃmciti⁹
potꞌitis faciatis iñ cōmoᵭ nr̃m modis quib₃ potꞌitis. T.
me ip̃o ap̃ Andeł ⌐ xxviij. die Octob̃.

Rᴇx ᴅc̃. G. fił Pet¹. Mandam⁹ vob̃ qᵭ faciatis hr̃e
vicedñio de Pinkeny suū feoᵭ ⌐ ᴅ id qᵭ vob̃ alia vice
mandavim⁹. T. me ip̃o ap̃ Andeł ⌐ xxvij. die Octob̃.

Rᴇx ᴅc̃. G. fił Pet¹ ᴅc̃. Mandam⁹ vob̃ qᵃtin⁹ faciatis
hr̃e Walos de Furchies C. soł ꝑre ī p¹mis escaetis nr̃is ⌐ ṽl

ī escaetis q̄ m° sunt C. sol. t̃re q^a m com̄ Augi tenet, et ei C. sol annuatī ad scacc̄ hr̄e faciatis, quousq; ei p̄dc̄as C. solid t̃re ī escaetis nr̄is assignav̄itis: et eid Walos hr̄e faciatis hoc qd de jure ptin3 ad maniū suū de Marcele. T. me ip̄o ap̄ Barnevill, j. die Novēb.

Rex ⁊c. baron̄ ⁊c. Cōput Willo de Enla xl. s̄. q°s ip̄e posuit ī duob3 tunell vini ad op⁹ nr̄m missis ap̄ Neuwrec. T. me ip̄o ap̄ Barnevill, xxix. die Oct.

Memb. 2.

REX ⁊c̄. G. fil Pet^i ⁊c. Mandam⁹ vob qd dilc̄o ⁊ fideli nr̄o Rob de Mortuomari faciatis hr̄e t̃rā de Costeseia sic̄ eam p^i⁹ huit, cū catall, ⁊ custodiā bosci, ⁊ ī fide q^a nob tenemini faciatis ɔmod nr̄m fi de vendic̄oe illi⁹ bosci p visū s̄vientū ip̄i⁹ Rob: et qd de t̃ra illa, de catall ip̄i⁹, ⁊ redditib3 captū est, p⁹tq^a idē Rob in̄ fuit dissaisit⁹, id ei reddi faciatis ad scacc̄ nr̄m de nr̄o. T. me ip̄o ap̄ Bur̃, viij. die Novēbr̃.

Hib. } Rex ⁊c̄. M. fil Henr̃, justic̄ Hib, ⁊c̄. Sciatis q dedim⁹ dilc̄o nr̄o Ric̄ de Felda, s̄vienti dn̄e Regin̄ ux̄ nr̄e, totā t̃rā cū om̄ib3 ptin̄ suis que fuit Elye de Pinkiny ī Hib: et īo vob mandam⁹ qd sn̄ dilone p̄dc̄am t̃rā cū om̄ib3 ptin̄ suis, ita integre sic̄ p̄dc̄s Elya eam huit, eid Ric̄ hr̄e faciatis, nō obstante aliq° mandato qd alias vob in̄ mandavim⁹: ⁊ loco ip̄i⁹ Ric̄ ad saisinā suā recipiendā Albric̄ de Curenn q̄ posuit loco suo recipiatis. T. me ip̄o ap̄ Bur̃, vij. die Novēbr̃.

Rex ⁊c̄. G. fil Pet^i ⁊c̄. Mandam⁹ vob qd faciatis hr̄e Gaufr̃ de Cella feod q Gaufr̃ de Cella p̄r suus huit ad scacc̄ sc̄dm tenorē carte ip̄ius Gaufr̃ q^a ht de nob. T. me ip̄o ap̄ Tresgoz, x. die Nov̄.

Rex τ̃c̃. G. fil Pet¹ τ̃c̃. Mandam⁹ voƀ qđ ꝑvideatis Roƀ fil Toli in aliqᵃ escaetař nr̃aᵹ uñ possit sustentari· T. me iꝑo aꝑ Castř de Vire⸍ xj. die Nov̄.

Rex τ̃c̃. G. fil Pet¹ τ̃c̃. Amisˢam⁹ lapides p̃ciosos τ jocalia nr̃a q̃ fre 9suevim⁹ circa collū nr̃m̃⸍ que Berthol lator p̃sentiū īveñ⸍ τ ea noƀ liƀaƚr τ fideƚr attulit. Nos auτ ꝑp̃ ˢviciū suū dedim⁹ ei aꝑ Berkamesteđ⸍ ubi iꝑe natᵍ fuit⸍ xx. s̃. redditᵍ꛴ et ĩo voƀ mandam⁹ qđ illas xx. sol redditᵍ ei sñ diƚone ibiđ assignetis. T. me iꝑo aꝑ Moretoñ⸍ xij. die Novēbr̃.

Rex τ̃c̃. G. fil Pet¹ com̃ Esseᛎ̃ τ̃c̃. Mandam⁹ voƀ qđ sñ diƚone faciatis hr̃e dilc̃o τ fideli nr̃o Huƀ de Burgo⸍ cam̃ař nr̃o⸍ plenariā saisinā de om̃ibᵹ terris τ tenem̃tis q̃ fûnt Walt̃i de Windesoᵹ. T. me iꝑo aꝑ Moretoñ⸍ xiij. die Nov̄br̃.

Rex τ̃c̃. G. fil Pet¹⸍ saƚt. Sciatis qđ nos pdonavim⁹ Ade de Novo M'cato xx. m̃. argenti de L. m̃. qᵃˢ noƀ debuit de p̃sto qđ ei fecimᵍ꛴ et iđo voƀ mandam⁹ q iñ q¹etᵍ sit. T. me iꝑo apd Damfrunτ⸍ xvj. die Nov̄.

D'ɴ's Rex pdonavit Roƀ de Menilt xx. m̃. de p̃stito qᵃˢ ei debuit sup cartā suā p litťas suas dirᵉctas G. fil Pet¹.

Rex τ̃c̃. G. fil Pet¹ τ̃c̃. τ baroñ de scacc̃ [τ̃c̃.] Sciatis Huḡ de Nevilt pacasse noƀ tⁱa milia τ CCC. τ L. marc̃ argenti aꝑ Cadom̃ ī festo Sc̃i Eadm̃ anñ regni nr̃i ƚcio de exitibᵹ foreste nr̃e Angƚ꛴ et ĩo volum⁹ q de tanto quietᵍ sit⸍ τ ībrevietʳ quietᵍ ī rotul scacc̃ nr̃i de Westm̃⸍ τ voƀ mandam⁹ q ita fi faciatis. T. me iꝑo aꝑ Argenτ⸍ xxiij. die Novēbr̃.

Petrᵍ fil Herƀt̃ ħt litťas dñi ℞. dirᵉctas G. fil Pet¹ de pdonaτoe xv. m̃. qᵃˢ ei debuit.

Rex̃ t̃c̃. G. fił Pet¹ t̃c̃. Mandam⁹ voƀ q faciatis h̃re Pet° de Cresk̃ c̃lico⸝ de p¹mis eccłiis q̊s vacare ꝯtig̃lit de donat̃oe ñra⸝ unā⸝ ᵗ si aliqᵃ m° vacans sit⸝ illā ei h̃re faciatis⸝ ᵗ si ñlla vacans fũit faciatis ei h̃re x. m̃. ad scacc̃ nr̃m p anñ quousqᵌ aliqᵃ vacãvit. T. me ip̃o ap̃ Orbec⸝ vij. die Dec̃.

> Rad' de Trubblevił h̃t litt̃as dñi ℞. patentes dirᵉctas Roƀ de Tresgoz ut ei liƀet castellũ de Waverei cꝰtodiend̃⸝ cũ om̃ibᴣ ad iłd ptinentibᴣ. T. me ip̃o ap̃ Montē Fortē⸝ vij. die Dec̃. Ᵽ mag̃rm W. de Bodeñ.

Rex̃ t̃c̃. G. fił Pet¹ t̃c̃. Mandam⁹ voƀ q faciatis h̃re Danyno de Breburc feod̃ suũ de ꝑm̃io Sc̃i Mich̃ px̃io ꝑꝑiti. T. me ip̃o ap̃ Rupē Andeł⸝ xv. die Dec̃.

Rex̃ t̃c̃. G. fił Pet¹ t̃c̃. Mandam⁹ voƀ q sñ diłone faciatis h̃re Pet° de Stok̃⸝ señ ñro⸝ totā ꝑrā q̃ fuit Wiłłi de Ros⸝ qᵘ Alex̃ Arsic⸝ qui mortuus est⸝ ñuit ī cꝰtodiā cũ ñede ꝑdc̃i Wiłłi⸝ nos enī ꝑre illi⁹ custodiā cũ ñede ei dedim⁹ ad sustentand̃ se ī ş̃vic̃o ñro. T. me ip̃o ap̃ Arg̃⸝ xxvj. die Dec̃. Ᵽ W. Maresc̃.

Rex̃ t̃c̃. W. tñaur̃⸝ ᵗ W. ᵗ R. cam̃ar̃⸝ t̃c̃. Sciatis q Alex̃ de Stok̃⸝ Petr⁹ de Ely⸝ ᵗ Wiłł de Avenay pacaṽnt ad scacc̃ nr̃m Cadom̃ Ṽ. marc̃ arg̃ de tñaur̃ ñro Angł⸝ et ĩo voƀ mandam⁹ qd̃ iñ quieti sint. T. me ip̃o ap̃ Argenł⸝ xxv. die Decembr̃.

D'n's Rex pdonavit Thom̃ de Burgo vjˣˣ. ᵗ xiij. łi. st̃lingoᴣ qᵃs Jud̃i Angł ab eo exig̃lunt p qᵃmdā cartā Roƀ de Cokesfeld̃ ᵗ Ade fił ej⁹ c̃ꝰ ñede h̃t ip̃e Thom̃⸝ et mandat̃ est Wiłło de Warenñ ᵗ sociis suis qd̃ eid̃ Thom̃ ꝑdc̃am cartā h̃re faciãt⸝ ᵗ de illo debito sit quiet⁹⸝ ᵗ siłr mandat̃ ✚ G. fił Pet'.

D'n's Rex pdonavit Pħ de Hulecotes xx. m̃. de fine
suo q̃ feč cū eo p ux̃ sua p littas suas dir°ctas G. fiŀ
Petᶦ.   Ap̃ Danfront ⸴ xxx. die Deč.

J. D'ı gr̃a tč. G. fiŀ Petᶦ tč.   Mandam⁹ voꝃ qđ dilčo
t fideli nr̃o Tħ Walťi reddatis saisinā tocius ꝓre de
Amūdr̃ īteg°⸴ cū om̃ibȝ ptiñ suis t cū bladis ⸴ sič eā ħuit
qñ eū iñ dissaisivim⁹.   T. me ip̃o ap̃ Danfront ⸴ ij.
die Jañ.

Rex tč. G. fiŀ Petᶦ tč.   Sciatis q nos intuitu D'ı
ꝯcessim⁹ Roꝧ de Leveland ⸴ cui arma dedim⁹ die
Cᶦ̃ccisiōis Dñi ⸴ t qᶦ ī c°stino c°cē assūpsit ⸴ q possit
īvadiare om̃s ꝓras t reddit⁹ suos ī Angŀ usꝗ ī t°s
annos ⸴ ita Ꟍn q custodia domoꝥ nr̃aꝥ de Westm̃ t
gaole de Flete sič ꝓdčs Roꝧ eam tenuit cōmittatʳ
dilčo t fideli nr̃o S. archiđ Weŀ cū filio t ħede ꝓdči
Roꝧ.   Concessim⁹ & ad petičoem ip̃i⁹ archiđ ꝓdčo Roꝧ
q liꝧatōes suas de ꝓdča c⁹todia ei de tᶦbȝ anñ ꝓmanibȝ
hr̃e faciem⁹ ⸴ et īo voꝧ mandam⁹ q ita fi faciatis ⸴ t
liꝧatōes q°s iđ Roꝧ de noꝧ hr̃e debȝ p annū ⸴ ꝓdčo
archiđ Weŀ ad op⁹ ip̃i⁹ Roꝧ de tᶦbȝ anñ īteg°
ꝓmanibȝ hr̃e faciatis v̂ŀ čto nūtio suo ⸴ quia iđ archiđ
īvenit noꝧ H. de Burgo cam̃ar̃ nr̃m ī pleg̃ q de pecūia
illa noꝧ respondebit.   T. me ip̃o ap̃ Meduanā ⸴
iij. die Jañ.

Cancellatʳ q' aŀr infᵗi⁹ scᶦbitʳ.

Rex tč. W. tħaur̃ t cam̃ar̃ Lonđ tč.   Liꝧate de tħaur̃
nr̃o Roꝧ de Dunlm̃ t Roḡ de Suhamtoñ ⸴ cŀicis nr̃is ⸴
xxv. soŀ ⸴ qꜱ cantavnt corā noꝧ ap̃ Argenꞇ die Nataŀ
Dñi Xp̃č vinč.   T. me ip̃o ap̃ Argenꞇ ⸴ xxviij. die
Decembr̃.

Rex tč. G. fiŀ Petᶦ tč.   Sciatis q nos concessim⁹ Roꝧ
de Leveland ⸴ cui arma dedim⁹ die Cᶦ̃ccisionis Dñi ⸴ t
qui in crastino crucē assūpsit ⸴ q possit īvadiare om̃s

p̃ras ꞇ reddit⁹ suos ī Angl̃ cui volũit usꝗ ī tres annos ⸝
ita ĩn ꝗ custodia domoꝫ nr̃aꝫ de Westm̃ ꞇ gaole de Flete
sic̃ id̃ Rob̃ eam tenuit remanebit dilc̃o ꞇ fideli nr̃o S. Well̃
archid̃ cū filio ꞇ h̃ede ip̃i⁹ Rob̃ ⸵ ꝗ volum⁹ ꝗ id̃ archid̃
ut p̃dc̃m est h̃at ꞇ teneat ⸝ eo ꝗ nos intuitu D'i ⸝ ꞇ ad
petic̃oem dñi Cant̃ ꞇ ip̃i⁹ archid̃ ⸝ cōmodavim⁹ p̃dc̃o
archid̃ Well̃ ad op⁹ p̃dc̃i Rob̃ ⸝ sup lib̃at̃oes ip̃ius Rob̃
de t'b₃ annis ⸝ tot denar̃ quot ꝑvenient p t'ˢ anñ de
lib̃at̃oib₃ assisis qᵃˢ id̃ Rob̃ de nob̃ h̃t p anñ de p̃dc̃a
custodia ⸵ ꞇ īo vob̃ mandam⁹ ꝗ p̃dc̃o archid̃ Well̃ ⸝ ṽl
c̃to suo nūtio ⸝ sñ dil̃one faciatis hr̃e de t̃haur̃ nr̃o tot
deñ p̃manib₃ qᵒt ꝑveniēt p t'ˢ annos de lib̃at̃oib₃ assisis
p̃dc̃i Rob̃ de p̃dc̃a custodia. Inveñ aut̃ id̃ archid̃ nob̃
Hub̃ cam̃ar̃ nr̃m in pl̃g̃ ꝗ iñ nob̃ respondebit. T. me ip̃o
ap̃ Meduanā ⸝ iij. die Jañ.

Rᴇx ꞇc̃. G. fil̃ Petⁱ ꞇc̃. Bñ recolim⁹ nos quietasse
Matild̃ de Aub̃vill̃ ꞇ h̃edes Rañ de Glanvill̃ de xxix. m̃.
arg̃ de debito ⸝ ꝗ id̃ Rañ debuit H. Regi p̃ri nr̃o ꝑ
vesselem̃to ꝗ id̃ Rañ nob̃ cōmodavit añqᵘ ēem⁹ com̃
Moretoñ ⸵ et īo vob̃ mandam⁹ ꞇ volum⁹ ꝗ ip̃m iñ quieti
sint. T. me ip̃o ap̃ Fissā ⸝ vij. die Jañ.

Rᴇx ꞇc̃. G. fil̃ Petⁱ ꞇc̃. Mandam⁹ vob̃ qᵃtin⁹ ꝑvideatis Gaufr̃ de Hauvill̃ xx. l̃i. t̃re ī cōpetenti maritag̃ ⸝
ꝗ er̃ de donat̃one nr̃a ⸝ ṽl ī p'mis escaet̃ nr̃is ⸵ et
int̃im ei x. l̃i. ad scacc̃ nr̃m annuati ad unū t̃miñ hr̃e
faciatis. T. me ip̃o ap̃ Chiñ ⸝ xviij. die Jañ.

Rᴇx ꞇc̃. G. fil̃ Petⁱ ꞇc̃. Mandam⁹ vob̃ qd̃ faciatis hr̃e
Rad̃ de Westm̃ ꞇ Silvestᵒ socio suo duas robas. T. me
ip̃o ap̃ Luch̃ ⸝ xxvij. die Jañ. P theasur̃ Pict̃.

Rᴇx ꞇc̃. G. fil̃ Petⁱ ꞇc̃. Mandam⁹ vob̃ ꝗ sñ dil̃one
faciatis hr̃e Gaufr̃ de Hauvill̃ custodiā t̃re cū ptiñ qᵘ
Rex Ric̃ fr̃ ñr dedit Henr̃ de La Wada ⸝ ꞇ iñ saisinā ei
hr̃e faciatis. T. me ip̃o ap̃ Luch̃ ⸝ xxvj. die Jañ.

Rex ꝭc. G. fil Petⁱ ꝭc. Sciatis q̄ nos quietū clāmavim⁹
dilc̄m nr̄m W. Maresc̄ de C. m̄. arḡ q̇s recepit anno
p̄tito ad scacc̄ nr̄m Lond̄ ⸴ ult͏a CCCC. m̄. arḡ q̇s annuatī
pcipit ad cᵒtodiend̄ castr̄ de Kardigan ⸴ ꝷ q̄ ad scacc̄
inrotulate sunt de p̄stito꞉ ꝷ ĩo vob̄ mandam⁹ q̄ iñ q⸍et⁹
est. T. me ip̄o ap̄ Cadom̄ ⸴ xxviij. die Febr̄. ꝑ dñm
Lond̄ ep̄m.

Rex ꝭc. Huḡ de Nevill ꝭc. Sciatis q̄ concessim⁹ q̄
monachi de Stanleḡ habent boscū illū parvū qui ptinᴣ ad
manⁱiū de Stanleḡ q̇diu nob̄ placꞇit ⸴ ita ꞇn q̄ nⁱl iñ
capiant ad vastū ⸴ sᴣ habent cᵒtodiā illi⁹ ꝷ past͏ram q̄ ī
eo est꞉ et ĩo vob̄ mandam⁹ q̄ boscū illū ī tali form͏a
eis reddatis ⸴ ꝷ ī pace teñe pmittatis nⁱ sit ad nocum̄t
foreste nr̄e. T. me ip̄o ap̄ Cadom̄ ⸴ xxviij. die Febr̄.

Rex ꝭc. G. fil Petⁱ ꝭc. Sciatis qd̄ bñ placᴣ nob̄ q̄
Alan⁹ Basset habeat custodiā ꞇre q̄ fuit Huḡ Druvall
ī Garinges q͏a p⁹ huit ⸴ nⁱ ꞇra illa valat plus q͏a xij.
v̄l xiiij. li. p̄ anñ. T. me ip̄o ap̄ Conch ⸴ viij. die
Marcii.

Rex ꝭc. G. fil Petⁱ ꝭc. Sciatis q̄ de maritaḡ illo de
filia Wigañ de Cesarisburḡ bñ volum⁹ q̄ illud maritaḡ
ad ꝓp⸍ū op⁹ vr̄m hatis. T. me ip̄o ap̄ V'nol ⸴ vij. die
Marcii.

Rex ꝭc. G. fil Petⁱ ꝭc. Mandam⁹ vob̄ q̄ sñ dilone
faciatis hr̄e Baldewiñ de Comines feodū suū ī Angl ⸴ ꝷ
nō remaneat licᴣ sit novū feod̄. T. me ip̄o ap̄ Montē
Fortē ⸴ xij. die Marcii.

Memb. 1.

REX ꝭc. G. fil Petⁱ ꝭc. Mandam⁹ vob̄ q̄ faciatis hr̄e
Willo Roillard̄ feod̄ suū de ꝓmīo Pasch instantis sic̄
illd hr̄e debᴣ. T. me ip̄o ap̄ Aurivall ⸴ xv. die Marcii.

Rex t̄c̄. G. fil Pet¹ t̄c̄. Mandam⁹ vob̄ qd̄ l̄ram de
Waching q̃ fuit Hug̃ de Nevill, t l̄ras q̃ fūnt Willmi
de Brettevill t mag̃ri Urric̄, qᵃs com̃ de Ptico libavim⁹,
sñ dilone ī manū nr̃am capiatis, salvis catall ip̄i⁹ com̃
q̃ ī ill posuit, q̃ volum⁹ q com̃ hat, t excepto seīe ad
l̄ras illas seminandas, t valore l̄rar̃ illaᴣ p anñ ip̄i com̃
hr̃e faciatis ad scacc̄ nr̃m I deñ⁏ t inquiratis diligent̄
qᵉntū valant l̄re ille, t valore l̄rar̃ illar̃ p̃dc̃aᴣ nob̄ scire
faciatis, ut possim⁹ iñ r̃onabile escambiū dare sive ip̄i
com̃, sive p̃fatis Hug̃, Willo, t Urric̄ si l̄ras illas eid̄
com̃ il̄um libare voll̄im⁹. Faciatis & eid̄ com̃ hr̃e
reragiū q ei restat reddend̄ de alio feodo suo q ad
scacc̄ nr̃m hr̃e debᴣ. T. me ip̄o ap̄ Montēforte, xiij.
die Marc̄.

Rex t̄c̄. bar̃ t̄c̄. Cōputate Joħi de Builli, ī firma sua
de Scardeburug̃, id q posull̄it ī neccīa repat̄oe domoᴣ
nr̃aᴣ de Scardeburc̄ p visū t testimoīm leg̃ hoīum sc̃d̄m
cōsuetudinē scacc̄ nr̃i. T. me ip̄o ap̄ Rupē Aurivall,
xxiij. die Marcii.

Rex t̄c̄. G. fil Pet¹ t̄c̄. Mandam⁹ vob̄ qd̄ custodiā
l̄re Willi Pipard̄ qᵃm Walt Pipard̄ ħuit ī custodia
faciatis hr̃e dilc̄o nr̃o t fideli com̃ Willo Marescal
integᵉ, cū instaur̃ t catall. T. me ip̄o ap̄ Andel, xxviij.
die Marc̄.

Rex t̄c̄. G. fil Pet¹ t̄c̄. Mandam⁹ vob̄ q faciatis hr̃e
Val de Cotes ħ q ei aretᵒ ✦ de feodo suo q hr̃e debᴣ.
T. me ip̄o ap̄ Rothomag̃, xxix. die Marcii.

Rex t̄c̄. W. tħaur̃ t bar̃ de scacc̄ t̄c̄. Cōputate cus-
todibᴣ ep̄atʔ Linc̄ xv. m̃. arg̃ de scutag̃ de feodo Willi de
Eineford̄, q est de feodo Linc̄ ep̄atʔ, t q est I manu dñi
Cant̄ arcħ cū ip̄o Willo qui est ī cᵍtodia ip̄i⁹⁏ t si qⁱd
iñ captū est, eid̄ arcħ reddi faciatis, qᴏ nos ip̄m archiep̄m

de scutaḡ illo quietavim⁹. T. me ip̄o ap̄ Molineƚƚ ، xxxj.
die Marcii.

Rᴇx ꝱc̃. Wiƚƚo Briwerꝸ ꝱc̃. Mandam⁹ voᵬ qꝱ manuteneatis ، ꝓtegatis ، ꝱ defendatis oᵐ̃s ꝑras ، res ، ꝱ pos-
sessiones dilc̃i ꝱ fideƚ nꝸi Roᵬ de Haracᵗt de ꝑris ꝱ
teneᵐ̃tis iƚƚ qᵃs eis dedim⁹ ī Angƚ ، ꝱ pmittatis eū hꝸe
hydagia ꝱ francpleḡ de iƚƚ ꝑris ، sic̃ ei illas dedim⁹، ꝱ sic̃
illas hꝸe debȝ. T. me ip̄o ap̄ Molineƚƚ ، xxxj. die Marcii.

Rᴇx ꝱc̃. G. fiƚ Pet¹ ꝱc̃. Mandam⁹ voᵬ qꝱ coᵐ̃ de
Nemuꝸ faciatis hꝸe C. m̃. argenƚ ad scacc̃ nꝸm sup feoꝱ
suū ، de ꝑio instanƚ Pasch ꝱ ꝑio Sc̃i Mich seꝗnti. T.
me ip̄o ap̄ Andeƚ ، iiij. die Apꞌƚ.

Rᴇx ꝱc̃. G. fiƚ Pet¹ ꝱc̃. Sciatis q Baldwin⁹ caᵐ̃ari⁹
de Flandꝸ plegios nobis invenit ، sc̃licet ، Philippū de
Harie ꝱ Wiƚƚm de Cresec ، q ad ᵍviciū nꝸm fideliƚꝸ nobis
veniet in Norᵐ̃ sicut añcessores sui ᵍvieꝸt añcessoribȝ
nꝸis؛ et ideo vobis mandam⁹ q eiꝱ Baldwino arreragia
feodi sui de ꝑmino Sc̃i Michis ꝓximo ꝑꝸiti sñ diƚone hꝸe
faciatis sicut hꝸe debet. T. me ip̄o ap̄d Rothoᵐ̃ ، vij.
die Apꞌlis.

Rᴇx ꝱc. G. fiƚ Pet¹ ꝱc̃. Mandam⁹ voᵬ qꝱ sñ diƚone
faciatis hꝸe dilc̃o nꝸo Wiƚƚo de Cresec arreragia feoꝱ sui
q hꝸe debȝ ad scacc̃ nꝸm īteg؛ ، qᵬ volum⁹ q ea ħat. T. me
ip̄o ap̄ Rotħ ، ix. die Apꞌƚ.

Rᴇx ꝱc̃. G. fiƚ Pet¹ ꝱc̃. Sciatis q nos pacavim⁹ Ade
Keret xx. ƚi. Anꝱ de caᵐ̃a nꝸa ، de arераḡ feodi sui q
hꝸe debȝ ad scacc̃ nꝸm؛ et īo voᵬ mandam⁹ q videatis
si feoꝱ suū ħūit ، ꝱ si iƚƚd ħūit ꝱc iñ ꝑdc̃as xx. ƚi.
retineatis ، ꝱ illi residuū feodi illi⁹ hꝸe faciatis ، ꝱ feoꝱ
suū q ei dedim⁹ ad valentiā ꝑre qᵗ R. Rex fꝸ ñr ei
dedit ad scacc̃ nꝸm īrotulari faciatis. T. me ip̄o ap̄
Rotħ ، ix. die Apꞌƚ.

Q' aƚr ꝭꞌi⁹.

REX t̃c̃. G. fit Pet' t̃c̃. Sciatis q nos pacavim⁹ Ade
Keret xx. ti. And de cañla nr̃a de arreragio feodi sui ꞏ⸌
et ĩo voƀ mandam⁹ q videatis si feoď illud ħũit ⸝ ⸈ si
ittd ħũit t̃c iñ p̃dc̃as xx. ti. retineatis de p'mis deñ q°s
habeƀ de feodo suo ⸝ ⸈ si ittd nō ħũit t̃c ei residuū
ultᵃ illas xx. ti. And hr̃e faciatis ⸝ ⸈ feoď suū ad valentiā
ꝑre qᴸ R. Rex fr̃ ñr ⸈ nos ei dedim⁹ ĩrotulari faciatis.
T. me ip̃o ap̃ Rotħ ⸝ ix. die Ap't.

REX t̃c̃. G. fit Pet' t̃c̃. Mandam⁹ voƀ q faciatis hr̃e
Witto Buꝑy feoď suū sc̃dm q ĩrotulat ✦ ad scacc̃ nr̃m.
T. t̃c̃.

REX t̃c̃. G. fit Pet' t̃c̃. Mandam⁹ voƀ qď sñ ditone
faciatis hr̃e Baldwiñ de Brarď arrerag̃ feodi sui q hr̃e deb₃
ad scacc̃ nr̃m. T. me ip̃o ap̃ Rothoñ ⸝ xj. die Ap't.

REX t̃c̃. G. fit Pet' t̃c̃. Mandam⁹ voƀ qᵃtin⁹ faciatis
hr̃e Ric̃ de Bailly de tħaur̃ nr̃o Lonď xxiiij. ti. st̃lingoₓ
q's ei debem⁹ p̃ pennulis captis ab eo ad op⁹ nr̃m contᵃ
Pascħ ⸝ p man⁹ Thoñ ctici nr̃i de cañla. T. me ip̃o ap̃
Rothoñ ⸝ viij. die Ap't.

REX t̃c̃. G. fit. Pet' t̃c̃. Mandam⁹ voƀ qᵃtin⁹ faciatis
hr̃e Ric̃ de Bailli xxv. ti. st̃lingoₓ ⸈ x. s̃. de tħaur̃ nr̃o
Lonď ⸝ q's ei debem⁹ p̃ pennulis captis ad op⁹ nr̃m ꝯᵃ
Pascha ⸝ p man⁹ Thoñ ctici nr̃i de cañla. T. me ip̃o
ap̃ Rothoñ ⸝ ix. die Ap't.

REX t̃c̃. G. fit Pet' t̃c̃. Sciatis qď dedim⁹ ⸈ concessim⁹ T'rico Theutoñ ⸝ vatď nr̃o ⸝ c⁹todiā ꝑre ⸈ ħedis
Witti Peꝟelli ⸝ qui ĩ ptib₃ Jertm obiit ut dicitʳꞏ⸌ et ĩo voƀ
mandam⁹ q eiď Terric̃ c⁹todiā ꝑre p̃dc̃i Witti cū ħede suo
sñ ditone hr̃e faciatis ⸝ et noƀ mandetis quid hoc fũit.
T. me ip̃o ap̃ Rothoñ ⸝ vij. die Ap't.

REX t̃c̃. G. fit Pet' t̃c̃. Mandam⁹ voƀ q faciatis hr̃e
Ernulf de Landast dño de Eyne arrerag̃ feodi sui ⸝

cōputat̄ ī eis C. s̃. st̃ling̃ quos ei pacavim⁹ ī cam̃a nr̃a.
T. me ip̄o ap̄ Roth̄ ⨯ xvj. die Ap'l.

Rex 1c̃. G. fil Pet' 1c. Sciatis q nos reddidim⁹ Joh̄i
de Augo Augū cū comitatu Augi quousq₃ evidentiorē
1 rectiorē iñ victim⁹ h̄edē⸴ et īo voᵬ mandam⁹ qd̄ ei
saisinā foreste q̃ ad com̃ illū ptin₃ hr̄e faciatis sic̃ h̄t de
plana t̄ra ⨯ salvo noᵬ maremio nr̃o q pari fecim⁹ ad op⁹
nr̃m ī foresta illa. T. me ip̄o ap̄ Aurivall ⨯ xvij. die
Ap'l. Ᵽ W. de Bodehā.

Rex 1c̃. G. fil Pet' 1c̃. Sciatis q nos recepim⁹ p man⁹
Ric̃ 1 Gilᵬ ⨯ s̃vientū Willi de Sc̃o Mich̄ ⨯ mille bacoñ 1
Lxxij. damos ⨯ quos noᵬ misistis⸴ et īo voᵬ mandam⁹ q
iñ quieti sint. T. 1c̃.

Rex 1c̃. G. fil Pet' 1c̃. Mandam⁹ voᵬ qd̄ sñ dil̃one
faciatis Joh̄i Lupo hr̄e feodū suū ad scacc̃ nr̃m ⨯ scit ⨯
xx. li. st̃ling̃ ⨯ 1 ꝓvideatis ubi feod̄ ill̃d ei assignari p'
ī aliq° c̃to loco ⨯ 1 id noᵬ significetis. Mandam⁹ & voᵬ
q nō īpediatis ip̄m Joh̄em de feodo suo h̄ndo dece-o ⨯ nⁱ
ꝓhibic̃oem sup h̄ a noᵬ suscepitis. T. 1c̃.

Rex 1c̃. W. th̄aur̃ ⨯ 1 G. 1 R. cam̃ar̃ ⨯ 1c̃. Sciatis q ⨯
die Veñlis ꝓxīa añ fest Sc̃i Geor̃ ⨯ recepim⁹ p man⁹
Elye Hug̃ de Musteriis 1 Reginald̄ de Crikeland̄ ij. m̃.
argenti de th̄aur̃ nr̃o Angl⸴ et īo voᵬ mandam⁹ q iñ
quieti sint. T. me ip̄o ap̄ Andel ⨯ xxviij. die April.
Ᵽ señ Norm̃.

Rex 1c̃. G. fil Pet' 1c̃. Sciatis q t·didim⁹ c⁹todiā t̄re
q̃ fuit Willi Pipard̄ dilc̃o 1 fideli nr̃o Roᵬ de Harac't⸴
et īo voᵬ mandam⁹ q eā ei sñ dil̃oe hr̄e faciatis. T. me
ip̄o ap̄ Andel ⨯ xxvj. die Ap'l.

Rex 1c̃. G. fil Pet' 1c̃. Sciatis nos dedisse Roᵬ de
Vet̄i Ponte quicq'd hōīes ipi⁹ Roᵬ cepunt de t̄ra Hug̃
de Morevill 1 de foresta ī deñ 1 aliis reb₃ ⨯ añqⁱ ꝓdc̃a

Ɑ̃ra ꞇ foresta devenissent ī man⁹ Wiłłi Briwerꝛ ⁓ et ɪ̄o voꞗ mandam⁹ q̇ nō sustineatis q̇ iđ W. Briwerꝛ v̄l aliq̇'s ali⁹ ab iꝓo Roꞗ v̄l ab hõibȝ suis iñ q̇ᶜq̇ᴸ exigant. T. me iꝓo aꝓ Rupē Vałłē ⸝ ij. die Maii. Ꝑ Thoꝳ̃ Josđi.

Rᴇx cepit homaꝑ̃ Bałđ de Andeaviłł ⸝ ꞇ Ɑ̃rā suā ī Angł q̃ dicitʳ Glattoñ ei reddidit ⸝ ꞇ ꝓcepit justiꞇ̃ p littᶠas suas q̇ faciat ei hꞃe saisinā.

Mᴀɴᴅᴀᴛᴜ' ✠ G. fił Petⁱ q̇ faciat hꞃe Alañ Walenꝧ qui pugnū suū pdidit ī Ꝺviꞔo dñi ꞄȢ. j. đ. de redditu ⸝ pⁱmū qui liꞗabitʳ⸝ ꞇ inꞇim eū ꝑhendinare faciat ī aliqᵃ abbatia.

Rᴇx ꞇꞔ. G. fił Petⁱ ꞇꞔ. Mandam⁹ voꞗ qđ faciatis Pꞕ Russełł ꝑhendinare ī aliqᵃ abbatia quousq̇ᵦ aliqᵃ ꝓꞗnda de duobȝ deñ sive iij. oꞗ vacaꝪit q̇ᴸ assignari volum⁹. T. me iꝓo aꝓ Arcꞕ ⸝ xviij. die Maii. Ꝑ P. de Stoꞣ.

Rᴇx ꞇꞔ. G. fił Petⁱ ꞇꞔ. Mandam⁹ voꞗ qđ faciatis hꞃe sñ diłone Roꞗ de Haracʳt Ɑ̃ram q̃ fuit Riꞔ de Turneby aꝓ Celeberꝑ̃ q̇ᴸ iđ Riꞔ de eo tenuit. T. ꞇꞔ. ut supᵃ.

Rᴇx ꞇꞔ. G. fił Petⁱ ꞇꞔ. Mandam⁹ voꞗ q̇ faciatis hꞃe dilꞔo ꞇ fideli nꞃo Huꝑ̃ de Gurnaꞔ Wandofre cū oꝳ̃ibȝ ptiñ suis ⸝ salvis uxori q̃ fuit Ingerꞃ de . . . . bladiꞩ ꞕ⁹ anni de dono ꝓdꞔi Huꝑ̃. T. me iꝓo aꝓ Feritatē⸝ xvij. die Maii.

Rᴇx ꞇꞔ. Huꞗ de Burgo ꞇꞔ. Sciatis q̇ dedim⁹ licentiā dilꞔo ꞇ fideli nꞃo G. fił Petⁱ firmandi domū suā de Stokes ⸝ et ɪ̄o voꞗ mandam⁹ q̇ illud eū firmare pmittatis ⸝ ita q̇ secʳe possit ɪ̄t⁹ hospitari. T. me iꝓo aꝓ Belenꞔꞗ ⸝ xviij. die Maii.

Rᴇx ꞇꞔ. G. fił Petⁱ coꝳ̃ Esseẍ ꞇꞔ. Mandam⁹ voꞗ q̇ faciatis hꞃe Roꞗ de Stuteviłł escambiū Ɑ̃re sue siꞔ voꞗ mandavim⁹ p dñm Canꞇ arcꞕ. T. me iꝓo aꝓ Pᵃtełł ⸝ xxij. die Maii.

Rex ᷓc̃. G. fił Pet' ᷓc̃. Mandam⁹ voƀ q faciatis dilc̃o
ᷓ fideli nr̃o B. com̃ Albemarł hr̃e saisinā de ƥra qᵗ
vicedñs de Pinkeni ƀt ī Angł. T. me iƥo aƥ Pᵃtełł ⸝
xxij. die Maii.

Memb. 5. in dorso.

REX ᷓc̃. Raɗ fił Stepƀ. Sciatis [   ] fił Edwiñ ve-
nator ñr atʳuavit corā noƀ loco suo Sim̃ Gansełł ᷓ Ric̃ de
M'etoñ ⸝ ad custodienɗ pc̃ū de Alwastoñ ᷓ forestā siłr sic̃
añcessores Idonee ux̃ sue iƥm parc̃ c̃ū foresta c⁹todire
c̃osuev̂nt ᷓ debûnt jure ƀeditario ⸝ ᷓ sic̃ iɗ Ric̃ iƥam
custodiā teñ̂e debȝ ⸝ et iƥe Ric̃ nos secʳos fec̃ de custodia illa fidełr facienda. I'o voƀ mandam⁹ qᵗtin⁹⸝
accepta pⁱ⁹ secʳitate de ƥdc̃is S. Gansełł ᷓ Ric̃ qɗ fidełr
custodiā illā facient ⸝ tᵃdatis iƥis loco iƥi⁹ Ric̃ custodiā
ƥdc̃oȝ parci ᷓ foreste ⸝ ᷓ vos sup illos videatis qɗ pc⁹
ille c̃ū foresta bñ custodiatʳ. T. me iƥo aƥ Landā Patᶦcii ⸝
xiij. die [   ].

Rex ᷓc̃. W. tƀaur̃ ⸝ ᷓ R. ᷓ W. cam̃ar̃ ⸝ ᷓc̃. Sciatis qɗ
baroñ nr̃i de scacc̃ Cadom̃ noƀ litłis suis significav̂nt qɗ
recepunt de Petᵒ de Ely ⸝ ᷓ Huḡ de Musters ⸝ ᷓ Joƀe de
Crikelade tᶦa milia marc̃ de tƀaur̃ .nr̃o Angł⸝ uñ voƀ
mandam⁹ qɗ illos de tanto qᶦetos ēe faciatis. T. S. Węłł
archiɗ ⸝ aƥ Sagiū ⸝ xvij. die Octoƀ.

Memb. 3. in dorso.

RIC' de Muntfichet ƀt litłas dñi ℞. directas Huḡ de
Neuviłł de ƀndis C. tū damos tū damas in foresta de
Windesores ad īnstaur̃ parc̃ū suū de Langlega. Aƥ
Barneviłł ⸝ xxviij. die Oct̃.

_____

ROTULUS TERRARUM ꝶ DENARIOꝝ LIBERATAꝝ in
Anglia anno regni dñi Regis JOHANNIS Quinto.

Memb. 13.

REX ꝷc̃. G. fiꝷ Pet¹ ꝷc̃. Sciatis ꝗ nos quietavim⁹
Matꝶ de Seltforꝺ ꝶ Wiꝶꝶm fꝶem suū de xl. ꝶi. sꝷling̃ ⸗ qᵃs
iꝑi debnt Juꝺis de Cantebrug̃ tam de catallo qᵃm de usura⸴
uñ voꝶ mandam⁹ ꝗ eos iñ quietari faciatis. T. me iꝑo
aꝑ Molineꝶ ⸗ xvj. die Maii.

REX ꝷc̃. G. fiꝷ Pet¹ ꝷc̃. Sciatis ꝗ reddidim⁹ Osꝶto de
Roveray ꝑ judiciū curie nꝶe Pilardintoñ ꝶ Stoꝶ sic̃ jus
ꝶ ꝶeditatē suā ⸗ qᵃs Hug̃ de Gornac̃ tenuit de feodo
Gilꝶ de Wascuiꝶꝶ⸴ et ĩo voꝶ mandam⁹ ꝗ eas illi hꝶe
faciatis. T. W. de Breosᵃ⸗ aꝑ Molineꝶ ⸗ xvj. die Maii.
Ꝑ eunꝺ.

MANDATU' est G. fiꝷ Pet¹ ꝷc̃. qꝺ quietet Gir̃ de For-
nivaꝶꝶ de ij. palefr̃ quos debuit ꝑ j. grue⸴ et Hugoñ de
Neviꝶꝶ mandatū ꝥ qꝺ quietet iꝑm Gir̃ de xx. s̃. ꝑ wasto
foreste.

REX ꝷc̃. G. fiꝷ Pet¹ ꝷc̃. Sciatis ꝗ concessim⁹ dilc̃o nꝶo
Wiꝶꝶo de Sc̃o Micꝶ ꝗ rehabeat camariā de Lonꝺ ⸗ reddendo iñ firmā qᵃm Regiñ de Cornhuꝶꝶ ⸗ qui eam tenuit ⸗
iñ redꝺe debuit⸴ et ĩo voꝶ mandam⁹ ꝗ camariā illā ꝑ
firmā ꝑdc̃am ei sñ diꝶone · hꝶe faciatis. T. W. de Breosᵃ⸗
aꝑ Molineꝶ ⸗ xix. die Maii.

REX ꝷc̃. G. fiꝷ Pet¹ ꝷc̃. Mandam⁹ voꝶ qꝺ quietos ẽe
faciatis hōíes dilc̃i ꝶ fidelis nꝶi Wiꝶi de Albeny de sectis
sirar̃ ꝶ hundr̃ ⸗ qᵃmdiu iꝺ Wiꝶꝶs fꝺit ĩ Norm̃ ĩ ꝗvic̃o nꝶo
cū equis ꝶ armis ꝑ ꝑceptū nꝶm. Mandam⁹ & voꝶ ꝗ
ꝑmittatis eiꝺ Wiꝶꝶo repare muros ⸗ ꝶ breccas ⸗ ꝶ portas ⸗
ꝶ fossata castelli sui de Beluaco⸴ ꝶ ꝑꝶea si Wiꝶꝶs Briwer̃

reddiđit ad scacc̄ nr̄m viij^to. marc̄ q^ªs recepit de scutag̃
ej^ᵒđ Wiłłi de Albeny de com̄ Oxoñ ↝ eas ꝯputari faciatis
eiđ Wiłło ī debitis suis q̃ noƀ debȝ ad scacc̄ nr̄m ⸴ et si
p̃dc̄s W. Briwerr̄ nō reddiđit p̃dc̄as viij. m̃. ad scacc̄ ↝
t̄c eū dist^ingatis q eas reddat ad scacc̄ ↝ t̄ ibi cōputent^r
p̃dc̄o Wiłło de Albeny ī debitis suis q̃ noƀ debȝ.   T. W.
de Breosª ↝ ap̃ Molinełł ↝ xix. die Maii.   Ᵽ eunđ.

Rex t̄c̄. G. fił Pet' t̄c̄.   Sciatis q quietavim^ᵒ dilc̃m
nr̄m Hugoñ de Chaucūƀ de usuris xxxiiij. łi. q^ªs debuit
redđe Mosse de Pariȷ̃ t̄ Leoni de Warewic̄ ↝ Juđis ↝ p̃
Nigello de Mundeviłł ↝ a principio Xl^mᵉ. usqᵦ Pentecoſt̄ ⸴
et īo voƀ mandam^ᵒ q eū iñ quietū ēe faciatis.   T. me
ip̃o ap̃ Molinełł ↝ xix. die Maii ↝ anno regni nr̄i quinto.
    Sub eađ forma sc^ibit^r c^ᵒtodibȝ Juđoȝ.

T'ra data. } Rex t̄c̄. G. fił Pet' t̄c̄.   Mandam^ᵒ voƀ q
            } sñ diłone hr̄e faciatis dilc̄o t̄ fideli nr̄o
Hug̃ de Hersy Pilardintoñ q^ªm Hug̃ de Gornaco tenuit ↝
t̄ insup Kingestoñ q^ªm deđam^ᵒ eiđ Hugoñ de Hersi ī
excambiū de Pilardintoñ ⸴ volum^ᵒ enī q ut^ªmqᵦ ħat.
T. W. de Albeny ↝ ap̃ Molinełł ↝ xix. die Maii.   Ᵽ eunđ.

Rex t̄c̄. G. fił Pet^i t̄c̄.   Sciatis q Hugo Oisełł dilc̄s ñr
noƀ optulit L. m̃. arg̃ p̃ ħndo excambio Angł ↝ p̃ iđ forū
t̄ easđ ꝯsuetudines p̃ q̃ Reginald^ᵒ de Cornhułł illud
tenȝ de noƀ ⸴ et īo voƀ mandam^ᵒ q ↝ si id noƀ viđitis
expedire ↝ illas L. m̃. capiatis ↝ t̄ iłłd excambiū ei hr̄e
faciatis.   T. me ip̃o ap̃ Molinełł ↝ xxj. die Maii.

T'ra data. } Rex t̄c̄. G. fił Pet' t̄c̄.   Mandam^ᵒ voƀ qđ
            } faciatis hr̄e Wiłło Revełł quinq^ªginta solidat̄
Ᵽre ī remañti manerioȝ de Pettenie t̄ de Werne ↝ sicut
Wiłłs Briwerr̄ voƀ dicet.   T. me ip̃o ap̃d Rothom̄ ↝ xxvj.
die May.

                              Sc^ibet^r ī rołło Ade.

Rex ⁊c̃. G. fił Pet' ⁊c̃. Si dedim⁹ Henr̃ fił Com̃ maſiiū de Spelepenne qđ fuit uxor̃ Waleram̃ de Medlet̃ añq' Ric̃ de Harac'ᵗt, ⁊c ip̃i Henr̃ maſiiū illđ hr̃e faciatis. T. me ip̃o ap̃ Roth̃, xxij. die Maii. ꝑ W. de Breos'.

Rex ⁊c̃. G. fił Pet' ⁊c̃. Mandam⁹ vob̃ qđ faciatis hr̃e Eustac̃ de Stutevill bladū maſiii de Wintoñ, de quo maſiio iđ Eustauc̃ ħuit duas ꝑtes ⁊ Wills fr̃ ej⁹ ꝉciā: volum⁹ enī q ip̃e ħat bladū q ꝑtinȝ ad ꝑtē fr̃is sui, qđ nos hr̃e debuim⁹, sic̃ bladū q ꝑtinȝ ad ꝑtes suas. T. me ip̃o ap̃ Rothom̃, xxij. die Maii. ꝑ Gir̃ de Fornivall.

T'ra data. } Rex ⁊c̃. G. fił Pet', salt. Sciatis q dedim⁹ dilc̃o militi nr̃o Brieñ de Insula totā ꝉrā q^a^m Rog̃ de Essartis ħuit ī Angł qui ꝑfect⁹ est ī Franc̃ 9ª nos: et ĩo vob̃ mandam⁹ qđ illā ei sñ diłone hr̃e faciatis. T. me ip̃o ap̃ Rothom̃, xxiij. die Maii.

Rex ⁊c̃. G. fił Pet' ⁊c̃. Mandam⁹ vob̃ qđ ī respectū ponatis Lx. m̃. q^a^s exigitis a dilc̃o nr̃o Hub̃ de Burgo camar̃ quousqȝ aliud iñ vob̃ mandav'im⁹, ⁊ q quiet⁹ sit ab om̃ibȝ q̃reł q^a^mdiu fuit ī ſvic̃o nr̃o, nisi de eswardo ꝉre q̃ fuit Walt'i de Windesoꝝ: qđ si eswarđ iñ fc̃m fuit ⁊c ꝑcipim⁹ qđ iđ camar̃ ħat catalla sua ⁊ fruct⁹ ꝉre, ⁊ sūpt⁹ quos ī ea posuit. T. me ip̃o ap̃ Molinell, xx. die Maii. ꝑ T. cłicū.

T'ra data. } Mandat' ✝ G. fił Pet' qđ faciat hr̃e uxori q̃ fuit Dd fił Owenñ decē lib^a^tas ꝉre, q^a^m longe pot'it a marchia, aut mag̃ aut min⁹ sic̃ viđit expedire, ī excambiū cast' de Elesmeres.

Rex ⁊c̃. G. fił Pet' ⁊c̃. Mandam⁹ vob̃ qđ faciatis hr̃e Gaufr̃ de Laceles ꝉrā suā de Angł. T. me ip̃o ap̃ Rothom̃, xxvij. die Maii.

T'ra data. } Rex ꞇc̃. W. tħaurr̃ , ꞇ W. ꞇ R. camar̃ ,
saꞁꞇ. Sciatis qꝺ , die Sabbi ī vigilia Penꞇ ,
recepim͛ aꝑ Rothoꝳ p manū Rob de Wintoñ , Huḡ
Fitiꞁ , ꞇ Micħ de Stok duo miꞁ ꞇ septingenꞇ m̃. arḡ de
tħaur̃ nr̃o Angꞁꞏ et ȳo [vobis] mandam͛ qꝺ estis iñ quieti.
T. me iꝑo aꝑ Rothoꝳ , xxvij. die Maii.

Rex ꞇc̃. W. tħaurr̃ , ꞇ W. ꞇ R. camar̃ , ꞇc̃. Sciatis qꝺ
die Veñis ꝓxȳa añ Pentecosꞇ , anno regni nr̃i qᵗnto , re-
cepim͛ aꝑ Rothoꝳ p manū Petᵗ Elieñ , ꞇ Wiꞁꞁi de
Faleis̃ , ꞇ Gaufr̃ de Claigaꞇ quatuor miꞁ marc̃ ꞇ L. m̃.
argenꞇ de tħaurr̃ nr̃o Angꞁꞏ et mandam͛ vob qꝺ estis
iñ quieti. T. me iꝑo aꝑ Rothoꝳ , xxvij. die Maii.

T'ra data. } Rex ꞇc̃. G. fiꞁ Petᵗ , saꞁꞇ. Mandam͛ vob
qꝺ faciatis hr̃e Henr̃ de Bailloꞇ CC. libr̃
Anꝺ ī esꞇꞁiñg ad scacc̃ nr̃m p anñ , ꞇ ȳcipiat ꝑmin͛
soluꞇ̃ois ꝑᵗmus ad festū Sc̃i Micħ anno regni nr̃i quinto ,
ꞇ eas recipiat dū amiꞅit ꞇr̃a suā Campañ occ̃one ꞅvicii nr̃i.
T. W. de Breosᵃ , aꝑ Rothoꝳ , xxvij. die Maii.

T'ra data. } Rex ꞇc̃. G. fiꞁ Petᵗ , saꞁꞇ. Mandam͛ vob
q faciatis hr̃e Ric̃ Moriñ Gahinge ī coꝳ
Brecsir̃ , q̃ fuit Bertᵃm fiꞁ Alantre ꞇ Gaufr̃ fiꞁ Haꝳ
Britoñ , qᵃm ei dedim͛. T. me iꝑo aꝑ Rothoꝳ , xxviij.
die Maii.

T'ra data. } Rex ꞇc̃. G. fiꞁ Petᵗ , saꞁꞇ. Mandam͛ vob qꝺ
faciatis hr̃e dilc̃o nr̃o Rob de Veꞇi Ponte
hundr̃ de la Horethorñ ita integᵉ , libe , ꞇ qᵗete sic̃ Guido
de La Val senior ꞇ junior iꞁꞁd umqᵗ meli͛ , ꞇ lıbi͛ , ꞇ integⁱ͛
ħunt ꞇ tenûnt꞉ et si qᵗd de hundr̃ illo captū est pᵖqᵗ
cōmisim͛ ꞇr̃a de Moleburñ iꝑi Rob , iꞁꞁd ei sñ diꞁone omī
diꞁone reddi faciatis. T. me iꝑo aꝑ Rotħ , xxvij. die Maii.

Gilb' Basset ħt respectū de debito q debuit reddidisse
ad scacc̃ ad Pascħ usqᵦ ad festū Sc̃i Micħ , ꝓpꞇ milites
suos qᵒs mittꝫ ī Norꝳ.

Rex ꞇc̃. W. de Warenñ ⸝ ꞇ Tĥ de Neviꞇꞇ ⸝ ꞇ G. de
Norwic̃ ⸝ justic̃ Juꝺo₂ ⸝ ꞇc̃. Sciatis q quietavim⁹ fideli
nr̃o Saĥo de Quency CCC. m̃. qᵃs deb₃ Juꝺis ꞉ ꞇ ĩo voꞗ
mandam⁹ qꝺ iꝓm iñ quieꞇ ẽe faciatis ⸝ ꞇ de aliis CCC. m̃.
qᵃs deb₃ Juꝺis faciatis iꝓm quietū ẽe de usuris ⸝ usqₑ a
festo Sc̃i Micĥ anno regni nr̃i q'nto ī unū anñ. T. me
iꝓo aꝓ Rothom̃ ⸝ xxviij. die Maii.

T'ra data. } Rex ꞇc̃. G. fiꞇ Pet' ꞇc̃. Mandam⁹ voꞗ qꝺ
hr̃e faciatis Andr̃ de Bello Campo mañiū
de Hardwic̃ cū ptiñ q fuit canonico₂ Sagieñ. T. W. de
Breosᵃ ⸝ aꝓd Rotĥ ⸝ xxix. die Maii.

Rex ꞇc̃. G. fiꞇ Pet' ꞇc̃. Sciatis qꝺ q'etavim⁹ Radꞇ de
Bello Cāpo CC. marc̃ arg̃nti de fine q̃ noꞗc̃ fecit ꝓ custodia terre ꞇ ĥedis Regiñ de Pavily ꞉ ꞇ iꝺo voꞗ mandam⁹
qꝺ illū de iꞇꞇ CC. marc̃ quieꞇ ẽe faciatis ⸝ ꞇ cartā nr̃am
qᵗ iñ ĥetis eū ĥere faciatis ⸝ ꞇ id qꝺ iꝓe reddidit de ꝓdc̃o
fine ei cōputari faciatis. T. me iꝓo aꝓd Ponꞇ Arcĥ ⸝
xxxj. die Maii.

Rex ꞇc̃. G. fiꞇ Petꞇ ⸝ saꞇꞇ. Mandam⁹ voꞗ qꝺ de hoc qꝺ
Henna ⸝ Judea de Oxenforꝺ ⸝ exigit ꝓ debito Walꞇi de
Bolebec̃ ab Heꞇ de Bello Campo ꞇ Constanc̃ uxore sua ⸝
faciatis iꝓos Heꞇ ꞇ Custanc̃ q'etos ẽe de hoc .s. qꝺ ad
iꝓos ptinet ad reꝺꝺñꝺ. T. ꞇc̃. aꝓd Ponꞇ Arcĥ ⸝ xxxj.
[die] Maii.

Mandat' ✝ G. fiꞇ Petri qꝺ faciat ĥere Gerardo de
Furnivaꞇꞇ qᵃndā feriā aꝓd Neuport qᵒlibet anno ꝓ duos
ꝺıes .s. in vigilia Petri ꞇ Pauli ⸝ ꞇ in die ⸝ n' sit ad
nocum̃ꞇ vicina₂ feria₂.

T'ra data. } Rex ꞇc̃. G. fiꞇ P. ꞇc̃. Mandam⁹ voꞗ qꝺ
sñ dilaꞇone faciatis ĥere canonicis de Du-
nestapꞇ terrā suā c̃ ptinentiis aꝓd Hoctuñ adeo integre
sic̃ iꝓi eā tenueꞗt tēpe H. Reg̃ ꝓris nr̃i ⸝ ex dọno ejusdē.
T. me iꝓo aꝓd Ponꞇ Arcĥ ⸝ v. die Junii.

Rex tc̃. W. thesaur̃ ᴊ t W. t R. camãr̃ ᴊ salt̃. Libate
de thesauro nr̃o Will̃o de Cornhill c̃lico nr̃o iij. s̃. t
vij. d̃. q°s exp̃ndit in duc̃ndo thesaur̃ nr̃o in Norm̃ ᴊ t
unã marc̃ q^am libavit Gaufrido balistario nr̃o p p̃cept̃
nr̃m.   T. W. de Breos̃ ᴊ ap̃d Pontẽ Arch̃ ᴊ v. die Junii.

T'ra data. } Rex tc̃. W. t T. t G. custodib₃ Judõ₂ ᴊ
salt̃.   Mandam⁹ vob q sñ dilȯne faciatis
here dilc̃o c̃lico nr̃o Th̃ de Cam̃a terrã q̃ fuit Joceliñ de
Lodnes ᴊ q^l Bñdc̃s Jud̃s de Norwic̃ h̃t in vadio:́ volum⁹
eni q̃d idẽ Th̃ eã teneat p eandẽ firmã p q^l Walt̃us de
Ravenīghã l̃ alius eã de p̃dc̃o Jud̃o tenet ᴊ quousq̆ hedes
p̃dc̃i Jocel̃ terrã illã v̂sus p̃dc̃m Jud̃m l̃ hedes suos
adq^ietaverint.   T. me ip̃o ap̃d Pont̃ Arch̃ ᴊ v. die Junii.
P P. de Maulai.

T'ra data. } Rex tc̃. Bñdc̃o Jud̃o Norwic̃ t filiis suis
[tc̃.] Sciatis q̃d volum⁹ q̃d dilc̃s c̃licus
ñr Th̃ de Cam̃a teneat de vob ter̃rã q^l hetis in vadio de
Joceliñ de Lodñ ᴊ p eandẽ firmã p q^l Walt̃us de Ra-
veninghã l̃ alius de vob eã tenũit l̃ tenet ᴊ q°usq̆ hedes
p̃dc̃i Jocel̃ eã versus vos l̃ hedes vr̃os adquietav̂int:́ t
idõ vob p̃cipim⁹ q̃d eandẽ terrã sic̃ p̃dc̃m ✦ eidẽ Thom̃ l̃
certo nuncio suo libetis.   Test̃ me ip̃o ap̃d Pont̃ Arch̃ ᴊ
v. die Junii.   P Petr̃ de Maullay.

Memb. 12.

T'ra data. } REX tc̃. G. fil̃ Pet^i tc̃.   Mandam⁹ vob
q̃d sñ dilȯne faciatis hr̃e dilc̃o t fideli nr̃o
Will̃o de Breos^a totã t̃rã q̃ fuit Joh̃is de Torintoñ ᴊ salva
ux̃ ip̃i⁹ Joh̃is r̃onabili dote sua ᴊ t salvo r̃onabili testam̃to
ip̃i⁹ Joh̃is:́ id̃ eni Will̃s nobc̃ū iñ ad voluntatẽ nr̃am
finẽ faciet.   T. me ip̃o ap̃ Rothom̃ ᴊ v. die Juñ.   P ip̃m
Regẽ.

T'ra data. } Rex t̃c̃. G. fil Pet' t̃c̃. Mandam⁹ voᵬ qd̃ faciatis hr̃e ī bona pace Pet° de Ripia maritag̃ Roes̃ de Helviñ ux̃ sue q̃ mortua est⸗ q ei ꝯcessim⁹ quousq̨ maritet⸗ cū om̃ib₃ catalt dotis sue⸗ salvo r̃onabili test̃m̃to suo⸝ et si q'd iñ amotū est⸗ excepto eo q ad p̃dc̃m testam̃tū captū ✢⸗ id ei sñ dilt̃one reddi faciatis. T. Wilt̃o de Breos*⸗ ap̃ Rupē Aurivalt⸗ vj. die Juñ.

T'ra data. } Rex t̃c̃. G. fil Pet' t̃c̃. Mandam⁹ voᵬ qd̃ hr̃e faciatis dilc̃o nr̃o A. com̃ Gloc̃ mañliū de Haustoñ cū ptiñ⸗ q Hug̃ de Gornaco ei dedit cū filia sua ī maritag̃. T. Gir̃ de Fornivalt⸗ ap̃ Rothom̃⸗ vij. die Juñ. P̃ eund̃.

T'ra data. } Mandat' ✢ G. fil Pet' qd̃ faciat hr̃e priori ⁊ canonicis de Dunestapt c⁹todiā domo₂ ℞. ap̃ Dunestapt cū gardino. T. me ip̃o ap̃ Rothom̃⸗ vj. die Maii.

· Rex t̃c̃. G. fil Pet' t̃c̃. Mandam⁹ voᵬ qd̃ sñ dilt̃one faciatis hr̃e CC. li. ⁊ vij. li. ⁊ x. solt st̃ling̃ Roglo latori p̃sentiū⸗ hõi Laur̃ de Duning̃⸗ de debito q eid̃ Laur̃ debem⁹. T. Pet° de Rupib₃⸗ ap̃ Rothom̃⸗ viij. die Juñ. P̃ eund̃.

Mandatu' ✢ G. fil Pet' qd̃ nō ꝑmittat Roᵬ Marmiū de Frendebir̃ īplacitari n' corā dño ℞. de aliq° tenem̃to suo⸗ q ī pace p⁹sedit die qᵃ tᵃnsfretavit ad dñm Regē ī nūtiū dñi sui ep̃i Rolf ep̃i⸗ scil₃⸗ ī septimᵃ Penteꝛost anno regni nr̃i quinto.

Maritag̃ dalt. } Rex t̃c̃. G. fil Pet' t̃c̃. Mandam⁹ voᵬ qd̃ sñ dilt̃one faciatis hr̃e dilc̃o ⁊ fideli nr̃o Pet° de Ripia unū maritag̃ q valat iiijˣˣ. m̃. arg̃⸗ ubi ilt̃d īq'r̃e potⁱit ī Anglt⸗ de dono nr̃o ad op⁹ suū v̄l ad op⁹ filii sui⸗ ⁊ ilt̃d tᵃdi faciatis latorib₃ p̃s̃ntiū

nūtiis iꝓi⁹ Pet¹.   T. P. de Pᵃteꝭ⸗ aꝓ Rotħ⸗ xij. die
Juñ.   Ᵽ eunđ.

T'ra data. } Rᴇx ᴛc̃. G. fiꝭ Pet¹ ᴛc̃.   Mandam⁹ voᵬ qđ
faciatis hře Wiꝭo de Sc̃o Martiñ ꝑrā q̃ fuit
Baldewiñ constaᵬ Boloñ⸗ q¹ nō venit ī ſ̆viciū nřm⸗ adeo
integᵉ sic̃ iđ Baldewin⁹ eam tenuit⸗ si dc̃s B. ī ſ̆viciū
nřm nō veꝫit contᵃ ħ festū Sc̃i Joħis Baꝓ.   T. G. de
Bosco⸗ aꝓ Rotħ⸗ xij. die Juñ.   Ᵽ eunđ.

Rᴇx ᴛc̃. Hug̃ de Neviꝭ ᴛc̃.   Mandam⁹ voᵬ qđ faciatis
hře Guariñ fiꝭ Geř decē damos ī foresta nřa de Esseẍ.
T. Petᵒ de Stoꝭ⸗ xj. die Juñ.   Ᵽ eunđ.

Rᴇx ᴛc̃. G. fiꝭ Pet¹ ᴛc̃.   Sciatis q̃ recepim⁹ a dilc̃o nřo
Fulcoñ de Kantilupo Lx. m̃. ī caꝫa nřa⸗ de fine q̃ noᵬcū
fecit ꝑ ħndis cartis suis de ꝑra sua de Burtoñ⸗ ᴛ Bar-
toñ⸗ ᴛ Calestoñ⸴ et īo voᵬ mandam⁹ q̃ eū iñ quietū ēe
faciatis.   T. me iꝓo aꝓ Rotħ⸗ xij. die Juñ.   Ᵽ T. de
Caꝫa.

Rᴇx ᴛc̃. G. fiꝭ Pet¹ ᴛc̃.   Mandam⁹ voᵬ qđ ꝑ recog-
nitõem⸗ q¹ Samson fiꝭ Wiꝭi ꝑq¹sivit v̂s⁹ dilc̃m cꝭicū nřm
magřm Regiñ de Pariꝫ⸗ de duabƺ hidis ᴛ dimiđ ꝑre in
Cesꝑtoñ⸗ q̃ᵃs dc̃s cꝭic⁹ ñr de noᵬ tenƺ⸗ ᴛ uñ nos tᵃhit ad
warantū⸗ in respectū poni faciatis quousqƺ veꝫim⁹ in
Angꝭ⸗ q̥ eam nō n¹ coram noᵬ teꝫi volum⁹.   T. me iꝓo
aꝓ Rothoñ⸗ xij. die Juñ.

T'ra data. } Rᴇx ᴛc̃. G. fiꝭ Pet¹ coꝫ Esseẍ⸗ saꝭt.
Sciatis q̃ cōmisim⁹ dilc̃o ᴛ fideli nřo B.
comiti Albemarꝭ ꝑrā advocati de Bettoñ in Angꝭ⸴ et īo
voᵬ mandam⁹ q̃ᵃtin⁹ ꝑram iꝓi⁹ advocati in Angꝭ cū
cataꝭ eiđ comiti sñ diꝭone hře faciatis⸗ ᴛ iꝓe coꝫ noᵬ
respondebit de ſ̆vito q̃ feođ noᵬ debƺ.   T. Wiꝭo de
Brahosᵃ⸗ aꝓd Rothoñ⸗ xiij. die Junii.

Rex ⁊c̄. G. fil Peti ⁊c̄. Monstavit nob̄ dilc̄s ⁊ fidel cl̄ic⁹ n̄r mag̃r R. de Paris̄ q, cū teneat eccl̄iam de Cestoñ, ⁊ duas hidas ⁊ dim̄ t̃re cū ptiñ ī Cestoñ de dono Reg̃ Ric̄ fr̄is nr̄i, ⁊ de donat̄one ⁊ advocat̄one nr̄a sit, illā ei warantizare debem⁹: et ĩo vob̄ mandam⁹ qd̄ recognit̄onē de p̄fata t̃ra sūmonitā coram justic̄ nr̄is ap̄ Westm̄, int̃ ip̄m ⁊ Samsoñ fil Willi, in respctū poni faciatis usq; corā nobis cū venīm⁹ in Angl, q; eā ñ ni coram nob̄ ip̄is tenī volum⁹: et si quid cepistis de fine quē dc̄s Samsoñ piñ fec̄ nob̄cū, id ei sñ dil̄one reddi faciatis. T. me ip̄o ap̄ Molinell, xiiij. die Juñ. P ip̄m Regē.

Maritag̃ concessū. Rex ⁊c̄. G. fil Peti ⁊c̄. Sciatis q p C. li. ⁊ j. palefrido concessim⁹ dilc̄o ⁊ fideli nr̄o Petro de Stokes maritagiū uxoris q̃ fuit Jord̄ de Annevill ad op⁹ cujusdā fr̄m suoꝝ: ⁊ concessim⁹ eid̄ Peto custodiam t̃re ⁊ h̄edis p̄dc̄i Jord̄ de Annevill, qousq; idē heres etatē h̄ūit: et id̄o vobis mandam⁹ q, accepta ab eo bona secritate de illis C. lr̄. ⁊ j. palefr̄ solvendis, ei p̄dc̄am uxorē ⁊ custodiā t̃re p̄dc̄e ⁊ h̄edis p̄dc̄i sñ dil̄one hr̄e faciatis, et nullam ei sūmonit̄onē faciatis de p̄dc̄is solvendis quousq; iñ aliud a nob̄ suscepitis mandatū. T. me ip̄o ap̄ Aurivall, xv. die Juñ.

Rex ⁊c̄. G. fil Peti ⁊c̄. Sciatis q pdonavim⁹ dilc̄o nr̄o Willo de Mara xxv. li. ⁊ x. s̄. st̃ling̃ de debito Jud̄oꝝ cū usuris, qd̄ deb; Jud̄is Lond̄, p sic q id̄ W. tenebit ī s̃vic̄o nr̄o ad deñ suos iij. milites ⁊ v. servientes usq; ad Pasch, et ĩo vob̄ mandam⁹ qd̄ eū iñ quietū ēe faciatis, ⁊ cartas suas qas Jud̄i h̄nt de eod̄ debito ei quietas reddi faciatis. T. P. de Stok, ap̄ Aurivall, xv. die Juñ anno ⁊c̄. q'nto.

In ead̄ forma scibitr Willo de Warenna ⁊ sociis suis.

Mandatu' + G. fil Pet' qᵭ faciat hr̄e Gir̄ de Kanvill coม̄ Linc̄ q̃ dn̄s Rex ei reddidit qᵃmdiu placuͨit ⌐ t q faciat ei reddi v̄l cōputari arrerag̃ q̃ in̄ capta sunt p⁹qᴵ in̄ fuit dissaisit⁹.

Rex 'tc̄. Hugoni de Nevill ⌐ salt̄. Mandam⁹ voฺb q capiatis xl. damas 't x. damos in pᵉrco de Wudestoke longe ab aula nr̄a ⌐ 't illos hr̄e faciatis Gerardo de Can- vill ⌐ ad instaurand̄ parcū suū de Midelinton̄. T. me ip̄o ap̄ Rothoม̄ ⌐ xvj. die Jun̄.

Rex 'tc̄. Hugōi de Nevill ⌐ salt̄. Mandam⁹ voฺb q pmit- tatis Gerard̄ de Cāvill cape 't hr̄e xx. damas in Syrwude ⌐ ita īn qᵭ n̄ h̄at ibi leporarios nec arcū aliq̃ nᴵ suū ꝓp'ū. T. me ip̄o ap̄ Roth̄ ⌐ xvj. die Jun̄.

Rex 'tc̄. G. fil Pet' ⌐ salt̄. Mandam⁹ voฺb q faciatis hr̄e coม̄ Albemarl septimā denarioꝫ de t̊ra sua. T. me ip̄o ap̄ Aurivall ⌐ xviij. die Jun̄.

Rex 'tc̄. Hugōi de Nevill ⌐ salt̄. Mandam⁹ voฺb q faciatis [hr̄e] Thoม̄ fil B'nardi L. damos in Essex̄ ad instaurand̄ parcū suū. T. me ip̄o ap̄ Aurivall ⌐ xviij. die Jun̄.

Rex 'tc̄. W. thesaurar̄ ⌐ 't W. 't R. camerar̄ ⌐ salt̄. Sciatis q recepim⁹ in caม̄a nr̄a ap̄ Rothoม̄ die Lun̄ an̄ fesͭ Sc̄i Botulfi ⌐ p man⁹ Petᴵ de Ely ⌐ 't Alex̄ de Stokes ⌐ 't Ric̄ fil Theodoꝫ ⌐ MMM. marcar̄ 't CCC. m̄. ⌐ un̄ voฺb mandam⁹ qᵭ in̄ quieti sitis. T. me ip̄o apud Rothoม̄ ⌐ xvij. die Jun̄.

Hibn̄. } Rex 'tc̄. justic̄ Hibn̄ ⌐ salt̄. Mandam⁹ voฺb qᵭ quietū e̊ faciatis Gaufr̄ fil Roฺb de CCC. m̄. q' s ab eo exigitis ⌐ scientes q eū in̄ quietavim⁹ ⌐ nᶜ volum⁹ q illas ab eo exigatis. T. me ip̄o ap̄ Aurivall ⌐ xviij. die Jun̄. Ꝑ ip̄m Rege̅.

Rex ͭc̃. G. fil Pet' ͭc̃. Sciatis q̄ Thom̄ de Arcẏ nob̄
ṣviet se iij. milit ad custū suū p̄'ū .s. p unū annū .s. a die
M̃ᶿcur̃ px̄ᵃ ante fesꝉ Sc̃i J. Bapꝉ anno regñ nr̃i q̄'nto ⌐ p
sic q̄ nos eid̄ Thom̄ pdonem̄⁹ CC. ͭ xxv. m̄. q̄ᵃs deb₃
Juďis ͭ Juďab₃ sup carta⁸ sua⁸ ͭ cirogᵃpha ⌐ ͭ q̄ carte
sue ͭ cirogᵃpha ei reddantʳ⸴ ͭ p̃ᵖea ip̄e Thom̄ nob̄ faciet
ṣvitiū suū de baronia sua sic̄ alii barones nob̄ faciūt⸴ et
io vob̄ mandam̄⁹ q̄ᵃtin̄⁹ ip̄m Thom̄ de p̄dc̃is CC. ͭ
xxv. m̄. quietū ēe faciatis ⌐ ͭ carta ͭ cirogᵃpha sua sñ
diꝉone reddatis ⌐ ͭ milites ip̄i⁹ Thom̄ dist'ngatiᵃ q̄ ei ṣvitia
sua faciant q̃ faċe debent ⌐ ͭ eid̄ Thom̄ faciatis hr̃e novē
m̄. arg̃ de eod̄ debito q̄ᵃs cōmisi Will̄o fil Gaufr̃ in
sequestro.   T. me ip̄o ap̄ Aurivall ⌐ xix. die Junii.

T'ra data. } Rex ͭc̃. G. fil Pet' ͭc̃. Mandam̄⁹ vob̄ q̄
sñ diꝉone faciatis hr̃e dilc̃o nr̃o Henr̃ Hose
totā ꝉrā q̃ fuit Will̄i de Feugꝉiis ī Cōtañ ͭ ī Marewe ⌐
qᵃ tenuit de Will̄o de Sc̃o Joħe ⌐ q̄' W. de Feugꝉiis ₊ 9ᵃ
nos ⌐ quia ꝉrā illā eid̄ Henr̃ dedim̄⁹.   T. me ip̄o ap̄ Roth̄ ⌐
xxj. die Juñ.

T'ra data. } Rex ͭc̃. G. fil Pet' ͭc̃. Mandam̄⁹ vob̄ q̄
sñ diꝉone faciatis hr̃e dilc̃o nr̃o Will̄o de
Cresec ꝉrā suā de Berling̃.   T. me ip̄o ap̄ Roth̄ ⌐ xxij.
die Juñ.

Rex ͭc̃. G. fil Pet' ͭc̃. Mandam̄⁹ vob̄ q̄ sñ diꝉone ͭ
occ̃one faciatis hr̃e Will̄o de Sc̃o Micħ villā de Codintoñ
ī bona pace ⌐ reddendo iñ consꝉ Cestr̃ firmā qᵃ iñ redd̄e
solebat Guidoñ de Laval ⌐ ͭ si quid de p̄dc̃a ꝉra captū ₊
id ei reddi faciatis.   T. me ip̄o ap̄ Roth̄ ⌐ xxvij. die Juñ.

T'ra data. } Rex ͭc̃. G. fil Pet' ͭc̃. Mandam̄⁹ vob̄ q̄
faciatis hr̃e com̄ Cestr̃ Benigtoñ ͭ Fostoñ
cū ptiñ n̄ᶦ alii eas ded̄im⁹.   T. me ip̄o ap̄ Roth̄ ⌐ xxvj.
die Juñ.

T'ra data. } Rex ℔č. G. fił Pet' ℔č. Mandam⁹ voɓ q
faciatis h̄re Hug̃ de Caurciis ad scacč nr̄m
sñ diłone valentiā maṅii de Berlig̃ q ei dečam⁹ .s. xv. łi.
T. me ip̄o ap̄ Rotħ ⟋ xxvij. die Juñ. Ᵽ W. Maresč.

Rex ℔č. G. fił Pet' ℔č. Mandam⁹ voɓ q sñ diłone
faciatis h̄re Wiłło de Sčo Martiñ feodū suū ad scacč
nr̄m ⟋ scil₃ ⟋ xv. łi. T. me ip̄o ap̄ Rotħ ⟋ xxviij. die Juñ.
Ᵽ G. fił Geroļd.

T'ra data. } Rex ℔č. G. fił Pet' ℔č. Memorił tenem⁹
voɓ mandasse q fačetis h̄re Raď de Man-
deviłł xx. łi. łre ī escaetis nr̄is ⟋ ver̄ accepim⁹ ab eo q
nōdū ei iñ assignastis n' x. łi. ⟋ uñ voɓ mandam⁹ q alias
x. q̃ ei aretᵒ sunt iñ ei sñ occōne assignetis ī escaetis nr̄is ⟋
si q̃ mᵒ sīt ī manu nr̄a ⟋ si vᵒ escaetas nō ħułitis ad p̄sens ⟋
ī quib₃ illas ei mᵒ possitis assignare ⟋ illas ei assignetis ī
escaetis q̃ mᵒ cadent ī man⁹ nr̄as. T. W. Maresč ⟋ ap̄
Rotħ ⟋ xxix. die Juñ. Ᵽ euñd.

T'ra data. } Rex ℔c. G. fił Pet' ℔č. Mandam⁹ voɓ q
h̄re faciatis Philipp̄ fił Joħ ⟋ socio dilči ℔
fideł nr̄i Wiłłi de Munbᵃy ⟋ ℔rā de Hintoñ q̃ fuit Alemañ
de Aubenig̃ ℔ Gauf̄r de Munbucħ ⟋ qui contᵃ nos sunt
cū inimicis nr̄is ⟋ quia illā ei dedim⁹ ⟋ n' eam p¹⁹ alii
dečim⁹. T. me ip̄o ap̄ Rotħ ⟋ xxix. die Juñ.

Joн's fił Rič ħt littᴾas dñi ℞. clausas de ħndo respectu
x. m̃. qᵃs deb₃ dño ℞. qᵃmdiu ip̄e fułit ī ⁹vičo dñi ℞. ap̄
Lucħ.

T'ra data. } Rex ℔č. G. fił Pet' ℔č. Mandam⁹ voɓ q
faciatis h̄re Raď de Tilleio saisinā maṅii
de Wendov̄r ⟋ cū om̄ib₃ ptiñ suis ī bladis ℔ ī om̄ib₃ aliis
reb₃ integre ⟋ sič Hug̃ de Gornač iłłd tenuit qñ recessit
a ⁹vičo nr̄o. T. G. de Bosco ⟋ ap̄ Rotħ ⟋ xxx. die Juñ.
Ᵽ euñd.

T'ra data. } Rᴇx ᵗᷓ. G. fiꝉ Petⁱ ᵗᷓ.   Mandamꝰ voꝧ q
hᷓe faciatis dilᷓco nᷓo Henᷓ de Lamara
xxx. ꝉi. ꝶre ī escaetis nᷓis ˌ et si nō viᵭitis ubi eas illi
assignare possitis ī escaetis ˌ ꞇc faciatis ei hᷓe ad scacᷓ
nᷓm Lonᵭ xxx. ꝉi. ad duos ꝑmiñ quousqᷓ illi ī escaetis
assignate fᷗint.   T. me iꝑo aꝑ Rotħ ˌ xxx. die Juñ.
Ᵽ J. Maresᷓ.

Memb. 11.

REX ᵗᷓ. G. fiꝉ Petⁱ ᵗᷓ.   Mandamꝰ voꝧ q de pⁱmis deñ
venientibꝫ ad scacᷓ nᷓm aut qⁱ jā veñint liꝧari faciatis
H. Canꞇ archieꝑo CCC. m̃. arᵹ ˌ solvendas m̃catoribꝫ
Placentiñ ꝑ illustⁱ Rege O. nepote nᷓo ˌ qᵃs iᵭ archieꝑs
ꝑ noꝧ in manū cepit eisᵭ m̃catoribꝫ reddenᵭ.   T. me
iꝑo aꝑ Rotħ ˌ iij. die Juꝉ.

Rᴇx ᵗᷓ. W. tħaurᷓ ˌ ꞇ W. ꞇ R. camᷓaᷓ ˌ ᵗᷓ.   Sciatis q
recepimꝰ ī camᷓa nᷓa aꝑ Rotħ ˌ die M'curii ꝓxīa pꝰ festū
Aꝑloꝫ Petⁱ ꞇ Pauli ˌ ꝑ manꝰ Roꝧ de Wintoñ ˌ ꞇ Huᵹ
de Musꝉers ˌ ꞇ Micħ de Stoꝉꝁ ˌ miꝉꝉ ꞇ DC. ꞇ L. m̃. de
tħaurᷓ nᷓo Angꝉ.   H' auꞇ voꝧ mandamꝰ ut vos iñ quieti
sitis.   T. me iꝑo aꝑ Rotħ ˌ iij. die Juꝉ ˌ anno regni
nᷓi quinto.

T'ra data. } Rᴇx ᵗᷓ. G. fiꝉ Petⁱ ᵗᷓ.   Mandamꝰ voꝧ
q faciatis hᷓe Rogꝉo de Muuꝧᵃy ꝶras q̃
fᷗnt Alañ de Rohā ˌ scilꝫ ˌ Swaveshā ˌ ꞇ Fuleburñ ˌ ꞇ
Costesenā ˌ ꞇ alias ꝶras ꝑdᷓci Alani si q̃ sint ī manu nᷓa ˌ
cū redditibꝫ ꞇ instauris suis ītegᵉ.   T. me iꝑo aꝑ Rotħ ˌ
j. die Juꝉ.   Ᵽ iꝑm Regē.

Rᴇx ᵗᷓ. G. fiꝉ Petⁱ ᵗᷓ.   Mandamꝰ voꝧ q sñ diꝉone
hᷓe faciatis Walesio de Cotes ꞇ Eᵬardo de Beueres feoda
sua ad scacᷓ nᷓm ˌ siᷓ ea hᷓe deꝧnt ꞇ solent ˌ nⁱ eis ī
ꝶris assisa fᷗint.   T. me iꝑo aꝑ Rotħ ˌ v. die Juꝉ.

Rex t̃c̃. G. fił Pet¹ t̃c̃. Mandam⁹ voƀ q̄ īquiri faciatis
q᷎ntū monachi Cisťc̃ posƚint ī semīe t̃ ī aliis exp̃nsis
neccĩis ī maῆio de Ferendoῆ ˻ t̃ id q̄ ī hiis posƚint ult᷎ id
q̄ iῆ recepint eis sῆ diłone reddi faciatis.   T. me iƥo aƥ
Rotħ ˻ v. die Juł.   P ep̃m Norwic̃.

Rex t̃c̃. Huᵍ̃ de Neviłł t̃c̃.   Mandam⁹ voƀ q̄ vidĩ
faciatis q᷎nto mairemii īdigeant monachi Cisťceῆ ˻ ad
faciendas ƀkerias t̃ alias neccĩas domos aƥ F᷎endoῆ ˻ t̃
ad illas eis mairemiū hr̃e faciatis ī bosco nr̃o ˻ u¹ t̃ sic̃
vidĩtis ħ fĩ posse ad min⁹ det'mentū bosci nr̃i.   T. dῆo
Norwic̃ ˻ aƥ Rotħ ˻ v. die Juł.

Rex t̃c̃. G. fił Pet¹ t̃c̃.   Mandam⁹ voƀ q̄ faciatis hr̃e
Ger̃ dc̃o aƀbi de Musťoiłł C. t̃ xij. m̃. ad scacc̃ nr̃m ꝑ
xxviij. doliis vini q̄ nos ħuim⁹ ⸴ t̃ sciatis q̄ ea nō reddĩm⁹
n¹ ꝑ amore dῆi Cant̃ t̃ vr̃i ī quoჳ conductu capta fũnt.
T. P. de Rupibჳ ˻ aƥ Rotħ ˻ vj. die Juł.

Rex t̃c̃. Huᵍ̃ de Neviłł t̃c̃.   Mandam⁹ voƀ q̄ faciatis
hr̃e veῆabili pat¹ nr̃o W. Londoῆ ep̃o xv. damos in foresta
nr̃a de Esseẍ quos ei dedim⁹.   T. me iƥo aƥ Rotħ ˻
viij. die Juł.

~~Rex t̃c̃. vic̃ Cadoῆ t̃c̃.~~   ~~Mandam⁹~~

Rex t̃c̃. G. fił Pet¹ t̃c̃.   Mandam⁹ voƀ q̄ faciatis cōputari Wiłło de Sc̃o Micħ ī L. łi. finis sui ˻ q᷎s id̃ Wiłł reddĩe
debჳ Ric̃ Duvedał cłico nr̃o ˻ iiij. łi. xj. s̃. t̃ viij. d̃. quos
id̃ W. reddidit noƀ ī camᷓa ī pannis.   T. me iƥo aƥ Rotħ ˻
viij. die Juł.

Rex t̃c̃. G. fił Pet¹ t̃c̃.   Mandam⁹ voƀ q̄ hr̃e faciatis
Wiłło Briwer̃r xj. dolia vini q̄ capta fũnt de navi Gerard̃
de Dlsbliῆ.   T. me iƥo aƥ Rotħ ˻ viij. die Juł.

Rex t̃c̃. G. fił Pet¹ t̃c̃.   Sciatis q̄ quietavim⁹ dilc̃m t̃
fidelē nr̃m W. Maresc̃ com̃ de Penb°c de septena de dῆico

suo⁊ et ĩo voƀ mandam⁹ q̃ eū iñ ⸰quietū ēe faciatis. T. me iꝑo aꝑ Rotħ ⸝ x. die Iuł.

Rᴇx ⁊c̃. W. de Warreñ ⸝ G. de Norwic̃ ⸝ ⁊ Tħ de Neviłł ⁊c̃. Sciatis q̃ quietavim⁹ dilc̃o ⁊ fideli nr̃o Gaufr̃ de Say CC. ⁊ L. m̃. uñ finē fecit cū Juďis Lonď a duobȝ annis c̄opletis añ Pasch iiij. regni nr̃i anni⁊ et ĩo voƀ mandam⁹ q̃ eū iñ q̾etū ēe ⸝ ⁊ ei cartas suas iñ reddi faciatis. De usuris & debiti Juďoȝ si q̾d iꝑe debůit ult⸳ ꝑdc̃as CC. ⁊ L. m̃. ⸝ iꝑm q̾etū ēe faciatis a tempe q° veñ ī ˢviciū nr̃m cū equis ⁊ armis p ꝑceptū nr̃m ⸝ q̾mdiu iꝑe fůit ī ˢvic̃o nr̃o cū equis ⁊ armis p ꝑceptū nr̃m. T. me iꝑo aꝑ Rotħ ⸝ xij. die Iuł.

T'ra data. } Rᴇx ⁊c̃. R. de Cornhułł ⸝ vic̃ de Kent ⸝ ⁊c̃. Scias q̃ nos dedim⁹ Do ⁊ eccłie Sc̃i Laur̃ de Bachechiłłď xv. acr̃ de remanēte bosci nr̃i de Mideltoñ⁊ et ĩo t̾ ꝑcipim⁹ q̃ď sñ diłone eas facias m̃surare ⸝ ⁊ iñ seisire magr̃m O. cłicū nr̃m ⸝ psonā eccłie ꝑdc̃e ⸝ ⁊ pmittas eū cū lignis ī eis crescentibȝ eas sñ īpedim̃to essartare si volůit⁊ ⁊ mittas noƀ litťas tuas de metis ear̃ ut sc̃ďm eas cartā nr̃am ei iñ fac̃e possim⁹. T. me iꝑo aꝑ Rotħ ⸝ xiiij. die Iuł.

Eccłia data. } Dᴅ cłicus Maił fił Henr̃ justic̃ Hiƀ ħt litťas dñi ℞. pať de ꝑsentaťoe eccłie de Dungarvañ ⸝ dir°ctas eꝑo Wařforď.

Rᴇx ⁊c̃. G. fił Pet̾ ⁊c̃. Sciatis q̃ recepim⁹ ī cam̃a nr̃a ⸝ p manū Nicoł de Curte cłici veñabił ꝑris nr̃i Canť arcħ ⸝ aꝑ Rotħ ⸝ Sabƀo infra octaƀ Aꝑloȝ Pet̾ ⁊ Pauli ⸝ mille m̃. de iiij°ʳ. miłł m̃. q̾s iď archieꝑs noƀ debebat ꝑ c⁹todia ħnda ťre ⁊ ħedis Wiłłi de Stuteviłł⁊ et ĩo voƀ mandam⁹ voƀ q̃ eū de ꝑdc̃is miłł m̃. quietū ēe faciatis. T. me iꝑo aꝑ Rotħ ⸝ j. die Iuł.

C⁹todia cōmissa. } REX ꝛc̃. G. fil Pet' ꝛc̃. Mandam⁹ voƀ q̨ hr̃e faciatis sñ dilone Wischarđ Leidet custodiā Margar̃ Foliot, m̃ris Ric̃ Foliot p̃ris Margar̃ ux̃ p̄dc̃i Wiscarđ, ꝛ c⁹todiā t̃re p̄dc̃e Margar̃ Foliot cū ptiñ, sic̃ p̄dc̃s Ric̃ Foliot c⁹todiā illā ħuit, ita q̨ p̄dc̃s Wiscarđ p̄dc̃e Margar̃ m̃ri p̄nōīati Ric̃ honorifice neccīa īveniat qªmdiu vix̃it. T. W. de Breosª, ap̃ Rotħ, xij. die Jul. P eunđ.

MANDATU' ✝ Joħi de Builli q̨ mittat dño R. ī Norm̃ illos duos p'sones de Franc̃ quos ħt ī c⁹todia ad custū suū, cōputata'eis bñ exp̃nsa sua qª fec̃unt dū extit̃unt ī c⁹todia sua.

T'ra data. } REX ꝛc̃. W. de Warrenñ ꝛ sociis suis, c⁹todibʒ Juđoꝝ, ꝛc̃. Sciatis q̨ dedim⁹ Gaufr̃ Salsar̃ s̃vienti nr̃o t̃rā q̃ fuit Bñdc̃i fil Jacoƀ Juđi ap̃ Linc̃ cū ptiñ, q̃ ✝ ī manu nr̃a ꝛ reddit p anñ ij. m̃. ut dicitʳ. Dedim⁹ & eiđ Gaufr̃ t̃rā cū ptiñ qª Godard⁹ de Antiochia tenet ap̃ Lonđ, reddendo iñ annuatī xx. s̃. ut dicitʳ:' et īo voƀ mandam⁹ q̨ t̃ras illas ei sñ dilone hr̃e faciatis integᵉ cū ptiñ suis, nⁱ plus noƀ reddiđint. T. me ip̃o ap̃ Rotħ, xv. die Jul.

Mandatū ✝ G. fil Pet' p alias litt̃as q̨ faciat eiđ Gaufr̃ hr̃e t̃rā q̃ fuit Roƀ Firebrac̃ cū ptiñ ap̃ Lonđ, q̃ reddit p anñ xij. đ., qª dñs Rex ei dedit, nⁱ plus reddiđit qª xij. đ., qª iđ Roƀ amisit p feloniā.

MANDATU' ✝ G. fil Pet' p litt̃as clausas q̨ faciat hr̃e R. de Lascy, constaƀ Cestr̃, j. m̃catū ī qªlibʒ septimª p j. diē .s. diē Martis ap̃ Navesby, ꝛ aliud m̃cat ī qªlibʒ septimª p j. diē .s. diē Jovis ap̃ Fulem̃e, ita t̃n ꝛc̃.

T'ra data. } REX ꝛc̃. G. fil Pet' ꝛc̃. Mandam⁹ voƀ q̨ hr̃e faciatis Rađ Tirel t̃rā de Liħam q̃ fuit Gwidoñ de Laval, qⁱ contª nos est cū inimicis nr̃is, q̗ illā ei dedim⁹ nⁱ illā alii pⁱ⁹ dedim⁹.   T. me ip̄o ap̄ Rotħ⌐ xj. die Jul.   P T. de Camła.

Rᴇx ꞇc̃. G. fił Petⁱ ꞇc̃.   Sciatis q de mitł ꞇ Lx. m̃. q⁰s Stepħ de Turnhā posuit sup burgenses nᷓos de Dunewic̃ pdonavim⁹ eis qⁱngentas ꞇ Lx. m̃. ita q plenā securitatē faciāt noħ q reddent noħ residuas D. m̃. ad scacc̃ nᷓm Sc̃i Micħ⌐ anno ꞇc̃. qⁱnto⌐ et īo voħ mandam⁹ q⌐ accepta bona securitate ab eis q reddent illas D. m̃. ad p̄dc̃m ꞇmiñ⌐ de itł D. ꞇ Lx. m̃. eos qⁱetos ẽe faciatis⌐ si id noħ expedire vid̃itis.   T. ep̄o Norwic̃⌐ ap̄ Rothom̃⌐ viij. die Jul.

Rᴇx ꞇc̃. G. fił Petⁱ ꞇc̃.   Mandam⁹ voħ q quietū ẽe faciatis Sim̃ de Beluaco⌐ hōiem dilc̃i nᷓi com̃ Leirc̃⌐ de viij. m̃. de quindecima⌐ et si eas pacavit ad scacc̃ nᷓm illas ei reddi faciatis.   T. me ip̄o ap̄ Montēfortē⌐ xviij. die Jul.

T'ra data. } Rᴇx ꞇc̃. G. fił Petⁱ ꞇc̃.   B. constaħ Boloñ nō venit ī șviciū nᷓm⌐ uñ voħ mandam⁹ q sñ dilone faciatis hᷓe Wiłło de Sc̃o Martiñ ꞇrā q̃ fuit p̄dc̃i constaħ⌐ sc̃dm q voħ alias mandavim⁹⌐ et qd̃ iñ captū fûit p⁹ festū Sc̃i Joħis Bapꞇ⌐ id ei reddi faciatis. T. G. de Bosco⌐ ap̄ Montēfortē⌐ xx. die Jul.

Rᴇx ꞇc̃. J. archid̃ Wigoȝ ꞇc̃.   Mandam⁹ voħ q sñ dilone faciatis hᷓe venłabili p̄ri nᷓo ī Xp̄o M. Corcaȝ ep̄o x. m̃. arȝ de exitiħȝ abbatie de Maumesbir̃ q⁰s ei dedim⁹.   T. J. Norwic̃ ep̄o⌐ ap̄ Montēfortē⌐ xxiij. die Jul.

Rᴇx ꞇc̃. G. fił Petⁱ ꞇc̃.   Sciatis q Wiłłs Briwer̃ finē fec̃ noħcū p vjˣˣ. m̃. p̗ homaȝ ꞇ serviciis Roħ de Estre de Langeford̃ ꞇ Nicoł de Meddeltoñ⌐ ꞇ c⁹todia ꞇre ꞇ hedū ip̄ⁱ⁹ Nicoł ꞇ maritaȝ eoȝd̃⌐ ita q p̄dc̃i R. ꞇ hedes p̄dc̃i N. faciant eid̃ Wiłło Briwer̃⌐ ꞇ id̃ W. noħ⌐ servicia q̃ noħ faĉe ɔsueῡnt de feodis q̃ de noƀ tenent ī capite:' et īo voƀ mandam⁹ q ita ita fi faciatis، ᷉t ħedes iƥiꝰ N. ei hᷓe faciatis. Dedim⁹ auᷓ ei ῡmiñ de ƥdc̃is vjˣˣ. m̃. ad duo scacc̃ nᷓa noƀ reddendis .s. ad scacc̃ Sc̃i Micħ a festo Sc̃i Micħ quinti anni regni nᷓi ī unū annū Lx. m̃.، ᷉t ad scacc̃ Pascħ ƥxīo seq̃ntis Lx. m̃. Et sciatis q iᷞ W. noƀ reddidit C. m̃. de fine suo q̃ noƀcū fecit ƥ manŝio de Feltoñ Roᷚ Bertᵃm deforestando:' ᷉t īo voƀ mandam⁹ q eū iñ quietū ēe faciatis، ᷉t ħ iᷞ mandam⁹ Huᷚ de Neviłł. T. me iƥo aƥ Montēfortē، xxiij. die Juł. Ᵽ dñm Norwic̃.

Rᴇx ῾tc̃. Huᷚ de Neviłł ῾tc̃. Sciatis q Wiłłs Briwerᷓ finē fecit noƀcū ƥ cenᷓ m̃. ɱ manŝio de Feltoñ deforestando:' et īo voƀ mandam⁹ q iłłd deforestari sc̃ᷞm tenorē carte nᷓe qᵃm iñ ħt faciatis، scientes q ƥdc̃m finē noƀ pacavit، ᷉t eū iñ q'etū īrotuletis. T. me iƥo aƥ Montēfortē، xxiij. die Juł.

T'ra data. ⎱ Rᴇx ῾tc̃. G. fił Petꞌ ῾tc̃. Mandam⁹ voƀ q
⎰ sñ diłone faciatis hᷓe Wiłło Cresec manŝiū de Berlinᷚ، nō obstante eo q Huᷚ de Chaurc̃ iłłd tenuit، q̖ eiᷞ Huᷚ iñ fecim⁹ excambiū. T. me iƥo aƥ Montē- fortē، xxiiij. die Juł.

Rᴇx ῾tc̃. G. fił Petꞌ ῾tc̃. Mandam⁹ voƀ qᷞ dissᷓairi faciatis Wałᷓm Pipard de xl. m̃. Ῥre qᵃs ei assignari fecim⁹ ī manŝio de Wendovᷓ، ᷉t iñ saisiri faciatis sñ diłone Raᷞ de Tilleolo، ita q integᵉ ħat manŝiū iłłd sic alias ƥcepim⁹، q̖ nos faciem⁹ iñ escambiū ƥdc̃o Wałᷓo ī Norm̃ de ƥdc̃is xl. m̃. T. me iƥo aƥ Montēfortē، xxiiij. die Juł. Ᵽ iƥm Regē.

Memb. 10.

MANDATU' ✦ G. fił Petꞌ ῾tc̃. qᷞ Wiłł de Espec ħat respectū de xl. m̃. j. austᷓ de fine sororis uᵡ ejꝰ، donᵉ aliud iñ pcepit.

Rex t̄c̄. G. fil Pet' t̄c̄. Precepam⁹ q Rob de Clafford, clic⁹ dilc̄i t fidel n̄r̄i Willi Briwer, h̄r̄et eccliam de Sc̄o Madno ī Cornub, q̄ᵃm vos assignastis Thom̄ de Chimelly q' illā h̄t. Vob aut mandam⁹ qd p'mū bn̄ficiū ecctiastic̄ qd de donatone n̄r̄a vacav̄it ī Angl, q tm valat q̄ᵃntū valet illa ecctia, p̄dc̄o Rob h̄r̄e faciatis. T. J. Norwic̄ ep̄o, ap̄ Rothom̄, vij. die Jul.

T'ra data. } Rex t̄c̄. G. fil Pet' t̄c̄. Mandam⁹ vob q h̄r̄e faciatis sn̄ dilone Gerardo de Leheramont xxv. li. l̄re de l̄ra Sim̄ de Haverech, cū om̄i blado t stauram̄to q sup eā īventū fûit ⁚ t si p̄dc̄a l̄ra nō valeat xxv. li. nob defaltā scire faciatis. T. me ip̄o ap̄ Mont̄efortē, xxv. die Jul.

Rex t̄c̄. G. fil Pet' t̄c̄. Mandam⁹ vob q sn̄ dilone faciatis h̄r̄e Ev̄ardo de Boverera l̄rā de Slothers cū ptin̄, un̄ diss erat p̄pt̄ Philipp̄ de Aire. T. me ip̄o ap̄ Mont̄efortē, xxv. die Jul.

Rex t̄c̄. G. fil Pet' t̄c̄. Sciatis q quietavim⁹ Steph̄ de Ebroic̄ viij. li. st̄linḡ de scutaḡ q̄ ab eo exigunt^r ad scacc̄ n̄r̄m de honore de Kinton̄ ⁚ et io vob mandam⁹ q eū in̄ q'etū ēe faciatis. T. me ip̄o ap̄ Mont̄efortē, xxv. die Jul.

Rex t̄c̄. G. fil Pet' com̄ t̄c̄. Mandam⁹ vob q sn̄ dilone faciatis h̄r̄e Walon̄ de Cotes l̄rā q' h̄uit ap̄ Slowt̄r cū ptin̄, un̄ diss fuit p̄pt̄ Philipp̄ de Aire. T. me ip̄o ap̄ Mont̄efortē, xxv. die Jul.

T'ra data. } Rex t̄c̄. G. fil Pet' t̄c̄. Sciatis q cōcessim⁹ dilc̄o t fideli n̄r̄o Pet° de Pᵃtell, cui assignari fecim⁹ Lx. libratas l̄re in man̄io de Awelton̄, t p c̄⁹ man̄ii residuis reddebant^r nob annuatī ad wardam Wintonie xv. libre, q h̄at totū man̄iū illd integ^e c̄ ptin̄ p xxx. libras in̄ annuatī reddendas ⁚ et io vob mandam⁹

q mañiū iłłd c̃ ptiñ ei integ° h̃re faciatis p p̃dc̃as
xxx. libras albas ṽl nŭo ⸝ sic̃ p̃dc̃e xv. libre iñ reddi
cōsueveřt ad wardam p̃dc̃am ⸝ ṽl ad scacc̃ nr̃m reddendas. T. me ip̃o ap̃d Pontem Aldomari ⸝ xxvj. die Juł.

Rex ȶc̃. G. fił Pet̔ ⸝ sałt. Mandam⁹ voƀ q pmittatis
Petrū de Pᵘteł cape r̃oaƀle auxiłū de hŏibჳ de Awel-
toñ ⸝ tā de iłł q°s pri⁹ ħuit qᵃ de iłł q°s m° ei cōcessim⁹
p residuū ville ⸝ qđ m° ħt ad fˡmam de noƀ. T. W.
de Aubini ⸝ ap̃d Pontē Audom̃i ⸝ xxvj. die Juł.

T'ra data. } Rex ȶc̃. G. fił Pet̔ ⸝ sałt. Mandam⁹ voƀ
q sñ dilŏe faciatis h̃re dilc̃o nr̃o Pet° de
Stokes ꝑˡā q̃ fuit Roƀ de Forceviłł c̃ ptiñ in Ossp̔ng̃.
T. me ip̃o ap̃d Mulinaus ⸝ xxvij. die Juł.

Rex ȶc̃. W. ħaur̃ ⸝ ȶ G. ȶ R. cam̃ar̃ ⸝ sałt. Sciatis
q recepim⁹ p mañ.Pet̔ de Ely ⸝ ȶ Simoñ de Sutoñ ⸝ ȶ
J. de Marc nongentas marc̃ de ħauro nr̃o Angł ⸝ ap̃d
Pontē Audom̃i ⸝ xxvj. die Juł ⸝ anno regni nr̃i q̔nto ⸴
ȶ hoc voƀ mandam⁹ ut vos ȶ ip̃i iñ sitis q̔eti. T. me
ip̃o ap̃d Pontē Audom̃i ⸝ xxvj. die Juł. Ᵽ Thom̃ de
Cam̃a.

Rex ȶc̃. G. fił Pet̔ ⸝ sałt. Mandam⁹ voƀ q de p̔mis
escaetis q̃ noƀ contiǥint in Angł ī ꝑris ṽl maritagiis
faciatis h̃re Wiłło de Elne cenȶ marcatas ꝑre. T. me ip̃o
ap̃ Montēfortē ⸝ xxviij. die Juł.

Rex ȶc̃. W. ħaur̃ ⸝ ȶ G. ȶ R. cam̃ar̃ ⸝ sał. Sciatis q
recepim⁹ p mañ Alex̃ cłici de Stoꝅ ⸝ ȶ Roƀ de Wintoñ ⸝
ȶ Alured̃ de Lincolñ mille ȶ q̔ngentas marc̃ de ħauro
nr̃o ap̃ Monte Fortē ⸝ die Luñ ᴘxᵃ p⁹t fesȶ Sc̃i Jacoƀ
Ap̃li ⸝ anno regni nr̃i q̔nto ⸴ ȶ ĩo voƀ mādam⁹ ut vos
ȶ ip̃i iñ sitis q̔eti. T. me ip̃o ap̃ Mont̃forȶ ⸝ xxviij.
die Juł.

T'ra data. } Rex t̃c̃. G. fil̃ Pet'ᴗ sal̃. Sciatis q dedim⁹
dilc̃o nr̃o R. com̃ Leic̃ q'nq'ginta solidatas
P̃re in Belleg*ve q̃ fuer̃t Aaron Jud̃i ᴗ t uñ id̃ com̃ reddid̃
q'nq'ginta sol̃ p ānū ad scacc̃ nr̃m ꞏ t io vob̃ mandam⁹
q ip̃m com̃ de p̃dc̃is L. sol̃ q'et̃ ẽe faciatis. T. me ip̃o
ap̃ Mont̃fortē ᴗ xxviij. die Jul̃.

Rex t̃c̃. G. fil̃ Pet' t̃c̃. Mandam⁹ vob̃ q atornetis
Rob̃ Baldr̃ ad reddend̃ Will̃o Pistori t Bart̃h Forestar̃
C. t xvij. l̃i. And̃ ᴗ p ix. modiis frum̃ti qui p̃oiti fũnt in
castro Pontis Aldom̃ ad warnestur̃ ᴗ de fine q̃ fecit
nob̃cū nob̃ solvendo ad festū Sc̃i Mic̃h instans. T. P.
de Stok̃ ᴗ ap̃ Montēfortē ᴗ xxviij. die Jul̃.

In rotulo finiū. } Rex t̃c̃. G. fil̃ Pet' t̃c̃. Sciatis q Will̃s
Ruff⁹ finē fecit nob̃cū p xx. m̃. p h̃ndo
maritag̃ Isabell̃ fil̃ Gilb̃ de Archis ᴗ q̃ ᵻ de donat̃oe nr̃a ꞏ
et io vob̃ mandam⁹ q ᴗ accepta ab eo securitate de ill̃
xx. m̃. ad P̃miñ q°s scitis psolvendis ᴗ diligñr it̃mittatis
vos q eam h̃at. T. me ip̃o ap̃ Mont̃fort̃ ᴗ xxviij. die Jul̃.

Rex t̃c̃. G. fil̃ Pet' t̃c̃. Sciatis q Rob̃ Falconari⁹ finē
fecit nob̃cū p x. m̃. p h̃nda P̃ra de sergent̃ia ᴗ q̃ fuit
Rob̃ p̃ris sui ap̃ Herst t Wudetoñ ꞏ t io vob̃ mandam⁹
q ᴗ accepta ab eo bona securitate de ill̃ x. m̃. ad P̃miñ
q°s scitis psolvendis ᴗ ei p̃dc̃am P̃rā p̃ris sui h̃re faciatis ꞏ
et si q'd p̃dc̃s p̃r ej⁹ de p̃dc̃a P̃ra alienaṽit ᴗ id juste t
sc̃dm consuetudinē Angl̃ revocari faciatis ᴗ t ip̃m Rob̃
i libt̃atib₃ suis sc̃dm tenorē cartar̃ suar̃ manuteneatis.
T. ~~me ip̃o~~ W. de Breos* ᴗ ap̃ Mont̃fortē ᴗ xxviij. die Jul̃.
P eund̃.

Rex t̃c̃. mag̃ro Militie Templi i Angl̃. Mandam⁹
vob̃ q de redēpt̃one milit̃ de quo nob̃cū locuti fuistis
libetis cent̃ m̃. cui ṽl q'b₃ dña Regina m̃r nr̃a vob̃
mandaṽit p litt̃as suas ᴗ t q finē redempt̃ois illi⁹ ad

cōmodū nr̃m sic̃ de vob̃ confidim⁹ q*ntū pot̃itis acres-
catis.   T. me ip̃o ap̃ Montēfortē⹁ xxviij. die Jul̃.   P̃ T.
de Cam̃a.

T'ra data. } Rex t̃c̃. G. fil̃ Pet¹ t̃c̃.   Sciatis q dedim⁹
dilc̃o c̃lico nr̃o Thom̃ de Cam̃a om̃s l̃ras
t edificia cū om̃ib3 ptiñ qui fũnt Wil̃li Aurifab¹ ī Lond̃⹁
qui capt⁹ fuit p Wil̃lo cū barba⹁ et ĩo vob̃ mandam⁹
q ea plenarie ei ṽl nūcio suo sñ dil̃one t difficul-
tate hr̃e faciatis.   T. me ip̃o ap̃ Montēfortē⹁ xxix.
die Jul̃.

Rex t̃c̃. G. fil̃ Pet¹ t̃c̃.   Mandam⁹ vob̃ qd̃ sñ dil̃one
faciatis hr̃e dilc̃o t fideli s̃vienti nr̃o Rob̃ Ruffo seisinā
vj. libr̃ l̃re t x. solidat̃ l̃re cū ptiñ ī Naveby⹁ q*s Bodin⁹
de Ravenescāt tenuit⹁ t q*s eid̃ Rob̃ dedim⁹ dū ẽem⁹
com̃ Moretoñ⹁ t uñ p̃dc̃o Boidiñ diē posuim⁹ corā nob̃⹁
qui ad diē illū nō venit nᵉ p se misit⹁ et ĩo volum⁹ qd̃
id̃ Rob̃ iñ plenariā seisinā h̃at.   T. J. Norwic̃ ep̃o⹁ ap̃
Montēfortē⹁ xxix. die Jul̃.

T'ra data. } Rex t̃c̃. G. fil̃ Pet¹ t̃c̃.   Mandam⁹ vob̃ q
sñ dil̃one faciatis hr̃e Wil̃lo fr̃i com̃ de
Gysnes valentiā l̃re sue de Lasseby cū ptiñ⹁ t reragiū
feodi sui q ei aretᵒ est⹁ sic̃ vob̃ constare pot̃it p rotulos
scacc̃⹁ eid̃ Wil̃lo sñ dil̃one hr̃e faciatis.   T. Norwic̃
ep̃o⹁ ap̃ Molinel̃l⹁ j. die Aug̃.

Cᵗod̃ h̃edis. } Rex t̃c̃. G. fil̃ Pet¹ t̃c̃.   Mandam⁹ vob̃ q
sñ dil̃one faciatis hr̃e Wal̃to de Sc̃o Joh̃⹁
militi dilc̃i t fidel̃ ur̃i J. de Pᵃtel̃l⹁ h̃edē Dun Bard̃
talē q*l̃ ip̃e est.⹁   T. me ip̃o ap̃ Montēfortē⹁ xxix.
die Jul̃.

Rex t̃c̃. G. fil̃ Pet¹ t̃c̃.   Sciatis q q¹etavim⁹ com̃ de
Ferr̃ m̃iam uñ am̃ciat⁹ fuit p Wil̃lm de Grend̃⹁ p
j. molendino levato juxᵃ Sil̃land̃⹁ et ĩo vob̃ mandam⁹ q

eū iñ quietū ēe faciatis.   T. me ip̄o ap̄ Montēfortē ⌐ xxx. die Jul.

T'ra data. ⎬ Rex ƚc̃. G. fil Pet¹ ƚc̃.   Mandam⁹ voɓ q sñ diƚone faciatis [hr̃e] Ric̃ Reveƚƚ L. solid̃ ꝑre ī mañio de Sur̃ton̄ ⌐ scilȝ ⌐ ap̄ Pettewurth q̃ extente fũnt de xij. li. ꝑre ⌐ q⁑s ei dedim⁹ ī eod̃ mañio. T. me ip̄o ap̄ Aurivaƚƚ ⌐ ij. die Aug̃.   Ᵽ W. Briwerr̃.

Rex ƚc̃. G. fil Pet¹ ƚc̃.   Sciatis q quietavim⁹ dilc̃m nr̃m Steph de Longo Campo de x. m̃. de ij. palefr̃ ⌐ qui ab eo exigunt ͬ de fine q̃ noɓcū fecit ꝑ h̃nda saisina ꝑre q⁑m Wiƚƚ de Lascy ei dedit ⸝ et ĩo voɓ mandam⁹ q [ipsum] iñ quietū ēe faciatis.   T. me ip̄o ap̄ Aurivaƚƚ ⌐ iij. die Aug̃.   Ᵽ Th de Cam̃a.

Rex ƚc̃. G. fil Pet¹ ƚc̃.   Sciatis q ꝑdonavim⁹ Petr̃ de Brus CC. m̃. de debito q debuit noɓ ad scacc̃ nr̃m ⸝ et ĩo voɓ mandam⁹ q ip̃m iñ quietū ēe faciatis.   T. me ip̄o ap̄ Aurivaƚƚ ⌐ iiij. die Aug̃.

Rex ƚc̃. G. fil Pet¹ ƚc̃.   Mandam⁹ voɓ q īqⁱratis de cast° de Hellesm̃e cū ptiñ qⁱd vaƚat ⌐ ꞇ alibi Audoeñ fil Dd valentiā hr̃e faciatis ⸝ volum⁹ enī castr̃ iƚƚd ⌐ q̃m situ ⊹ ī marchia ⌐ hr̃e in manu nr̃a.   T. ep̄o Norwic̃ ⌐ ap̄ Auri-vaƚƚ ⌐ ij. die Aug̃.   Ᵽ eund̃.

Rex ƚc̃. G. fil Pet' ƚc̃.   Mandam⁹ voɓ q sñ diƚone reddi faciatis Thome le Feutrer viij. li. ꞇ xv. s̃. qui ei deɓnt ͬ ꝑ L. bacoñ q' capti fũnt ad warnast'am cast¹ nr̃i de Rothom̃.   T. me ip̄o ap̄ Faleſ ⌐ viij. die Aug̃.

T'ra liɓata. ⎬ Rex ƚc̃. G. fil Pet¹ ƚc̃.   Mandam⁹ voɓ q faciatis hr̃e Eustac̃ de Hees totā ꝑrā q̃ fuit Wiƚƚi fr̃is sui in Benigton̄ ꞇ Gumesanñ integ⸝ cū ptiñ ꞇ cū cataƚƚ q̃ ī ꝑra illa īventa fũnt ⌐ q'a eam ei cōmisim⁹ q⁑mdiu noɓ placũit.   T. Pet° de P⁑teƚƚ ⌐ ap̄ Faleiſ ⌐ viij. die Aug̃.

Rex ⁊c̃. G. fil Pet¹ ⁊c̃. Sciatis q pacavim⁹ Eborardo
de Boverera xxv. m̃. de feodo suo de ꝑmīo Sc̃i Mich
ꝓxīo ꝑᵗito ⁊ voꝉ mandam⁹ q id q iñ ei aretᵒ est de
ꝑmīo Pasch seq̃ntis ei hr̃e faciatis ⁊ retineatis ad op⁹
nr̃m catalla ⁊ blada h̃⁹ autūpni de ꝑra de Slodres qᶜm ei
reddim⁹. T. me ip̃o aꝑ Faleiŝ ix. die Aug̃.

D'ɴ's Rex concessit com̃ Albamar̃ j. feriā aꝑ Shaling-
forð p tres dies duratʳam scÌȝ vigilia Sc̃e Cruc̃ ⁊
ij. diebȝ seq̃ntibȝ ⁊ j. m̃catū aꝑ Waneting̃ p diē Lune
q pⁱ⁹ fuit p diē Dñicā nisi sit ⁊c̃.

Rex ⁊c̃. G. fil Pet' ⁊c̃. Sciatis q pacavim⁹ Willo de
Cotes xv. li. de feodo suo de ꝑmiñ Sc̃i Mich ꝓxīo ꝑᵗito
ut dic̃ ⁏ et voꝉ mandam⁹ q ei pacari faciatis id q ei aretᵒ
est de ꝑmīo Pasch seq̃ntis ⁊ catalla ⁊ blada q̃ ei reddidim⁹ de h̃ instanti autūpno ad op⁹ nr̃m capi faciatis.
T. me ip̃o aꝑ Faleiŝ ix. die Aug̃.

Cˢtodia cõmiss̃. ⎱ Rex ⁊c̃. G. fil Pet¹ ⁊c̃. Sciatis q con-
⎰ cessim⁹ dilc̃o ⁊ fideli nr̃o S. Ridell custodiā ꝑre ⁊ hedis Gaufr̃ Ridell fr̃is sui qui mortuus est
tenendā qᵘdiu noꝉ placuit ⁏ ⁊ īo voꝉ mandam⁹ q ei
illā sñ dilone hr̃e faciatis. T. me ip̃o aꝑ Aulenc̃ xj.
die Aug̃.

Rex ⁊c̃. W. thaurr̃ ⁊ G. ⁊ R. camar̃ ⁊c̃. LiꝾate de
thaurr̃ nr̃o sñ dilone Laurent de Duning̃ qⁱngent li. ⁊
qᵗᵗvigint ⁊ xvj. li. ix. ŝ. ⁊ vij. ð. stᵗling̃ qᶜs noꝉ cõmodavit ad magna negocia nr̃a. T. me ip̃o aꝑ Alenc̃ xj.
die Aug̃. Ꝑ ip̃m Rege̅.

Rex ⁊c̃. eisð ⁊c̃. LiꝾate de thaurr̃ nr̃o sñ dilone
Laur̃ de Dunning̃ D. ⁊ x. li. ix. ŝ. ⁊ x. ð. ⁊ oꝉ stᵗling̃
p pacaᵗoe qⁱ faciet p noꝉ paupibȝ gentibȝ p ꝓceptū nr̃m
p cibo nr̃o. T. me ip̃o aꝑ Alenc̃ xj. die Aug̃. Ꝑ
ip̃m Rege̅.

Id̄ mandatū ✠ G. fił Pet¹ qd̄ faciat h̄re eid̄ Lauř ħ
q [Rex] mandavit p̄dc̄is t̄haurr̄ ꞇ cam̄ař p duo pia litťař.

Rex ꞇc̄. W. t̄haurr̄ ⸝ ꞇ G. ꞇ R. cam̄ař ⸝ ꞇc̄.   Sciatis q
dn̄s Norwic̄ mandavit nob̄ p litťas suas q recepit ad op⁹
nr̄m ap̄ Rothom̄ a Pet° le Blucler ⸝ Herb̄to capellano ⸝
ꞇ Adā hostiario ⸝ nūtiis nr̄is ⸝ CCC. m̄. de t̄haurr̄ nr̄o
Angł ⸝ anno regni nr̄ q¹nto⸝ et ꞽo vob̄ mandam⁹ q vos
ꞇ ip̄i iñ q'eti sitis.   T. me ip̄o ap̄ Alenc̄ ⸝ xj. die Auḡ.

Rex ꞇc̄. Huḡ de Nevitł ꞇc̄.   Mandam⁹ vob̄ q h̄re
faciatis Walťo de Muscegros iij. c̄vos ꞇ v. damos ꞽ foresta
de Mauꝟne ⸝ ad faciend̄ curr̄e canes nr̄os quos ħt ꞽ
c⁹todia.   T. me ip̄o ap̄ Alenc̄ ⸝ xiiij. die Auḡ.

T'ra data. } Rex ꞇc̄. G. fił Pet¹ ꞇc̄.   Mandam⁹ vob̄ q
          } faciatis h̄re dilc̄o nr̄o Joħi Marescallo totā
ťrā Huḡ de Aure cū ptiñ ꞽ Angł q°m ei dedim⁹ ⸝ nisi
ali⁹ iñ saisit⁹ fūit p p̄ceptū nr̄m.   T. me ip̄o ap̄ Cam-
brai ⸝ xviij. die Auḡ.   Ᵽ ep̄m Norwic̄.

Rex ꞇc̄. G. fił Pet¹ ꞇc̄.   Mandam⁹ vob̄ q reseisiri
faciatis Saheř de Arceł de lib̄o tenem̄to suo ꞽ Luceby ⸝
uñ dissaisit⁹ ✠ eo q dicebat' recessisse a servic̄o nr̄o ꞇ
ivisse ad inimicos nr̄os 9° nos.   T. W. de Breos° ⸝ ap̄
Camb°is ⸝ xxj. die Auḡ.

Rex ꞇc̄. G. fił Pet¹ ꞇc̄.   Mandam⁹ vob̄ q de m̄cia-
m̄to q° dilc̄s ñr Eustac̄ de Vescy am̄ciat⁹ fuit corā justic̄
nr̄is itiñantib₃ ꞽ com̄ Norhumb̄land̄ ⸝ ꞽ loꝗla ꝗ fuit inť
ip̄m ꞇ Rad̄ de Liuns de q°dā nova diss ⸝ ꞇ uñ ip̄e nōdū
✠ afforat⁹ ⸝ ip̄m q'etū ēe faciatis.   T. ep̄o Norwic̄ ⸝ ap̄
Cambr̄ ⸝ xxj. die Auḡ.

Memb. 9.

REX ꞇc̄. G. fił Pet¹ ꞇc̄.   Sciatis q quietavim⁹ Rob̄ de
Mortuomař duas marc̄ ⸝ ꝗ ab eo exigunt' de scuť de ťris

suis de Ambdeñ ꝛ ī Wodham⸴' et ĩo voƀ mandam⁹ ꝗ eū
iñ quietū ēe faciatis.   T. me iꝕo aꝓ T⁴anū⸍ xxij. die
Auᵹ̃. Ᵽ T. de Caᵐa.

Rex ꝛc̃. G. fił Pet¹ ꝛc̃.   Mandam⁹ voƀ ꝗ si t'ginꞇ m̃.
ꝗ exigunt͛ a Petº de Ripia ad scacc̃m nr̃m fū͡int de debito
Roƀ de Heliun ꝓris Rohesie uꝯ̃ iꝕi⁹⸍ ꝛc iꝓm Petr̃ iñ
quietū ēe faciatis⸴' et si fū͡int de debito iꝕi⁹ ꝓpⁱo qđ noƀ
deƀat ꝑ aliqº fine ṽl alia c̃a⸍ id noƀ scire faciatis⸴ ꝛ
inꞇim pacē iñ ħat.   T. Petº de PᵃteꝜ⸍ aꝓ Cambr̃⸍ xxj.
die Auᵹ̃.

Hiƀnia.
T'ra data. }   Rex ꝛc̃. M. fił Henr̃⸍ justic̃ Hiƀ⸍ ꝛc̃.
Sciatis ꝗ cōmisim⁹ ī cᵒtodia dilc̃o nr̃o Nicoł
de V'duñ pontē de Drocheda cū ptiñ sic̃
fuit ī manu nr̃a⸍ ꝛ sic̃ ꝓr suus eū tenuit⸍ et iꝓe noƀ iꝕis
iñ respondebit⸍ et sc̃đm ꝗ iꝓe noƀ ᵴviet opabim͛ de
ponte illo ei reddendo⸴' et ĩo voƀ mandam⁹ ꝗ eiđ Nicoł
plenariā saisinā de ꝑdc̃o ponte cū ptiñ ħr̃e faciatis.   T.
J. Norwic̃ eꝕo⸍ aꝓ Cambr̃⸍ xxj. die Auᵹ̃.

Rex ꝛc̃. G. fił Pet¹ ꝛc̃.   Mandam⁹ voƀ ꝗ distⁱngatis
aƀbem de Burgo ꝗ sñ diꝜone ꝛ occ̃one reddat WalꝜᵒMande
Baillioł ħedē Ric̃ Rideł⸍ c̃ᵒ Ꝯre cᵒtodiā ei cōmisim⁹⸍ nec
volum⁹ ꝗ iđ abbas iñ aliꝗ finē faciat.   T. P. de PᵃteꝜ⸍
aꝓ Cambr̃⸍ xxj. die Auᵹ̃. Ᵽ eunđ.

Rex ꝛc̃. G. fił Pet¹ ꝛc̃.   Mandam⁹ voƀ ꝗ faciatis qđ
Asceliñ de GuaꝜviꝜ recipiat dilc̃m nr̃m Petr̃ de Ripia
ī maritū⸍ ꝗ volum⁹ ꝗ hoc faciat⸴' et si hoc nolū͡it⸍ ꝛ
iꝓa finē fec̃it noƀcū se maritandi ad voluntatē suā⸍ faciatis eiđ Petº ħr̃e Matiłđ de Diva⸍ sororē iꝕi⁹ Asceliñ⸍
sñ diꝜone cū Ꝯra sua.   T. P. de PᵃteꝜ⸍ aꝓ V'noł⸍ xxj.
die Auᵹ̃.

Rex ꝛc̃. G. fił Pet¹ ꝛc̃.   Mandam⁹ voƀ qđ capiatis ī
manū nr̃am Ꝯras⸍ edificia⸍ ꝛ catalla Thoᵐ de Kirkeby

de laico feodo iṕi⁹ ī Norf ꝓ Suff⌐ ꝓ [ea] teneatis q͚usꝗ
debitū ꝗ Roḡ fr̄ suus noꝥ debuit ħam⁹.   T. me iṗo aṗ
T¹anū⌐ xxiij. die Auḡ.   Ᵽ G. de Caħa.

Rex ꝓc̃. G. fiꝉ Pet¹ ꝓc̃.   Mandam⁹ voꝥ ꝗ pmittatis
monachos de Bella Landa hr̄e mineriā de plūbo⌐ u¹
eam īvenire poꝰunt sup ꝓrā suā⌐ ꝓ uti ea ad coopienđ
eccꝉiam suā de Bella Landa⌐ quousꝗ sufficiat eis ad
eccꝉiam illā coopiendā⌐ ꝓ p⁹ea ad op⁹ nr̄m capiatᷢ.   T.
coñ W. Maresc̃⌐ aṗ T¹anū⌐ xxiiij. die Auḡ.

Rex ꝓc̃. Huḡ de Neviꝉꝉ ꝓc̃.   Sciatis ꝗ recepim⁹ p
manū Nicoꝉ de Tokeviꝉꝉ ī caħa nr̄a CCC. m̃. argenꝷ
de misſone nr̄a⌐ ꝓ ħ voꝥ mandam⁹ ut iñ sit q¹et⁹.   T.
Thoñ de Caħa⌐ aṗ Monteforte⌐ xxvij. die Auḡ.
Ᵽ eunđ.

Rex ꝓc̃. G. fiꝉ Pet¹ ꝓc̃.   Mandam⁹ voꝥ ꝗ statī visis
littꝰis istis ea die qᵃ lator p̄s̄ntiū⌐ Roḡ Wasceliñ⌐ ad vos
veñit⌐ pacari faciatis sñ omī diꝉone⌐ p manū iṕi⁹ R.
Wasceliñ⌐ C. ꝓ Lx. vj. ꝉi. ꝓ xv. s̃. sꝰling r̃catoribȝ Pictavie ꝓ Wascoñ ꝑ vinis captis ab eis ad op⁹ nr̄m⌐ ꝓ ꞇm
iñ faciatis ꝗ iṗe se de pacaꝷōe sua laudare possint⌐ ꝓ
ꝗ iṗi vina sua iꝰm liꝥnti⁹ noꝥ adducant⌐ q¹a si iṕi
m° bñ pacati fuꝰint copiosi⁹ ī ꝓrā nr̄am deceꝰo vina
venient de ꝑtibȝ eoȝ⌐ sin auꞇ⌐ ꝑ illos noꝥ vini penuria
poꝰit Ꝓvenire.   T. me iṗo aṗ Monteforte⌐ xxvij. die
Auḡ.   P. T. cꝉicū de Caħa.

Rex ꝓc̃. G. fiꝉ Pet¹ ꝓc̃.   Mandam⁹ voꝥ ꝗ quietū hr̄e
faciatis Gilꝥto Basset dñicū suū de scutaḡ.   T. coñ W.
Maresc̃⌐ aṗ Monteforte⌐ xxvij. die Auḡ.

T'ra data. } Rex ꝓc̃. G. fiꝉ Pet¹ ꝓc̃.   Mandam⁹ voꝥ
ꝗ decē libr̄ ꝓre⌐ q̃ fuꝰnt Joħis de Curcv
ī Middeltoñ⌐ cū cataꝉꝉ q̃ sunt de feodo Guar̄ fiꝉ Ger̄⌐

faciatis h̄re īp̄i Guar̄ s̄n dil̄one ◡ nos enī illas ei ī
c⁹todiā cōmisim⁹.   T. me īp̄o ap̄ Montēfortē ◡ xxviij.
die Auḡ.

Rex ꞇꞓ. W. t̄haurr̄ ◡ ꞇ G. ꞇ R. cam̄ar̄ ◡ ꞇꞓ.   Sciatis q̄
recepim⁹ ī cam̄la nr̄a ap̄ Montēfortē ◡ die M'curii p̄xia
añ Decoᵼᵼ B'i J. Bapᵼ ◡ p manū Nicoᵼ de Tokeviᵼᵼ ◡
CCC. m̄. arḡ de miss̄one dilc̄i nr̄i H. de Neviᵼᵼ ᷎ et īo
voᵬ mandam⁹ q̄ id̄ H. iñ sit q̄¹et⁹.   T. me īp̄o ap̄ Rotᵬ ◡
xxx. die Auḡ.

Rex ꞇꞓ. eisd̄ ꞇꞓ.   Sciatis q̄ recepim⁹ ī cam̄la nr̄a ap̄
Rothom̄ ◡ ī cᵃstiñ Decoᵼᵼ B'i J. Bapᵼ ◡ p manū Pet¹ de
Ely ◡ ꞇ Alex̄ de Stoᵬ ◡ ꞇ Wiᵼᵼi de Aueny ◡ mille ꞇ C. m̄.
de thausaurr̄ nr̄o Angᵼ ᷎ et īo voᵬ mandam⁹ q̄ vos ꞇ īp̄i
iñ quieti sitis.   T. me īp̄o ap̄ Rotᵬ ◡ xxxj. die Auḡ ◡
anno ꞇꞓ. q̄¹nto.

Rex ꞇꞓ. G. fiᵼ Pet¹ ꞇꞓ.   Mandam⁹ voᵬ q̄ h̄re faciatis
c̄om̄ R. Bigod unā feriā ap̄ Hanewurtᵬ sinḡlis anñ p tres
dies duratᵃam ◡ scilȝ ◡ vigilia B'i Barthom̄ ꞇ duobȝ diebȝ
seq̄ntibȝ ◡ n¹ sit ad nocum̄tū ꞇꞓ.   T. me īp̄o ap̄ Rotᵬ ◡
xxx. die Auḡ.

Mandatu' ꝥ G. fiᵼ Pet¹ ꞇꞓ. qd̄ faciat ēe ī pace om̄s
ᶜ̄ras ◡ res ◡ ꞇ hōīes Ric̄ Morin ◡ qᵃmdiu fūit cū Alañ Basset
ī ᶻvic̄o dn̄i ꝶ. cū equis ꞇ armis.

Excambiū ꝯre. } Rex ꞇꞓ. G. fiᵼ Pet¹ ꞇꞓ.   Sciatis q̄ cō-
              } misim⁹ Philipp̄ Wigoȝ ◡ p cō̄ventōem q̄
ꝥ intᵉ nos ◡ Feiferord̄ cū p̄tiñ ꞇ Theokesbir̄ cū p̄tiñ ◡
reᵗntis ī manū nr̄am pco ◡ ꞇ venatōe ◡ ꞇ bosco ◡ ita q̄ īp̄e
n̄ō possit venatōem cape nᵉ boscū vend̄e n¹ de voluntate
ꞇ p̄cepto nr̄o.   Sȝ ei ꝯcessim⁹ q̄ qñ porcos ī bosco nr̄o
ponem⁹ siᵼr ī illo porcos pon̄e possit ᷎ et īo voᵬ mandam⁹ q̄ ei saisinā p̄dc̄ar̄ ᶜ̄rar̄ h̄re faciatis ◡ cū carrucis ꞇ
cataᵼᵼ ad ᶜ̄ras illas p̄tinentibȝ ◡ ita q̄ cū īp̄i Philipp̄ ex-

cambiū faᵉe volũim⁹ p p̃dc̃a t̃ra .s. CC. ḷi. t̃re , sic̃ int̃ nos ꝯvenit , qd̃ nob̃ reddat tot carrucas , ꞇ catalla , ꞇ t̃ras illas adeo bñ instauratas ut illas recipiet. Pᵗt̃ea illi ꝯcessim⁹ bladū t̃rar̃ illar̃ salvo nob̃ sēīe , et cū ip̃e t̃ras illas nob̃ reddid̃it , ꞇ nos ad pcū , ꞇ venat̃ōem , ꞇ boscū c⁹todiend̃ S̃vientē nr̃m ponim⁹. T. me ip̃o ap̃ Roth , ij. die Sept̃. Et p̃ceptū ✠ Hug̃ de Nevill q̃ ip̃e ibi ponat S̃vientē.

T'ra libata. } Rᴇx t̃c̃. G. fil Petⁱ t̃c̃. Mandam⁹ vob̃ q h̃re faciatis Petᵒ de Stok̃ c⁹todiā t̃re ꞇ h̃edis Henr̃ de Veer , qⁱ Gauffr̃ de Veer h̃uit , quia illā c⁹todiā p̃dc̃o Petᵒ libavim⁹ h̃ndā qᵃmdiu nob̃ placũit , ꞇ significetis nob̃ qᵃntū valat p̃dc̃a t̃ra. T. me ip̃o ap̃ Bonā Villā , v. die Sept̃.

Rᴇx t̃c̃. G. fil Petⁱ t̃c̃. Mandam⁹ vob̃ q faciatis h̃re dilc̃o ꞇ fideli nr̃o Willo d̃ Braosᵃ totā t̃rā qⁱ uxor Joh̃is de Humet tenuit ī Angl̃ de feodo Joeḷ de Meduañ. T. me ip̃o ap̃ Lexov̄ , viij. die Sept̃.

Rᴇx t̃c̃. G. fil Petⁱ t̃c̃. Mandam⁹ vob̃ q sñ dilone h̃re faciatis com̃ Arundell̃ totā t̃rā ꞏqⁱ ux̃ Joh̃is de Humet tenuit de feodo ip̃i⁹ com̃. T. me ip̃o ap̃ Lex̃ , viij. die Sept̃.

Sub ead̃ formᵃ scibitʳ p com̃ Leirc̃ de tota t̃ra qⁱ p̃dc̃a ux̃ tenuit ī Angl̃ de feodo Willi de Silly.

T'ra data. } Rᴇx t̃c̃. G. fil Petⁱ t̃c̃. Mandam⁹ vob̃ q faciatis h̃re Pollardo S̃vienti nr̃o qᵃndā domū ap̃ Norhamtoñ q̃ vocatʳ Lardariū , nⁱ dom⁹ illa valat p anñ plusqⁱ ij. s̃. T. me ip̃o ap̃ Lexov̄ , viij. die Sept̃.

Rᴇx t̃c̃. W. th̃aurr̃ , ꞇ G. ꞇ R. cam̃ar̃ , t̃c̃. Sciatis q recepim⁹ ī cam̃a nr̃a ap̃ Lex̃ , in cᵃstino Nativit̃ B'e Mar̃ , p manū Willi de Castello , ꞇ Ric̃ fil̃ Terric̃ , ꞇ Gauffr̃ de

Claigaī � M. ꝉ DCCC. ꝉ xxx. m̄. arḡ de t̄haurr̄ nr̄o
Angꝉ⸝ io vob mandam⁹ q vos iñ quieti estis.　T. me ip̄o
ap̄ Tⁱasnū⸝ x. die Sept⸝ anno regni nr̄i qⁱnto.

Tᵉra cōmiss.　} Rex ꝉc̄. G. fīl Petⁱ ꝉc̄.　Mandam⁹ vob q
　　　　　　　} sñ dīlone faciatis hr̄e venꝰabili patⁱ nr̄o J.
ep̄o Norwic̄ manꝰiū de Suaffam⸝ q fuit cōm Britāie⸝
integre cū blado⸝ ꝉ aliis catalꝉ⸝ ꝉ ōmibჳ aliis ptiñ suis.
T. me ip̄o ap̄ Tⁱasnū⸝ xj. die Sept̄.

Castr' de Boues cōmittitʳ Robto de Vet̄iponte p
littꝰas dñi ꝶ. patentes⸝ ꝉ libatʳ Eudoni nepoti suo ad
custodiend̄.

Rex ꝉc̄. G. fīl Petⁱ ꝉc̄.　Sciatis q cōmisim⁹ fideli nr̄o
Robto de Vet̄iponte le Boues cū ptiñ suis⸝ et io vob
mandam⁹ q castr̄ illud ei sñ dīlone hr̄e faciatis cū ōmibჳ
ptiñ⸝ q̄m ip̄e nob ad scacc̄ nr̄m iñ respondebit.　T. me
ip̄o ap̄ Herbtot⸝ xij. die Sept̄.

Tᵉra data　　} Rex ꝉc̄. hŏibჳ de manꝰiis de Wirkes-
ad feod̄ firmā. } wurt̄h⸝ ꝉ de Esseburñ⸝ ꝉ de wapetac
　　　　　　　} ꝉ de Wirkespurt̄h ꝉc̄.　Precipim⁹ vob q
sitis intendentes W. cōm Derby sc̄dm tenorē carte nr̄e
qᵃ ei fecim⁹ de manꝰiis de Werkespurt̄h⸝ ꝉ Essebur̄⸝ ꝉ
de wapetac de Werkespurt̄h⸝ salva fidelitate nr̄a.　T. W.
de Braosᵃ⸝ ap̄ Montēfortē⸝ xvj. die Sept̄.

Tᵉra data.　} Rex ꝉc̄. G. fīl Petⁱ ꝉc̄.　Mandam⁹ vob q
　　　　　} faciatis hr̄e Petᵒnilꝉ⸝ ux̄ W. de Longo-
campo⸝ villā de Frestoñ ad se sustentand̄.　T. me ip̄o ap̄
Moretoñ⸝ xvij. die Sept̄.　Ᵽ ip̄m Regē.

Pat.　　　} Rex ꝉc̄. G. fīl Petⁱ ꝉc̄.　Sciatis q cōmisim⁹
Tᵉra data. } dilc̄o ꝉ fideli nr̄o R. cōm Leic̄ totā t̄rā de
　　　　　} Richemūdesir̄ sic̄ cōm Britāie eam hr̄e con-
suevit⸝ cū foresta ꝉ feod̄ militꝉ⸝ excepto castᵒ de Richem̄⸝

᾿τ hiis q̃ ad cᵒtodiā illiᵖ cast' ptinent. ᾿τ excepto castᵒ de
Boues ᾿τ hiis q̃ ad illud ptinent. q̃ pⁱᵖ cōmisamᵖ Roƀto de
Veʈiponte.' ᾿τ īo voƀ mandamᵖ q p̃dc̃o com̃ saisinā iñ
hr̃e faciatis cū redditu de ꝑmino Sc̃i Mic̃ instanti. ᾿τ
cū catatt. ᾿τ instauꝛ. ᾿τ scutag̃ militū.' ᾿τ si redditᵖ ille ᾿τ
scutag̃ illud captū fŭit. ei reddantʳ quicꝗ ea recepit.' ᾿τ
noƀ scire faciatis qᵃntū vaɫat ħ ꝗ ei cōmisimᵖ. T. G. fiɫ
G. ꝺ ap̃ Dol ꝺ xix. die Sepꞇ.

Rex ᾿τc̃. G. fiɫ Petⁱ ᾿τc̃. Mandamᵖ voƀ q hr̃e faciatis
W. com̃ de Derby saisinā ꝑre q̃ fuit vicedom̃ de Carnoꞇ ꝺ
qui cruciatᵖ decessit ī ptibȝ tᵃnsmaꝛ ꝺ ī Stapelforꝺ cū ptiñ ꝺ
᾿τ q̃ est de feodo ip̃iᵖ com̃ desic̃ nos nttm ꝑmiñ statuimᵖ
ī ꝑra nr̃a de ꝑris cruciatoꝝ. T. W. com̃ Arundett ꝺ ap̃
Dol ꝺ xix. die Sepꞇ. Ᵽ W. de Braosᵃ.

Memb. 8.

T'ra data. } REX ᾿τc̃. G. fiɫ Petⁱ ᾿τc̃. Mandamᵖ voƀ q
hr̃e faciatis sñ diɫone dilc̃o ᾿τ fideli nr̃o W.
de Breosᵃ x. liƀr̃ ꝑre ap̃ Frome ī Herefordesiꝛ ꝺ q̃ fuit
Steꝑ de Longocampo. T. me ip̃o ap̃ Moretoñ ꝺ xxij.
die Sepꞇ.

Rex ᾿τc̃. G. fiɫ Petⁱ ᾿τc̃. Sciatis q pdonavimᵖ Baldewiñ
Wac cenꞇ m̃. qᵃs noƀ debuit de fine ꝺ q̃ fec̃ noƀcū ꝑ ħnda
ꝑra sua ī Angɫ.' et īo voƀ mandamᵖ q ip̃m iñ quietū ēe
faciatis. T. Petᵒ de Pᵃtett ꝺ ap̃ Boiz ꝺ xxiiij. die Sepꞇ.

T'ra data. } Rex ᾿τc̃. G. fiɫ Petⁱ ᾿τc̃. Mandamᵖ voƀ q
sñ diɫone hr̃e faciatis Theoƀ Frussuꝛ ꝺ
balisꞇ nr̃o ꝺ decē liƀr̃ ꝑre de ꝑra q̃ fuit Guidoñ de Toarc̃
ī Angɫ ꝺ ꝓ ꝑra sua qᵗ amisit ꝓ ᵴvic̃o nr̃o.' ᾿τ si ibi fŭint
C. solidaꞇ v̄l L. ꝺ v̄l minᵖ ꝺ nō remaneat q'n ei totū liƀetis ꝺ
ita q respoñdat ad scacc̃ nr̃m annuatī de eo q superꝛ
ultᵃ p̃dc̃as x. liƀr̃ ꝑre qᵃs ei p̃cepimᵖ assignari. T. me
ip̃o ap̃ Moretoñ ꝺ xxiij. die Sepꞇ.

Rex mandavit justič Angł q donet uᶍ Emĩcy Hauᵬ-
carii C. ᶆ. sᵗlinᵍ̃ quos dñs Rex ei dedit.

T'ra data. } Rex ᵗč. G. ᵗč.   Mandamᵍ voᵬ q faciatis
hᵳe Brič camᵳaᵳ Witeseᵗ, Wike, ᵗ Framtoñ
cū redditibȝ ᵗmini Sči Micħ instantis, q̃ fūnt Guidoñ de
Toarč, ᵗ noᵬ scire faciatis quid ħ sit.   T. me iᵽo aᵽ
Lexoᵛ, xxvij. die Sepᵗ.

Rex ᵗč. G. fiᵗ Petⁱ ᵗč.   Mandamᵍ voᵬ q pacē hᵳe
faciatis Philipᵽ de Hulecotes de xxv. ᶆ. q̃ ab eo exiguntʳ
ad scacč nᵳm.   T. me iᵽo aᵽ Tⁱasnū, xxix. die Sepᵗ.

Rex ᵗč. G. fiᵗ Petⁱ ᵗč.   Mandamᵍ voᵬ q faciatis hᵳe
Huᵍ̃ de Bailloᵗ respectū de octiesviginti ᶆ. qᵗs noᵬ
debuit qᵒusqᵦ iñ aliud ᵽcepimᵍ.   T. me iᵽo aᵽ Montēfortē, ij. die Ocᵗ.

Eleᵐ̃ data. } Rex ᵗč. G. fiᵗ Petⁱ ᵗč.   Mandamᵍ voᵬ q
faciatis hᵳe Wiᵗᵗo ᵗ Nicoᵗ, filiis Joħis de
Broc ᵛvienᵗ nᵳi, ᵽᵬndā q̃ fuit Roᵍ̃ le Tort, qui mortuus
est ut dicitʳ, qᵦ illā eis dedimᵍ.   T. me iᵽo aᵽ Montēfortē, ij. die Ocᵗ.

Rex ₉cessit nepoti Brič camᵳaᵳ xv. ᵐ̃catas redditᵍ
ī eccᵗiastico bñfičo cū vacaᵛint, ᵗ sup ħ scⁱpsit justič.

Rex ᵗč. G. fiᵗ Petⁱ ᵗč.   Mandamᵍ voᵬ q faciatis hᵳe
sñ diᵗone Thome de Landa, valleto nᵳo, ᵽᵬndā tⁱū
deñ, qⁱ quidā capellanᵍ qui mortuus est ħuit de
donaᵗoe nᵳa aᵽ Chelforᵈ.   T. me iᵽo aᵽ Rothomaᵍ̃,
iiij. die Ocᵗ.

T'ra data. } Rex ᵗč. G. fiᵗ Petⁱ ᵗč   Monstᵃvit noᵬ
Ranñ le Fol q j. vⁱgata ᵗre in Craneburᵍ̃,
qᵃm Godefᵳ fiᵗ Johette tenuit, ✝ ī manu nᵳa, ᵗ nᵳa ✝
escaeta: et ᶦo voᵬ mādamᵍ q si illa vⁱgata ᵗre escaeta
nᵳa ✝, ᵗ viᵈitis nᵳm meliᵍ ēe, illā vⁱgatā ᵽdčo Raᵈ ᵽ
ᵛvičo suo sñ diᵗoe hᵳe faciatis, si ibi ampliᵍ ñ fᵘit

F

q^a j. v^i gata t̃re. T. magr̃o R. de Stok̃, ap̃ Roth̃, v. die Oct̃.

D'N's Rex de

T'ra data. } Rex ⁊c̃. G. fil̃ Pet^i ⁊c̃. Mandam⁹ vob̃ q̧ sñ dil̃one hr̃e faciatis dilc̃o nr̃o Will̃o de Munb^a y iij. carr̃ t̃re cũ ptiñ ĩ Bartoñ de Holdenith̃ Wigani de Evereny qui mortuus est, c̃⁹ fili⁹ ⁊ h̃es 9ª nos est cũ ĩnimicis nr̃is. T. me ip̃o ap̃

T'ra data. } Will' de Gamages h̃t t̃rã q̃ fuit G. de Glapion ĩ Roteland̃.

T'ra data. } Rex ⁊c̃. G. fil̃ Pet^i ⁊c̃. Mandam⁹ vob̃ q̧ si fr̃es Militie Templi nõ h̃ant t̃ram q̃ fuit Will̃i de Marisco ap̃d Hunespill̃ ⁊ Cameleg̃, q^a m eis dedim⁹, ⁊ uñ cartã nr̃am h̃nt, t̃c eis alibi p̧videatis ĩ x. libr̃ t̃re p̧ illa t̃ra, q^a s de aliis t̃ris pcepunt quousq̧ nos Ds redux̃it ĩ Angl̃ ⁊ eis p̧vid̃e possim⁹. T. me ip̃o ap̃ Bonã Villã, ix. die Oct̃.

Rex ⁊c̃. W. th̃aurr̃, ⁊ G. ⁊ R., ⁊c̃. Sciatis q̧ recepim⁹ p manũ P. de Ely, ⁊ Anfred̃ Linc̃, ⁊ Hamõis de Sc̃a Fide mille ⁊ CCCC. l̃i. st̃ling̃: et h̃ vob̃ mandam⁹ ut iñ quieti sitis. T. me ip̃o ap̃ Cadom̃, viij. die Oct̃, anno ⁊c̃. quinto.

Rex ⁊c̃. G. filio Pet^i ⁊c̃. P̃donavim⁹ Rob̃ de Vet̃ipont C. m̃. arg̃, ⁊ cent̃ m̃. reddidit p p̃ceptũ nr̃m ĩ cam̃a nr̃a de fine illo q̃ fecit nob̃cũ p̧ h̃ndis ĩ c⁹todia sua filiis ⁊ h̃edibȝ Hug̃ Gernagan, cũ tota t̃ra sua, ⁊ ip̃is maritandis, ⁊ p̧ ux̃ ip̃i⁹ Hug̃ maritanda, ⁊ p̧ om̃ibȝ catall̃ ip̃i⁹ Hug̃ q̃ h̃edes 9tingũt: et ĩo vob̃ mandam⁹ q̧ p̃dc̃s Rob̃ de p̃dc̃is CC. [m̃.] sit q^i et⁹, et faciatis eid̃ Rob̃ ṽl c̃to nũcio suo [liberari] p̃dc̃am c⁹todiã integ^e, ⁊ p̃dc̃a maritag̃, ⁊ p̃dc̃a catalla.

Rex ᵗc̃. M. fil̃ Henr̃ justic̃ ᵗc̃. Sciatis q̃ Will̃s de
Burgo bñ quietavit plegios suos quos posuit ī eq̃ᵃ manu
de veniendo ad nos: et īo voḃ mandam⁹ q̃d Killefecle ᵗ
Hinneskesti, cast̃ᵃ ip̃i⁹ Will̃i, q̃ ip̃e posuit ī eq̃ᵃ manu,
ᵗ r̃ras suas q̃ᵃs ip̃e posuit sil̃r ī eq̃ᵃ manu de veniendo ad
nos, ei sñ dil̃one h̃re faciatis. Vos auĩ filios ej⁹d̃ Will̃i ᵗ
alios obsides ej⁹ q̃ᵒs ī tenentiā tenetis bñ ᵗ salvo faciatis
c⁹todiri: et sciatis q̃ eund̃ Will̃m noḃcũ retinuim⁹ q̃ᵒusq̃
ad nos veñl̃itis ṽl nũtii vr̃i, et volum⁹ q̃ tantũ faciatis p̃
lit̃r̃is istis clausis q̃ᵃntũ fac̃etis p̃ patentiḃȝ. T. me ip̃o
ap̃ Cadoñ, xiij. die Oct̃.

T'ra data. } Rex ᵗc̃. G. fil̃ Pet' ᵗc̃. Mandam⁹ voḃ q̃
h̃re faciatis Daniel̃ Pinc̃ totā r̃rā q̃ fuit
Guar̃ de Glapioñ ī Sussex̃ ap̃ Saeford̃, q̃ᵃm Gilḃ de Aq̃ila
ei dedit: et si q̃'d iñ de r̃mino Sc̃i Mich̃ p̃xīo p̃r̃ito
captũ sit, id ei sñ dil̃one reddi faciatis. T. me ip̃o ap̃
Bur̃, xiij. die Oct̃.

Rex ᵗc̃. G. fil̃ Pet' ᵗc̃. Mandam⁹ voḃ q̃ h̃re faciatis
Hug̃ de Ardeñ c⁹todiā pontis de M'etoñ, reddendo iñ
noḃ p̃ anñ redditũ q̃ vic̃ ṽl añcessores sui iñ redd̃e solebant. T. me ip̃o ap̃ Bur̃, xv. die Oct̃. P̃ consĩ Cestr̃.

Rex ᵗc̃. G. fil̃ Pet' ᵗc̃. Mandam⁹ voḃ q̃ faciatis h̃re
Gaufr̃ de Hauvill̃ xx. sũmas frum̃ti ṽl ej⁹ p̃ciũ. T. me
ip̃o ap̃ Bur̃, xiij. die Oct̃.

T'ra data. } Rex ᵗc̃. G. fil̃ Pet' ᵗc̃. Mandam⁹ voḃ q̃
faciatis h̃re Gaufr̃ de Saucesmar̃ Geitoñ
cũ p̃tiñ, q̃ fuit Guidoñ de Tuarc̃, tenendā q̃ᵃmdiu
noḃ placũit n' illā alii ded̃im⁹. T. me ip̃o ap̃ Cadoñ,
xvj. die Oct̃.

Gaufr' de Nevill̃ h̃t respectũ de viginti m̃. usq̃ ad
Pasca, anno regni dñi R̃. q̃'nto.

Rex ᵗc̃. Pet° de Stok̃ ᵗc̃. Sciatis q̃ reddidim⁹ dño
Lexoṽ feodũ de Curtoñ sic̃ jus suũ, q̃ G. de Glapioñ

tenuit ᵼ forisfecit⌐ salva noɓ annata nr̃a qñ eam hr̃e
volũim⁹⁚ et ĩo voɓ mandam⁹ q iᵷd ei sñ diᵶone hr̃e
faciatis. T. me ip̃o ap̃ Cadom̃⌐ xviij. die Oct̃.
 Sub ead̃ forma scˡbitʳ constaɓ Norm̃ de feodo Lascun.
 Deɓnt ĩrotulari ĩ Rotulo Norm̃.

T'ra data. ⎱ Rex t̃c̃. G. fiᵽ Petⁱ⌐ saᵷt̃. Mandam⁹ voɓ
 ⎰ qd̃ hr̃e faciatis Eṽardo de la Beverer̃ ᵼ
Waler̃ de Cotes ᵽram q̃ fuit Gilɓ de Aire⌐ nⁱ eam alii
ded̃im⁹⌐ᵼ reragia feodi sui de scacc̃ nr̃o eis sñ dilaᵶoe hr̃e
faciatis. T. me ip̃o apud Cadom̃⌐ xvij. die Oct̃.

Com' Albamar̃ ᵷt litᵽas de j. feria ᵷnda ap̃ Skiptoñ p
tres dies duratʳa ad festũ Sc̃e Tⁿnitatis⌐ scᵼt⌐ vigilia ᵼ
festo ᵼ ĩ cˢstino⌐ ita ᵼn t̃c̃.

 Rex t̃c̃. Hug̃ de Neviᵷ t̃c̃. Sciatis q dedim⁹ licentiā
com̃ Albemar̃ aforestandi ᵽrā suā p Apeltrewic p duas
leucas ᴵ longitudine⌐ nⁱ ᵷ sit ad nocum̃tū nr̃m ṽl Wiᵷᵷi
de Munbⁱi ᵽximi vicini ṽl alic̃⁹ vicino⅗⁚ et ĩo voɓ mandam⁹ q ip̃m eam aforestare pmittatis⌐ nⁱ sit ad nocum̃tū
ut ᵽdixim⁹. T. me ip̃o ap̃ Valoines⌐ xix. die Oct̃.

 Rex t̃c̃. Hug̃ de Neviᵷ t̃c̃. Sciatis q dedim⁹ licentiā
com̃ Albemar̃ aforestandi ᵽrā suā de Graveñ⌐ sic̃ divise
jacent ᵼ tenentʳ inᵼ eand̃ ᵽrā ᵼ ᵽrā const̃ de Cestr̃ p
v. leucas⌐ ita ᵼn q id nō sit ad nocum̃tū nr̃m nᶜ alic̃⁹
vicino⅗⁚ et ĩo voɓ mandam⁹ q pmittatis ip̃m eā aforestare
nⁱ sit t̃c̃. T. me ip̃o ap̃ Valoñ⌐ xix. die Oct̃.

 Scˡʙɪᴛʳ H. Sarr̃ ep̃o qd̃ dñs Rex recepit p manū Rad̃
de Winesham C. ᵷi. de dono.

 Rex t̃c̃. G. fiᵽ Petⁱ t̃c̃. Sciatis q Rad̃ de Winesham
pacavit ĩ cam̃a nr̃a cent̃ m̃. p qˢs finẽ fecit noɓcū p una
virgata ᵽre cū ptiñ ĩ Tiestede⌐ de qᵃ ᵽcepam⁹ q
dissaisit⁹ ẽet⌐ ᵼ qˢs pacasse debuit ep̃o Norwic̃⌐ uñ

voɓ mandam⁹ ꝗ iñ qⁱet⁹ sit.   T. me iꝓo aꝓ Valoñ ⸝ xx.
die Ocт̃.

REX тc̃. G. fił Petⁱ тc̃.   Mandam⁹ voɓ ꝗ faciatis hr̃e
Everarđ de la Beverere ꞇ Waloñ de Cotes tantū reddit⁹ ī
deñ p manū vr̃am qᵉntū Huḡ Barđ redđe ꝯsuevit ⸝ de
maɴiis de Bramesgrave ꞇ Nortoñ ꝗ̃ fũnt Gilɓ de Aire ⸝
ad scacc̃ nr̃m de firma annua quousꝗ iñ aliud p̃cepim⁹ ⸝
ꞇ areragia feodoꝫ suoꝫ de scacc̃ eis siłr hr̃e faciatis.   T.
me iꝓo aꝓ Valoñ ⸝ xx. die Ocт̃.

REX тc̃. G. fił Petⁱ тc̃.   Mandam⁹ voɓ ꝗ faciatis hr̃e
Philipꝑ de Aire saisinā de ꞇra sua Angł ⸝ uñ disseisit⁹
fuit eo ꝗ nō fuit ī ŝvic̃o nr̃o ī q° iꝓe m° est.   T. me iꝓo
aꝓ Valoñ ⸝ xx. die Ocт̃.

REX тc̃. R. Aguillū consт̃ de Walingforđ тc̃.   Mandam⁹ voɓ ꝗ recipiatis filiū Stepɦ de Longo Cāpo ꞇ
nepotē Roḡ de Gaugi quos Huḡ de la Garderoɓ voɓ
liɓabit ⸝ ꞇ illos salvo ī liɓa c⁹todia c⁹todiatis ⸝ ita ꝗ secᵛi
sitis de eis.   T. me iꝓo aꝓ Bris ⸝ xxij. die Ocт̃.

Scⁱʙɪтᵣ G. fił Petⁱ qđ ꝓviđat Wiłło de Cornhułł viginti
m̃. ī pⁱmis bñficiis eccłiastic̃ ꝗ̃ fũit de donaт̃oe dñi ℞.

D'ɴ's Rex cōcessit Roɓ de Meysy ꝗdā m̃catū aꝓ
Brūfelđ p diē Jovis ī sepт̃ ⸝ ita тn тc̃.

Scⁱʙɪтᵣ G. fił Petⁱ qđ faciat hr̃e Wiłło de Furñ xl. m̃.
reddit⁹ ī pⁱmo bñficio eccłiastico ꝗ fũit de donaт̃oe dñi
℞. exceptis ꝓmissis dñi ℞. ꝗ̃ redduntᵣ ad scacc̃.

T'ra data. ⎱ REX тc̃. G. fił Petⁱ тc̃.   Mandam⁹ voɓ ꝗ
⎰ faciatis hr̃e Gilɓ de Hautviłł cenт̃ solidatas
ꞇre ī pⁱmis escaeт̃ nr̃is ꝗ̃ ei remaɴe possint.   T. me iꝓo
aꝓ Valoñ ⸝ xxiiij. die Ocт̃.

REX тc̃. H. de Neviłł тc̃.   Mandam⁹ voɓ ꝗ ꝓmittatis
com̃ de Ferꞃ clauđe gravā de Nedbeodle ⸝ si iꝓe īcluđe

volŭit tant̃ ꝑre arabił cū g⋅va illa q⋅ntū iꝑa g⋅va duraᷠit.
T. me iꝑo aꝑ Toreny ⸝ xxvj. die Oct̃.

Rex ꝉc̃. Meł fił Henr̃ ⸝ justic̃ Hiꝺ ⸝ ꝉc̃. Sciatis q̃
recepim⁹ ꝑ man⁹ [   ] fił Huḡ ⸝ Mauric̃ fił Pħ ⸝ ꝉ
Wiłłi c̃lici ⸝ aꝑ Cadom̃ ⸝ ī die Sc̃i Luce Ev⋅n̄ ⸝ anno regni
nr̃i q̃'nto ⸝ CCCC. m̃. arḡ ꝉ CC. unc̃ aur̃ de pecūia nr̃a
Hiꝺ. Hoc aut̃ voꝺ mandam⁹ ut iñ quieti sitis. T. me
iꝑo aꝑ Bur̃ ⸝ xxvij. die Oct̃.

Memb. 7.

REX ꝉc̃. G. fił Pet' ꝉc̃. Mandam⁹ voꝺ q̃ quietū ēe
faciatis Joħ de Augo de ħ q̃ ab eo exigunt hōīes Roꝺ
de Turnħ de custodia de Wardburtoñ ⸝ de ħ scilɜ q̃ iñ
recepit dū c⁹todiā illā ħuit ꝑ ꝑceptū nr̃m ⸝ ꝉ si q̃'d occōe
illa captū sit ⸝ id ei reddi faciatis. T. com̃ Arundeł ⸝
aꝑ Bur̃ ⸝ xxviij. die Oct̃. Ꝑ eund̃.

Rex ꝉc̃. G. fił Pet' ꝉc̃. Sciatis q̃ dedim⁹ dilc̃o ꝉ fideli
nr̃o R. de Veꝉiponte instaūram̃ta ꝉ blada q̃̃ recepit ꝑ
manū vr̃am aꝑ Appelby ꝉ Burḡ ī bałła de Westm̃eland̃
cū ptiñ ⸝ ꝉ īo voꝺ mandam⁹ q̃ iꝑm iñ quietū ēe faciatis.
T. me iꝑo aꝑ Troac̃ ⸝ xxix. die Oct̃.

Rex ꝉc̃. Huḡ de Neviłł [ꝉc̃.] Mandam⁹ voꝺ q̃ faciatis
ħr̃e monachis de Fer̃ndoñ maireimiū ī loco ꝯpetenti ad
edificia sua facienda ⸝ sc̃d̃m q̃'ntitatē monachoꝛ ibid̃
existentiū. T. me iꝑo aꝑ V'noł ⸝ ij. die Novēbr̃.

T'ra data. } Rex ꝉc̃. G. fił Pet' ꝉc̃. Mandam⁹ voꝺ q̃
ħr̃e faciatis sñ diłone Ger̃ de Leheramōt
ꝑr̃ā q̃̃ fuit Sim̃ de Havereħ aꝑ Faloleḡ ⸝ q̃'m eid̃ Ger̃
dedim⁹ ⸝ sic̃ alias voꝺ mandavim⁹. T. P. de P⋅tełł ⸝ aꝑ
V'noł ⸝ ij. die Noᷠ.

Rex ꝉc̃. W. ħaurr̃ ⸝ ꝉ G. ꝉ R. cam̃ar̃ ⸝ ꝉc̃⋅ Sciatis q̃ ⸝
die Lune ꝓxia ꝑ⁹ festū Om̃iū Sc̃oꝛ ⸝ aꝑ V'noł ⸝ recepim⁹
de ħaurr̃ nr̃o Angł t'a milia m̃. ꝑ man⁹ Roꝺ de Wintoñ ⸝

'ī Alex de Stok, 'ī Willi de Faleiš et īo vob mandam⁹
q̃ vos 'ī ip̃i iñ q'eti sitis.   T. me ip̃o ap̃ Orrebec, iij. die
Novb̃r.   P P. de Rupib₃.

Rex 'īc̃. bar̃ de scacc̃ ~~Cadom̃~~ 'ī de Westm̃ 'īc̃.   Sciatis ·
q̃ recepim⁹ p man⁹ Alex de Mūtfichet 'ī Ingerā fil̃ Ric̃,
hōiū Huḡ de Nevill, C. m̃. de fine q̃ id̃ Huḡ nobcū fecit
de p̃ra Ham̃ de Valoñ 'ī īo vob mandam⁹ qd̃ id̃ Huḡ iñ
q'et⁹ sit.   T. me ip̃o 'īc̃. ap̃ T'asñ, iiij. die Novb̃r.

Rex p̃donavit Willo Briwer̃r xx. m̃. q's debuit p
essartis de Esseleḡ 'ī Sunbur̃, 'ī p̃tea ei p̃donavit x. m̃.
de passaḡ bar̃ Huḡ de Morevill.

D'ñ's Rex p̃donavit Ric̃ Morin x. m̃., 'ī mandatū fuit
justic̃ Jud̃o₃ q̃ ip̃m iñ q'etū iñ [ēe] fac̃ent, sic̃ mandavit
justic̃ Angl̃.

Rex 'īc̃. G. fil̃ Pet' 'īc̃.   Mandam⁹ vob q̃, si aliq^a
p̃bnda de t'b₃ ob ṽl de duob₃ deñ vacaṽint, eam Willo
de Ays latori p̃sntiū hr̃e faciatis, 'ī si ñlla vacaṽint, tc
ip̃m ī a^a abbatia ī Angl̃ neccia īveniri faciatis, q°usq₃ a^a
p̃bnda vacaṽint.   T. me ip̃o ap̃ Roth, ix. die Novb̃r.

Rex 'īc̃. M. fil̃ Henr̃, justic̃ Hib, 'īc̃.   Sciatis q̃ abbas
Sc̃i Thom̃ Dubliñ nob pacavit xv. m̃. arḡ p xv. unc̃ aur̃,
q's nob debuit p cartis suis 9firmand̃, ī cam̃a nr̃a p
manū fr̃is W. canōici sui ap̃ Rothom̃ et īo vob mandam⁹ qd̃ p̃dc̃s abbs de p̃dc̃is xv. unc̃ q'et⁹ sit, 'ī ip̃m
quietū īrotulari faciatis.   T. me ip̃o ap̃ Roth, xj.
die Novenb̃r.

Rex 'īc̃. G. fil̃ Pet' 'īc̃.   Mandam⁹ vob q̃ faciatis hr̃e
Sim̃ de Haveret integ^e p̃rā suā ī Faleswell.   T. me ip̃o ap̃
Rothom̃, xj. die Novb̃r.   P W. Briw̃.

Rex 'īc̃. G. fil̃ Pet' ['īc̃.]   Sciatis q̃ dedim⁹ dilc̃o 'ī fideli
nr̃o com̃ W. Maresc̃ CC. m̃. arḡ de scacc̃ nr̃o ad c°todiā

castroӡ suoӡ ⸴ et ĩo voƀ mandam⁹ q̃ ei illas ṽl c̃to nūcio suo hr̃e faciatis.   T. t̃c̃.   Ᵽ P. de Rupibӡ.

Feođ datū
de novo. } Mandatu' est G. fił Pet¹ q̃ assignet Ger̃ de Leiramunđ xxv. łi. sᵗᵖling̃ de feodo ad scacc̃ p anñ ⸴ t̃ eas ĩrotulari faciat ⸴ t̃ medietatē illi⁹ feodi ei faciat hr̃e de scacc̃ Sc̃i Micħ ᵖᵖtiti.

Mandatu' ⸵ eiđ G. fił Pet¹ qđ assignet Wiłło de Wudewurthine qui est aᵖ Luches C. s̃. ᵖre ubi pᵗ⸴ q̃ sint ei ad remanentiā.

Nota. } Rex t̃c̃. Wiłło Crasso⸴ señ Norm̃⸴ t̃c̃.   Audivim⁹ dici S. Sagieñ archiđm electū ẽe t̃ ꝯsecᵗtū nõ requisito assensu nr̃o ⸴ q̃ est contᵃ dignitatē t̃ liƀtatē nr̃am t̃ ᵖre nr̃e. V'm ob reᵖentiā dñi Ppᵒ t̃ eccłie Romane toleram⁹ q̃ iᵖe ad eccłiam Sagieñ secure veniat ⸴ et ꝓhibem⁹ ne aliquis ei ṽl hõibӡ suis ⸴ ṽl rebӡ suis ⸴ ṽl rebӡ eccłie Sagieñ ij᛫iam ĩfat ⸴ molestiā ⸴ ṽl gravam̃ ⸴ et si quis ei ĩ aliq° forisfec̃it ⸴ id ei volum⁹ p nos aut bałłos nr̃os em̃dari. Et cū nos ĩnotuerit q̃ dāpna eccłie Sagieñ t̃ a q¹bӡ fu̇int irrogata ⸴ de hiis cōpetentē sic de jure debebim⁹ faciem⁹ em̃datõem.   Nos siqᵗđ loco t̃ tempe dño Ppᵉ jus nr̃m significabim⁹ sic alia vice significavim⁹⸴ t̃ ab eo noƀ justiciā fi sup ħ postulabim⁹⸴ sc̃đm jus t̃ dignitas nr̃a t̃ antiqᵃ t̃ apꝓbata nr̃i ducat⁹ exiꝡ ꝯsuetudo.   T. J. Norwic̃ eᵖo⸴ com̃ W. Maresc̃⸴ W. com̃ Arundełł⸴ com̃ W. de Ferr̃⸴ aᵖ Rothom̃⸴ ix. die Oct̃.

Rex t̃c̃. om̃ibӡ t̃c̃.   Sciatis q̃ id q̃ Abᵗm fił Murieł t̃ Murieł m̃r sua facient de domibӡ suis t̃ ᵖris tam ĩ Norm̃ qᵃ ĩ Angł vendendis ⸴ ad solvendū noƀ debitū q̃ noƀ deƀnt ⸴ ratū t̃ stabile ħebim⁹.   T. me iᵖo aᵖ Rothomag̃⸴ xij. die Noṽbr̃.

D'ɴ's Rex concessit dño Rothom̃ vivariū suū extᵃ portas Rothom̃ ⸴ ħndū qᵃmdiu vixᶴit.

Deƀnt ĩrotulari inᵗ Litłas Patentes.

Rex ꝉc. G. fił Pet¹ ꝉc.　Mandam⁹ voɓ q̃ Wiłł de Parco qᶦetū ĕe faciatis inꞇ debitū ꞇ usuras de vij. łi. sꞇᶦling̃ ⸴ qᵃs debꝫ Helie Juđo Glouꞇ.　T. me iꝑo aꝑ Bonā Villā ⸴ xiij. die Novenbꞃ.　P Wiłłm Briwerꞃ.

Rex ꝉc. dilc̃is ꞇ fidelibꝫ suis Wiłło de Warenñ ꞇ sociis suis ⸴ ꞇ custodibꝫ Juđoꝝ ⸴ sałꞇ.　Sciatis q̃ ꝑdonavim⁹ Wiłło de Hasting̃ cenꞇ libꞃ sꞇᶦlīg̃ de debito qđ debet Juđis ⸴ unde voɓ mandam⁹ qđ iꝑm de cenꞇ libꞃ qᶦetū ĕe faciatis ⸴ ꞇ ꝯsiliū vꞃm noɓ đre sciatis cū veñim⁹ ī Angł de fine capiendo de eo ⸴ ꞇ quos ꝑminos ei dare ꝯsulꞇitis. Et cartas iꝑi⁹ Wiłłi qᵃs Juđi ħnt ī manū vꞃam capiatis ꞇ custodiatis qᵒusꝗ voɓ aliud ꝑcepim⁹⸴ et noɓ scire faciatis qᵃntū restat de eođ debito.　T. me iꝑo aꝑ Bonā Villā ⸴ xiij. die Novenbꞃ.

Rex ꝉc. G. fił Pet¹ ꝉc.　Sciátis q̃ ꝑdonavim⁹ Wiłło de Hasting̃ cenꞇ łi. sꞇᶦling̃ de debito q̃ debꝫ Juđis ⸴ uñ voɓ mandam⁹ q̃ iꝑm de cenꞇ łi. quietū ĕe faciatis ⸴ ꞇ ꝑrā suā ⸴ q̃ ī manu Juđoꝝ est ⸴ ei hꞃe faciat ⸴ occõe ꝑdc̃i debiti. T. ꝉc.

Rex ꝉc. G. fił Pet¹ ꝉc. sałꞇ.　Sciatis qđ G. de Furnivałł junior attornaṽ loco suo corā noɓ ad lucᵃndū ṽl ꝑdenđ Thom̃ de Baineviłł señ suū ⸴ Roɓ cłicū ⸴ Roɓ de Dervehał ⸴ ꞇ Rađ de Windeshiłł ⸴ vᵥsus Thom̃ de Holebiꞃ de qᵃdam ꝑra.

Rex ꝉc. Hug̃ de Neviłł ꞇ bałł suis de M'leɓge ꝉc. Mandam⁹ voɓ q̃ Ric̃ de Bello Campo ducenti hernesiū nꞃm ꞇ pᶦsones nꞃos ad vos īveniatis necc̃ia donᶜ illuc veñim⁹.　T. ꝉc.

Badwin⁹ de Hodenet ħt litꞇas dñi Ꝝ. de ħnda saisina de ꝑra q̃ fuit ꝓris sui ita integᵉ sic̃ ꝓr suus eā ħuit die qᵃ iđ B. recesš ađ sᵥvito ꝉc.

Mandatu' est justic̃ qđ deliɓet C'dic q̃ fuit uxor capellañ de Alvestana.

Mandatu' est justič qđ faciat hr̄e Fulcoñ fił Guariñ
saisinā r̄re sue ⸴ ꞇ sił̄r m̄ri sue r̄ra suā ⸴ ꞇ & aliis r̄ra suā ⸴
qᵘ diss sūt occᵒ̄oe ip̄iᵒ Fulcoñ ✓ ꞇ sił̄r mandatū ✚ de Reiñ
fił Reiñ de r̄ra sua qđ eam ħat ⸴ sič eas ħūnt qñ reces-
ꞩunt a servičo dñi ℞.

Rex ꞇč. G. fił Petᵘ ꞇč. Sciatis q comitissa Ꝑtici fin̄e
feč nob̄cū ⸴ ita scł₃ q ip̄a qᵒlib₃ anno nob̄ dabit cenꞇ
libr̄ sꞇ̄ling ⸴ ꞇ q nob̄ faciet ꞩviciū dec̄e militū de Belhem̄ ⸴
sič com̄ dñs ej̄ᵒ iñ fače consuevit ✓ ꞇ p̄ꞇea ħebimᵒ
scutaḡ de tota p̄dča r̄ra ⸴ quociens capieꞇʳ ī Angł ✓ et
ĩo vob̄ mandamᵒ q ⸴ retentis ad opᵒ nr̄m cenꞇ libr̄ sꞇ̄ling
de cataꞁ ꞇ exitib₃ p̄dče r̄re q̃ arestastis ⸴ ei saisinā r̄re
p̄dče ꞇ catalloᶎ q̃ fūint de residuo p̄dčar̄ cenꞇ libr̄ eiđ
comitiss̄ hr̄e faciatis. T. me ip̄o ap̄ Sče Marie Eccłiam ⸴
xxvij. die Nov̄br̄.

   Ꝑ Rotulo Finiū deb₃ rotulari.

Tʳra data. ⎱ Mandatu' est G. fił Petᵘ qđ faciat hr̄e
        ⎰ Rađ de Tilloiꞁ Wandovre cū ptiñ ⸴ qᵃ [Rex]
ei dedit ⸴ ađo integᵉ ut Hugo de Gornaco p̄ditor ej̄ᵒ eam
tenuit die qᵒ a suo recessit ꞩvičo ⸴ sič alias ei mandatū
fuit ✓ ꞇ dñs Rex nō vult q Walꞇ Ꝑipard aliqᵇ ħat ī p̄dčo
maꞥ̃io ⸴ q̖ ip̄i alibi ꝑvidebit ꝑ pte sua.

Cᵒtodia cōmiss̄. ⎱ Dʼnꞌs Rex ꝯcessit dño Norwič cus-
          ⎰ todiā r̄re Rađ de Limes̄ cū om̄ib₃ ad
eam ꝑtinētib₃.

Tħaur̃. ⎱ Rex ꞇč. W. tħaurr̃ ⸴ ꞇ G. ꞇ R. cam̄ar̃ ⸴ ꞇč.
     ⎰ Sciatis q die Venꞁis ꝓxīa añ festū Sčᵢ Andr̄
Ap̄li anno ꞇč. qᵘnto ⸴ ap̄ Carentħ ⸴ recepimᵒ de tħaurr̃
nr̄o Angł duo milia m̄. ꝑ manᵒ Petᵘ de Ely ⸴ Rič fił
Theodoᶎ ⸴ ꞇ Matħ de Stoꞣ ✓ et ĩo vob̄ mandamᵒ q vos
ꞇ ip̄i iñ quieti sitis. T. me ip̄o ap̄ Gunoviꞁꞁ ⸴ j. die
Nov̄br̄.

MANDATU' ✠ Johi de Builly qd̃ mittat Rað de Bolebec ad dñm Regē.

REX t̃c̃. bar̃ de scacc̃ t̃c̃. Cōputate sc̃ð̃m legē scacc̃ vid'at' p' 9ᵇʳ'ᵉ Wiłło de Stok ⸝ vic̃ de Suhantesir̃ ⸝ cent̃ s̃. t̃ x. ð. ⸝ quos posuit p p̃ceptū nr̃m ī pane t̃ vino mittenð ad nos de Wint̃ ad Merleb. T. me ip̃o ap̃ Merleb ⸝ xj. die Dec̃. P R. de Ver̃ipont̃.

T'ra ad firmā. } REX t̃c̃. vic̃ Suhamtoñ t̃c̃. P'cipim⁹ t¹ qð sñ diłone facias hr̃e canonicis de Suwic̃ residuū Pre de la Dene ⸝ q̃ est ī manu nr̃a ⸝ p talē firmā qᵃm tu ip̃e nob̃ reddis ad scacc̃ nr̃m. T. G. fił Pet¹ ⸝ ap̃ Haveriñg ⸝ xvj. die Dec̃.

REX t̃c̃. vic̃ de Suhamtō t̃c̃. P'cipim⁹ vob̃ q ĩveniatis bonā t̃ secᵃam navē ad ducendū damos nr̃os usq̃ Barbefł ⸝ t̃ cõ vob̃ ad scacc̃. T. me ip̃o ap̃ Merlebg̃ ⸝ xj. die Dec̃.

REX t̃c̃. Hug̃ de Neviłł t̃c̃. Invenite exp̃nsas neccĩas Regine uxori nr̃e t̃ ej⁹ familie p visū Rob̃ de Ver̃iponte ⸝ qᵃmdiu morā faciet ap̃ M'lebg̃ t̃ ap̃d Wudestok ⸝ t̃ vob̃ cõ ad scacc̃m. T. me ip̃o ap̃ Burbeg̃ ⸝ x. die Dec̃.

D'ɴ's Rex p̃donavit Ric̃ de Stᵃtoñ vj. m̃. de scutag̃ de feodo q tenȝ de baroñ ab̃bis de Hida.

T'ra data. } REX t̃c̃. vic̃ Hereforð t̃c̃. Sciatis qð dedim⁹ Johi de Lustuñ ⸝ hõi Wiłłi de Braosᵉ ⸝ unā placeā vacuā ap̃ Hereforð juxᵃ placeā qᵃm ei antea dedim⁹ ibið ⸝ sc̃łt ⸝ xiiijᵃʳ. peð ex pte dom⁹ Ric̃ Maresc̃ ⸝ t̃ duodecī peð juxᵃ pontē añ portā pontii ī longitudine ⸝ t̃ t'ginta peð ī latitudine ⸝ reddendo iñ nob̃ sex deñ ex ĩcrem̃to ⸝ et ĩo t¹ p̃cipim⁹ q dc̃am placeā ei sic̃ dc̃m ✠ sñ diłone hr̃e faciatis. T. com̃ Arundełł ⸝ ap̃ Portesmues ⸝ vj. die Dec̃.

Rex ꞇc̃. vic̃ Oxoñ ꞇc̃. P'cipim⁹ t¹ q p visū ꞇ tesꞇ leg̃ hōīū repari facias domos nr̃as de Oxoñ statī visis litꞇis istis⹁ 9ᵃ adventū nr̃m⹁ ꞇ cõ [ꞇc̃.] T. me ip̃o ap̃ Neubir̃⹁ xij. die Dec̃. P justic̃.

Rex ꞇc̃. Wiꞇto de Faleis̃ ꞇc̃. Misim⁹ Henr̃ fiꞇ Ger̃ Lx. ꞇ x. canes⹁ ꞇ Guiđ ꞇ Waꞇt Oiselur̃ venatores⹁ ꞇ tres bernarios⹁ ꞇ j. velt⋅riū⹁ q̃lib₃ cū equo ꞇ garcione suo⹀ et īo voꞇ mandam⁹ q⹁ cū ip̃e eis neccĩa ampli⁹ īvenire nō possit⹁ vos eis neccĩa īveniri faciatis⹁ ꞇ cõ ꞇc̃. T. H. de Neviꞇt⹁ ap̃ Angr̃⹁ xvij. die Dec̃.

Rex ꞇc̃. Henr̃ fiꞇ Ger̃ ꞇc̃. Mittim⁹ t' Lx. ꞇ x. canes⹁ ꞇ Guiđ ꞇ W. Oislur̃⹁ ꞇ tres bernarios⹁ ꞇ j. velt⋅riū⹁ q̃lib₃ cū eq° ꞇ garcione suo⹁ mandantes q eis neccĩa īveniatis⹁ ꞇ cõ [ꞇc̃.] T. Hug̃ de Neviꞇt⹁ xvij. die Dec̃.

T'ra data. ⎱ Rex ꞇc̃. vic̃ Eborc̃ ꞇc̃. Precipim⁹ t¹ q ⎰ facias hr̃e Wiꞇto de Buscy⹁ socio Wiꞇti de Munbᵉi⹁ ꞇciā ptē feodi j. miꞇ ī Bartoñ⹁ q̃ fuit Wigañ c̃⁹ fili⁹ ꞇ ħes p̃fect⁹ + ī Franc̃ 9ᵃ nos⹁ nⁱ ꞇra illa vaꞇat pl⁹qᴵ C. s̃. T. ꞇc̃.

T'ra data. ⎱ Rex ꞇc̃. vic̃ de Berkesir̃ ꞇc̃. P'cipim⁹ ⎰ t¹ q sñ diꞇone hr̃e facias Wiꞇto Briw̃ ple‑ nariā saisinā de ꞇris q̃ fůnt Henr̃ fiꞇ Rioꞇf cū cataꞇt⹁ et si q¹d de cataꞇt iꞇt captū fůit⹁ id ei sñ diꞇőe reddi facias. T. me ip̃o ap̃ Suttoñ⹁ xxvj. die Dec̃.

Rex ꞇc̃. Wiꞇto de Sc̃o Micħ ꞇc̃. Mandam⁹ voꞇ qđ faciatis hr̃e noꞇ dim̃ miꞇt cere⹁ ꞇ mittite p⁹ nos ita q sit ap̃ Bruhuꞇt hac instanti die Martis⹁ ꞇ ꞇ cõ [ꞇc̃.] T. Pet° de Stoꞇ ꞇc̃. ap̃ Westm̃⹁ xxviij. die Dec̃.

Rex ꞇc̃. W. ħaurr̃⹁ ꞇ G. ꞇ R. cam̃ar̃⹁ ꞇc̃. Cõputate Wiꞇto Briw̃ xx. ꞇ v. ꞇi. sꞇling̃⹁ q⋅s noꞇ cõmodavit ī Norm̃. T. me ip̃o ap̃ Suttoñ⹁ xxvij. die Dec̃.

Rex̃ t̃c̃. W. thesaur̃ ᴊ t̃ G. t̃ R. cam̃ar̃ ᴊ t̃c̃. Cōputate vic̃ de Hereforɗ id q p visū t̃ testimōiū leḡ hōiū
r̃onabitr posũit ī obsidibȝ Wascoñ q°s ei tᵃdidim⁹
c⁹todiendos.   T. Pet° de Stoƙ ᴊ aꝑ M'lebḡ ᴊ vij. die
Jañ.   Ᵽ eunɗ.

Maritaḡ ǫcesś. } D'ɴ's Rex ǫcessit Alañ Basset maritaḡ
                 filii t̃ ꝗeɗ Huḡ de Druvatt c̃⁹ c⁹todiā ꝗt.

D'ɴ's Rex pdonavit Raɗ de Hauvitt girfalcoñ qⁱ ab
eo exigit͏ʳ ad scac̃c̃ ᛫ t̃ mandat͏ꝥ ꝭꝝt̃haur̃r̃ t̃c̃.

Memb. 6.

REX t̃c̃. vic̃ Suhamtoñ t̃c̃.   P'cipim⁹ tⁱ qɗ īvenias
Normañ de Cam̃a ᴊ t̃ Raɗ de Cirecestr̃ ᴊ t̃ Ric̃ de
Duvedat bonā t̃ sec͏ʳam navē ad tᵃnsfretanɗ ī Norm̃ ī
Ꟈviciū nr̃m.   T. me iꝓo aꝑ M'lebḡ ᴊ x. die Jañ.

Rex̃ t̃c̃. batt de Sorham.   Invenite bonā t̃ sec͏ʳam
navē sñ ꝓcio Huḡ de Wett tᵃnsfretanti ī Norm̃ ī Ꟈviciū
nr̃m ᴊ t̃ cōputabit͏ʳ voꝫ ad scac̃c̃ t̃c̃.

Rex̃ t̃c̃. bar̃ de scac̃c̃ t̃c̃.   Cōputate vic̃ de Dorset ᴊ
sc̃ɗm ǫsuetudinē t̃ legē scac̃c̃ ᴊ h°͏ᶜ qɗ r̃onabitr monstrare
potit p visū t̃ legale testimōium qɗ posũit ī sustentatōe
obsidū Amoravici p ꝓceptū nr̃m.   T. me iꝓo aꝑ M'lebḡ ᴊ
x. die Jañ.   Ᵽ T. de Cam̃a.

Rex̃ t̃c̃. vic̃ Kent t̃c̃.   Inveni navē bonā t̃ sec͏ʳam
T'rico Teutonico t̃ aliis nūtiis nr̃is ᴊ quos mittim⁹ ī Al-
manniā ad eunɗ sñ ꝓcipio ᴊ t̃ cō t̃c̃.

Rex̃ t̃c̃. vic̃ Devoñ t̃c̃.   Mandam⁹ tⁱ qɗ facias ꝗr̃e
Roꝫ de Sechevitt ꝉr̃a qᵃm Odo de Carro tenuit de noꝫ
ī Brantoñ ᴊ tenendā qᵃmdiu noꝫ placũit ᴊ reddendo iñ
noꝫ annuatī xx. ꝉi.   T. W. Briwer̃r̃ ᴊ aꝑ Luteḡ ᴊ xix. die
Jañ.   Ᵽ eunɗ.

Rex ƭc̃. W. tħaurr̃ ┘ ƭ G. ƭ R. cam̃ar̃ ┘ ƭc̃. Liɓate
noɓ ī cam̃am nr̃am p manū P. de Rupibʒ tħaur̃ nr̃i Lx. m̃.
T. G. fiꞇ Petᶦ ┘ ap̃ Westm̃ ┘ xxiij. die Jañ.

Rex ƭc̃. bar̃ de scacc̃ ƭc̃. Cōputate G. fiꞇ Petᶦ com̃
Essex̃ iiijˣˣ. ꞁi. ƭ vij. ꞁi. xvij. s̃. ix. đ. quos ip̃e liɓavit Petᵒ
de Rupibʒ ī cam̃am nr̃am p particꞇas. T. P. de Rupibʒ ┘
ap̃d Turr̄ Lonđ ┘ xxx. die Jañ. P eunđ.

Rex ƭc̃. tħaurr̃ ƭ cam̃ar̃ Lonđ ƭc̃. Liɓate de tħaurr̃
nr̃o Gir̃ de Cam̃la cenꞇ m̃. arg̃ ad exp̃nsas nr̃as ad-
qᶦetanđ. T. me ip̃o ap̃ Turr̄ Lonđ ┘ xxxj. die Jañ. P
P. de Rupibʒ.

Rex ƭc̃. tħaurr̃ ƭ cam̃ar̃ Lonđ ƭc̃. Liɓate de tħaurr̃
nr̃o xx. ꞁi. xij. s̃. vj. đ. Wiꞇlo de Pᵃteꞇl ┘ p manū Bertᵐn
de Bailloil ┘ p qᵗviginꞇ ꞁi. ƭ L. s̃. Anđ qᵒs posuit ī
wanastᵃa castelli de Valle Rođ. T. G. fiꞇ Petᶦ ┘ ap̃ Turr̄
Lonđ ┘ xxxj. die Jañ.

Rex ƭc̃. tħaurr̃ ƭ cam̃ar̃ ƭc̃. Liɓate de tħaurr̃ nr̃o
Isaac ƭ Roɓ ┘ vigilibʒ nr̃is ┘ xxx. s̃. ad se vestienđ ƭ
calcianđ. T. me ip̃o ap̃ Turr̄ Lonđ ┘ xxviij. die Jañ.

Rex ƭc̃. vic̃ Sum̃seꞇ ┘ salꞇ. P'cipimᵍ tᶦ q liɓari facias
Hease Lx. soliđ ꞇre in Marcie ┘ tenendas qᵃdiu noɓ
placꞇᵘit ┘ ƭ noɓ scire facias qᶦd ħ sit. T. me ip̃o ap̃d
Westm̃ ┘ xxvij. die Jañ.

Rex ƭc̃. W. thesaurar̃ ┘ ƭ G. ƭ R. cam̃ar̃ ┘ salꞇ. Liɓate
de thesaur̃ nr̃o Regiñ de Cornhiꞇl qᵗviginti ƭ xix. libr̃ ƭ
x. s̃. ad pacanđ liɓatōes Ade de Gordoñ ƭ socioʒ suoʒ
balistar̃ ┘ ƭ Wiꞇlmi de V'nū ƭ socioʒ suoʒ archer̃ ┘ ƭ ad
qᶦetanđ exp̃nsas hospicii nr̃i ap̃ Sc̃m Albañ. T. P. de
Rup̃ ┘ ap̃ Sc̃m Albañ ┘ xxx. die Jañ.

Rex ƭc̃. W. thesaurar̃ ┘ ƭ G. ƭ R. cam̃ar̃ ┘ ƭc̃. Liɓate
de thesauro nr̃o Joħi balistar̃ de Genua iiijᵒʳ. m̃. p balistis

qᵘs noƀ portavᵗ de Jenua.　T. P. đ Ruꝑ ꓹ aꝑ Turri Lonđ ꓹ
xxx. die Jañ.　Ᵽ eūđ.

Rex ᵗc̃. W. thesaurar̃ ꓹ ᵵ G. ᵵ R. cam̃ar̃ ꓹ salᵵ.　Liƀate
de thesaur̃ nr̃o Rađ Taxoñ xxij. m̃. ᵵ v. s̃. qui capti
sūt de scuᵵ ᵵre q̃ fuit Hñr̃ de Tylly ꓹ uñ ꝑdc̃s Rađ ħt
custodiã.　T. me iꝓo aꝑ Lamħ ꓹ xxix. die Jañ.

Rex ᵗc̃. W. thesaur̃ ꓹ ᵵ G. ᵵ W. cam̃ar̃ ꓹ salᵵ.　Liƀate
de thesauro nr̃o P. đ Rupibƺ in cam̃ã nr̃am xv. m̃. ad
exꝑnsas nr̃as.　T. G. fĩl Petᴵ ꓹ aꝑ Westm̃ ꓹ xxvij. die Jañ.

Rex ᵗc̃. bar̃ de scaccᵃo Westm̃ ᵗc̃.　Computate vic̃
nr̃is Lonđ xxx. ᵵ viij. s̃. ᵵ ix. đ. qᵒs posũūt ad ħnasiū
inveniend̃ careᵵ Regiñ ux̃ nr̃e ᵵ sum̃iis suis.　T. me
iꝓo aꝑ Turri Lonđ ꓹ xxviij. die Jañ.　Ᵽ Roƀ de
Veᵵiponᵵ.

Rex ᵗc̃. constablar̃ Windelsour̃ ꓹ salᵵ.　P'cipimᵍ tᴵ qđ
facias hr̃e Gir̃ Balistar̃ liƀaᵵões suas ꓹ scᵵt ꓹ in die iiij. đ.
ᵵ oƀ ꓹ ᵵ ꝓᵵea facias ei hr̃e hiſ ꓹ ᵵ ñvos ꓹ ᵵ cornu ad
balistas faciendas ꓹ p visū ᵵ testimoniū legaliū hominū ꓹ
ᵵ ꝯputabitʳ tᴵ ad scacc̃.　T. G. fĩl Petᴵ ꓹ aꝑ Turri Lonđ ꓹ
xxix. die Jañ.　Ᵽ Roƀ de Veᵵiponᵵ.

Rex ᵗc̃. bar̃ de scᵃc̃o ᵗc̃.　Cōputate Philipꝑ de Cales-
toñ ᵵ maᵍro S'loñ ꓹ sc̃đm ꝯsuetuđ scaccᵃii ꓹ ħ q̃ posũint
in liƀaᵵõibƺ ᵵ eᵵosinis assisis aꝑ Wiltoñ ꓹ ᵵ in custo
mañioƺ ꓹ ᵵ in exꝑnsis iꝓiᵍ S'loñ ᵵ ꝑdc̃i Philipꝑ ꓹ dū custođ
aƀƀcie de Wiltoñ fuit in mañ sua.　T. me iꝓo aꝑ Turri
Lonđ ꓹ xxix. die Jañ.

Mandat' ✚ bar̃ de scᵃc̃o qđ ꝯpuᵵnt Regiñ de Cornhiᵵl
in debito q̃ debƺ dño ℞. xvij. libr̃ ᵵ viij. s̃. ᵵ vj. đ ꓹ qᵒs
liƀavᵗ Petᵒ de Stoᵵ ad adqᴵetandas exꝑnsas dñi ℞. factas
in Essex̃ ᵵ Roff.

Rex ᵗc̃. W. thesaur̃ ꓹ ᵵ G. ᵵ R. cam̃ar̃ ꓹ salᵵ.　Liƀate
đ thesaur̃ nr̃o Wiᵵlo de Sc̃o Micħ viij. libr̃ ᵵ x. s̃. ꝑ linea

tela ꝉ minuto hernasio empto ad op⁹ Regiñ ux̃ nr̃e.
T. me iꝓo aꝑ Lamħ, xxvij. die Jañ. ꝑ Roƀ de
Veṫiponṫ.

Rex ꝶc̃. vic̃ Lond̃, salṫ. Invenite đ f'ma vr̃a ad
ħnasiū đ disꝑnsa nr̃a pand̃ xix. s̃. ꝉ ix. đ. ꝉ oƀ, ꝉ ad
ħnasiū butillar̃ nr̃e xxxviij. s̃. ꝉ viij. đ, ad ħnasiū coq'ne
nr̃e ꝉ ꝑ cauderiis coq'ne nr̃e viij. libr̃ ꝉ viij. s̃. ꝉ vij. đ.
ꝉ oƀ, ad ħnesiū sumarii de disñlio nr̃o xiiij. s̃. ꝉ vj. đ.
ꝉ oƀ, ad ħnasiū carete đ venaṫoe xiij. s̃. ꝉ iij. đ. ꝉ oƀ,
ad cariādū vina nr̃a a Lond̃ usꝗ ad Norħṫ vj. libr̃ ꝉ x. s̃.
ꝉ v. đ., ꝉ ꝯputabit' voƀ ad sc°c̃m. T. P. de Stoƙ, aꝑ
Turrī Lond̃, xxix. die Jañ. ꝑ eūd̃.

Rex ꝶc̃. W. tħaurr̃, ꝉ G. ꝉ R. camar̃, ꝶc̃. Liƀate de
tħaurr̃ nr̃o Ric̃ Hayroñ Lxxv. ḷi. sꞇling̃ ꝑ CCC. ḷi. And̃
q°s debem⁹ de ꝑmissōe q⁴ fecim⁹ ad op⁹ eccꞇie Rothom̃.
T. me iꝓo aꝑ Neuporṫ, iij. die Febr̃.

D'ɴ's Rex reddidit Wiꞇo de Frugés mañⱡiū de Marceles.

Mandatu' ✠ `majori ꝉ' vic̃ Lond̃ qd̃ faciant hr̃e Wiꞇo
de Cornhuꞇ cꞇico domos q̃ fũnt Rad̃ fiꞇ Josceñ, q°s dom̃
Petr⁹ de Butefaꞇ tenuit.

Rex ꝶc̃. vic̃ de Bukingħ ꝶc̃. Scias ꝗ ꝑdonavim⁹
Thom̃ fiꞇ Berñ x. m̃. q°s Albrea de Jarpenviꞇ noƀ debuit
de fine suo q̃ noƀcū fecit de passag̃ suo, ita qd̃ locavim⁹
eid̃ Thom̃ illas x. m̃. ī fine suo q̃ noƀcū fec̃: ꝉ ꞇo
t' ꝓcipim⁹ qd̃ [a] ꝓfata Albrea illas x. m̃. nō exigas
deceꞇo. T. G. fiꞇ Pet', aꝑ Neuporṫ, iij. die Febr̃.

Rex ꝶc̃. vic̃ Surr̃, salṫ. Scias qd̃ t°didimus mañⱡiū
de Brunleg̃ cū ptiñ, ꞇra scꞇt Rad̃ de Faie, Roƀto de
Bareviꞇ, ita ꝗ id̃ Roƀ noƀ iñ respondebit: ꝉ ꞇo
t' ꝓcipim⁹ ꝗ ei mañⱡiū iꞇd cū om̃ibꝫ ptiñ hr̃e facias. T.
G. fiꞇ Pet', aꝑ Geiꞇntoñ, vij. die Febr̃.

Bukingeñ. } Rex dedit Rogᵭo de Cauz unū ᵭcatū aᵽ
Etoñ ⸗ ad diē Luñ ᵭndū ⸗ n¹ sit ꝉc̃.

Pᶜᴄᴇᴘᴛᴜ' ᛣ Wiᵭo Briwerꝝ qᵭ liᵭari faciat Samsoñ de
Stᵃleᵷ mañᵭiū de Horseleᵷ cū ptiñ ⸗ ad sustentaꝉoem suā
qᵘmdiu ᵭᵭit casꝉ de Harestañ. Ᵽ Roᵭ fiꝉ Roᵷ ⸗ aᵽ
Tikehuꝉ ⸗ xix. die Febꝝ.

Rᴇx ꝉc̃. constaᵭ de Scardeburᵷ ꝉc̃. Scias qᵭ dedimᵍ
Alfredo de Ardeñ ᵱrā q̃ fuit Odonis le Taneur qᵘ iᵽe
tenuit de noᵭ ⸗ ꝉ q̃ noᵭ reddidit p anñ xij. ᵭ.⸝ ꝉ ĩo t
ᵽcipimᵍ qᵭ illā ei hꝝe facias ita q noᵭ annuaꝉ reddat
xij. ᵭ. T. me iᵽo aᵽ Eboracᵭ ⸗ xxiiij. die Febꝝ.

Rᴇx ꝉc̃. baꝝ de scacc̃ ꝉc̃. Mandamᵍ voᵭ qᵭ quietū ẽe
faciatis Aleᵡ de Munfichet ꝉ ī rotuꝉ qᵘetū īrotulari de
xx. m̃. qᵃs noᵭ ꝑmisit ꝑ ᵭnda ī uᵡ filia Wiꝉi de Waltham ⸗
qᵦ iᵽe nō ᵭt. T. me iᵽo aᵽ Licheffelᵭ ⸗ x. die Marcii.

Memb. 5.

REX ꝉc̃. W. ᵭaurꝝ ⸗ ꝉ G. ꝉ R. camᵭaꝝ ⸗ ꝉc̃. Liᵭate de
thesauꝝ nꝝo Dioniꝝ de Breburᵷ decem m̃. de feodo suo.
T. P. de Rupibӡ ⸗ aᵽ Licheffelᵭ ⸗ x. die Marcii. Ᵽ eunᵭ.

Rᴇx ꝉc̃. W. ᵭaurꝝ ⸗ ꝉ G. ꝉ R. camᵭaꝝ ꝉc̃. Cōputate
Roᵭto de Veꝝiponte xv. m̃. qᵃs liᵭavit ī camᵭa nꝛa de
custodia ᵱre q̃ fuit Huᵷ de Sandeby. T. P. de Rupibӡ ⸗
aᵽ Licheffelᵭā ⸗ xj. die Marcii.

Rᴇx ꝉc̃. baꝉ de Sorham ꝉc̃. Invenite navē sñ ᵽcio
maᵷro miꝉ Templi ꝉ H. de Weꝉ cꝉico nꝝo ⸗ quos mittimᵍ
ī nūtiū nꝛm ī Norm̃ ⸗ ꝉ cō voᵭ ad scacc̃m ꝉc̃. T. G. fiꝉ
Petⁱ com̃ Esseᵡ ꝉc̃. aᵽ Eboracᵭ ⸗ xxvj. die Febꝝ.

Rᴇx ꝉc̃. ᵭaurꝝ ꝉ camᵭaꝝ Lonᵭ ꝉc̃. Liᵭate de ᵭaurꝝ
nꝝo G. de Camᵭa C. m̃. arᵷ˙ ad exᵽnsas nꝛas adqᵘetanᵭ.
T. me iᵽo aᵽ Turrī Lonᵭ ⸗ xxxj. die Jañ. Ᵽ P. de
Rupibӡ.

Rex tc̄. t̄haurr̄ t̄ cam̄ar̄ t̄c̄. Lib̄ate de t̄haurr̄ nr̄o
xx. l̄i. t̄ xij. s̄. t̄ vj. d̄. Wil̄lo de P*tel̄l ⌝ p manū Bert*m
de Bailloil̄ ⌝ p q*t̄xxᵘ. l̄i. t̄ L. s̄. And̄ q*s posuit ī war-
nestᵣa castelli de Vallerod̄. T. G. fil̄ Petⁱ ⌝ ap̄ Turr̄i
Lond̄ ⌝ xxxj. die Jan̄.

Rex t̄c̄. vic̄ Eborc̄ t̄c̄. Lib̄a de firma tua domib꜔ de
Duna ⌝ Esehold ⌝ Snugwait ⌝ Molseby ⌝ xx. m̄. .s. cuilib꜔
illar̄ domuū v. m̄. de elem̄ nr̄a ⌝ īveni de firma tua xx.
t̄ sex s̄. t̄ iij. d̄. t̄ ob̄ ad carriand̄ viñ nr̄m usq̄ ad Eborc̄ ⌝
t̄ cō tⁱ ad scacc̄. T. G. fil̄ Petⁱ ⌝ ap̄ Clipeston̄ ⌝ iij. die
Marc̄. P eund̄.

Rex t̄c̄. bar̄ t̄c̄. Cōputate Regiñ de Cornhul̄l C.iiijˣˣ.
t̄ xj. libr̄ t̄ xiij. s̄. t̄ iiij. d̄. q*s lib̄avit ī cam̄a nr̄a de catal̄l
Huḡ Bard̄. T. me ip̄o ap̄ Notinḡ ⌝ v. die Marcii.

Rex t̄c̄. bal̄l de Suhamton̄ t̄c̄. Invenite navē bonā ⌝
t̄ secᵣam ⌝ t̄ bn̄ claiatā Wil̄lo de Nevil̄l ad t*nsfretand̄ feras
nr̄as q*s ip̄e capiet ī Nova Foresta sñ p̄cio ⌝ t̄ cō t̄c̄. T.
G. fil̄ Petⁱ t̄c̄.

Rex t̄c̄. vic̄ de Suhamt̄sir̄ t̄c̄. Precipimᵍ tⁱ q ⌝ cū
Wil̄ls de Nevil̄l tⁱ scire faciet ⌝ sumon̄i facias hōīes de
bal̄la tua ad veniend̄ ad caciā nr̄am ī Nova Foresta ad
capiend̄ feras ad opᵍ nr̄m ⌝ t̄ p visū leḡ hōiū īvenias ei
cordas ⌝ t̄ syas ⌝ t̄ batellos ad capiend̄ eas ⌝ t̄ fenū t̄
avenā ad eas sustentand̄ ⌝ donᶜ veniāt ī Norm̄ ⌝ t̄ q de tuo
posu̅is ad h̄ tⁱ cō ad scacc̄. T. G. fil̄ Petⁱ t̄c̄.

Rex t̄c̄. vic̄ Dors̄ t̄c̄. Mittimᵍ ad te Rad̄ Portariū cū
falcoñ suo ⌝ mandans qd̄ illi ⌝ t̄ falcoñ ⌝ t̄ equo ⌝ t̄ gar-
cioni suo qd̄ nec̄m fu̅it īveniri facias de firma tua ⌝ t̄
9put̄ t̄c̄. T. G. fil̄ Petⁱ ⌝ t̄c̄. vj. die Marc̄.

Rex t̄c̄. Ric̄ de Riv̄iis t̄c̄. Mandamᵍ vob̄ q īveniatis
Ric̄ Lepori cū j. equo ⌝ t̄ j. hōie ⌝ t̄ vij. canib꜔ nec̄cia
donᶜ ven̄imᵍ ī Norm̄ ⌝ t̄ cō t̄c̄. [T.] G. fil̄ Petⁱ t̄c̄.

Rex ꝺꞇ. Willo de Nevill ꝺꞇ. Inveni de firma tua de Nova Foresta neccia Ric̃ Lepori cū j. equo ͵ ꝺ j. hōīe ͵ ꝺ vij. canibȝ q̃ mittim⁹ ad mare ad t'nsf cū bestiis nr̃is q'mdiu iṗe fūit cit' mare ͵ ꝺ cō ꝺꞇ. [T.] G. fil Pet' ꝺꞇ.

Rex ꝺꞇ. baronibȝ de scacc̃ ͵ salt. Cōputate vic̃ Gloc̃ xviij. marc̃ ꝑ vij. tunell viñ emptis ad op⁹ nr̃m ͵ de q'bȝ iiij. missi fuer̃t aṗ Brug̃ ͵ ꝺ iij. aṗd Wigorñ ͵ ꝺ viij. sol ꝺ viij. đ. de eoȝ cariag̃ ͵ ꝺ de cariag̃ bremar̃ nr̃arum de vivario nr̃o de Hanl usqₕ Merlebg̃ xlvij. sol ꝺ v. đ. ꝺ ob ͵ ꝺ de liña tela vj. sol. ꝺ vij. đ. ͵ ꝺ de xviij. tinis iiij. sol ꝺ vj. đ. ͵ ꝺ it̃m in linea tela pōita ī tinis ꝺ tonellis ͵ ꝺ ī clavis ꝺ filo ͵ iij. sol ꝺ iij. đ. ꝺ ob. T. G. fil Pet' ͵ aṗ Brug̃ ꝺꞇ.

Rex ꝺꞇ. Reg̃ Cūnacie ͵ salt. Mittim⁹ ad vos dilc̃os ꝺ fideles nr̃os Meiller̃ fil H'nr̃ justic̃ Hib̃ñ ꝺ archiđ Staff clicum nr̃m ͵ ratū ꝺ g'tum h̃ntes id qđ iṗi facīet ꝑ ꝯsiliū Walt̃i de Lascy suꝑ negociis q̃ sūt int͛ nos ꝺ vos ͵ sc̃đm formā q'm injūxim⁹ ꝑdc̃is justic̃ ꝺ archiđ. T. G. fil Pet' ͵ aṗ Brug̃ ꝺꞇ.

Rex ꝺꞇ. justic̃ Hib̃ ꝺꞇ. Mandam⁹ vob̃ q'tin⁹ sñ dillone faciatis hr̃e dilc̃o nr̃o Gaufr̃ Lutterell x. li. st̃ ͵ ad sustentanđ se ī ꝺvic̃o nr̃o ī Hib̃ ͵ et cō vob̃. T. me iṗo aṗ Wudestok ͵ xviij. die Marcii.

Rex ꝺꞇ. vic̃ Oxoñ ꝺꞇ. P'cipim⁹ t̃ʲ qđ facias hr̃e Willo capellañ nr̃o de Oxoñ L. ſ. ꝑ anñ ī suis t̃miñ ꝑ ꝺvic̃o suo. T. Willo Briwerr̃ ͵ aṗ Wudestok ͵ xvij. die Marcii. P eunđ.

Rex ꝺꞇ. vic̃ Oxoñ [ꝺꞇ.] Lib̃a de firma tua Joh̃i Salvag̃ x. m̃. ͵ ad repat̃oem talami nr̃i de Wudestok ͵ ꝺ cō t̃ʲ ad scacc̃. T. G. com̃ Essex̃ ͵ aṗ Wudestok ͵ xix. die Marc̃.

REX ĩc̃. vic̃ Gloc̃ ĩc̃. P'cipim⁹ t¹ q̃ īvenias cariag̃
iiijˣˣ. bremis usq̃ Merleb̃g̃ ⌐ ĩ Peitevino ĩ Ade Scotto
q' illas illuc ducent r̃onabile estuveriũ suũ ⌐ ĩ cõ ĩc̃. T.
me ip̃o ap̃ Wig̃ ⌐ xvj. die Marcii.

REX ĩc̃. vic̃ Stafford̃. Liba de firma tua monialib₃ de
Faverwell ⌐ ĩ Briewud̃ ⌐ ĩ Hinwude vj. m̃. de elem̃ nr̃a ⌐
cuilib₃ domui illa₃ ij. marc̃ ⌐ ĩ computabitʳ t¹ ad scac̃c̃.
T. com̃ Essex̃ ⌐ ap̃ Wigor̃ ⌐ xvj. die Marcii.

D'n's Rex p̃donavit Rad̃ de Huchenden v. m̃. q̃ᵃs deb₃
Mosseo fil̃ Ẏsaac de lucᵒ xxx. l̃i.

REX ĩc̃. bal̃l honox̃ Britãie de Hoiland̃ ĩc̃. P'cipim⁹
vob̃ qd̃ sñ dil̃one faciatis hr̃e Petᵒ de Nereford̃ saisinã t̃re
q̃ fuit com̃ Britãie ī Hoiland̃ ⌐ ĩ nob̃ scire faciatis q̃ᵃntũ
[val̃at] p ann̄ staurata ĩ nō staurata. T. me ip̃o ap̃
Ebo₃ ⌐ xxiiij. die Febr̃.

REX ĩc̃. bal̃l de Portesmues ĩc̃. Invenite Rad̃ de
Trublevil̃l navẽ ad portand̃ t̃haurr̃ nr̃m ī Norm̃ ĩ cõ ĩc̃.
T. me ip̃o ap̃ Eborc̃ ⌐ xxvj. die Febr̃.

REX ĩc̃. vic̃ H'eford̃ ĩc̃. Liba de firma tua de Wiltoñ
x. l̃i. sīg̃lis ann̄ ⌐ ad duos t̃minos scac̃c̃ nr̃o₃ ⌐ Matild̃ q̃
fuit ux̃ Henr̃ de Longo Campo ⌐ q̃ᵃs ei assignavim⁹ de
man̂io illo ī dotẽ ⌐ et cõ ĩc̃. T. G. fil̃ Pet¹ com̃ Essex̃ ⌐
ap̃ Wudestok̃ ⌐ xix. die Marcii.

REX ĩc̃. vic̃ Wigor̃ ĩc̃. Liba de firma tua sacˡste
Wigor̃ eccl̃ie duas marc̃ p̃ q̃ᵒdā pallio q̃ accomodavit nob̃
offend̃ ibid̃ ⌐ ĩ cõ ĩc̃. T. me ip̃o ap̃ Wudestok̃ ⌐ xix. die
Marc̃.

REX ĩc̃. W. thesaurr̃ ⌐ ĩ W. ĩ R. cam̂ar̃ ⌐ ĩc̃. Libate
de t̃haurr̃ nr̃o Ric̃ de la Mora tᵃnsfretanti ī ƨviciũ nr̃m
usq̃ Rothom̃ xl. sol̃. T. G. fil̃ Pet¹ ĩc̃. ap̃ Eborc̃ ⌐ xxv.
die Febr̃.

Rex tc̃. batt de Suhamī tc̃. P'cipim⁹ votᵬ qᵭ stati visis [litteris] istis ematis L. ponᵭa casei optimi ⹁ t apti ad war-nisturā cast¹ ⹁ p visū t testimōiū Thom̃ nepotis G'vas̃ t Walt Fortiñ ⹁ t illū ī bono vase deportari faciatis usq̨ Rothom̃ ⹁ t ibi litᵬari Ric̃ de la Mora p visū Pet¹ de P⁺atett ⹁ t q posᵬitis tā ī emptōe q⁺m carriag̃ cō tc̃. T. G. fit Pet¹ tc̃. ap̃ Eborc̃ ⹁ xxvj. die Febr̃.

Rex tc̃. vic̃ Norhamtoñ tc̃. Precipim⁹ t¹ qᵭ sñ ditᵒone hr̃e facias dilc̃o nr̃o com̃ Leic̃ ᵬram de Ferminglo t Siresham ⹁ q⁺m avus ip̃i⁹ com̃ deᵭat ī excambiū ep̃o Linc̃ p ᵬra de Cnithtetoñ ⹁ t q̃ ī manū nr̃am venit ⹁ eo q neuᵗ illoꝫ eam hr̃e voluit ⹁ q¹a illā p̃dc̃o com̃ reddidim⁹. T. G. fit Pet¹ com̃ Essex̃ ⹁ xxiiij. die Marcii.

Rex tc̃. G. fit Pet¹ tc̃. Scias q quietavim⁹ Brieñ Ostiariū nr̃m de ij. patt q°s notᵬ debꝫ ⹁ t īo t¹ p̃cipim⁹ q ei iñ pacē hr̃e pmittas. T. me ip̃o ap̃ Westm̃ ⹁ xxv. die Marcii. Ᵽ H. de Nevitt.

D'ɴ's Rex ꝯcessit Rog̃lo de Thoney j. m̃catū l̃ndū ap̃ Suthantoñ q⁺libꝫ die M'cur̃ ⹁ ita t̃n tc̃.

Rex tc̃. vic̃ de Wiltesir̃ tc̃. Scias q cōmisim⁹ c⁹todiā manᵬii de Westkintoñ Witto de Enle ⹁ et īo t¹ p̃cipim⁹ q ei iñ plenar̃ saisinā cū õibꝫ ptiñ t catatt sñ ditõe hr̃e facias. T. G. com̃ Essex̃ ⹁ ap̃ Westm̃ ⹁ xxviij. die Marcii.

Rex tc̃. vic̃ de Norhūlanᵭ tc̃. P'cipim⁹ t¹ q facias hr̃e Petᵒ de Nereforᵭ Corbrig̃ cū ptiñ suis p antiq¹ firmā. T. me ip̃o ap̃ Westm̃ ⹁ xxvj. die Marcii.

Rex tc̃. vic̃ Glouc̃ [tc̃.] Fac hr̃e Cadawallano Waleñ x. marc̃ arg̃ de firma tua ad p̃paranᵭ se ad t⁺nsfretanᵭ ī ꝯsviciū nr̃m ⹁ t ꝯputabitʳ t¹ ad scacc̃. T. P. de Rupibꝫ ⹁ ap̃ Westm̃ ⹁ xxvij. die Marc̃. Ᵽ eūdē.

Rex ꝛc̃. vic̃ Hertforđ [ꝛc̃.] Precipimͨ tⁱ qđ facias hr̃e Wiƚƚo Pollard x. solidatas ꝑre de elemosina nr̃a ī Dinesƚ qᵃs ei dedimͨ.   T. me iꝑo aꝑ Westm̃ ⸝ xxj. die Marc̃.

Rex ꝛc̃. W. t̄hauꝛ ⸝ ꝛ G. ꝛ R. cam̃aꝛ [ꝛc̃.] Liƀate de t̄hauꝛ nr̃o ī cam̃a nr̃a CC. marc̃.   T. P. de Rupibȝ ⸝ aꝑ Westm̃ ⸝ xxvj. die Marc̃.   Ꝑ eunđ.

Rex ꝛc̃. W. t̄hauꝛ ⸝ ꝛ G. ꝛ R. cam̃aꝛ [ꝛc̃.] Liƀate de t̄hauro nr̃o Alano de Hertilanđ xv. marc̃ de ꝑstito ad eunđ ī ꝛviciū nr̃m.   T. G. fiƚ Pet . aꝑ Westm̃ ⸝ xxiiij. die Marc̃.

Rex ꝛc̃. W. t̄hauꝛ ⸝ ꝛ G. ꝛ R. cam̃aꝛ [ꝛc̃.] Liƀate de t̄hauro nr̃o cam̃a nr̃a cenƚ marc̃.   T. P. de Rupibȝ ⸝ aꝑ Westm̃ ⸝ xxiiij. die Marc̃.

Memb. 4.

REX ꝛc̃. vic̃ Linc̃ ꝛc̃.   Mandamͨ tⁱ q hr̃e facias Rog̃o de Thony Lxxvj. libr̃ ꝛ xv. den̄ ꝑre aꝑ Sc̃m Botulf ⸝ ꝛ feriā ⸝ cū om̄ibȝ ptin̄ ejͨđ ꝑre ⸝ sic̃ alias eas Pet° de Nere- forđ liƀavimͨ.   T. me iꝑo aꝑ Windesoꝛ ⸝ xxvij. die <u>die</u> Marcii.

Rex ꝛc̃. constaƀ de Berhamsteđ ꝛ Menfelin ꝛc̃.   Ꝑ'ci- pimͨ voƀ q sñ diƚone faciatis hr̃e Wiƚƚo de Kãtilupo plenariā saisinā de man̄lio de Eton̄ cū om̄ibȝ ptin̄ ⸝ ꝛ cū om̄ibȝ īstauris ꝛ cataƚƚ suis.   T. G. fiƚ Pet' com̃ Essex̃ ⸝ ꝛc̃. aꝑ Windesoꝛ ⸝ xxviij. die Marc̃.   Ꝑ justic̃.

Rex ꝛc̃. W. de Warenñ ⸝ G. de Norwic̃ ⸝ T. de Neviƚƚ ꝛc̃.   Sciatis q Roƀ de Pinkeny invenit noƀ pleg̃ de sexcies xxⁱⁱ. marc̃ noƀ reddenđ ⸝ qᵃs Henr̃ ꝑr iꝑius debuit Murieƚƚ Judee ꝛ Abrahe fiƚ suo ⸝ sciƚt ⸝ Gariñ fiƚ Geroldi de una medietate ⸝ ꝛ Roƀ de Veꝑiponte de qᵃrta pte ⸝ ꝛ Thom̃ Basset de qᵃrta pte ⸝ ita q una medietas noƀ reddi debet ad Dñicam ꝓxīam pͨ mediā Qᵃdrag̃ ⸝ ꝛ alia međ ad clausū Pascha ⸝ anno regni nr̃i qⁱnto ꞉ et io voƀ mandamͨ

q̃ illas p̃dc̃is Judeis computari faciatis inf^a finē q^em
nob̃cum fecerūt، t̃ faciatis reddi p̃dc̃o Rob̃to cartas p̃ris
sui q᷎s ip̃i inde habũnt cū vadio suo.   T. G. com̃ Esseẽ،
ap̃ Windlesŝ، xxviij. die Marcii.

Rex t̃c̃. W. t̃haurr̃، t̃ W. t̃ R. cam̃ar̃ t̃c̃.   Lib̃ate de
t̃haurr̃ nr̃o com̃ de Nemur C. m̃. ` ad m̃. Flandr̃' ad med̃
XI᷎.، t̃ C. m̃. ad Pasc̃، de feodo suo؛ t̃ p̃põito de
Brug̃ L. libr̃ ad med̃ XI᷎. t̃ L. libr̃ ad Pasc̃ de eod̃؛ t̃
Pagano de Chaurces L. l̃i. ad med̃ XI᷎. de eod̃، t̃ Race
de Gazre x. m̃. ad med̃ XI᷎. de eod̃، t̃ Daniel de Curtenay x. m̃. ad med̃ XI᷎. de eod̃، t̃ Saier̃ del Espant v. m̃.
ad med̃ XI᷎. de eod̃، t̃ mag̃ro Wlmi x. m̃. ad med̃ XI᷎.
t̃ x. m̃. ad Pasc̃ de eod̃، t̃ Rog̃ constab̃ de Augo x. m̃.
ad med̃ XI᷎. de dono.   T. me ip̃o ap̃ Windesores، xxix.
die Marcii.

Rex t̃c̃. W. t̃haurr̃، t̃ W. t̃ R. cam̃ar̃، t̃c̃.   Lib̃ate
de t̃haur̃ nr̃o com̃ W. Mar̃ xxiij. m̃. q᷎s ei debem⁹، t̃ q᷎s
nob̃ 9modavit.   T. me ip̃o ap̃ Windesor̃، xxix. die Marc̃.
P P. de Rupib℥.

Rex t̃c̃. vic̃ Oxoñ t̃c̃.   P᷎cipim⁹ t᷎ q̃ ĩvenias de firma
tua p̃ visū t̃ testimõiũ leg̃ hõiū iiij^{or}. l̃i. ad repat̃oem
domoℨ nr̃ar̃ Oxoñ، t̃ cõ t̃c̃.   T. G. fil̃ Pet᷎، ap̃ Win-
desores، xxvij. die Marcii.

Rex t̃c̃. t̃haurr̃ t̃ bar̃ t̃c̃.   Cõputate Regiñ de Cornhul̃
xxxvij. l̃i. viij. ŝ. ix. d̃. q᷎s p̃ p̃ceptū nr̃m ad agend̃ nr̃a
hr̃e fec̃ Pet^o de Stok̃ señ nr̃o.   T. P. de Rup̃ t̃haur̃، ap̃
Windesoℨ، xxviij. die Marcii.

Rex t̃c̃. bar̃ de scacc̃ t̃c̃.   Cõputate constab̃ de Windesores id q̃ r̃onabil̃r posũit p̃ visū t̃ test̃ leg̃ hõiũ ĩ
repat̃oe capelle t̃ dom̃ nr̃ar̃ de Windesores.   T. G. fil̃
Pet᷎ com̃ Esseẽ، ap̃ Windesoℨ، xxviij. die Marcii.

Rex t̃c̃. vic̃ de Kent t̃c̃. P'cipim⁹ t' qđ facias hr̃e Roħ de Brakel arrerag̃ liħat̃ois sue q̃ ei aret° sunt sic̃ t' alias p̃cepim⁹. t de cet̃o facias ei hr̃e liħat̃oes suas. t cõ t̃c̃. T. me ip̃o ap̃ Windesores. xxix. die Marcii. P P. de Rup̃.

Rex t̃c̃. vic̃ Gloc̃ t̃c̃. Liħate dilc̃o t fideli nr̃o W. de Breos* x. m̃. ad op⁹ Leisani Walens̃ fił Morgañ qui veniet ī s̃viciū nr̃m cū CC. Walens̃. t cõ t̃c̃. T. G. fił Pet'. ap̃ Windesores. xxviij. die Marcii. P eunđ.

Rex t̃c̃. vic̃ de Wiłtsir̃ t̃c̃. Scias qđ pdonavim⁹ Wiłło de Lonđ vj. m̃. p q*s finē noħcū fecit p passag̃ suo. t p haħndo scutag̃ suo. uñ t' p̃cipim⁹ qđ pacē ei de ił vj. m̃. hr̃e pmittas. et facias ei hr̃e scutag̃ suū de feođ mił q̃ de noħ tenet ī capite ī bałła tua. scil₃. de scuto ij. m̃. t dim̃. T. W. Maresc̃. ap̃ Merełħg̃. j. die Ap'ł.

Rex t̃c̃. vic̃ Gloc̃ t̃c̃. Inveni Peitevī t Ađ. s̃vientib₃ nr̃is p̃sentiū latorib₃. q̃ eis neccia sūt ad r̃onabile custū suū ad capienđ sepcies xx^ti. breimes a Theokesbi usq̃ M'leħ t cõ t̃c̃. T. P. de Stoł. ap̃ M'leħge. xxxj. die Marc̃.

Rex redđ J. de P*teł tailliag̃ p̃oitū sup hōīes suos de Stoł n' tailliag̃ iłłd vałat plusq' x. m̃.

D'n's Rex ɔmisit Rog̃ de Turolvił łr̃a de Costeseia q' p^i⁹ ɔmis̃at Roħ de la Mora.

Rex t̃c̃. vic̃ de Wiltesir̃ t̃c̃. Scias qđ dedim⁹ Matħ de Wallop̃ maritag̃ filie Joħis Tortesmains cū ħeditate sua. et io t' p̃cipim⁹ qđ justic̃ Hylar̃ de Bachantoñ qđ sñ diłone reddat p̃dc̃o Matħ filiā p̃dc̃i Joħis q*s ip̃e ħt penes se. T. G. cõm̃ Essex̃. ap̃ Clarendoñ.

D'n's Rex dedit Ric̃ fił Ric̃ xij. m̃. de fine Wiłłi de Rupe. t sic mandatū ⨍ Wiłło de Bołeł.

Rex ʼtc̃. bař ʼtc̃.   Computate vic̃ Dors xj. ɫi. xij. s̃. ij. d̃. quos ip̃e posuit ad paup̃es reficiendos ī int°itu dom⁹ nr̃e de Gillingh.   T. G. fiɫ Pet¹ com̃ Essex̃ ᴗ viij. die Apʼɫ.

Rex ʼtc̃. bař de scacc̃ [ʼtc̃.]   Mandam⁹ vob̃ qd̃ ven̂abili pat¹ nr̃o J. Norwic̃ ep̃o qⁱ ĥt ī c⁹todiā casteɫ Oreford̃ g̃putetis p c⁹todia ej⁹d̃ casteɫ ᴗ id q g̃putare g̃suevistis aliis c⁹todib3 ej⁹d̃ castelli.   T. H. Cant̃ arcħ ᴗ ap̃ Portesm̃ ᴗ xj. die Apʼɫ.

Rex ʼtc̃. vic̃ Berksiř ᴗ saɫt.   Pʼcipim⁹ tⁱ q ñ exigas ab hõib3 Ric̃ Morin̄ Maeng̃ taillag̃ q ultimo põitū fuit sup eos .s. viij. m̃. ʼt dim̃ ʼt viij. d̃. corā Sim̃ de Pateshiɫ ʼt sociis suis ᴗ quia taɫ iɫd p̃dc̃o Ric̃ Morin̄ concessim⁹.   T. Sim̃ de Pateshiɫ ᴗ ap̃d Porecestř ᴗ vj. die Apʼɫ.   P eund̃.

Rex ʼtc̃. Hug̃ de Neviɫ ʼtc̃.   Sciatis qd̃ Henr̃ ~~de Scallariis~~ de Scalař tⁿsfretabit nob̃cū ī ŝviciū nr̃m se p̃cio ⸵ ʼt io vob̃ mandam⁹ qd̃ p̃donavim⁹ . Hug̃ p̃ri ip̃i⁹ H. Lx. m̃. uñ am̂ciat⁹ fuit de foresta nr̃a ᴗ ʼt ip̃m iñ quietū êe p̃mittatis ⸵ et si qⁱd de debito illo cepitis sñ dilŏe ei reddi faciatis.   T. G. fiɫ ʼtc̃.   P eund̃.

Rex ʼtc̃. vic̃ Suham̃ ʼtc̃.   Pʼcipim⁹ tⁱ qd̃ hr̃e facias Ade de Gurdun̄ baliſt nr̃o xij. ɫi. t̂re cū ptiñ ī Titested̃ ᴗ qⁱa ei illas dedim⁹.   T. G. fiɫ Pet¹ ʼtc̃. ap̃ Suħtun̄ ᴗ viij. die Apʼɫ.

Rex ʼtc̃. bař scacc̃ ʼtc̃.   Cõputate civib3 Linc̃ ī debitis suis CC. m̃. qᵃs nob̃ cõmodav̂nt ap̃ Luham p manū G. de Canviɫ ᴗ ʼt C. m̃. qᵃs nob̃ cõmodav̂nt ibid̃ p manū Wiɫɫi nepotis Can̂ii ᴗ qñ fuim⁹ ap̃ Luhā p̃xio p⁹t mortē H. ep̃i Linc̃.   T. G. fiɫ Pet¹ ᴗ ap̃ Clarend̃ ᴗ v. die Apʼɫ.

Rex ʼtc̃. vic̃ Lond̃ ʼtc̃.   Invenite de firma vr̃a ħnesiū ad duos sūmarios ᴗ ʼt unū par pan̂io3 ᴗ ad defend̃ capellā nr̃am ᴗ ʼt cõ ʼtc̃.   T. me ip̃o ap̃ Westm̃ ᴗ xxij. die Jan̄.

REX tc̃. bar̄ tc̃. Cōputate Witło Briw̄ CCL. m̃. ī q°c̃q̇ vollũit debitoʒ suoʒ q̃ noƀ debȝ ᴊ q⁴s reddidit ad scacc̃ nr̄m p fine q̃ noƀcū fec̃ p ħnda [custodia] Ɂre t ħedis Hug̃ de Morevitł. T. G. fił Pet¹ com̃ Essex̃ ᴊ ap̃ Clared̃ ᴊ vj. die Ap⁴ł.

REX tc̃. vic̃ de Wiltesir̄ tc̃. Inveni Waleram̃ ᵇvienti nr̃o ᴊ q̃ ad te infirmū mittim⁹ ᴊ t hõi suo ᴊ t ij. equis suis de firma tua nec̃c̃iū q̇ ei fũit donᶜ ip̃e cōvallũit ᴊ t cõ tc̃.

REX tc̃. W. ħaurr̄ ᴊ t G. t R. cam̃ar̄ ᴊ tc̃. Cōputate venerabili p̃ri nr̃o dño Cant arcħ ᴊ ī debitis q̃ S. ep̃s Batħ noƀ debuit ᴊ C. m̃. q⁴s id̃ arcħ reddidit ī cam̃a nr̃a. T. G. fił Pet¹ com̃ Essex̃ ᴊ ap̃ Portesm̃ ᴊ xij. die Ap⁴ł.

MANDATU' ╪ vic̃ Cantebrug̃ qd̃ **faciat ħre Isabeł** de **Cawn** [**seisinam**] de Ɂʳᵃ q⁴ p̃r suus Huƀ de Karency tenuit .s. Moreden̄.

REX tc̃. W. ħaurr̄ ᴊ t W. t R. cam̃ar̄ ᴊ tc̃. Sciatis qd̃ tenemʳ assignare Witło de Marisc̃ xx. łi. Ɂre ī aliq⁴ escaetar̄ nr̃ar̄ ⵗ et q̇ nō ħem⁹ ad p̃sens ubi ei eas assignare possim⁹ ᴊ assignavim⁹ ei xx. łi. annuas de scacc̃ nr̃o ᴊ donᶜ p̃dc̃am Ɂrā ei assignaᵛim⁹ ᴊ t de ƀ Ɂmin̄ Pascħ ei x. łi. ħre faciatis. T. tc̃.

REX tc̃. vic̃ Devon̄ [tc̃.] Inveni sñ p̃cio ep̃o Pampilon̄ bonā t secʳam navē ad t⁴nsfretād̃ ᴊ t ǫputabitʳ t¹ ad scaccariū. T. Witł Brewer̄ ᴊ ap̃ Wint ᴊ xiiij. die Ap⁴ł.

REX tc̃. vic̃ Lund̃ [tc̃.] Liƀate de fⁱma vr̃a x. liƀ⁴s Witł fił A'dr̄ ad repac̃oem caii nr̃i de Westm̃ t domoʒ nr̃aʒ p visū legaliū hoīm ᴊ t cōputabūtur voƀ ad scacc̃. T. G. fił Pet¹ ᴊ ap̃d Westm̃ ᴊ xxvij. die Marc̃.

REX tc̃. baitł de Sorham [tc̃.] Invenite passagiū Tom̃ de Cam̃ clerico nr̃o cū viij. eq¹s ᴊ t ǫputabitʳ voƀ ad scacc̃m. T. G. fił Pet¹ ᴊ ap̃d Winton̄.

Rex t̃c̃. W. t̃haurr̃ t̃ bar̃ t̃c̃. Cõputate dilc̃o t̃ fideli nr̃o G. fil̃ Pet᷄ t̃c̃. id q ip̃e pacav̂it p br̃ia nr̃a com̃ de Albam̃ ⌐ t̃ W. Maresc̃ ⌐ t̃ G. Lut̃l̃et̃ ⌐ de firmᵃ de Dunhā ⌐ t̃ Kirketoñ ⌐ t̃ Bamtoñ t̃raȝ com̃ Boloñ ⌐ p᷈qᵘ deven̂unt ī manū nr̃am usq̨ Pentecosten anno t̃c̃. sexto. T. t̃c̃.

Henr' Cornub̃ s̃viens dñi R̃. de cam̃a h̃t molend̃ de Wika cū ptiñ ⌐ tenend̃ p antiqᵗ firmā t̃ ꝯsuet̃ q̃ iñ solvi ꝯsuevit.

D'n's Rex p̃cep̃ [   ] qd̃ pmittat Wil̃ fil̃ Alañ h̃re pacē de x. m̃. de tailliag̃ põito sup hōīes suos de Nortoñ.

P'ceptu' ⫠ vic̃ Oxoñ qd̃ faciat h̃re Ingeram̃ de Pᵃtel̃l̃ xx. lib̃ t̃re ī Blokesham ⌐ qᵃs ei libavit ī escambiū p man̂io de Moredoñ q dedit Wil̃lo de Cav.

Rex t̃c̃. W. t̃haurr̃ t̃c̃. Lib̃ate de t̃haurr̃ nr̃o Pagañ de Chaurc̃ xx. li. de h̃ t̃miñ Pasch̃ anno t̃c̃. vᵗᵒ. de L. li. qᵃs pcip̃ de feodo.

Norm' de Cam̃a h̃t m̂cat̃ .s. ap̃ Kemtoñ p j. diē ī qᵃlibȝ septimᵃ ⌐ p diē Jovis ⌐ ita t̃n t̃c̃.

P'ceptu' ⫠ vic̃ ~~Lin̄ē~~ Norhumb̃land̃ t̃c̃. qd̃ faciat h̃re Gil̃bto de Hauvil̃l̃ t̃rā q̃ fuit Ric̃ le Macle ī bal̃la sua ⌐ c̃᷈ filiā t̃ h̃edē h̃t ī ux̃. P Regē ap̃ M'leb̃. P Ric̃ Duket.

Rex t̃c̃. vic̃ Norhamtoñ [t̃c̃.] Scias q ꝯcessim᷈ Ric̃ de Attenestoñ cl̃ico nr̃o duas v'gat̃ t̃re cū ptiñ ⌐ qᵃs Henr̃ fr̃ suus de nob̃ tenuit p s̃viciū xxxij. d̃. p anñ ī Stanerne ⌐ cū h̃ede ejᵓ ī cᵒtodiā donᶜ etatis fûit ⌐ p v. m̃. qᵃs nob̃ dedit⸴ t̃ ı̃o tᶦ p̃cipimᵓ qd̃ ei iñ saisinā h̃re facias. T. t̃c̃.

D'n's Rex pdonavit Thom̃ de Muletoñ tailliag̃ põitū sup ip̃m t̃ hōīes t̃rar̃ suar̃ t̃ wardar̃ ⌐ t̃ si qᶦd iñ captū fûit ⌐ il̃ld bal̃l suis reddi faciatis. P Ric̃ Duket.

D'n's Rex pdonavit Gaufr̃ de Hauvil̃l̃ vetᵓ scutag̃ q ab eo exigitʳ.

Norͬ. } Coͫ' de Warenñ affidavit ī manū dñi Regis qð stabit consilio ej⁹ ꞇ cōsilio G. fiꞇ Petⁱ coͫ Esseͫ �় ꞇ coͫ Arundeꞇꞇ �় ꞇ alioꝣ q°s ad iꞇꞇd consiliū vocare volꞟit �় sup mañꞟio de Roynges uñ seisinā ei feͨ sup Daonē Barð.

D'ɴ's Rex acq'etavit comitisͥ de Ptico de taillia͠g ultimo assiso p Ꞟras suas.

D'ɴ's Rex ꝯcessit Rað Taxoñ qð ħat scuta͠g de Ꞟ̄ra [quam] Henͬ de Tilly tenuit �় sciꝫ �় de scuto ij. m̃. ꞇ dim̃ �় ꞇ supplus qð captū sit de feoð miꞇ illi⁹ Ꞟre militibꝫ sñ dilŏe reddatͬ.

J. Ɖi grͨa ꞇͨc. viͨc Norf �় saꞇꞇ. Precipim⁹ t' ꝗ sñ dilaꞇone facias ħͬe H'nrico de Hauviꞇꞇ �় q' ꞓ ī custodia Hu͠g de Hauviꞇꞇ �় taꞇe seisinā de Ꞟris �় ꞇ warð �় ꞇ tenem̃tis c̃ ŏibꝫ ptinͤtiis suis ī bailliva tua �় q̃ fueͬt Radulfi Ꝑris sui �় qᵃꞇe idͤ Rað ħuit die qᵃ obiit �় ꞇ si q'd īde amotū fꞟit id ei sñ dilaꞇone reddi facias.　T. G. ꞇͨc.

Memb. 3.

J. Ɖi grͨa ꞇͨc. Wiꞇꞇ thesauͬ �় ꞇ G. ꞇ R. cam̃aͬ �় 　saꞇꞇ. Sciatis qð nos ītuitu Ɖi �় ꞇ ꝑ salute āie ꞣme m̃ris nͬe �় dedim⁹ capelle Sͨci Lauͬ de Fōte Eborarð �় ad sustͤtaꞇonē capellani q' ibi celebrabit īppetuū ꝑ āia ꞣme m̃ris nͬe �় ꞇ añcessoꝣ ꞇ ħedū nͬoꝣ �় q'nq'gīta soꞇ sig̃lis ānis p'orisse de Ambresbi �় ꝑcipiͤdos loco iꝑi⁹ capellani ad festū Sͨci Michaeꞇ ⁏ ꞇ īo voꝫ mādam⁹ qð sñ dilaꞇone Ꝑdc̃os L. soꞇ Ꝑdc̃e p'orisse ħͬe faciatis ad Ꝑdc̃m Ꞟmiñ sig̃lis ānis �় sñ aliq° alio mādato v̄l expͨtaꞇone altⁱ⁹ mādati �় ꞇ hāc donaꞇonē ut Ꝑdc̃m ꞓ īrotulari faciatis.　T. me ꞇͨc.

J. Ɖi grͨa ꞇͨc. viͨc de Bukīgehā �় saꞇꞇ. P'cipim⁹ t' ꝗ facias ħͬe Alexādro le Harpur Ꝑbͤdā uni⁹ deñ qᵃm Passem̃ ħuit �় ꞇ arreragiū illi⁹ Ꝑbͤde �় de toto tēpe p⁹qᵃm idͤ Passemer obiit.　T. G. ꞇͨc.

J. Di gͬa ͭc̃. vic̃ H'efordͬ ͻ saͭt. Precipimͥ tᴵ q̃ facias hͬe Roᵬ de Tresgoz scutag̃ suū de feudͬ miliͭ q̃ de noᵬ tenet ī capite ī balliva tua ͻ scͭ ͻ ij. marc̃ ᴛ dim̃ de scuto ᴣ ᴛ si aliqͩ scutag̃ captū ᵻ īde q̃ sit ad scaccariū solutū ͻ id ei de aliis dem̃ reddi facias ͻ ᴛ nos tᴵ alias id locari faciemͥ.   T. G. ͭc̃.

Mᴀɴᴅᴀᴛu' ᵻ vic̃ de Cantebrug̃ qͩ sm̃ diͭone faciat hͬe Roᵬ de Mortuo Mari plenariā saisinā de j. carͬ ͬre cū ptim̃ in Cantebrug̃ ͻ um̃ diss̃ fuit p ᵽceptū dm̃i R̦.

Rᴇx ͭc̃. barͬ de scacc̃ ͭc̃.   Cōputate vic̃ Wiltesiͬ xviij. s̃. ij. dͭ. ᵽ C. ulm̃ linee tele ͻ q'ˢ iᵽe noᵬ misit aᵽ Wudestoᵬ ī Pascͪ.   T. G. fiͭ Petᴵ ͭc̃. aᵽ Wudestoᵬ. Ᵽ J. de Stoᵬ.

Rᴇx ͭc̃. vic̃ Wigoͬ ͭc̃.   P'cipimͥ tᴵ q̃ p visū liᵬoᵹ ᴛ leg̃ hōiū facias pare portā castᴵ Wigoᵹ ͻ q̃ m̃c ᵻ lignea ͻ lapideā ͻ ᴛ bonā ͻ ᴛ pulc'm ͻ ᴛ q̃ ī ea facienda posͭis tᴵ ad scacc̃ ᵷputari faciemͥ.   T. ͭc̃.   Ᵽ Ric̃ Duket.

Rᴇx ͭc̃. vic̃ Cornuᵬ ͭc̃.   Inveni sec'am navem sm̃ ᵽcio ad eᵽm Pampilom̃ ᴛ hōies suos passandͬ ī ᷤviciū nͬm ͻ ᴛ id q̃ ī passag̃ illoᵹ posͭis p visū ᴛ testimōiū illoᵹ quos W. Briwerͬ ad ͪ assignaṽit tᴵ faciemͥ ᵷputari.   T. me iᵽo aᵽ Wudestoᵬ ͻ xxiiij. die Apͭ.

Rᴇx ͭc̃. W. ͭhaurͬ ͭc̃.   Liᵬate de ͭhaurͬ nͬo H. de Herefordͬ ͻ ᴛ J. ᴛ R. de Sarͬ cͭicis de capella nͬa ͻ viginti q'nᵹ soͭ ͻ qᴵ cantaṽnt ͭc̃. Xᵽc̃ vinc̃.   T. ͭc̃.

P'ᴄᴇᴘᴛu' ᵻ vic̃ Linc̃ qͩ sm̃ diͭõe faciat hͬe Sim̃ le Bret saisinā ͬre sue de Wrengͭ ͻ um̃ diss̃ fuit eo q̃ nō īvenit necc̃ia fiͭ suo.

Rᴇx ͭc̃. barͬ de scacc̃ ͭc̃.   Cōputate vic̃ Wigoᵹ Lxvj. soͭ quos iᵽe posuit ad em̃dͬ viij. vacc̃ ͻ q'ˢ iᵽe noᵬ misit ad Pascͪ aᵽ Wudestoᵬ.

Roɢ' de Neviłł 't Beatⁱc̃ ux ej⁹ ħnt q⁴etantiā de iiij^or. m̃. q⁸ ead̃ B. debuit ꝑ passag̃ de anno t⁰nsacto ، 't sic mandatū ꝓ bar̃ de scacc̃.

Rᴇx 'tc̃. vic̃ Oxoñ 't Laurent̃ Kepeharm̃ 'tc̃. P⁹cipim⁹ voɓ qd̃ sñ diłone faciatis ħr̃e de taillag̃ qd̃ burgens̃ Oxoñ noɓ deɓnt Ric̃do de Stochwełł 't Joħ fił Joħis xxiij. łi. 't xix. s̃. 't oɓ، quos eis 't aliis m̃catoriƀꝫ Oxoñ debem⁹ ꝑ robis captis ad op⁹ nr̃m 9ᵃ Pascħ ؛ et tm iñ faciatis qd̃ ꝑdc̃i m̃catores ñllo die de pacat̃oe sua disturɓnt⁰، q̊ si una die debitū iłłd ꝑlongav̂int، duplici solut̃oe ab eis exiget⁰، 't cōputabit⁰ voɓ ad scacc̃. T. 'tc̃.

P⁹ᴄᴇᴘᴛᴜ' ꝓ vic̃ Essex̃ qd̃ faciat ħr̃e Roɓ، piscatori G. fił Pet⁴ cōm̃ Essex̃، totā t̂rā q̃ fuit G'vas̃ de Gagele cū ptiñ ī Cristeshał c̃⁹ ħem ħt ī c⁹todiā p ꝑdc̃m ŝviciū.

Rᴇx 'tc̃. W. tħaurr̃ 'tc̃. Liɓate de tħaurr̃ nr̃o Malveisin latori ꝑs̃ntiū، ad op⁹ Hug̃ de Hersy qui est ī p⁴sona ℞. F⁰nc̃، xx. m̃. q⁸ ei dedim⁹. T. G. fił Pet⁴ 'tc̃. aꝑ Luttegar̃hał، xxx. die Ap⁴ł. Ᵽ Ric̃ Duket.

D'ɴ's Rex ꝑdonavit eccłie Sc̃e Marie Oxoñ، 't mag̃ro J. [archidiacono] Oxoñ 't successoriƀꝫ suis، xxxij. deñ 't j. q⁴drant̃ in ꝑpetuū ꝑ āia Regine m̃ris ej⁹.

Rᴇx 'tc̃. W. tħaurr̃ 't bar̃ 'tc̃. Cōputate Hug̃ de Neviłł xlv. s̃. de t⁴ƀꝫ robis q⁸ fecit ħr̃e t⁴ƀꝫ balistariis p ꝑcept̃ nr̃m. Cōputate & ei liɓat̃oem q⁴ fecit Pet⁰ Sarazceno balist̃ q⁰liƀꝫ die ix. deñ ab viij. die Dec̃ anno 'tc̃. v^to. usꝗ ad iij. diē Maii، 't a iij. die Maii q⁴mdiu eid̃ Pet⁰ liɓat̃oem suā īveñlit 9putari faciatis q⁰liƀꝫ die ix. d̃. Ᵽ P. de Rupiƀꝫ.

Rᴇx 'tc̃. bar̃ de scacc̃ 'tc̃. Sciatis q ꝑdonavim⁹ W. cōm̃ Arundełł C. s̃. q⁸ ab eo exigitis ex ꝑte nr̃a de debito G'vasii de Suhamtoñ ؛ qr̃ voɓ mandam⁹ qd̃ iꝑm iñ q⁴etetis. T. G. fił Pet⁴ 'tc̃. aꝑ Clarend̃، j. die Maii. Ᵽ eund̃.

Rɛx ʈc̄. baȓ ʈc̄. Cōputate burgensib; de Arundeƚƚ id
q̃ pacav̇nt ad scacc̄ nr̄m de debito nr̄o p̃ mı̃a ī q̃ᴬ ı̄cic̄unt
corā Steph̄ de Thurnham ⸝ ʈ si xv. m̄. aret° sint de debito
illo illos iñ quietos c̄e faciatis ⸝ illas enī xv. m̄. p̃donavim⁹
W. com̄ Arundeƚƚ. Ꝑ G. fiƚ Pet', ap̄ Clareñd ⸝ j. die
Maii.

Mandatu' ⸲ vic̄ Surȓ q̃d pmittat Rad̄ de Faya teñle ꝑr̄ā
suā ī pace ⸝ ʈ q̃ iñ captū fv̇it baƚƚ suis reddi faciat.

Mandatu' ⸲ Hug̃ de Neviƚƚ q̃d faciat hȓe q̃ᴬȓviginʈ
damos de p̄co de Hav̇inges com̄ de Gingnes.

Rɛx ʈc̄. vic̄ Suff ʈc̄. Ꝑ'cipim⁹ t' q̃d sñ diƚone facias
hȓe Geȓ de Leermūƚ plenariā saisinā de tota ꝑr̄a q̃ fuit
Gaufȓ fiƚ Hamōis ī Netestedeƚ ⸝ qui est ī Britāia cū
inimicis nr̄is cū stauro illi⁹ ꝑre ʈ cataƚƚ ⸝ ʈ nob̄ scire facias
q̃d stauȓ sit ī ꝑra illa ⸝ ʈ q̃ catalla ⸝ ʈ q̃ᴬntum ꝑra iꝑa vaƚat
cū stauro ʈ sñ stauro ⸝ ʈ q̃ᴬntum extendi poꝑit. T. ʈc̄.

Rɛx ʈc̄. majori ʈ vic̄ Loñd ʈc̄. Ꝑ'cipim⁹ vob̄ q̃ p
visū p'oris Sc̄e T'nitaƚ ʈ iiij. leg̃ hōı̄u de civitate Loñd emi
faciatis blad̄ de firmᵃ vr̄a ⸝ ʈ fi faciatis panē ⸝ ita q̃ iiijᵒʳ.
panes vaƚant deñ ⸝ ʈ fi faciatis farinā ad pulm̄tū facieñd ⸝
ʈ a die s⁹ceptōis istaꝫ littꝑaȓ pascatis ap̄ Loñd CCC. paupes
usꝗ ad dïe Assūptōis B'e Marie ⸝ ita q̃ q'lib; illoꝫ h̄at
cotidie unū panē ⸝ ʈ ʈm pulm̄ti fc̄i de farina ʈ h̄bis dū
h̄be īveniri poꝑunt ⸝ ʈ cū īveniri nō poꝑunt ʈm pulm̄ti
fc̄i de fab̄ v̇l pisis uñ sustentari possint ne p̃eant ⸝ ʈ cō t'
ad scacc̄. T. me iꝑo ap̄ Clareñd ⸝ ij. die Maii.

Sub ead̄ formᵃ sc'bitᴿ vic̄ de Wiltesiȓ q̃d ⸝ p visū ab̄bis
de Stanleg̃ ʈ iiij. leg̃ hōı̄u de M'leb̄g̃ ⸝ pascat C. paupes
p ꝑmiñ supi⁹ sc'ptū.

Sub ead̄ formᵃ sc'bitᴿ vic̄ de Suhamtoñ q̃d ⸝ p visū
prioris de Hida ʈ iiij. leg̃ hōı̄u Wintoñ ⸝ pascat CCC.
ꝑaupes p ꝑmiñ supi⁹ sc'pƚ.

Sub eaᵈ formᵃ scᶦbitʳ vič Devoñ ノ qᵈ ꝓ visū prioris Sči
Nicoł de Exoñ Ꞇ iiij. leḡ hōīu de eaᵈ villa pascat CCC.
paupes ꝓ ꝑmiñ supiꝰ scᶦptū.

Sub eaᵈ formᵃ scᶦbitʳ Huḡ de Nevitł ꝓ visū iiij. leḡ
hōīu de M'letᵇ de C. paupibȝ pascendis.

Memb. 2.

SUB eaᵈ formᵃ scᶦbitʳ vič Suꝱseꞇ Ꞇ Dorseꞇ Ꞇč. qᵈ ノ ꝓ
visū atᵇbis de Binnedoñ Ꞇ iiij. leḡ hōīu de Ivelcestȓ aꝑ
Ivelcestȓ ノ Ꞇ iiij. leḡ hōīu de Sčo Edwarᵈ ibiᵈ ノ Ꞇ iiijᵒʳ.
leḡ de Warham ibiᵈ ノ pascat CC. paupes aꝑ Ivelcestȓ ノ
Ꞇ aꝑ Sčm Eadwarᵈ CC. paupes ノ Ꞇ aꝑ Warham C. paupes ノ
ꝓ ꝑmiñ supiꝰ scᶦptū.

Sub eaᵈ formᵃ scᶦbitʳ vič Gloč ノ qᵈ ノ ꝓ visū prioris de
Lantonay aꝑ Gloč ノ Ꞇ iiij. leḡ hōīu de eaᵈ villa ノ pascat
CC. paupes ibiᵈ ノ Ꞇ ꝓ visū atᵇbis Sči Auḡ aꝑ Bristotł
CC. paupes ノ ꝓ ꝑdčm ꝑmiñ supiꝰ scᶦptū.

Sub eaᵈ formᵃ scᶦbitʳ vič Oxoñ ノ qᵈ ꝓ visū atᵇbis de
Oseñ Ꞇ iiij. leḡ hōīu de eaᵈ villa pascat C. paupes ꝓ
ꝑmiñ supiꝰ scᶦptū.

Rᴇx Ꞇč. W. tᵇhaurᷓ Ꞇč. Sciatis qᵈ W. Crassꝰ ノ señ Norꝱ ノ
notᵇ mandavit ꝓ litᵗⁱas suas ノ qᵈ Raᵈ le Abbe Ꞇ caꝱarii
de scacč Cadoꝱ recepunt ad scacč nᷓm Cadoꝱ ij. ꝱ.
die Pascᷜ anno Ꞇč. vᵗᵒ. de tᵇhaurᷓ nᷓo Angł ノ ꝓ manū
Rotᵇ Winꞇ ノ Ꞇ Witł Wintoñ ノ Ꞇ Witłi Anglici ꞉ Ꞇ īo votᵇ
mandamꝰ qᵈ vos Ꞇ iꝑi iñ sitis qᶦeti. T. G. fīt Petᶦ Ꞇč.
Aꝑ Winꞇ ノ iij. die Maii.

Rᴇx Ꞇč. vič Devoñ Ꞇč. Litᵇa de firmᵃ tua dño Pampiloñ viij. łi. de arreraḡ exꝑnsaᷓ suaᷓ ノ Ꞇ ꝑꞇea īveni eiᵈ
victualia ī navi sua ī eundo ꝟsꝰ Rupellā ノ Ꞇ cõ Ꞇč. T. P.
de Rupibȝ ノ aꝑ Radiñḡ ノ xxx. die Apᶦł. Ᵽ eunᵈ.

Rᴇx Ꞇč. viᷓč Devoñ Ꞇč. Litᵇa de firmᵗ tua Ꞇ de debitis
nᷓis Rotherico de Rastay xx. ꝱ. ad ꝑpanᵈ se ituᷓᷓ ī pteꝯ

suas, ꝛ magro Gilbto de Patis C. s̄. ituro ī Hispañ ꝛ cō ꝛc̃. T. G. fil Peti, ap̄ Abbēd, xxj. die Apl.

Rex ꝛc̃. W. thaurr̃ ꝛc̃. Cōputate G. fil Peti septies xxti. libr̃ qas pacavit fr̃i P. de V'nol p p̄ceptū nr̃m. Cōputate & eid xl. li. qas pacavit ī camªa nr̃a ad faciend pacatōes nr̃as. T. ꝛc̃. P P. de Rup̄. Ap̄ Wintō.

Rex ꝛc̃. p̄pōitis Wint ꝛc̃. Inveni de firmª vr̃a s̄vientib; de capella nr̃a ij. sellas ad sūmarios, ꝛ totū hnesiū qd ptin; ad sūmarios, ꝛ cō ꝛc̃. T. G. fil Peti com̃ Essex̃, ap̄ Wint, iiij. die Maii.

Rex ꝛc̃. baroñ de scacc̃ [ꝛc̃.] Cōputate Willo de Faleseia, c9todi honoris Glocc̃, de anno p̄t9ito de feod milit̃ q̃ Will fil Joh ꝛ Th̃ fili9 ej9 tenent de nob ī capite, ī balla ip̄i9 Willi, q̃ illis t̃c dedim9. T. ut supi9.

Rex ꝛc̃. bar̃ ꝛc̃. Cōputate Willo Briw̃ L. li. qas tadidit p p̄cept nr̃m Rob de Alta Ripa clico nr̃o ad exp̄nsas ep̄i Pampiloñ ꝛ socioꝝ suoꝝ, ꝛ ad victualia navis ip̄i9. T. G. com̃ Essex̃, ap̄ Wint, iij. die Maii. P P. de Rupib;.

Rex ꝛc̃. W. thaurr̃ ꝛc̃. Cōputate G. fil Peti ꝛc̃. iiijxx. libr̃ ꝛ iiij. li. xj. s̄. iij. d. qas nob accomodavit ad exp̄nsas ꝛ alias pacatōes nr̃as faciendas, ni illos deñ pi9 illi cōputav9itis p aliud br̃e nr̃m. T. me ip̄o ap̄ Wintoñ, iij. die Maii. P P. de Rupib;.

Rex ꝛc̃. bar̃ ꝛc̃. Cōputate Josceliñ de Well ꝛ sociis suis, qondā c9todib; ep̄s Linc̃, C. ꝛ Liiij. li. iij. s̄. ij. d. de p̄cio bladi de Thame ꝛ Dorkecestr̃, qd libav9nt H. de Burgo camªario nr̃o p p̄ceptū nr̃m. T. com̃ Essex̃, ap̄ Portesm̃, v. die Maii.

Rex ꝛc̃. W. thaurr̃ ꝛ bar̃ ꝛc̃. Mandam9 vob qd faciatis hr̃e fr̃ib; Militie Templi x. li. singlis anñ ad scacc̃ nr̃m qªs ei dedim⁹ q°usq̧ ei x. libr̃ t̃re assignaṽim⁹, v̄l q°usq̧ eis rectū ten̈uim⁹ v̄s⁹ Willm de Maresco de insula de Lunle. T. G. fil Pet¹, ap̄ Porcestr̃, vj. die Maii.

D'n's Rex q¹etavit fr̃es Militie Templi de vj. m̃. de talliag̃ pōito sup eos de Fukebrug̃.

Rex ⁊c̃. Willo de Warenn̄ ⁊c̃. custodib₃ Judoꝝ [⁊c̃.] Sciatis nos ꝯcess̃ Rob̄ Agulun t̃rā Gaufr̃ de Mara ī Dudecote, q̃ fuit ī manu Bonechose Judi ꝑ debito ip̄i⁹ G., reddendo in̄ nob̄ singl̃is ann̄ xvij. li. ⁊ G. de la Mara Lx. s̃. ad t̃min̄ ad q°s Juds t̃rā illā huit: et īo vob̄ mandam⁹ qd t̃rā illā hr̃e faciatis cū ōib₃ ptin̄ p̄fato Rob̄, salvis nob̄ catall ej⁹d t̃re. T. G. fil Pet¹ ⁊c̃. ap̄ Portesm̄, v. die Maii.

Rex ⁊c̃. G. fil Pet¹ com̄ Essex̃, salt. Mandam⁹ vob̄ q faciatis hr̃e Swein̄ s̃vienti nr̃o id qd habem⁹ ī maňio de Clopton̄ ad se sustentand ī s̃vic̃o nr̃o qªmdiu nob̄ placuit. T. Rob̄ de Vet̃iponte, ap̄ Porec̃, vij. die Maii. P eund.

Rex ⁊c̃. vic̃ Suht, salt. Scias q dedim⁹ dilecto ⁊ fideli nr̃o Rob̄ de Vet̃iponte ad custodiā castr̃ nr̄i de Windesor̃ blada ꝓveniencia de assartis q̃ Johs fil Hug̃ fecit ap̄ Hodeh, et īo t¹ p̄cipim⁹ q illa ei sn̄ dilōe hr̃e facias. T. me ip̄o ap̄ Sudwic̃, vij. die Maii.

Rex ⁊c̃. W. thaurr̃ ⁊c̃. Libate de thauro nr̃o Willo de Sc̃o Martin̄ cent s̃. ad tornand se veniend ī s̃viciū nr̃m. T. G. fil Pet¹ ⁊c̃. ap̄ Walingford, xx. die Ap¹l.

Rex ⁊c̃. W. thaurr̃ ⁊c̃. Libate de thaurr̃ nr̃o Eustac̃ de Campaines x. li. de feodo suo q ip̄e dic̃ nos ei dedisse. T. G. fil Pet¹, ap̄ Freitmantell, xv. die Ap¹l. P eund.

Rex ⁊c̃. vic̃ de Berkesir̃ ⁊c̃. Liba monialib₃ de Garinges ij. m̃. de dono nr̃o, ⁊ cō ⁊c̃. T. G. fil Pet¹ ⁊c̃. ap̄ Walingford, xx. die Ap¹l.

Rex &c. bar &c. Cōputate vic de Herefor, sc̄dm ꝯsuetud de scacc, jacturā q^a^m h̄t p libtates q^a^s ꝯcessim^9^ epo & canonicis H'eford. T. G. fil Pet^i^, ap Portesm, v. die Maii. P eund.

Rex &c. Witto de Fales [&c.] Liba de den nris Gaufr de Hauvitt C. s. ad mutand aves nras ap Faireford, & cō &c. T. G. fil Pet^i^ &c. ap Suwic, vij. die Maii. P eund.

Rex &c. W. thaurr &c. Cōputate G. fil Pet^i^ &c. xxix. libr iij. s. iiij. d. q^o^s ipe libavit comiti Leic p pceptū nrm. Cōputate & eid G. xiiij. li. & xiij. s. iiij. d. quos ipe pacavit ī camra nra ad expnsas nras adquietandas ap Clarend. Cōputate & eid G. xxiiij. libr & xv. den quos ipe pacavit ad naves quietandas de adventu nro ī Angl. Cōputate eid G. xvj. li., & xiij. d. [s.] iiij. d. quos ipe libavit ad dand nautis eard naviū. T. me ipo ap Porcestr, vij. die Maii. P P. de Rupib3.

Mandatu' + W. thaurr &c. qd libent vigint v^q^'. li. Hug de Chauorcis p C. li. And q^a^s deb3 hre ad scacc.

Rex &c. vic de Suhamt &c. P'cipim^9^ t^i^ q pmittatis W. com Arundett [hre] ī pace tra de Wade q + de feodo suo sic eam hre sol3, un id com huit homag & svicia. P G. fil Pet^i^ &c.

Rex &c. W. thaurr &c. Libate de thaurr nro Witto de Ginges xv. li. de h tmin Pasch pťiti de feodo suo annuo [ad] scacc.

Rex &c. bar de scacc &c. Cōputate dilco & fideli nro Hug de Nevitt xl, m. q^a^s fec hre Waudril de Curcett p pceptū nrm ad expnsā neptis nre adq^i^etand ap Sarr. T. G. fil Pet^i^ &c. ap Suwic, ix. die Maii. P Ric Duket.

Mandatu' ✠ t̄haurr̄ ⁊ cam̄ariis ⁓ qđ libēt Ruffo archer̄ de Genū xl. m̄. ī restauratōe amissōis ej⁹ qᵘ h̄uit cū venit ad Regē.

D'n's Rex ~~pdonavit~~ ʼadqᵢetavit' Warin̄ venatorē ⁊ hōīes suos de talliag̃ ultimo põito sup eos p Hug̃ de Nevill.

Rex ⁊c̄. W. t̄haurr̄ ⁊c̄. Sciatis q recepim⁹ ap̄ Reding̃ p man⁹ Petⁱ de Ely ⁓ ⁊ Willi fil̄ Fulcon̄ ⁓ ⁊ Joh̄is fil̄ Willi CC. li. ⁓ un̄ solta nr̄a ibiđ fc̄a fuit p Rob̄ fil̄ Erm̄ii ⁊ J. de ~~Teene~~ Toisne clicos nr̄os ⁓ ⁊ io h̄ vob̄ mandam⁹ qđ in̄ qⁱeti sitis. T. ⁊c̄. ut supi⁹.

D'n's Rex pdonavit R. com̄ Cestr̄ talliag̃ põitū sup Warin̄ fil̄ Will hōīem suū ī Linc̄ ⁓ ⁊ talliag̃ q Sim̄ de Pateshull fecit ⁓ ⁊ sic mandatū ✦ Walt̄ Mauclerc ⁊ aliis.

Memb. 1.

· REX ⁊c̄. W. t̄haurr̄ ⁊c̄. Lib̄ate de t̄haurr̄ nr̄o Drogon̄ de Plesseto x. m̄. de l̄min̄ Pasch̄ ꝓxio p̄l̄iti anno ⁊c̄. vᵗᵒ, de xx. m̄. ad scacc̄ nr̄m annuatī pcipiendis. T. ⁊c̄.

Rex ⁊c̄. vic̄ de Suham̄ ⁊c̄. Inveni Rog̃ de Genua balistar̄ nr̄o lib̄atōes suas de com̄ tuo .s. iiij. đ. ⁊ ob̄ ī die qⁱdiu morā fec̄it cū Rob̄ de Vel̄iponte ī castr̄ nr̄o de Sarr̄ ⁏ et p̄l̄ea fac ei hr̄e qⁱcqⁱd r̄onabilr môstᵉre potit se posuisse ī nervis ⁓ ⁊ cordis ⁓ ⁊ clavibȝ balistar̄ nr̄ar̄ ⁓ p vis̄ constabl de Sarr̄ ⁓ ⁊ cō ⁊c̄. T. me ip̄o ap̄ Suwic̄ ⁓ xiij. die Maii. ꝑ P. de Rupibȝ.

Rex ⁊c̄. vic̄ de Wiltesir̄ ⁊c̄. Inveni dilc̄o nr̄o R. de Vel̄iponte p visū iiij. leg̃ hōīū de com̄ tuo ⁓ tam de firmis qᵐ de aliis exitibȝ ⁓ ad repanđ castr̄ nr̄m de Sarr̄ ⁓ ⁊ cō ⁊c̄. T. G. fil̄ Petⁱ ⁊c̄. ap̄ Suwic̄ ⁓ xij. die Maii. ꝑ Ric̄ Duket.

Rex ⁊c̄. W. t̄haurr̄ ⁊c̄. Lib̄ate de t̄haurr̄ nr̄o de l̄min̄ Pasch̄ x. li. Petᵒ de Nereforđ ⁓ qᵘs illi dedim⁹ ad scacc̄

ɴ̅r̅m annuati pcipiendas⹁ don͛ ei illas assignaѵim⁹ ī aͤ
escaetar̅ nr̅ar̅⹁ ꝧ nō remaneat p̅p̅t̅ aliqⁱ p̅hibicͦͦem qͤm voꝦ
fecim⁹ de deñ nr̅is liꝦandis. T. ꝗ̃c̃.

Mandatu' ⁒ vic̃ Gloc̃ qd̃ faciat hr̃e Thom̃ de Landa
vadleto nr̅o̅ suo [Regis] iij. d̃. qᵒs Huǧ le Mor qⁱ mortuus
⁒ ħuit de eleñ dñi ꝶ.

D'ɴ's Rex quietavit Joħ Estͣge de demanda q̃ ei fit
de exitibꝫ mañii de Wrotwothin⹁ ꝧ sic mādatū ⁒ W.
tħaur̅r̅ ꝗ̃c̃.

D'ɴ's Pħ Dunolm̃ ep̅s pacavit in camͣa dñi [Regis] C. m̃.
ꝧ j. pat de fine suo p̃ liꝦtatibꝫ suis⹁ ꝧ ħt br̃e de qⁱetantia.

D'ɴ's Rex dedit Ric̃ G'nun j. car̅r̅ ѱre cū ptiñ ī landa
de Seburgeham.

Mandatu' ⁒ W. tħaur̅r̅ ꝗ̃c̃. qd̃ liꝦent Waldrisilio de
Curcett x. ti. de ѱmiñ Pascħ de xx. ti. de feod̃ suo.

Mandatu' ⁒ p̃pͦitis Wintoñ qd̃ īveniāt harnesium ad
capellā⹁ scĩꝫ⹁ ij. sellas ad sum̃⹁ ꝧ frena ꝧ capistr̃ ad̃
eosd̃ ꝧ canevitt⹁ ꝧ cͦ ꝗ̃c̃.

Rex ꝗ̃c̃. vic̃ de CumꝦt ꝗ̃c̃. Precipim⁹ tⁱ qd̃ īvenias de
firma tua L. m̃. p̃ visū ꝧ testimōiū leǧ hōiū ad muniend̃
castr̃ nr̅m de Karleot⹁ ꝧ cͦ ꝗ̃c̃. T. me ip̃o ap̃ Wint⹁
xxj. die Maii. Ᵽ Ric̃ Duket.

Rex ꝗ̃c̃. vic̃ de Wiltesir̅ ꝗ̃c̃. Inveni Roǧ balistar̅ nr̅o⹁
ꝯmoranti ī castᵒ nr̅o de Sar̅r̅⹁ liꝦatōes suas⹁ .s. vj. d̃. ī
die⹁ ꝧ fac ei hr̃e j. m̃. arǧ ad reraǧ īpense sue adquietand̃
ꝧ j. robā⹁ ꝧ cͦ tⁱ ad scacc̃. T. me ip̃o ap̃ Wintoñ⹁ xix.
die Maii. Ᵽ P. de Rupibꝫ.

Rex ꝗ̃c̃. W. tħaur̅⹁ ꝧ G. ꝧ R. camͣariis⹁ satt. Sciatis
qd̃ recepim⁹ p̃ man⁹ Petⁱ de Ely⹁ ꝧ Witti de Avenay⹁ ꝧ
Gauffi de Claigat̃ duo milia marc̃ ap̃d Wintoñ⹁͛ et hoc

voƀ mandam⁹ ut ip̄i sīt iñ q'eti. T. G. fil̄ Pet', ap̄d Wintoñ, xx. die Maii.

Rex ⁊c̃. vic̃ Wiltesir̃ ⁊c̃. Inveni Pet° balistar̃ nr̃o liƀatões suas a die Dñica ꝑcia p⁹ Pascħ anni ⁊c̃. v^{ti}. q^amdiu morā fec̃it ī cast° nr̃o de Sarr̃ ix. deñ ī die, ⁊ cõ ⁊c̃. T. me ip̄o ap̄ Wintoñ, xix. die Maii. ꝑ P. de Rup̄.

Rex ⁊c̃. vic̃ Devoñ [⁊c̃.] Inveni de firma tua cariag̃ ij. mill̄ m̃. a Wint̃ usq; Exoñ, ⁊ īveni capell̄ Roƀ de Turnħ j. robā de viridi cū penula de cuniñ, ⁊ cõ t' ad scacc̃. T. ⁊c̃.

Rex ⁊c̃. W. tħaurr̃ ⁊c̃. Sciatis q̧ recepim⁹ p man⁹ Alex̃ cl̄ici de Stok̄, ⁊ Sim̃ de Suttoñ, ⁊ Ric̃ fil̄ T'rici, ap̄ Wint̃, mille m̃. liƀatas archiep̄o Burdeg̃, ad quietand̄ nos ꝯsus pereg̃, ⁊ cent̃ m̃. p man⁹ eoꝝd̄ liƀatas eid̄ archiep̄o ad exp̄ns̄ suas, ⁊ CC. m̃. p man⁹ eoꝝd̄ liƀatas ī cam̃ā nr̃am ap̄ Portesm̃: et īo voƀ mandam⁹ qd̄ vos ⁊ ip̄i iñ quieti sitis. T. ⁊c̃. ꝑ P. de Rupibȝ.

Rex ⁊c̃. vic̃ Dorset̃ ⁊c̃. P'cipim⁹ t' qd̄ sñ dil̄one facias hr̃e aƀƀi ⁊ monachis de Binadoñ molendiñ ext^a Dorset̃ cū ꝑtiñ, qd̄ solebat redd̄e p añ xxx. s̃., ī excambiū molendiñ ⁊ ꝑre de Craneb^rñ q̃ retinuim⁹ ī manu nr̃a, don^c eis ꝓvid̄im⁹ iñ excambiū, v̄l nr̃e sed̄it volūtati de molendiñ ⁊ ꝑra de Craneb'ñ eisd̄ monachis redd̄ndis, v̄l molendino ꝑdc̃o de Craneburñ eis dimittendo. T. ⁊c̃. ꝑ ip̄m Regē.

Rex ⁊c̃. ball̄ de Sorħ ⁊c̃. Invenite sñ dil̄one P. de Leoñ cl̄ico nr̃o carriag̃ ⁊ salvū ꝯductū ad ducend̄ usq; Lond̄ rotulos ⁊ cartas nr̃as q^as ip̄e noƀ addux̃ de Cadom̃, ⁊ cõ ⁊c̃. T. G. com̃ Essex̃, ap̄ Werdham, xxj. die Maii.

Rex ⁊c̃. vic̃ Sussex̃ ⁊c̃. Mandavim⁹ ball̄ de Soreham

qđ ĩveniāt P. de Leoñ clĩco nr̃o carriag̃ 't salvū ꝯductū
ad ducenđ usꝗ Lonđ rotulos 't cartas nr̃as q's iꝑe noɓ
adduⱥ de Cadom̃ ⸗ uñ t¹ p̃cipim⁹ ꝗ si iꝑi nō feꝯint ⸗ tu
id sñ diłone facias ⸗ 't cõ t¹ ad scacc̃. T. ut supi⁹.

Rᴇx 'tc̃. bar̃ 'tc̃. Cõputate Hug̃ de Neviłł cenꞇ bacoñ
quos fecit hr̃e Roɓ de Veꞇiponte ad munienđ castełł
Sarꞃ̃ p p̃ceptū nr̃m. T. 'tc̃. ꝑ P. de Ruꝓ.

Rᴇx 'tc̃. [viꞓ] de Kent ['tc̃.] P'cipim⁹ t¹ qđ ꝯputari
facias Roɓ de Brakelee id ꝗ iꝑe recepit ad scacc̃ nr̃m 't
p manū tuā de liɓatõibꝫ suis ⸗ 't facias ei hr̃e arrerag̃ liɓa-
ꞇonū suaꞃ̃ ultᵃ id ꝗ receꝓ ad p̃dꞓm scacc̃ nr̃m p manū tuā ⸗
't deceꞇo ei hr̃e facias viij. đ. ĩ die ad sustentaꞇõem suā
't j. equi. T. 'tc̃. ꝑ G. fił Pet¹ 'tc̃. Aꝓ Lonđ.

Rᴇx 'tc̃. W. tħaurꞃ̃ ⸗ 't W. 't R. camħaꞃ̃ ⸗ 'tc̃. Sciatis
qđ nos cōmodavim⁹ R. constaɓ Cestꞃ̃ mille łi. de tħaurꞃ̃
nr̃o p plg̃ Roɓ fił Rog̃ ⸗ qui cepit sup totā ꞇrā suā ĩ
Angł qđ infra p¹mū mēsē qº iđ Rog̃ venꞁit ĩ Angł faciet
noɓ hr̃e cartā iꝑi⁹ Rog̃ ⸗ de p̃dꞓis miłł libꞃ̃ noɓ reddendis ad ꞇminos q's noɓ ꝓvidebim⁹ ⸎ 't ĩo voɓ mandam⁹
ꝗ ⸗ cū p̃dꞓs Roɓ noɓ cartā suā ꝑꝑᵃ attułit ⸗ ꞇc facias iꝑi
hr̃e p̃dꞓas mille liɓ ⸗ q's eiđ Rog̃ cōmodavim⁹ ad
redēꝓꞇõem suā. P'ꞇea sciatis qđ cōmodavim⁹ R. com̃
Cestꞃ̃ ad redēꝓꞇõem dꞓi constaɓ CC. m̃. sup manꞁia de
Tiwe 't Cāpedene ⸗ siꞓ carta iꝑi⁹ com̃ testatꞃ ⸎ et ĩo voɓ
mandam⁹ qđ cū vos suscepitis iñ cartā iꝑi⁹ com̃ ei hr̃e
faciatis dꞓas CC. m̃. T. me iꝓo aꝓ Turꞃ̃ Lonđ ⸗ xxix.
die Maii. ꝑ justiꞓ.

Mᴀɴᴅᴀᴛᴜ' ✚ Wiłło de Braosᵃ qđ deliɓari faciat corp⁹
G'vaⱥ fił Wⁱnꞇ de Cadom̃ ꝗ capi feꞓ ⸗ si iꝑi ꝯstiꞇit qđ iꝑe
fŭit ĩ Angł ĩ Xlᵃ. 't nō recesꞅit de Angł p⁹ Xlᵃ. ⸗ 't catalla
sua si aliqᵃ ħt arestari faciat donᵉ [Rex] aliud iñ p̃cepit.

Rᴇx 'tc̃. bar̃ 'tc̃. Cōpuꞇ viꞓ Eborꞓ v. m̃. ꞇre cū ptiñ

ī Galtorp̃ ، ᵗ ī Swinet ، ᵗ ī Bilingelae ، qᵃs dedimᵍ Danieł pinc̃ nr̃o. T. ᵗc̃. Ᵽ G. fił Petˡ.

Thom' de Burgo ħt j. m̃catū aᵽ Cefforđ p diē Jovis ī septim̃ ، ita ĩn ᵗc̃.

Litᵗe Pat. } Rex ᵗc̃. justic̃ [ᵗc̃.] Sciatis qđ dedimᵍ Thom̃ de Burgo licentiā claudendi domū suā de Leleshay ؛ et ĩo voƀ mandamᵍ qđ eū iñ nō ĩpediatis. T. G. fił Petˡ ، aᵽ Turrī Lonđ ، xxvij. die Maii.

Rex ᵗc̃. vic̃ Staff ᵗc̃. Inveni de firma tua p visū leg̃ hōiū custū ad repanđ Castełł Novū sub Lima ، ᵗ cō tˡ ad scacc̃. T. me iᵽo aᵽ Turrī Lonđ ، xxvij. die Maii. Ᵽ eunđ.

Mandatu' ✦ vic̃ Linc̃ qđ faciat hr̃e mag̃ro ᵗ fr̃ibჳ Militie Templi saisinā̃ de dimiđ carr̃ [ᵗre] cū ptiñ ī Branztoñ v̂sᵍ Witł de Lacforđ.

P'ceptu' ✦ vic̃ Essex̃ ᵗc̃. qđ faciat hr̃e Witło Blundo pleñ saisinā de Estorp̃ ᵗ Brahos ، ᵗris Witłi de Planes ، scđm tenorē carte iᵽiᵍ Witł.
Iđ Witłs Blundᵍ ħt alias litᵗas hõibჳ ejᵍđ Witł directas qđ ei sint ītendentes.

Mandatu' ✦ bar̃ qđ faciāt hr̃e G. de Albeñ id q receptū ✦ ad scacc̃ de ᵗra sua ، qᵘ tenჳ de feođ Matilđ de Caleto ، occ̃oe talliag̃ ultīo assisi.

Rex ᵗc̃. vic̃ Lonđ ، sałł. Invenite de firma vr̃a ad caretā de coqˡna nr̃a pandā ، ᵗ ad ħnasiū ejᵍđē carete pandū ، xxj. s̃. viij. đ. ، ᵗ ad caretā ᵗ ħnasiū Stepħi caretarii pandū xxviij. s̃. viij. đ. ، ᵗ p cera ducta aᵽd Norhamᵗ ix. s̃. ، ᵗ ꝑ sacco ī qᵒ põita fuit cera illa ij. s̃. ؛ ᵗ ꝑ vectˡa ejᵍđē cere xij. đ. ، et ꝫputabitʳ voƀ ad scacc̃m. T. me iᵽo aᵽ Tᵗrim Lonđ ، xxx. die Maii. Ᵽ Petrū de Stoꝁ.

Rex ƚc̄. bař ƚc̄.　Cōputate maḡro S'loní ƚ Rađ Molen-
dinař Lj. łi. ī q*ř solutōem Matilđ q̄ fuit ux̄ Roƀ de Barbefł . . . . . v̂s⁹ nos de vinis nr̄is venditis iƥi Roƀ ⌐ ƚ id
q̄ vic̄ nr̄i solv̂it p manū suā de vinis nr̄is venditis a ƥfatis
S'lone ƚ Rađ eis ꝯputari faciatis.　T. ƚc̄. aƥ Turrī Lonđ ⌐
xxix. die Maii.　Ᵽ G. fił Pet' ƚ p Ric̄ Duket.

Rex ƚc̄. vic̄ Surř ƚc̄.　Pone ī repac̄ōe domuū nr̄ax de
Geldeforđ x. łi. p visū ƚ testiñ leḡ hōīū ⌐ ƚ cō ƚc̄.　T.
G. fił Pet' ⌐ aƥ Turrī Lonđ ⌐ xxix. die Maii.　Ᵽ Ric̄
Duket.

Memb. 12. in dorso.

IN memoria—Rex ƚc̄. justic̄ Hiƀ [ƚc̄.]　Mandam⁹ voƀ
q̄ sñ diłone faciatis hr̄e veñabili ƥri nr̄o ī X° J. Dubliñ.
archieƥo ⌐ v̂l nūtio suo ⌐ plenā saisinā cast' de Balimore ⌐
ƚ omiū ꝓrař uñ dissaisit⁹ ✝ p ƥceptū nr̄m ⌐ ƚ de foresta
de Coillach ei hr̄e faciatis id q̄ hr̄e debȝ p cartā nr̄am ⌐
q*m iñ ħt de noƀ ut dic̄ ⌐ nō obstante ꝓhibic̄ōe voƀ fc̄a p
litťas nr̄as pat de dñicis nr̄is liƀandis v̂l minuendis ? ƚ
archieƥs stabit juri in curia nr̄a de hiis de q'ƀȝ ī curia nr̄a
responđe debȝ ? ƚ iƥe archieƥs dixit noƀ qđ erit ī ꝓvicia
sua infra ꝓxiñ festū Omiū Sc̄ox ⌐ ƚ q'diu iđ archieƥs noƀ
fec̄it q̄ fac̄e debu̇it iƥm ƚ sua manuťneatis ƚ defendatis ⌐
salvo jure nr̄o ī omibȝ.　T. me iƥo aƥ Roth ƚc̄.

Memb. 9. in dorso.

SCRIBᵊR Thome de Mendam de porťōe eccłie de
Mendham ꝓ Thoñ cłico de cañra.
Sc'ʙᵊR abbatisse ƚ cōvētui de Werewełł ꝓ maḡro Ric̄
Peccatore.

Memb. 6. in dorso.

REX ƚc̄. M. fił Henř justic̄ ƚc̄.　Sciatis qđ nolum⁹ q̄

ass̃ de nova diss̃ teneat' ĩ Hib̃ de aliq° t̃miñ n' p⁹ p'mā coroñ nr̃am: et ĩo vob̃ mandam⁹ qd̃ om̃ib; scire faciatis qd̃ nō veniāt ad nos ppt̃ br̃e de nova diss̃, n' dissaisiti fuit p⁹ p'mā coroñ nr̃am. T. me ip̃o ap̃ Notingh̃, xj. die Febr̃.

Obsides Walt̃i de Lascy s̃t fili⁹ Rob̃ de Lascy, fili⁹ Will̃ Parvi, fil̃ Willi de Alneto, fr̃ Ric̃ de Bellafago, fil̃ Ric̃ de Capella, fil̃ Hug̃ Hosee.

Rex rogavit abbatē de Albemarl̃ p Walt̃o fil̃ Bernard̃ cl̃ico justic̃.

Rex 't̃c. vic̃ de Kent. Inveni duas bonas 't sec'as naves sñ p̃cio dño Londoñ ep̃o 't nūciis nr̃is t'nsfretātib; ĩ Alem̃ in nūciū nr̃m, et ɔputab'r t' ad scacc̃. T. me ip̃o ap̃ Westm̃, xxvij. die Marc̃.

Rex 't̃c. baill̃ de Sorhā. Invenite bonā navē 't sec'am sñ p̃cio Willo de Aune militi nr̃o 't xx. balistariis, ad t'nsfretādū ĩ s̃vic̃ nr̃m, 't ɔputab'r vob̃ ad scacc̃. T. P. de Rupib;, ap̃ Westm̃, xxv. die Marc̃.

Rex 't̃c. vic̃ Herefordm̃. Scias qd̃ assignavim⁹ Matill̃, q̃ fuit uxor Henr̃ de Longo Campo, x. l̃i. ānuas de mañio de Wiltoñ in dotē, 't ĩo t' p̃cipim⁹ qd̃ eid̃ Matill̃ de firma tua de p̃fato mañio x. l̃i. ānuas hr̃e facias ad duos t̃mĩos scacc̃ nr̃oꝝ, et ɔputab'r t' ad scacc̃. T. G. com̃ Essex̃, ap̃ Westm̃, xxiij. die Marc̃.

Rex 't̃c. W. th̃aur̃, 't W. 't R. camar̃. Lib̃ate de th̃auro nr̃o dño E. Elieñ ep̃o cent̃ l̃i., 't dño J. Norewic̃ ep̃o cent̃ l̃i., de p̃stito usq; ad clausū Pasch̃ anno regni nr̃i v^to. T. me ip̃o ap̃ Westm̃, xxvj. die Marc̃.

Rex 't̃c. vic̃ Glouc̃. P'cipim⁹ t' qd̃ sñ dilõe facias hr̃e Eṽardo de la Beṽer̃ 't Wale de Cotenes id qd̃ p'⁹ h̃uer̃t in mañio de Sloctres cū ptiñ, sic̃ h̃ũnt añq' eos iñ dissaisiri fecim⁹. T. 't̃c.

Rex ꝉc̃. vic̃ Gloc̃ ꝉc̃. Pᵉcipim⁹ t̃ᵗ qᵈ facias hr̃e Ric̃ fiꝉ Edwiñ، ꝉ aliis venatoribꝫ nr̃is qᵗ s̃t ap̃ Theokesbir̃، Lxviij. s̃. ad facienᵈ libaꝉoes suas de xij. diebꝫ، sc̷lꝫ، Ric̃ fiꝉ Edwiñ xviij. s̃. vj. ᵭ.، Burnello xxiij. s̃.، Herƀto de Colloeꝉ xix. s̃.، ꝉ duobꝫ garc̃ cū vij. lep̃ vij. s̃. vj. ᵭ.، ꝉ t̃ᵗ cõ ꝉc̃. T. P. de Stoꝉꝭ، ap̃ Westm̃، xxiiij. die Marcii.

D'ɴ's Rex dedit Reiñlo Gruello x. m̃. de feodo ad scacc̃، sc̷lꝫ، v. m̃. ad Pasch، ꝉ v. m̃. ad festū Sc̃i Mich.

Memb. 2. in dorso.

MANDATU'⁜ ꝉ vic̃ Linc̃ qᵈ faciat hr̃e Gauffr̃ de Sc̃o Bric̃ plenā saisinā de ꝑcia pte ville de Scartho، qᵗ [Rex] ei dedit، ꝉ uñ homag̃ suū cepit.

Mandatu'⁜ ꝉ vic̃ de Dorseꝉ qᵈ faciat hr̃e Hamoñ de Almoditoñ، Amolectoñ، Burtoñ sub Dorcestr̃، faciendo iñ ꝑviciū dño ℞. qᵈ dño ℞. reddere solebat dū fuit ī manu dñi ℞.

D'ɴ's Rex recepit ap̃ Wintoñ die Martis ꝓxīa añ Pasch florid anno ꝉc̃. vᵗᵒ. DCCC. m̃. ꝑ man⁹ Roƀ de Wintoñ، Wiꝉꝉ de Faleis̃، ꝉ Wiꝉꝉ Anglici؟ et mandatū ⁜ tħaurr̃ ꝉ cam̃ar̃ qᵈ iñ qᵗeti sint.

Mandatu'⁜ ꝉ vic̃ Essex̃ qᵈ ꝉrā Walꝉi de Alta Villa ī baꝉla sua qᵗetā ee faciat de tailliag̃ ultio assiso.

D'ɴ's J. Norwic̃ ep̃s cepit CC. m̃. reddendas ꝑ voluntate dñi ℞.، sive ī mīa sv̄ sñ mīa، ꝓ G'vas̃ de la Ferte q̃ iꝑe ei ꝯcessit liband ꝓ Andr̃ de Bello Campo ꝓ litꝉas suas paꝉ. Ille litꝉe tᵃdite sunt ap̃ Rading̃.

Mandatu'⁜ ꝉ Wiꝉꝉo de Fales̃ qᵈ ꝑmittat Roƀ de Gauiz hr̃e pacē de x. m̃. q's ab eo exig̃ de veꝉi scutag̃ de honore Gloc̃، q̷ dñs Rex eas ei acqᵗetavit.

MANDATU' ⸹ viċ Devoñ qđ faciat hre Henr de Nonāt
plenariā saisinā de ꝑra sua ī baꞇꞇa sua ⸲ q̃ saisita fuit ī
manū nram ꝑ warda castelli de Totenes ⸲ salvis dño ℞.
xvj. ꞁi. illi⁹ ꝑre q⸳s retinꝫ ī manu sua ad wardā ꝑdċi
castelli. Ꝑ G. fꞁ Pet¹. Aꝑ Suwiċ ⸲ xj. die Maii.

ROB' de Maysy hꞇ respectū de demanda de x. m̃. q̃
ab eo exiguntʳ ad scacċ usqᵬ ad festū Sċi Micħ anno
ꞇċ. vjᵗᵒ.

REX ꞇċ. baroñ de scacċo ⸲ saꞁꞇ. Sciatis q dedimᵘˢ
Gaufro salsario nro ꝑrā cū ptiñ qⁱ Godard⁹ de Antiochia
tenuit ī Lonđ ⸲ ꞇ redditū xx. soꞇ q̃ ꝑra illa noꞇ redđe
solebat p annū ⸲ ꞇ ꝑrā cū ptiñ q̃ fuit Benedċi fꞁ Jacoꞇ
de Lincoꞇ ⸲ ꞇ redditū ij. m̃. q̃ ꝑra illa noꞇ redđe solebat
p annū ⸲ ita ꞇn qđ iđ Gaufr nō poꞇit ꝑras illas venđe sñ
licentia nra⸴ et iđo voꞇ mandam⁹ qđ iꝑm G. de redditu
ꝑdċoꝫ xx. soꞇ ꞇ ꝑdċarū ij. m̃. q¹etū esse faciatis ad
scacċm. T. ꞇċ. aꝑ Suhātoñ ⸲ xv. die Maii.

_____

cartaꝫ ꝑraꝫ ꞇ liꞇtaꞇ
ROTULUS Litꝑarū ~~clausarū~~ anni regni Reᵹ Joħis quinti.

ROTULUS MISÆ.

JOHANNE REGE.

ROTUL⁹ Mise anni regni Dñi Reğ Joħis undecimi.

Memb. 1.

DIE Veñis ī c̊stino Ascensionis Dñi ⸗ aƥ Glouč ⸗ solvim⁹ Ade Symie ƥ x. peciis auri ponđantiū ix. unč viij. marč. ƥ Regē.

DIE Dñicᵃ ꝓxᵃ aƥ Bristoll . . . . de Alemañ nūtio eunti ad coɱ Arundell c̃ littᷓis xij. đ. Roƀ de Cestᷓ eunti ad coɱ Alberič c̃ littᷓis xv. đ. Huğ ꝶviēti nūtio eunti ad Godefᷓ de Crauc . . . . . aƥ Sudhamt̃ vj. đ. Cuidā nūtio duč Saxoñ de dono j. ɱ̃. ꝑ eƥm Wint̃. Joħi Caperon nūtio aƀƀis de Insula Đi de dono diɱ̃ ɱ̃. ꝑ ℞.

DIE Joᷜ ꝓxᵃ aƥ Batho . . . . Patricio nūtio comitis Wint̃ iij. ꞩ. ꝑ eƥm Wint̃.

Calc̄ sūmet̄ ، care-
tarioȝ ، ꞇ lot̄cis.

DIE Sab̄ ī vigil̄ Pentec̄ ap̄ Merleberḡ
Will̄o nūtio Walt̄i de Baillolet v. s̃. p
Regē. Will̄o nūcio Will̄i . . . . . . fet
v. s̃. p ℞. ꞇ ep̄m Wint̄. Joh̄i Cointance ، Ade Le Viel ، Ade Le Bel ،
Luce ، Hugōi ، scilt̄ ، qᴵnq̩ sūmetariis de
garderoba ، ad calciam̄ta v. s̃. Ade ꞇ
G'vasio . . . . . . tariis de garderoba
ij. s̃. p eod̄. Florentie lotrici ad calc̄
xviij. d̄.

Lib̄ata f̄ca de
t̄hauro Rad̄
Pmen̄l̄ de mill̄
lib̄r̄.

DIE Pentec̄ ibid̄ lib̄avim⁹ Radulfo
Pmen̄l̄ ad custodiend̄ de exitu ep̄atus
Cestr̄ . . . . . ꞇ ix. l̄i. ، et de exitu ep̄a-
tus Elyen̄ Lv. l̄i. ، et de Lxj. plata arḡ ،
q̃ ven̄ant de ep̄atu Dunolm̄ ꞇ f̄ūant
fabricate ī moneta ، CCC. ꞇ xxx. m̃. ،
e . . . . qᴵ venerat an̄ Pentec̄ de
Londōn̄ DCCC. m̃. ꞇ iiijᵒʳ. m̃.

Elemoȝ statuta.

DIE Lun̄ p vadiis Henr̄ fil̄ duc̄ Saxōn̄
v. s̃. p ep̄m Wint̄. Ead̄ die ib̄ ، in elemoȝ
D . . . . ، p diē iij. s̃. de L. diebȝ ،
scilt̄ ، a xxix. die Marc̄ usq̩ ad xvij. diē
Maii comput̄ vij. l̄i. x. s̃. lib̄ abb̄i de
Binedōn̄. Eid̄ē abb̄i ، pro elemoȝ D.
paupm̄ eo q̩ . . . comedit pisces ꞇ bibit
vinū ī die Cruc̄ Adorande ap̄ Norhant̄
xlvj. s̃. x. d̄. ob̄. Eid̄ē p elemoȝ iiijˣˣ.
paupm̄ q⁰s dñs Rex pavit ، eo q̩ jus-
ticiari⁹ ꞇ Wi[ll̄s Bri]werr̄ comeder̄t
carnes c̄ ip̄o die M'cur̄ pxi̅a p⁹ clausū
Pasch̄ ap̄ Laxint̄ x. s̃. v. d̄. ob̄. Eid̄ p
elemoȝ C. paupm̄ ، eo q̩ dñs Rex bis
comedit die Ven̄is ī . . . . Sc̄i Marc̄

Evãg̃liste ap̃ Aunwic̃ ix. s̃. iiij. đ. ob̃. It̃
p̃ elem̃ C. paupm eo qđ iđ Rex bis comedit die Ven̄ ī fest̃ Ap̃loʒ Phil̃ t Jacobi
ap̃ Laxint̃ᴶ ix s̃. iiij. đ. ob̃. It̃ p̃ elem̃
C. paupm ᴶ eo qđ idē bis comedit die
Ven̄ ī c'stino Ascēsionis Dñi ap̃ Fromtoñᴶ
ix. s̃. iiij. đ. ob̃. It̃ ī elem̃ C. paupmᴶ
eo q Will̃ Briew̃ comedit carnes ap̃ Bathoñ die M'cur̃ ꝑx• p⁹ Ascens̃ Dñiᴶ

Huse de vacca t de cordwañ.

xiij. s̃. vj. đ. ob̃. Eadē die ib̃ Will̃o de
Pavill̃ p̃ uno pari husar̃ vacc̃ ad op⁹ dñi
Reg̃ iij. s̃. ᴶ p̃ duobʒ pibus husar̃ de cordwano v. s̃. ᴶ p̃ duobʒ pibʒ estivall̃ de
cordwañ iij. s̃. iiij. đ. ᴶ p̃ duobʒ pibʒ botar̃
sing̃lar̃ ij. s̃. ᴶ p̃ uno pi pvorū sotulariū

Will̃ de Lonđ ᴶ p̃ castro de Cair- marthin.

vj. đ. . . . . Eadē die Luñ ap̃
Lutegarsal̃ ᴶ Will̃o de Londoñ mil̃ p̃ cus-
todia castri de Cairmarthin L. m̃. It̃
Wenowen Wal̃nsi de dono C. s̃. p̃ ep̃m

Calc̃ Will̃i Bloiet.

Wint̃ t . . . . . . Wilekino Bloiet ad
lineos pãnos t ad calc̃ iij. s̃. Hugōi
Ꝗviēti eunti ad Ger̃ de Ath̃ cū litt'is

Opa castri de Corf'.

vj. đ. It̃ Rađ Pmenꝯ ad opa castri de
Corf̃ . . . . . lib̃ Petro de Lonđ.

Die M'cur̃ ap̃ Wint̃ ᴶ Horin t Locario
garc̃õibʒ Robiñ de Samf ad calc̃ x. đ. ᴶ
p̃ tribʒ duodenis ꝑgameni t vj. pell̃ ij. s̃.
j. . . . . . . Merc eunti ī ꝑriam suā v. s̃•
de dono ᴶ p̃ Petr̃ de Maulay.

Die Ven̄ ib̃ ᴶ Gilb̃to de Kentwell̃ eunti
ī nūtiū dñi Reg̃ ad Lewelinū ij. m̃. p̃
justic̃ . . . . Henr̃ fil̃ duc̃ Saxoñ j. m̃.
p̃ ep̃m Wint̃. Wal̃to de Hauvill̃ falconar̃

xl. s̃. p ep̃m Wint̃. It̃ Ade cuidā P̃men̂
de Wint̃ p duab3 penut̃ de xj. . . . . .
furran̂ capā dñi Reg̃ de Escat̃ Lx. s̃.
Die Veñ ap̃ Sudhant̃ ◡ Rog̃o Pvo
eunti c̃ litt̃is ad vic̃ Linc̃ xv. d̃. ◡ Râ
de Chambr̃ eunti ad Ger̃ de Ath . . . .
Roḅtū Corbet xv. d̃.

Die Sab̃ ib̃ ◡ Patric̃ Valt*rio eunti ad
Thom̃ de Samf c̃ v. leporar̃ v̂sus Wet̃ ◡
ˀt ñ ibit p diē nˡ v. v̂l vj. leugas p p̃cept̃
Reg̃ . . . . .

Feuda Willi de Lamb̃sart̃.

Die Dñica ī fest̃ Sc̃e T̃nitatis ap̃ Pore-
cestr̃ ◡ Witt̃o de Lanb̃sart mit̃ de feudo
suo de P̃mino Pasch L. s̃. p R̨. ˀt ep̃m
Wint̃. Hodewino nūtio Baldw . . . de
Dudanvit̃ de dono iij. s̃. Ankero nūtio
Witt̃i de Cresec de dono iij. s̃. p cancet̃.
Hugōi nūtio Rob̃ti de Torneĥ de dono
dim̃ m̃. p Wit̃ de Cantilu . . Henr̃ nūcia
Eiñici de Sacy eunti ad dñm suū v. s̃.
p electū Linc̃. Ad vadia Henr̃ fit̃ Duc̃
xj. s̃. viij. d̃. lib̃ Walerando ◡ p ep̃m Wint̃.

Die M'cur̃ p̃xˣ ap̃ Audingeburñ ◡ Per-
drieli nūtio Pagani de Rochefor̂ eunti
ad dñm suū dim̃ m̃. p elc̃m Linc̃.

Die Jov̂ ap̃ Arundet̃ ◡ Robino le
H'berg . . nūtio qˡ veñ de Rom̃ ◡ ad
emēdā robā x. s̃. p Regē. Eadē die ap̃
Brembre ◡ Osb̃to nūtio Rob̃ti fit̃ Nicot̃
iiij. s̃. p elc̃m Linc̃. Ibî Albrico Con-
sta . . . . c̃ litt̃is ad ep̃m Wint̃
vij. d̃. ob̃. Wilekino nūc̣io Henr̃ fit̃ Reg̃

xij. đ. p Reğ. Fulchero secreto nūcio
qᶦ veñ de ptibȝ tᵃnsmarinis diᵐ ᵐ. p
R[ogᶠm de Ve]ti Ponte. Huğ ȿviēti
nūtio eūti ad Corf ad Rađ Pmenᵗ ix. đ.
Aleis de Xantoñ cuidā exploratᶦci diᵐ ᵐ.
p elᵐ Linᵐ. Mağro Colūbo . . . . .
Reğ Aragoñ eunti Bristoꝉ p ꝑcepᵗ Reğ
xl. ȿ. p justiᵐ⹁ liꝺ Roꝺto de Dunolᵐ.

Dɪᴇ Dñica aꝑ Cnapꝑ⹁ Joħi Bevier⹁
vadleto Henᵣ fiꝉ duᵐ [Saxoñ⹁ eunti] ad
Briañ de Insula ad morand cū eo⹁ x. ȿ.
liꝺ Terrico le Tyeis p ℞. Aꝺbi de Alba
Landa eunti ī nūtiū dñi Reğ j. ᵐ. p ℞.

Dɪᴇ Luñ iꝺ⹁ Wiꝉꝉo de . . . . . nūtio
eūti ᵐ littᵣis ad Rađ Pmenᵖ ix. đ. Roꝺ
de Cestᵣ eunti ad eꝑm Winᵗ iij. đ.
~~Danieli Pinᵒne p uno eqᵒ liarđ ad opᵖ~~
ᵠ' ide' Danie lnoluit recipere
~~dñi Reğ iiij. ᵐ. liꝺ . . . . de Weꝉꝉ.~~

Dɪᴇ M'cuᵣ ꝑxᵃ aꝑ Belxam⹁ Hispañ
eunti ᵐ littᵣis ad eꝑm Winᵗ vj. đ. Eađ
die ibiđ⹁ pro roꝺ faciendis⹁ ᵗ lineis pānis
suendis⹁ ᵗ caligis ad opᵖ dñi Reğ⹁
xiij. ȿ. vij. đ. liꝺ Wiꝉꝉo scissori⹁ p Petᵣ de
Maulay. Eađ die iꝺ⹁ Alꝺico Consᵗ eūti
ad Petᵣ de Mauꝉ aꝑ Roffeñ vij. đ. oꝺ.

Ð Dñicᵃ ꝑxᵃ añ fesᵗ Sᵐi Barnaꝺ Aꝑli
aꝑ Roff⹁ Henᵣ fiꝉ Coᵐ de dono xx. ᵐ.
p Regē. Eustaħ monaco de dono xl. ᵐ.
p ℞. Jacobo vadleto Henᵣ filii Meileᵣ
de dono ij. ᵐ. p justiᵐ. Rađ de Chambᵣ
eunti ᵐ littᵣis ad viᵐ Dorseᵗ xij. đ. p señ.
Robiñ Blūdo eunti ᵐ littᵣis ad viᵐ Cumꝺ-
lanđ ij. ȿ. p señ.

Libͦ de C. m̃. fc̄a
Regiñ de Corn-
hull.

Ð Luñ p̄xᵃ ibid̄ ⸝ libavimˁ Regiñ de
Cornhull cent marc̃ ad custodiend̄ q̃
venerāt de fine archid̄i Dunolm̃ ⸝ p Regē.
Ib ad vadia Henr̄ fil duc̃ . . . . . quitāda
xx. s̃. p R̄. ⸝ lib Hugōi de B'nevall.

Libͦ eid̄ de xxxiiij.
li. vj. s̃. viij. d̄.

Dɪᴇ Mart p̄xᵃ ap̄ Orset ⸝ libavimˁ
Regiñ de Cornhull xxxiiij. li. vj. s̃. viij. d̄.
cˁtodiend̄ ⸝ q̃ venerāt d . . . . . . mona-
coӡ de Fontibӡ. Willo nūtio Stephi de
Torneh eūti ad dñm suū ij. s̃. p R̄.

Ð M'cur̄ p̄xᵃ ap̄ Chemeleford̄ ⸝ Hugōi
de Hawic̃ nūtio Robti . . . . . . mil de
dono j. m̃. p R̄.

Ð M'cur̄ p̄xīa ap̄ Meaudoñ ⸝ Hugōi
nūtio Wenonwen Walñ de dono iij. s̃.

Dɪᴇ Veñ ī cᵃstiñ Sc̃i Barnab Ap̃li ap̄
Colece . . . . . Sviēti eunti c̃ littˀis ad
Hug̃ de Albervill xij. d̄. ⸝ p careagio
hnesii empti Lond̄ usqᵦ Chameleford̄ vj. d̄.
p Will scissorē.

Sᵃ mill li. CC.Lxj. li. v. s̃. vij. d̄.

Dɪᴇ Veñ ī cᵃstino Sc̃i Barnab Ap̃li ap̄
Colecestr̄ ⸝ pro sex furrellis de corio vacce
⁊ de feltro ad vj. balistas dñi Reg̃ vj. s̃.
Willo de Vendom̃ eunti . . . .
ad Hunfred̄ de Dena ix. d̄.

Dɪᴇ Dñicᵃ ap̄ Havring̃ ⸝ Andr̄ hōi Rad̄
Pment̄ eūti ad dñm suū ap̄ Corf xij. d̄.
Robino Valtᵃrio eūti ap̄ Porecestr̄ . . . .
. . . . leporar̄ xij. d̄.

Đ Luñ iɓ ⸴ in locagio uni⁹ carette p duos dies a Colecestr̃ usq̄ Havriñg ad fend̄ balistas dñi Reḡ xvj. đ. Wiƚƚo nūtio com̃ Wint iij. s̃. p R⸴.

Elemoŝ.

Đ M'cur̃ ꝑxª iɓ ⸴ in elemoŝ dñi Reḡ q̃ est p diē iij. soƚ de xxx. dieb₃ ⸴ sciƚt ⸴ a xviij. die Maii usq̄ ad xvj. diē Juñ utªq̄ conput ⸴ sª iiij. ƚi. x. s̃. liɓ aɓbi de Binendoñ. Wiƚƚo Aqªrio qⁱ ɓt p diē

Aqᵃrius.

oɓ. de vijˣˣ. dieb₃ ⸴ sciƚt ⸴ a xxix. die Januar̃ usq̄ ad xvij. diē Juñ utªq̄ conp̃ ⸴ sª. v. s̃. x. đ. ⸴ eiđ ꝑ balneo dñi Reḡ f̃co aꝑ Merleɓg̃ iiij. đ. ⸴ iƚ ꝑ alio balneo f̃co aꝑ Norhant v. đ. ⸴ iƚ ꝑ ᵗcio balneo f̃co aꝑ Notiñg v. đ. oɓ. ⸴ iƚ ꝑ qʳto balneo f̃co aꝑ Glouc̃ v. đ. ⸴ ꝑ qⁱnto balneo aꝑ Bristoƚƚ v. đ. oɓ. ⸴ ꝑ sexto balneo aꝑ Brembr̃ v. đ. ⸴ ꝑ septimo balneo aꝑ Audintoñ v. đ. oɓ. ⸴ ꝑ octavo balneo aꝑ Havriñg ij. ✢. đ. Iƚ ad vadia majoris de Reḡla p duos dies aꝑ Angr̃ 't aꝑ Halingebir̃ ij. s̃. viij. đ. oɓ.

Opa de Odiham.

Đ Saɓ ꝑxª añ fest Sc̃i Joɦis Bapt aꝑ Westm̃ ⸴ liɓavim⁹ Joɦi fiƚ Hugōis ad opa de Hodiɦā xlj. ƚi. liɓ Hamōi cƚico suo.

• *Cx. ƚi. liɓ Regiñ de Cornhuƚƚ.*

Dɪᴇ Dñicª ꝑxª ibiđ ⸴ liɓavim⁹ Regiñ de Cornhuƚƚ cent 't x. ƚi. sciƚt ⸴ xx. ƚi. q̃ vener̃t de canonicis de Novo Burḡ ⸴ 't iiijˣˣ. 't x. ƚi. q̃ vener̃t de eꝑatu Exoñ. Ead̄ die iɓ ⸴ Buske 't Nicles ɦōibus Absalōis Daci qⁱ fereɓāt austurcos ⸴ de dono ⸴ ij. m̃. p R⸴. liɓ Hugōi cƚico Phiƚ de Wilecoƚ. Galfr̃ nūcio castellani de Berḡ de dono iij. s̃. p Reḡ. Priori de Gr̃a Đi

de dono ij. m̃. p R̥. t̃ ep̃m Wint̃. Henr̃
de Ortiay mil de Normann̄ de do . . . .

Die Luñ ib̃⸴ Phil mag̃ro Henr̃ fil ducis
Saxoñ eunti ad ducē Saxoñ xx. s̃. p R̥.
Eirh̃ico Le Haub̃ger̃ ⸴ p̣ duob₃ furrell de
corio ad loricas ponēdas t̃ . . . . . rio
ad helmū dñi Reg̃ ponend̃ v. s̃. vij. d̃.
ob̃. ⸴ p̣ duob₃ magnis saccis de chanevac̃
ad octo loricas ponēdas ij. s̃.

Die Luñ ap̃ Certeseiā⸴ Petr̃ . . . . .
nūtio Galfr̃ Martell de dono xx. s̃. p̣
ep̃m Wint̃. Guidoni de Rupe militi de
dono iiij. m̃. p̣ ep̃m Wint̃.

Die M'cur̃ ī fest̃ Sc̃i Joh̃is Bapt̃ ap̃
Odihā⸴ . . . nutrici dñe Regīe de dono
ij. m̃. p̣ Will Briew̃ lib̃ mag̃ro W. de
Jurnac̃. Eadē die ap̃ Freitmantell⸴ Gwidoñ de Freinsenvill de dono ij. m̃. p̣ . . .
Bernard̃ t̃ Willo⸴ hõibus Henr̃ fil Her-
vic̃ q¹ attuler̃t merilones⸴ de dono vij. s̃.
p̣ R̥.

Opa de Tikehull.   Die Jov̄ ib̃⸴ Joh̃i de Bassingeburñ ad
fac_iend̃ fossat̃ de Tikehull xx. m̃. p̣ R̥.
lib̃ Math̃o vadleto suo. Ibid̃⸴ Woenwnoeñ
Walñ de dono xx. m̃. lib̃ Rob̃ Corbet p̣
Reg̃.

Die Veñ ap̃ Esseleg̃⸴ Wallo nūtio
Willi de Sc̃o Martiñ de dono j. m̃. p̣
Hug̃ de Well. Britoñ hõi Robiñ de Sam-
ford̃ eunti Lond̃ ad eq̃ suū marescalc̃⸴
xij. d̃.

Hernesiū duoȝ
stað.

Ɖ Sað ap̄ Clarendoñ, ī ħnesio empto
ad op⁹ dñi Reḡ tam ī magno staðlo qᴸ ī
staðlo caⱥe, p Walꝉm de Sc̃o Aldoeno
ᴛ Nicoꝉ de Weⱥ, uñ p̃tic̃le s̃t ī dorso
roꝉli, xlj. s̃. ix. ꝺ. oꝝ. Wiⱦo de Lonꝺ
nūtio dñi Norwic̃ ep̄i eūti ad dñm suū
v. s̃. p Wiⱦ Briew̃. Iꞇ ī elemos̃ C. paupm,
q°s Rex pav̄ eo qꝺ ip̃e bis comedit die
Veñ ꝓxᵃ p⁹ fes̃ Sc̃e Trinitaꞇ ap̄ Cnapp̄,
ix. s̃. iiij. ꝺ. oꝝ. Iꞇ ī elemos̃ C. paupm eo
qꝺ ip̃e bis comedit die Veñ ꝓxᵃ añ fes̃
Sc̃i Joħ Bapꞇ ap̄ Lonꝺ ix. s̃. iiij. ꝺ. oꝝ.
Iꞇ ī elem̃ C. paupm eo qꝺ bis comeꝺ
die Veñ ꝓxīa p⁹ fes̃ Sc̃i Joħ Bapꞇ
ix. s̃. iiij. ꝺ. oꝝ. liꝝ fr̃i Thom̃. Iꞇ ibiꝺ,
Wiⱦo Le Pugneor miꝉ de dono iij. m̃. p
Reḡ.

Dɪᴇ Dñicᵃ ꝓxīa ap̄ Duntoñ, Gerarꝺ
de Cheles̃ miꝉ de feudo suo L. s̃. p
Regē. Baldwino fiꝉ Wiⱦi de Gysnes de
dono ij. m̃. p ep̄m Winꞇ. Ra . . . . .
militi de dono iij. m̃. p eunꝺ.

Dɪᴇ Luñ ī fes̃ Ap̄loȝ Petᴸ ᴛ Pauꝉ
ap̄ Craneburñ, Colino balistaꞃ eunti ī
Andeḡ iiij. m̃. p ep̄m Winꞇ. . . . . . .
Ric̃ de Maroiⱦ s̃viēti eunti ī nūtiū
dñi Reḡ ī Pictav̄ v. m̃. p ep̄m Winꞇ.
Albrico Constaꝝ eunti c̃ litꞇis ad archiꝺ
Tantoñ, ᴛ com̃ Saꞃ, ᴛ . . . . de Burgaꞇ
p v. dies iij. s̃. iij. oꝝ. Iꞇ Colino balis̃
ad emendā penulā ad op⁹ uxoris sue
dim̃ m̃. p ep̄m Winꞇ. Wiⱦo nūtio Phiꝉ
de Wileco . . . . ad dñm suū de dono

iij. s̃. p eunđ. Galfr̃ le Chapeler nūtio
Pet¹ de Jaunay eunti ad dn̄m suū x. s̃. p
eunđ. Stepħo nūtio Hervei de Rop . . . .
ad dn̄m suū dim̃ m̃. p eunđ.

Đ M'cur̃ ꝓxīa ap̃ Beir̃ ، Willo nūtio
Regis Legion̄ eunti ad dn̄m suū v. s̃. p
canceħ. Eadē die ap̃ Corf ، Richenū
. . . . . Phił Marc̃ eunti ad dn̄m suū
ij. s̃. p Ꝃ.

Opa casť de Corf'.

Die Jov̄ ꝓxᵃ iƀ ، liƀavim⁹ Rađ Pment̃
ad opa castri de Corf ، de exitu priorat⁹
de Kenillewrtħ ، p man̄ `m[aǧri]´ Henr̃
de Cerneħ ، corā Nicoł de Weħ ⁊ Joħe
de Wint̃burn̄ ، Lxxv. m̃. Eađ die ap̃·
Mideltun̄ ، Rađ Belet mił qⁱ capt⁹ fuit
ad Charreriā de Curcay ، ad redēpt̃onem
suā ، de dono ، x. m̃. p Regē. Wiħo Ber-
nero ⁊ Ade ، hŏibȝ com̃ Winton̄ qⁱ attuleṙt
spreverios dn̄o Regi ، de dono v. s̃. p
Regē. Frat¹ Lysiardo monaco ، qⁱ venit
ī nūtiū comitisse Engolism̃ ، de dono ij. m̃.
p ep̃m Winton̄. In exp̃nsa Henr̃ fił Duc̃
a die Dn̄icᵃ ꝓxīa an̄ fesť Sc̃i Joħis Bapt
usqᷟ ad diē Dn̄icam ꝓxīam p⁹ illud fesť
iij. s̃. iiij. đ. p sen̄.

Sᵃ sc̃da CC.Lxxvj. li. xij. s̃. x. đ.

Calc̃ sũmetar̃ ، ⁊
lotricis ، ⁊ caret-
tarioȝ de cam̃a.

Đ Saƀ ꝓxīa p⁹ fesť Ap̃loȝ Pet¹ ⁊ Pauł ،
ap̃ Gelingeħ ، Odoni ⁊ Ric̃ duobȝ Luverez ، ad se ⁊ canes suos ، de dono j. m̃.
p Thom̃ de Samf. Ade Veťi ، Luce ،
Hugōi ، Ade le Bel ، Joħi Coinstanc̃ ،
sciłt ، qⁱnqᷟ sũmetariis de cam̃a ، ad
calc̃ v. soł. Ade ⁊ G'vasio ، duobȝ caret-

tariis de cama, ij. s̃. Florentie lot'ci
xviij. d̃.

Ð Luñ ī octaƀ Ap̃loʒ Pet¹ ꝉ Pauꝉ ap̃
Weꝉꝉ, Philippo de Albeny de dono xx. m̃.
p̃ Regē et ep̃m Wintoñ. Ade de Sc̃o
Martino militi de feudo suo x. m̃. p̃
eosdē. Godefrido de Craucumba miꝉ
eunti ī nūtiū dñi Regis ī PictaV̄ vq'. marc̃
p̃ eundē. Mag̃ro Helye de Perariis cꝉico
Savar̄ de Maꝉꝉ . . . . eunti ad dñm suū
iiij°ʳ. marc̃ p̃ eundē. Wiꝉꝉo nūtio Ernaldi
Bof de dono dim̃ m̃. p̃ ep̃m Winꝉ.

Die Marꝉ p̃xīa ap̃ Bristoꝉꝉ, Wiꝉꝉo de
. . . . . xx. soꝉ. Hugōi de Bosco xx. s̃. ,
Robto de Brueria xx. s̃. , Johi de Sc̃a
Norina j. m̃. p̃ ep̃m Winꝉ. Eim̃ico Le
Hauƀger, p̃ testaria ad eq̃ū pa . . . .
feltro ad estivallia dñi Reg̃ ad armandū ,
ꝉ p̃ ' quiƀ°dā ' loris furrandis ferro,
xv. deñ.

Die M'cur̄ iƀ, Gervasio drapar̄ p̃
xix. ulñ virid̃ encr̄ L. s̃. viij. d̃. soꝉ, p̃ ulna
ij. s̃. . . . . . Henr̄ Blūdo ꝉ Gileƀto,
militibʒ ducis Saxoñ euntibʒ ī patriā suā
de dono vj. m̃. p̃ ep̃m Winꝉ. Galoni de
Buscherviꝉꝉ militi de dono xx. s̃. p̃ ep̃m
Winꝉ. Ᵽ. . . . corrigiis ꝉ duabʒ serruris
ad tarkais̃ dñi Reg̃ viij. d̃.

Die Veñis p̃xīa ap̃ Hortum̃, Johi
Caperon nūtio aƀƀis de Insula Ði d̃e
dono v. s̃. p̃ Hug̃ de Weꝉꝉ. Iƀ Jacobo fr̄i
Eustach̃ monachi eunti ī Flandr̄ ī nūtiū
dñi Reg̃ ij. m̃. p̃ ep̃m Winꝉ.

Ɖ Sab px ap Glouc ⸴ Horm ᚋ Johi ⸴
garcoib; Robiñ de Samford ⸴ ad calc
x. d. Ᵽ sex duodenis pargameni iiij. s.
j. d. Ib Ger Theutonico cuidā vadleto
Henr fił Duc misso apd Burgū ad phendinand ij. s. p epm Wintoñ.

Opa castri de Diviŝ.

Ɖ Luñ pxīa ibid ⸴ Thoṁ de Samford ad
opa castri de Diviŝ xxj. libr ⸴ q̆s eadē die
recepam⁹ de eod de exitu abbie Mamesbur.

Elemosina.

Ib in elemoŝ dñi Reg q̃ ẽ p diē iij. s.
de xxx. dieb; ⸴ scilt ⸴ a xvij. die Juñ usq̆
ad xvj. diē Juł utᵃq̆ conput ⸴ sᵃ iiij. łi.
x. soł ⸝ in elemoŝ C. paupm ⸴ q̆ dñs Rex
bis comedit die Veñ pxīa p⁹ fesᵗ Aᵽlo᷎
Petᵗ ᚋ Pauł ap Gelingeh ⸴ ix. s. iiij. d.
ob. ⸝ iᵗ ī elemoŝ C. paupm ⸴ q̆ dñs Rex
bis comedit die Veñ px p⁹ octab Aᵽlo᷎
Petᶤ ᚋ Pauli ap Glouc ⸴ ix. s. iiij. d. ob.
Robiñ de Aleṁ nūtio eunti c̃ litᵗis ad
Robtum de Braibroc p barił faciendis
vj. d. Witto de Eis ad robam emendā
diṁ marc̃ ⸴ p epm Wint. Ᵽ paneriis dena-
rio᷎ religandis viij. d. Ad vadia Eiṁici
de Sco Georgio ᚋ Teobaldi Vossard
xl. soł ⸴ p epm Wint.

Dɪᴇ Marᵗ pxīa ap Henleg̃ ⸴ Ade vadleto Thoṁ de Gaweie eunti c̃ litteris ad
dñm suū diṁ ṁ. p epm Wint.

Opa castrı de Cadebir.

Dɪᴇ M'cur ib ⸴ Petro de Scudemo᷎ ᚋ
Godefr de Sco Martino ad opa castri de
Cadebir xl. ṁ. lib eisdem. Eadē die ap
Theokesbir ⸴ Rogᶫo Ᵽvo cunti c̃ litᵗis ad

archiđm Dunoļm ꝿ Phił de [U]lecoť⸗
xviij. đ.

Die Jov̄ ꝑxᵃ ań fesť Scͤe Margaῆ aꝑ
Theok⸗ comiti Saresƀ de feudo suo de
Ꝓmino S͠ci Joῆis ꝑxᵒ ꝓterito Lxiij. łi. ꝑ
eꝑm Wintoῆ. Wiłło Scissori ꝑ robis dῆi
Reǧ suendis ꝿ aliis agendis suis minutis

xiiij. s̄. ix. đ. oƀ. Wiłło de Kantiluꝑ
ad opa domuū de Herleǧ L. ῆ. ꝑ
Regē.

D Veῆ[is] . . . . Philippͬ de Cog-
niaco eunti ī Hiƀniam⸗ de dono iij. ῆ.
ꝑ eꝑm Winť. Wiłło de Lorne de dono
iij. ῆ. ꝑ eunđ. Galfῆ Gastinełł mił qⁱ fuit
c̃ Rogꝉo de Tony . . . . Ᵽ duobꝫ furrełł
de cute ꝿ tribꝫ furrełł de burełł ēptis aꝑ
Gloucͦ⸗ ad ponēdū arma Reǧ⸗ iij. s̄. ix. đ.
Ᵽ j. ulna de chanevac̃ iij. đ. Ᵽ laqueo ni-
gro ij. đ. Ᵽ . . . . . . ras ij. đ. Eiῆico Le
Hauƀger ꝑ exꝓnsa sua de duobꝫ diebꝫ
xv. đ. Ranῆ cłico matris Savaῆ de Malo
Leoῆ⸗ eunti ad dῆam suā⸗ ij. ῆ. ꝑ eꝑm
Winť. . . . . de Alemanῆ⸗ eunti ad vic̃
Eborac̃ ꝿ Cumƀlanđ⸗ ꝿ Roƀ fił Rogꝉi
ij. s̄. Maǧro Rogꝉo balistaῆ⸗ ꝑ careagio
balisť ꝿ utensiliū suoꝫ de Notinǧ usꝗ
Notinǧ⸗ de anno ꝓͭito⸗ xxv. s̄. ꝑ eꝑm
Winť. Aꝑ Kenillewurtħ Roƀ de Suttoῆ
eunti ad consť Hereforđ⸗ ꝑ lecto dῆi
Reǧ plecticio⸗ vj. đ. Majori de Reǧla ꝿ
Ernaldo cłico⸗ euntibꝫ ad phendinanđ

u¹ volũĩt ⸴ C. sol. Vitali clico comit̃ Sc̃i
Egidii ⸴ de dono ⸴ iij. m̃. p ep̃m Wint̃.
Rot̃ Blundo eunti ad vic̃ Sum̃ ꞇ Dorset̃ ⸴
ꞇ ad priorē Bathoñ ⸴ ix. d̃. Ꝑ vadiis
Henr̃ fil̃ Ducis ⸴ a die Dñicᵃ ꝓxᵃ p⁹ fest̃
Sc̃i Joh̃ Bapt̃ usꝗ ad diē Dñicam añ
fest̃ Sc̃e Margar̃ ⸴ v. s̃. iiij. d̃.

DIE Luñ in fest̃ Sc̃e Margar̃ ⸴ ap̃ No-
ting̃ ⸴ Nigello nūtio Phil̃ de Wilecot̃
ij. s̃. Joh̃i Cointanc̃ ⸴ sūmetario de
cam̃a ⸴ ad robā vij. s̃. vj. d̃. Ade Vet̃i
vij. s̃. vj. d̃. Luc̃ sūmetar̃ vij. s̃. vj. d̃.
Hugōi sūmetar̃ vij. s̃. vj. d̃. Ade Le
Bel sūmetar̃ vij. s̃. vj. d̃. It̃ Ade caret-
tario de garderoba ꞇ G'vasio socio suo ⸴
ad robā xv. s̃.

*Opa domoꝥ de
Roteland̃.*

Đ Mart̃ ibid̃ ⸴ Rog̃o de Nevill̃ ad
opa dom⁹ dñi Reg̃ ī Roteland̃ L. m̃. p
Regē. Ric̃ m̃catori ꝑ v. ulñ de chane-
vac̃ ad ponend̃ arma linea xij. d̃. ob̃. In
locagio uni⁹ carette fentis balist̃ ꞇ aliud
hnesiū de Theokesbir̃ usꝗ Eitoñ xij. d̃.
In elemos̃ C. paupm ꝗ Rex comedit bis
ap̃ Eveshā die Ven̄ añ fest̃ Sc̃e Margar̃
ix. s̃. iiij. d̃. ob̃. lit̃ fr̃ Thom̃ ⸴ eidē ad
op⁹ prioris de Gr̃a Đi euntis ī Pict̃ dim̃ m̃.
p ep̃m Wint̃.

Đ M'cur̃ ī fest̃ Sc̃e Mar̃ Magdal̃ ⸴
Andr̃ de Bromburg̃ mil̃ ad q'tandā loricā
suam j. m̃. p ℞. Rad̃ Lutrar̃ ꞇ socio suo
de dono x. s̃. p ℞. Will̃o de Pavilly ꝑ
trib3 pibus estivall ad op⁹ Reg̃ v. s̃. ꝑ

duob3 pibus sotular̃ xij. đ. p̄ uno furreł
de cordwano ad ponendū textū q ē ī
cam̃a xij. đ. p̄ uno furreł vaccineo ad
taɓlarios Reg̃ xviij. đ. Wiłło de Grenviłł p̄ exp̄ sua . . . . diē ap̄ Theoɓ qñ
fuit c̃ h̃nesio garderobe xv. đ.

Ɖ Jov̄ iɓ ⸝ Jake fr̃i Eustacħ monachi
de dono xx. s̃. p Ŗ. Pinello minatori sⁱ
vij^mo. socio3 xx. s̃. ⸝ . . . . . natori sⁱ sept̃
socio3 xx. s̃. p Ŗ. Eadē die ap̄ Pevrel-
torp̄ ⸝ Eim̃ico de Sc̃o Georgio ꝭ Teoɓ
Vossarđ ⸝ militib3 de Picꞇ ⸝ ad emēdas
armat^ras lineas v. . . . . p̄
vj. ulñ de chanevac̃ ad facienđ huciā ad
eꝗ Roɓ de Samforđ xv. đ.

Ɖ Veñ ap̄ Danecastr̃ ⸝ in locagio uni⁹
carette ꝼentis h̃nesiū de garderoɓ p
v. dies . . . . .

Memb. 2.

Ɖ Dñica px̃a ap̄d Eborac̃ ⸝ Walꝰo de
Acra ad calc̃ xviij. đ. p Ŗ. Rađ de
Chambr̃ eunti c̃ littꝰis ad vic̃ Norf ꝭ
Suff xviij. đ. Alberico eunti c̃ littꝰis dñi
Regis ad G. fił Petri ⸝ ꝭ dñm Wintoñ
ep̃m ⸝ ꝭ dñm Bathoñ ep̃m ⸝ ꝭ dñm H.
Linc̃ electū ⸝ ꝭ com̃ Arundełł ⸝ ꝭ Wiłł
Briewer̃ ⸝ ap̄d Dovr̃ existentes v. s̃.

Ɗɪᴇ Luñ px̃ᵃ ibiđ ⸝ Walꝰo de V'dū
mił de dono ij. m̃. Herveo Belet ij. m̃.
Walꝰo de Tywa ij. m̃. Wiłło Haket ij. m̃.
Rađ de Langetot ij. m̃. Osɓto Giffarđ
ij. m̃. Gilɓto de Sane ij. m̃. Thom̃ Britoñ

ij. m̃. Wiłło Poigneor ij. m̃. Wiłło Esspec
xx. s̃. Andr̃ de Breburc xx. s̃. R̥ad̃ fił
Nichoł xx. s̃. Ric̃ de Lestr̃ xx. ˢ Wiłło
Le Canceis xx. s̃. Gilƀ de Kentwełł xx. s̃.
Wiłło Houdri xx. s̃. Gauffr̃ de Casteler
xx. s̃. Alard̃ Le Flameng̃ xx. s̃. Wiłł de
Cherlecoł xx. s̃. p ℞.

Đ Martis ꝑxᵃ ap̃ Crec ⸗ Ad̃ nũtio
pⁱoris de Lantoñ eunti ad dñm suū iiij. s̃.
p ℞. Hugōi nũtio Wenhunwen Wałñ
ij. s̃. p ℞.

Đ M'cur̃ ꝑxᵃ añ fesł Sc̃i Pet' ad vinc̃la
ap̃ Derlintoñ ⸗ Wiłło nũtio Wiłłi de Cresec de dono v. s̃. p Hug̃ de Wełł. Eadē
die ap̃ Dunolm̃ ⸗ in locagio uni⁹ carette
ꝼentis hernesiū de garderoba p v. dies a
Danecastr̃ usꝙ Dunolm̃ iiij. soł ij. d̃.

Dɪᴇ Jovis ꝑxīa ap̃d Novū Castrū ⸗ in
elemosina cenł paupm ⸗ qᵒs dñs Rex
pavit eo qd̃ ip̃e ivit ī boscū die M'cur̃ ī
fesłm Sc̃e Mar̃ Magdał . . . Notingeħ ⸗
xiij. s̃. vj. d̃. oƀ ⸴ ił in elemoš cenł paupm ⸗
eo qd̃ dñs Rex comedit bis die Veñlis
ꝑxīa ī vigił Sc̃i Jacobi Ap̃li ⸗ ix. s̃. iiij. d̃.
oƀ. Ead̃ die Jovis iƀ ⸗ septem busyna-
toribꝫ Leweliñ Wałñ ad robas emendas
iij. m̃. ꝉ dim̃ ⸗ p Regē. Ibid̃ ⸗ ꝑ duabꝫ
freciris ˋ lineis ʹ ad arma dñi Reg̃ iiij. s̃.
p e . . . . . . ꝑ vij. ulnis linee tele ad
faciendū unū alcotonē ad op⁹ Henr̃ fił
Ducis ⸗ ꝉ ꝑ cotone ad illū alcotonē ⸗ iiij. s̃.
vij. d̃. oƀ.

Ð Dñic^a Rog̃o P̶vo eũti c̃ litt̃is ad R . . . Asswi de Lonđ xviij. đ.

Ð Mart̃ ꝑx^a p⁹ fest̃ Sc̃i Pet^i ad vinc̃la ap̃ Norham, in careagio papilionũ, ꝛ ĩ exp̃nsa Galfr̃ de Sc̃o Dionis̃ p xx. dies, scilt, ĩ q^atuor carettis q^ar̃ q̃lib3 ẽ c̃ iiij. eq^is, ꝛ ĩ una careta locata c̃ ij. eq^is, ꝛ ĩ aliis sic̃ ꝯtinet^r ĩ dorso rotli, a xvj. die Jul̃ usq3 ad iiij. diẽ Aug̃ [utraque] conp̃, s^a vj. ti. xiiij. s̃. xj. đ. It̃ ibiđ, ad vadia Lewelini quietanda xix. ti. ij. s̃. v. đ. lib̃ Osturco clico suo p Regẽ. Wiłło de Ywerst de dono dim̃ m̃. p com̃ Sar̃. Wiłło nũtio Henr̃ fil̃ R̷. ij. s̃. In locagio uni⁹ carette fentis hernesiũ de garderoba p viij. dies usq3 Norhã iiij. s̃. vj. đ. It̃ Wiłło de Pavilly ꝑ uno furrell̃ de corio ad tablaria dñi Reg̃ xviij. đ.

Vadia Lewelini.

Ð Sc̃i Pet^i ad vinc̃la ap̃ Novũ Castr̃, Evrarđ de La Beurer̃ ꝛ Waloni de Cotes militib3 de dono iiij^or. m̃. James de Sumburñ mil̃ ij. m̃. Widoni de Freissenvilł ij. m̃. Robto de Tybotot ij. m̃. Wiłło de Gamach ij. m̃. Robto Barat̃ ij. m̃. Rog̃ Orgete ij. m̃. Sim̃ de Campo Remig̃ ꝛ Eustach fr̃i suo iiij^or. m̃. Walt̃o de Clifforđ ꝛ militi suo iiij. m̃. Rog̃o de Clifforđ ꝛ mil̃ suo iiij. m̃. Gilebto de Say s^i alt̃i iiij^or. m̃.

Doñ f̃cm militib3 de famil̃ Reg̃ ĩ ex'citu Scoch p Wiłł de Cantilup̃ ꝛ Johm fił Hug̃.

It' đ Luñ ꝑx^a ap̃ Twedam, Thom̃ Pevrel ij. m̃. Eustach de Eis ij. m̃. Steph de Gant ij. m̃. Wiłło de Lalanđ ij. m̃. Walt̃o de Baillolet ij. m̃.

Aď de Sčo Martiñ ij. m̃. Roǧ de Portis
ij. m̃. Rob Pevrel ij. m̃. Andř de Breburǧ
ďi. m̃. Wiłło le Canceis dim̃ m̃. Waloni de
Buscherviłł ij. m̃. Robto de Fescamp̃
ij. m̃. Bernarď de Baillołł sibi ałťi iiijᵒʳ. m̃.
Thom̃ Esturmy ij. m̃.

Iᴛ' die M'cuř px^a p⁹ fesť Sči Lauř ap̃
Crec ᴊ Wiłło Haket j. m̃. Osbto Giffarď
j. m̃. Gilebto de Sañ j. m̃. Thom̃ le
Breton j. m̃. Wiłło Le Pugneor j. m̃.
Andř de Breburǧ j. m̃. Raď fił Nicoł
dim̃ m̃. Wiłł le Canceis dim̃ m̃. Gilebto
de Kentwełł dim̃ m̃. Wiłło Hudri x. s̃.
Galfř de Chasteler x. s̃. Widoñ de Freis-
senviłł j. m̃. p Wiłłm de Cantił senesč.

Iᴛ' ap̃ Norhā ᴊ in exp̃nsa xvij. carpenť
Gileb fił Reinfř . . . . xv. carpenť Rob
de Veťi Ponť xx. s̃. Ibiď in exp̃nsa
Leweliñ p uñ diē ᴊ q'm Rex p̃cepit adqˡ-
tare ᴊ xx. m̃. lib Weno senesč suo ꞇ
Osturč clico s . . . . Iť in exp̃nsa
xviij. carpenť de Notinǧ ᴊ ꞇ xx. carpenť
de Cnareburǧ ᴊ ij. m̃. ꞇ dim̃ m̃. Iť Robiñ
de Alemañ eunti ī nūtiū dñi Reǧ ī
. . . . Wiłło Desarme eunti ad consť
Glouč č litťis xviij. ď. In almosneria
dñi Reǧ v. s̃. Osmundo nūtio Wiłłi
Briew̃ xij. ď. Rañ nūtio E . . . . .

Iᴛ' ap̃ Alnwič ᴊ Wiot nūtio eūti ap̃ Wit-
teby ᴊ p Roǵo Rasteł ꞇ aliis venať ᴊ ix. ď.
Ib in locaǧ triū carettař ᶠentiū targias ꞇ
q'rrełł d . . . . . usq̖ Norhā p xix. dies ᴊ
ꞇ eisdē caretis refentibꝫ easdē targias ꞇ

qᵉrreꝮ usꝗ Wigorñ p xij. dies ⸝ Lxxiiijᵒʳ.
soꝮ vj. đ. liꝶ WiꝮo cꝮico senescalli p señ.
Walꝶo de Neves militi Gerarđ de Atꝺ
eunti ī nūtiū dñi Reꝿ iij. m̃. p ꝶ.

Iᴛ' in fesꝶ Scī Lauꝛ aꝑ Bellintoñ ⸝
Rireth Gout Walñ dim̃ m̃. p ꝶ. Eađ die
aꝑ Dunolm̃ ⸝ Rađ de Chambꝛ nūtio ad
robā emendā x. s̃. p Reꝿ. Aꝑd Ponꝶ
Fractū Aymꝺico de Scŏ Georꝿ ᴛ Theo-
balđ Vousard ⸝ eūtibꝫ ad phēdināđ aꝑd
Nothīꝿ xx. s̃.

Ꝺ Saꝶ ī fesꝶ Assūpꝶonis Beate Maꝛ
aꝑd Eborac̃ ⸝ Horm̃ garc̃oni Robiñ de
Samforđ ad robā emendā vij. s̃. vj. đ.
Cuidā nūtio aꝶꝶis de Insula Ꝺi de dono
v. s̃. Stepꝺo de Oxoneforđ eunti ad Corꝼ
cū scuto dñi Reꝿ dim̃ m̃.

Ꝺ Dñica ibiđ ⸝ in locagio uni⁹ carete
ꝼentis papiliōes ᴛ lanceas usꝗ Notinghā
x. đ.

Liꝶata fc̃a Briañ de Insđ de fine archiđi Dunolm̃.

Ꝺ Luñ proxĩa p⁹ Assūpc̃onem B'e
Marie aꝑ Eborac̃ ⸝ liꝶavim⁹ Briano de
Insula ad custodienđ aꝑ Cnareburꝿ ⸝ de
fine archiđi Dunolm̃ ⸝ DCCCC. m̃. ᴛ iiijˣˣ.
ᴛ j. marc̃ vj. s̃. x. đ. Eadē die aꝑd Ponꝶ-
fractū ⸝ Stepꝺo nūtio Henꝛ filii dñi Reꝿ

Opa dom⁹ de Celdra.

xviij. đ. Hugōi de NeviꝮꝮ ad opa domuū
de Celdra xxᵈ. m̃. liꝶ eidē. Eađ die Eus-
tachio monaco de dono xᶜᵉ'. marc̃ ⸝ liꝶ
señ. Cuidam nūtio Regis Scocꝺ de dono
dim̃ m̃. Alberico nūtio eūti c̃ litꝶis ad
com̃ ArundeꝮꝮ ᴛ com̃ Alberic̃ iij. s̃. iij. oꝶ ⸝
p v. diebꝫ. Eadē die iꝶ ⸝ p vadim̃ Henꝛ

fil Duc̃ ꝑ lectaria p unū mēsem v. s̃. vij. đ. lib Walt̃o de Aldrecot.

D M'cur̃ ꝓxīa ap̃ Lanū, magr̃o Rog̃o Bal xx. s̃. p ep̃m Winl. Robto Le Herbergeur eunti ad abbem de Binedoñ ad curiā Romanā xx. s̃. p ep̃m Winl.

D Joṽ ib, Brebanzun eunti cū litt̃is ad com̃ Sar̃ ix. đ. Ric̃ Noel eunti c̃ litt̃is ad Rob de Burgal iij. s̃. iij. ob.

D Joṽ ap̃ Laxinl, Johi nūcio Robti de Burgal eunti ad dñm suū iij. s̃. p R.

Die Sab ꝓxīa ap̃ Sudwell, Ade Le Viel, Luc̃, Hugōi, Ađ le Bel, Johi Cointanc̃, scil, q'nq, sūmetariis de cam̃a, ad calc̃ . . . . . . Ade ꝛ G'vasio carettariis ad calc̃ ij. s̃. Florentie lot'ci ad calc̃ xviij. đ. It ibiđ, Walt̃o de Sc̃o Audoeno morāti p unā noctē ap̃ Eborac̃ cū xxiiij. equis, ... g̃is, ꝛ xx^{ti}. garc̃oib; ad exp̃nsas x. s̃. vij. đ.: it eidē Walt̃o ap̃d Blyam cū xxxij. equis, ꝛ xxij. garc̃oib;, ꝛ iiij. scutig̃is p unā noctē, xij. s̃. iiij. đ. lib . . . . . . P q'nq, duodenis parcameni emptis ap̃ Linc̃ iij. s̃. iiij. đ.

S^a iij. mill li. vj^{xx}. ꝛ iiij. li. xiiij. s. ix. đ.

Die Sab ĩ octab Assūptiōis B'e Marie ap̃ Notingh, Osbto nūtio Willi Coci de dono dñi m̃. p ep̃m Winl.

Opa domoꝝ de Henleg̃.

D Luñ ĩ fest Sc̃i Barth Ap̃li Willo de Kantilupo senesc̃, ad opa domoꝝ

Regis de Henleg̃ ⸲ C. marc̃ de denař qⁱ
veneřt de Briañ de Insuł p Regē.

Đ Mart ap̃ N . . . . . va . . . ptis
a . . Theokesƀ ⸲ ad camerā ⸲ xxvij. s̃. vj. đ.
liƀ Wiłło Goimer. Ead̃ die ap̃ Graham ⸲
Woenonwen Wałnsi de dono xx. m̃. p
ep̃m [Wint] . . . . o Blūd . . . ti c̃
litťis ad Rad̃ Lesswi ad nundinas Linñ
vj. đ.

Die Jov̄ px꙼ ibid̃ ⸲ Wiłło Blund̃ nūcio
eūti ī nūtiū dñi Reg̃ ī Britanñ . . . ⸲ . et
d . . . . . . Ketin de dono v. s̃. p ℞.
Eadē die Jov̄ ap̃ Blatherwic ⸲ p vꝙ. tunicis
emptis ad op⁹ garc̃onū Henř fił Duc̃ ⸲
xv. . . . . ad emend̃ lineos
pānos ꝉ calc̃ ad op⁹ ej⁹dē Henř fił Duc̃
ꝉ hōinū suoʒ ⸲ xx. s̃. p ep̃m Wint.

Roƀ ꝉ linei pāni
Henř fił Duc̃ ꝉ
suoʒ.

Die Dñica añ fesť Sc̃i . . . .
Henř fił Duc̃ p xv. dies iiij. s̃. liƀ Walťo
de Audrecot. Andř nūtio mag̃ri Petⁱ
Telorii de Lumbardia euuti ad dñm
. . . . eunti c̃ litťis ad Gerard̃
de Atħ xij. đ. Ił p flore ad panē dñicū
quē archid̃s Hūtend̃ debuit pacasse ap̃
Newerc̃ . . . utał . . . . xvij. s̃. viij. đ.

Panis dñicus.

Die Marť ī fesť Sc̃i Egid̃ ap̃ Rokingħ ⸲
Joħi nūtio aƀƀis de Insuł Đi v. s̃. p Reg̃.

Die M'cuř ap̃d Geydintoñ ⸲ in locag̃
. . . . . . perchias c̃voʒ p tres dies usqʒ
Glouc̃ ij. s̃. vj. đ. p señ liƀ Galfř de
Ardeñ. Rad̃ de Chambř eunti c̃ litťis
ad vicec̃ Linc̃ vj . . . . . . loco m̃catori

de dono j. m̃. p R̟. Die ead̃ iɓ⸗ p buscha
empta iɓ p duos· dies tā ī coq̃ q̂ ī cam̃a
x. s̃. iij. oɓ. q̂ dñs Rex p̃cep̃ ad . . . .
. . . . dñs Hug̃ de Neviłł deb₃ īvenire
deceƭo buschā ad coq̃ ꝉ camerā sufficienƭ.

Ð Veñ p̃xīa ap̃ Pateshułł⸗ Wiłło Colo-
mose ad . . . . larderii iij. s̃. p
senesc̃.

Ð Luñ ī vigił Natiṽ B'e Marie ap̃
Bamtoñ ⸗ Henr̃ de Curtoñ militi de dono
x. m̃. p Regē ⸗ . . . . p sale ad
venaƭonem larderii iij. s̃. liɓ Roɓ de
Altaripa.

Dɪᴇ Dñica ap̃ Merleɓg̃ ⸗ Wiłło nūcio
Phił de Wilecoƭ eunti ad dñm su[um]
. . . . . Chambr̃ eunti c̃ litꝉis ad vic̃
Bukingħ⸗ Cantebr̃⸗ Norf⸗ ꝉ Suff xv. d̃.
Roɓto Blūdo eunti c̃ litꝉis ad vic̃ Glouc̃ ⸗
Heref⸗ Wigorñ ⸗ . . . . Walƭo Anglico
eunti ī nūciū dñi Reg̃ ultᵃ mare v. s̃. p
ep̃m Winƭ. Iƭ eid̃ Walƭo xx. d̃. p eund̃.

Dɪᴇ Luñ ī Exaltaƭone Sc̃e Crucis . . . .
Bloiet ad calc̃ xviij. d̃. Stepħo de Oxoñ
de areragio suo ⸗ qñ ivit ī nūtiū dñi Reg̃
de Euredeñ ad Wiłłm Briew̃ p tres . . . .
p̃xᵃ ap̃d Clarend̃. Roɓto de Cestr̃ nūcio
eunti c̃ litꝉis ad vic̃ Linc̃ xv. d̃. Ric̃
nūcio cõisse de Gysnes dim̃ m̃. p Roɓ
de V . . . . . . ī nṵtiū Reg̃ ad com̃
Cestr̃ j. m̃. p Reg̃. Rad̃ de Chambr̃
eunti c̃ litꝉis ad Stepħ de Bella Gᵃva
ix. d̃. Ibidem ⸗ . . . . . . c̃onib₃ hõinū
ꝉ eq̃ꝝ ducentiū papiliones ⸗ ꝉ ī aliis

minutis expñsis sič ꝗtinetᷣ ī dorso rot̃li,
Sᵃ vj. ł̃. xj. s̃. ix. đ. . . . . . . de Pates-
hut̃ ad Rot̃ fił Rog̃i c̃ litt̃is xv. đ.

Dɪᴇ Jov̄ ꝓxīa aꝑ Craneburñ ᷝ Albr̃
Consт̃ eunti c̃ litt̃is ạd Matħm de . . .
. . . fentis fructus garderobe p duos dies
viij. đ. Eadē die ᷝ ꝑ sale ad venaт̃onem
larderii aꝑ Selvestoñ iij. s̃. ᷝ et ī sa . . ·
. ᷝ . . et ī sale veñ larder̃ de Craneburñ
iij. s̃. iiij. đ. litᷟ Rotᷟ de Alta Ripa t̃ Witᷟo
Colomōs p señ.

Dɪᴇ Veñ ꝓxᵃ . . . . . . Hitᷟniā ī nūtiū
dñi ℞. x. m̃. p W. Briew̃. Hug̃ōi de
Bernevatᷟ mił eunti c̃ eo ī Hitᷟ ī nūtiū
dñi ℞. v. m̃. p . . . . . Witᷟo Talebot
vadleto Rotᷟti de Burgат̃ eunti ad dñm
suū c̃ falcoñ dim̃ m̃. p ℞.

Đ Dñicᵃ aꝑ Dorec̃ ᷝ Rotᷟ de Samf
eun . . . . . v. s̃. p se iꝑm. Albr̃ Consт̃
eunti ad eꝑm Winт̃ aꝑ Bristotᷟ vij. đ. otᷟ.
Rog̃o Ꝓvo eunti c̃ litt̃is ad com̃ Sar̃ t̃
com̃ Alber̃ . . . . Monaco eunti c̃ litt̃is
ad Lewelinū Watñ dim̃ m̃. p Reg. Ibiđ ᷝ
in ludo dñi Reg̃ c̃ Ingelrañ de Pratetᷟ
x. s̃. ꝑ una ulna ᷝ . . . . . sup qᵃrrellos
īfra cophram xj. đ.

Đ Marт̃ ī cᵃstiñ Sc̃i Matħi aꝑ Blake-
moɀ ᷝ Hamōi Notario milił de dono ij. m̃.
p ℞. I . . . . . . de dono v. s̃. ꝑ eꝑm
Winт̃.

Đ M'cur̃ ꝓxᵃ aꝑ Gelingetᷟ ᷝ ꝑ sale ad
venaт̃onem larderii de Ber̃ t̃ Dorec̃ iiij. s̃.
xj. đ. litᷟ Rotᷟ . . . . . .

Dɪᴇ Saƀ proxīa añ fesꞇ SꞒi Micħ aᵽd BristoꞮꞮ ᴊ Godefᷣ SpigorneꞮꞮ eunti ad dñam Regīnā ꞇ Roƀ de Veᷓi Ponꞇ c̃ litᷗis xv. đ. Pr . . . . Surecoꞇ Henᷣ fiꞇ Duc̃ iiij. s̃. lıƀ Hugōi de B'nevaꞮꞮ ᴊ ᵽ uno furrello de cordwañ ad cornu Reg̃ vj. đ. ᴊ in repaꞇone scauƀgie . . . . . . ī corrigia ᵽ WiꞮꞮm scissorē ij. s̃. x. đ.

Đ M'cuᷣ ī c•stiñ SꞒi MichaeꞮ aᵽ Merle- ƀgam ᴊ trıbꞫ valt'riis c̃ x. leporaᷣ euntibꞫ Notingħ c̃ Rog꜖o RasteꞮ . . . . . iij. s̃. viij. đ. Iꞇ ī exᵽnsa iiijᵒʳ. hōinū carettarioꝫ ꞇ vij. equoꝫ careꞇ ᵽ duos dies ᴊ qⁱ venerāt usq Merleƀg̃ ꞇ inde missi fůnt aᵽ Bride- porđ ᵽpꞇ ret . . . . . . ᴊ iij. s̃. viij. đ.

Đ Joᷤ proxīa aᵽ FreitmanteꞮꞮ ᴊ ᵽ lec- taria ad opus Henᷣ fiꞇ Duc̃ ᵽ unū mensē.

Dɪᴇ Saƀ ᵽxˣ añ fesꞇ SꞒi Micħ conᵽ ix. s̃. vj. đ. . . . . Audrecot.

Đ Veñis ᵽxˣ aᵽ Odihā ᴊ ad expensas dñe Regine Lx. soꞇ j. đ. lıƀ Rađ Ᵽmenꞇ. Galfrido nūcio Petri de Jaunay eunti ad dñm . . . . ionam j. m̃. ᵽ Reg̃. Eadē die aᵽd Windelsouᷣ ᴊ WiꞮꞮo Desarme eunti c̃ litᷗis ad viꞒ Oxoñ iij. đ.

Đ Dñica proxīa pᵍ fesꞇ SꞒi Micħ aᵽ S . . . . . . pibus husaᷣ ad opᵍ dñi Reg̃ missis ᵽ WiꞮꞮm Canē. Aᵽ Geidintoñ ix. s̃. lıƀ WiꞮꞮo de Pavilly ᴊ pro uno pi parvaᷣ botariū furrataᷣ de agneꞮꞮ . . ᴊ . . . pari nusaᷣ vaꞒ ad opᵍ Robiñ de Samforđ ij. s̃. ᴊ ᵽ trıbꞫ pibus estivaꞮꞮ ad opᵍ ejusdē ᵽ

tres vices v. s̃. It ib̄ ⸗ ꝑ sale ad venatōem larđ . . . . . . ꞇ de Diviš vij. s̃.
x. đ. lib̄ Rob̄ de Alta Ripa. Eadē die aꝑ
Roff⸗ Wiłło de Batilli militi Rob̄ti de
Tornehā xl. s̃. ꝑ Reg̃ de dono.

D . . . . . Sc̃i Micħ aꝑ Roff⸗ Rađ
de Chambꝝ eunti c̃ litt̓is ad Hug̃ de
Neviłł ꞇ Thom̃ de Samforđ xv. đ.

Dɪᴇ Jov̄ ꝓxᵃ aꝑ Chillehā ⸗ . . . . litt̓is
ad Sim̃ de Bello Cāpo xij. đ. D eađ ⸗ in
elemoš dñi Reg̃ q̃ est ꝑ diē iij. s̃. de iiijˣˣ.
dieb₃ ⸗ sciłt ⸗ a xvij. die Juł usq̖ ad
v. diē O . . . . .

D Veñłis ī fest̄ Sc̃i Dioniš aꝑ Suttoñ ⸗
Conpaignū nūtio dñi Othoñ Reg̃ Alem̃
de dono xx. s̃. ꝑ Reg̃ lib̄ Rob̄to de Burgał. Pe . . . . . de dono j. m̃. ꝑ Reg̃.
Ibiđ ⸗ Woenonweñ Wałnsi de dono x. m̃.
ꝑ Ry̑.

Dɪᴇ Dñica ꝓxᵃ aꝑ Havring̃ ⸗ Wiłło
de Vendom̃ eunti c̃ litt̓is . . . . vj. đ.
Cuidā garc̃oni de coq'na eunti c̃ litt̓is
ad dñm Winł ⸗ ꞇ justic̃ ⸗ ꞇ Wiłłm Briew̄
iiij. đ. It ibiđ ⸗ ꝑ sale ad venatōem
xl. đ. ⸝ et ꝑ . . . . Windelsouꝝ
usq̖ Lonđ ⸗ ꝑ trib₃ caretis ad binos eqᵒs ⸗
ij. s̃. vj. đ. ⸝ et de Lonđ usq̖ Roffā ꝑ
totidē careag̃ ij. s̃. vj. đ. It ī locagio
du . . . . . . car . . eq's de Roff usq̖
Cantuaꝝ xx. đ. It ꝑ una careta ad veñ
locata de Canł usq̖ Roff x. đ. It ꝑ eađ
de Roff usq̖ Havring̃ x. . . . .

Ð M'cuř ꝓxᵃ añ fesť Sɕi Luč aꝑd Brehuȶ ⸝ Eiᷤico le Ꝑdrier ad robã x. s̃. ꝓ Reg̃ ⸴ pro una careta ad duos eqᵒs fenti fructū . . . [garde] . . . . . dies iiij. s̃. ij. đ. Eadē die iꝩ ⸝ Rabonde militi de Flandř de dono j. m̃. ꝓ eꝑm Winť. Hugōi Le Sergent eunti c̃ litťis ad consť Merleꝺg̃ . . . . . Doguet nūcio Stepᷤi de Torneᷤ eunti ad dñm suū vj. đ.

Ð Joṽ ꝓxīa añ fesť Sɕi Luč aꝑ Brehuȶ ⸝ Wiȶo Desarme eunti c̃ litťis ad . . . . . . Sarest꙼ ī Suff ix. đ. Roꝺ Blūdo eunti c̃ litťis ad archiđ Hunť vj. đ.

Ð Dñicᵃ ī fesť Sɕi Luč aꝑ Wodestoꝃ ⸝ Rađ de Chambř eunti . . . . ad Regiᷤ de Cornhuȶ vj. đ.

Ð Luñ proxᵃ iꝺ ⸝ Hugōi Malebisse eunti ī nūtiū dñi Reg̃ ij. m̃. ꝓ eꝑm Winť. Petro Chevaler burge . . . . . . iona de dono xx. s̃. ꝓ eꝑm Winť.

Ð Marť aꝑ Selvestoñ ⸝ Walťo Morchū vadleto Wiȶi Maresc̃ de dono j. m̃. ꝓ Hug̃ Weȶ.

Ð Joṽ ꝓxᵃ . . . . . . a . . . Hugōi de Bernevaȶ ad calc̃ ˎHenř˒ fiȶ Duc̃ ꞇ hōinū suoꝫ x. s̃. ꝓ eꝑm Winť. Eađ die iꝺ ⸝ ꝓ vj. duodenis ꝑcameni iiij. s̃. vj. đ. Roꝺ Blūdo e . . . . . . Phiȶ Marc̃ iiij. đ.

Ð Veñ proxᵃ iꝺ ⸝ Eiᷤico Le Hauꝺger ⸝ ꝓ vađ suis de iiij. diebꝫ qñ ivit de Wode. stoꝃ aꝑ Glouc̃ ꝓ lorica q̃ fuit Petˡ de

. . . . . . affenda ⸴ ij. ŝ. vj. đ. Eidē p
expn̄sa sua p iiijᵒʳ. dies quibʒ ivit a Nor-
hanī usqₕ Bristoīł ad tradenđ ibi loricā
illā ī custodiā consī ij. ŝ. vj. đ. . . . eidē
p uno chapeleř ad ponenđ chapellos dn̄i
Reğ ad armanđ xviij. đ. ⸴ pro uno equo
locato c̃ uno garc̃one ad fenđ loricā
p̃dc̃am usqₕ Bristoīł p iiijᵒʳ. dies xviij. đ.
Eađ die in almosneria dn̄i Reğ v. ŝ. Rađ
Pment̃ ad emenda minuta necessaria ad
opᵍ dn̄e Regīe v. ŝ. Roƀto Loiseleor
de dono iij. ŝ. p Reğ.

Dɪᴇ Saƀ proxᵃ iƀ Rogło de Wiviīł de
dono xx. ŝ. ⸴ pro paneriis ad ponenđ
fructū ad opᵍ dn̄i Reğ p płes vices viij. đ.⸴
p locagio uniᵍ carete fentis hernesiū
de garderoba de Londoñ usqₕ Havrinğ
iiij. đ. ⸴ iī p locagio uniᵍ carete fentis
idē hernesiū de Brehuīł usqₕ Wodes . .
. . . . c̃ duobʒ eq̂s x. đ.

Dɪᴇ Dn̄icᵃ añ fest Apłoʒ Sim̃ ꞇ Juđ
ap̃ Geidintoñ ⸴ Roƀ de Cestr̃ eūti c̃ littr̃is
ad vic̃ Glouc̃ ī Walliā xv. đ.

Dɪᴇ Luñ ap̃ Ken . . . . . . Hispañ
nūcio eūti c̃ littr̃is ad Roƀ de Roppeslay
vj. đ. Wilekino nūcio Stepħi de Torneħ
xij. đ.

Dɪᴇ Marī ī vigiīł Apłoʒ Sim̃ ꞇ Juđ ap̃
S . . . . . Joħi Cointance ⸴ Ade Le
Viel ⸴ Ade Le Bel ⸴ Luce ⸴ Hugōi ⸴ sciīt ⸴
q̓nqₕ sūmetariis de cam̃a ⸴ ad calc̃ v. soł.
Iī Ade ꞇ G'vasio caretariis de cam̃a p eođ
. . . ⸴ . . rentie lot̂ci p eođ xviij. đ.

Calc̃ sūmeī.

DIE M'cuꝛ̄ ī fesꝼ Aꝓloꝣ Sim̄ ꞇ Jude
ibiđ⸴ in liꝺaꞇone duoꝣ hōinū ꞇ triū equoꝣ
qᴵ ducūt caretā q̃ portat . . . . . porarioꝣ
dñi Regis⸴ ꞇ ī frura `eqᵒꝣ' ej⁹dem carete
p nověे dies usqₔ ad hūc diē M'cuꝛ̄ `nō'
conpuꞇ⸴ viij. s̃. iij. đ. p Henꝛ̄ fiꞇ Comitis.
Eađ die R . . . . . . ad robā de dono
xvij. s̃. vj. đ. p Regē. Roꝺto Loiseleor
de dono j. m̃. p justič. Eađ die aꝓ Clyvā⸴
Mailero fiꞇ Henꝛ̄ de dono xxᵈ. m̃. . . . . .
liꝺ Bartoꞇ de Montana.

Woenonwen.

DIE Jovis iꝺ⸴ ad expensas Woenoweñ
Waꞇnsis de dono x. m̃. liꝺ Alarđ Flā-
mengo p justič. Wiꞇꞇo de Go . . . . . .
venit ex pte Reꝯ Scochie cū uno girfalcoñ
xx. soꞇ. Simōi de Sireis qᴵ tulit aliū girfalč
xx. s̃. Thome Waꞇnsi qⁱ tulit unū . . . .
pte ej⁹dem Reꝯ Scocꞟ⸴ j. marč p Regē.
Ꝺ Jovis proxᵃ añ fesꞇ Om̄iū Sꞇ̃oꝣ aꝓ

Elemoȭ.

Heicham⸴ in elemoȭ cenꞇ paupm⸴ eo qđ
dñs Rex comedit bis . . . . . proxīa
ante fesꞇ Sꞇ̃i Jacoꝺ Aꝓli aꝓd Danecastꝛ̄
ix. s̃. iiij. đ. oꝺ. Iꞇ in elemoȭ cenꞇ paupm⸴
eo qđ idē Rex bis comedit die Veꝶis ꝓxᵃ
post fesꞇ Sꞇ̃i Jacobi aꝓ Beꞇ . . toñ⸴ ix. soꞇ
iiij. đ. oꝺ. Iꞇ ī elemoȭ cenꞇ paupm pro
eođ aꝓ Fanwič⸴ die Veꝶis ꝓxᵃ p⁹ fesꞇ
Sꞇ̃i Petⁱ ad vincꞇla⸴ ix. s̃. iiij. đ. oꝺ. In
elemoȭ C. paupm ꝓ eođ aꝓd . . . .
nehawe⸴ die Veꝶis proxᵃ p⁹ Assūpꞇ̃onem
B'e Maꝛ̄ ix. s̃. iiijᵒʳ. đ. oꝺ. Iꞇ in elem̃
C. paupm aꝓ Everdeñ de die Veñ ꝓxᵃ
añ Natiṽ B'e Maꝛ̄ ix. s̃. iiij. đ. oꝺ. Iꞇ in
elemoȭ C. paupm aꝓd Lutegarsaꞇ⸴ de die

Veñis prox⁎ post Nativ̄ B'e Marie ⸝ ix. s̃.
iiij. đ. oƀ. It ī elemos̃ C. paupm aꝓ
Beir̄ ⸝ de die Veñis prox⁎ añ fesť Sc̃i
Matħi ⸝ ix. s̃. iiij. đ. oƀ. It ī elem̃ C.
paupm aꝓ Windelsour̄ ⸝ de die Veñis
ꝓxima p⁹ fesť Sc̃i Michaeɫ ⸝ ix. s̃. iiij. đ.
oƀ. It ī elemos̃ C. paupm aꝓ Turrī Londoñ ⸝ de die Veñ ꝓx⁎ p⁹ octaƀ Sc̃i
Michaeɫ ix. s̃. iiij. đ. oƀ. It ī elem̃ C.
paupm aꝓ Wodestoɫ ⸝ de die Veñis ꝓx⁎
añ fesť Sc̃i Luč Evāg̃liste ⸝ ix. s̃. iiij. đ.
oƀ. It ī elemos̃ C. paupm aꝓ Sudweɫ ⸝
de die Veñis prox⁎ añ Assūpťonem B'e
Marie qᶦ oblit⁹ fũat ⸝ ix. s̃. iiij. đ. oƀ.

Memb. 3.

D Veñis prox⁎ añ fesť Om̃iū Sc̃oꝗ aꝓ
Hecham ⸝ Simōi Flechar̄ ⸝ Thom̃ de Sam-
ford̄ ⸝ iij. s̃. ꝑ ℞. Petro Chevaler burgēsi
de Baiona de dono j. m̃. ꝑ ℞.

Aquarᵉ.

D Marť prox⁎ p⁹ fesť Om̃iū Sc̃oꝗ aꝓ
Notingħ ⸝ Wiɫo Aq⁎rio qᶦ ħt ꝑ diē oƀ
de vijˣˣ. dieb₃ ⸝ sciɫt ⸝ a xviij. die Juñ
usꝗ ad iiij. diē Nov̄ ⸝ ut⁎ꝗ conꝓ ⸝ v. s̃.
x. đ. Eidē Wiɫo ꝑ balneo dñi Reg̃ fc̃o
aꝓ M'leƀg̃ v. đ. ⸝ ꝑ alio balneo aꝓ Notingħ
v. đ. oƀ. ⸝ ꝑ ťcio balneo aꝓ Norhanť v. đ.
oƀ ⸝ ꝑ q⁎rto balneo aꝓ Glouč v. đ. oƀ.
It iƀ ī exꝓnsa Ade ⱦ G'vasii caretarioꝗ
de cam̃a ⸝ ⱦ hõis Thom̃ Marescaɫ ⸝ ⱦ duoꝗ
sūmetarioꝗ ⸝ c̃ qᶦnꝗ equis caretar̄ ⸝ ⱦ duob₃
sūmariis ⸝ ⱦ rancini Thom̃ Marescaɫ
morantiū aꝓ Norhanť ⱦ Rokingeħ ꝑ sex
dies ꝑ ꝓceptū Reg̃ c̃ garderoba ⸝ dū dñs

Rex ivit p forestas ᵗ ripparias spatiatū ⸍
xviij. soł. Iꞇ ī ferrura dᶜoꝣ eqºꝣ ᵗ ī lectaria aꝑ Meautoñ ⸍ iiij. đ. liꞇ Thoꝫ
Maresꞓ.

Ð Jov̄ ꝑxᵃ ibiđ ⸍ ꝑ vadiis Henꞃ fił Duꞓ
p qᵗnqᵦ septiꝫ .s. ʿaʼ die Jovis proxᵃ pᵍ
fesꞇ Sꞓi Micꞕ usqᵦ ad hūc diē Jovis conꝑ ⸍
xiiij. soł liꞇ Walꞇo de Aldrecot.

Dɪᴇ Saꞇ aꝑ Laxinꞇ ⸍ in minutis expensis factis p mañ Wiꞇꞇi scissoris xix. ꝫ.
viij. đ. oꞇ. liꞇ eidē Wiꞇꞇo.

Dɪᴇ Dñica ibiđ ⸍ Wiꞇꞇo Desarme nūtio
eunti ꞓ litꞇis aꝑ Winꞇ ad Silvestrē Falcoñ ⸍
ᵗ inde aꝑ Hupaveñ ⸍ xviij. đ.

Dɪᴇ Jov̄ in cᵃstino Sꞓi Martiñ aꝑd
Monsoreꞇꞇ ⸍ Walꞇo Anglico nūtio de Norꝫ
de dono diꝫ ꝫ.   Gerardo nūcio Henꞃ
de Suzentorꝓ ⸍ qᵗ pᵗus tulit rumores de
cōsecᵃtione dñi Otꞕ Impatoris ⸍ de dono
x. ꝫ. p Regē. Walꞇo fił Enfredi de
Dena de dono v. ꝫ. p ꝶ. . . . ī fesꞇ Sꞓi
Brictii aꝑ Trenchelanđ ⸍ Phił Marꞓ ad
faciendū pontē de Notingꞕ v. ꝫ. liꞇ
Joꞕi fił Roꞇ Napaꞃ. Iꞇ ⸍ Herꞇto nūtio
And . . . . . . cāpo de dono diꝫ ꝫ. Hamōi Anglico nūcio majoris de Ruꝑlla de
dono diꝫ ꝫ. Wiꞇꞇo Luveꞇꞇ nūtio Reginalđ
de Pontibꝫ de dono diꝫ ꝫ. . . . . . .
Eiꝫici de Rocheforđ de dono diꝫ ꝫ.
p Reḡ. Siꝫ Flecꞕ ⸍ Thoꝫ de Samforđ ⸍
ij. ꝫ. p ꝶ. Eadē die aꝑ Rokingꞕ ⸍ Rađ
de Ibestoke ⸍ M . . . . . . min militis

de Scoch⸱ de dono x. s̃. p ℞. Robiñ
Blūdo nūtio eūti c̃ litt̃is ad cōst̃ Cestr̃
vj. d̃.

☐ Sab̃ ib̃⸱ Robino le H'bergeor⸱ q'
venit de R . . . . . ab̃bis de Binedoñ⸱
ad robā emendā ꞇ ad calciam̃ta xx. s̃. p
Rob̃ de Vet̃i Ponte.

☐ Dñic^a ap̃ Rokiñg⸱ in locagio uni^9
carete q̃ tulit balista . . . . . de Notiñg
usq̄ Montsorell̃ vj. d̃. Rad̃ de Chamb̃r
eunti c̃ litt̃is ad mag̃rm G. de Aq'la vj. d̃.
Witt̃o nūtio Steph̃i de Torneh̃ eunti ad
dñm . . . . . .

☐ Luñ px̃^a ap̃d Clivā⸱ Rog̃o de Turr̃
eunti c̃ litt̃is ad mag̃rm R. de Marisc̃ ap̃
Norhant̃ iij. d̃. Ric̃ nūcio Pet^i de
Chancell̃ eunti ad dñm suū . . . . . p
℞. Witt̃o Le Salvage nūcio archiep̃i
Burdeg̃ ad tunicā emēdā v. s̃. p com̃
Sar̃.

☐ Joṽ ib̃⸱ cuidā nūcio locato eunti c̃
litt̃is ad Phil̃ Marc̃ ꞇ Rob̃ de Torneh̃
vj. d̃.⸱ et alii nūtio eunti c̃ litt̃is ad
Engel̃ vic̃ Glouc̃ ꞇ Petr̃ de Chamcell̃
vj. d̃.

☐ Ven̂is ī fest̃ Sc̃i Edmūd̃ ap̃ Clyvā⸱
Henr̃ de M'c eunti ad Hopaveñ c̃ uno
falcone gentill̃ ij. s̃. Priori nūtio Engel̃
vic̃ Glouc̃ eūti ad dñm suū xij. d̃. Wilekino Bloiet ad calc̃ xviij. d̃. Dño Regi
ad ludend̃ cū com̃ Sar̃ ad tab̃las iiij. s̃.
x. d̃.⸱ ꞇ alia vice ib̃ ad ludend̃ cū eod̃

iiij. ſ. xj. đ. Eađ die iƀ ⸝ in exp̃ ·xxix.
eq°ʒ Reg̃ 't xxiiij. garc̃onū p tres dies ap̃
Rokingħ cū fabrica xxiiij. ſ. v. đ. In
exp̃ xlj. eq°ʒ Reg̃ 't xxxv. garc̃onū p q¹nqᵦ
dies ap̃ Clivā ⸝ 't ī exp̃ xl. equoʒ 't
xxxiiij. garc̃onū iƀ ⸝ p unū diē ⸝ Lxxj. ſ.
vj. đ. oƀ. It ī exp̃ xxxviij°. eq°ʒ 't xxxij.
garcioñ p unū diē ap̃ Noting̃ x. ſ. v. đ. oƀ
liƀ Walťo cl̃ico Nicol de Weħ p Walť
de Sc̃o Audoeno.

Ɖ Luñ prox⁰ añ feſt Sc̃e Kater̃ ap̃d
Norhanť ⸝ Rog̃o Ƥvo eunti c̃ litťis ad
Joħm fil̃ Hug̃ vj. đ. Roƀto Le H'bergeor eunti c̃ litťis ad vic̃ Glouc̃ 't Staff
xviij. đ. In exp̃ xl. eq°ʒ 't xxxvj. garcioñ
p̣ unū diē ap̃ Norhanť xiij. ſ. j. đ. p
Walť de Sc̃o Audoeñ. Eadē die ap̃ Selvestoñ ⸝ Baldwino de Werevaħ eunti ī
nūciū dñi Reg̃ de dono iiij°ʳ. marc̃ p
justic̃.

Dɪᴇ M'cur̃ ꝓx⁰ ap̃ Wodestok ⸝ cuidā
nūcio eunti c̃ litťis ad Roƀ de Torneħ
vj. đ. Eadē die ibiđ ⸝ Bernardo de Baillouħ de feudo suo cenť sol̃ p justic̃ 't
Wiħ Briew̃. Thome Keret de feudo suo
Lx. sol̃ p eosdem. Roƀto Loiseleur de
dono iij. ſ. p Hug̃ de Neviħ. Henr̃ de
Fⁿckesney militi eunti ī nūtiū dñi Reg̃
ī Picť iij. m̃. p ℞.

Dɪᴇ Saƀ prox⁰ ap̃d Theokesƀ ⸝ Wiħo
nūtio eūti c̃ litťis ad Rađ Ƥmenẜ vij. đ.
Eađ die ⸝ Teobaldo Vossarđ eunti ī ꝓriam
suā de dono xxᵗⁱ. m̃. p ℞. Cuidā auri-

Feudū Bernarď
de Baillouħ.

Feuđ Thome
Keret.

fabro qui fundit aurū ibiđ vj. đ. Wilekino nūcio filioӡ dñi Reǥ xij. đ.

DIE Jov̄ ꝓxima aꝑd Glouč ، Roƀto de
Veꝯi Ponte j. m̄. qᵃ dedit nūtiis missis
de Norhanꞇ in nūtiū dñi Reǥ. Eađ die
iƀ ، Wenonwen Walñ de dono iiijᵒʳ. m̄.
liƀ Alarđ Flondꞃ ꝑ Roƀ de Veꝯi Ponte.
Alais de Xantoñ exploratᶦci eunti ī
ꝓriam suā j. m̄. ꝑ ℞. Ibiđ ، ꝑ uno sacco
de grisenc ad fendas armaturas Reǥ furꞃ
de linea tela iiijᵒʳ. s̄. vj. đ. ، et ꝑ alio
sacco de grisenc ad īponendū pānos dñi
Reǥ ꞇ ꝑ ope v. s̄. v. đ. ، ꝑ uno chalone
ad īponenđ pānos dñi Reǥ v. s̄.

Fest Sͨi Nicoł. ． **Ð** Dñicᵃ ī fesꞇ Sͨi Nicoł aꝑ Glouč ،
Roƀ le H'bergeor eunti ad Regiñ de
Cornułł de dono ij. m̄. ، qₕ cito venit de
Roma ، ꝑ Reǥ.

DIE Luñ ꝓxᵃ aꝑd Glouč ، Wiłło venatori constaƀ Cestꞃ eunti ad dñm suū de
dono j. m̄. ꝑ ℞. Eidem Wiłło ꞇ fꞃi suo
xijᶜᵈ. ulnas de viriđ . . . . . robā ، ꝓtiū
xxvij. s̄. scił ، ꝑ qᵃlibӡ ulñ xxvij. đ. ؛ ꝑ
una penula cunič ad opꝰ Wiłłi vij. s̄. ، et
ꝑ una furrura agnoӡ ad opꝰ fꞃis sui
. . . . . . vj . . . . . ꝑ Regē ꞇ Petꞃ de
Maulay. Thom̄ Valtᵃrio Porcherez vj.
ulñ de russeto ad robā ، ꝓtiū vij. s̄. scił ،
ꝑ qᵃlibӡ ulna xiiijᶜᵈ. đ. ꝑ Petꞃ . . . lay.

Vađ fit Duͨ ، ꝑ **Ð** Marꞇ in f Conceptōis B'e Marꞃ in
lectarꞏ. lectarꞏ ، ad opꝰ fił duͨ Saẍ a die Jov̄ ꝓxᵃ

Woenonwen.

p⁹ ſ Sc̄i Micħ usq̳ ad eunđ diē xv. s̄.
Eadē die ᴊ We . . . ᷎. . . Wał . . . de
dono xxx. m̄. p̳ Regē liƀ Alarđ Flā-
mengo.

Ð M'cur̃ prox˟ ap̃ Estoñ ᴊ Rog͠o de
Cauz de dono v. m̄. p̳ Regē. Huḡ de
. . . . . . de dono ij. m̄. p̳ ℞. Eađ die

Castr̃ de Cair-
marthin.

iƀ ᴊ liƀavim⁹ Witło de Londoñ p̳ cus-
todia castri de Carmarthin L. m̄. p̳ Regē.
Galfr̃ de . . . . . de dono C. m̄. p̳ Reḡ.
Roƀto de Torneħ de dono CCC. m̄. p̳

S'vienł q' veneřt
de Picł.

Regē. Eadē die liƀavim⁹ ad vadia cenť
ꞇ iiij˟˟. ꞇ duo . . . . . . ꞇ xviij. balisť
equiť ᴊ q' veneřt de Pictav̄ ᴊ C. marc̃ ᴊ p̳
visū Roƀti de Torneħ ꞇ Galfr̃ de Neviłł ᴊ
ꞇ missi s̄t ad pendinanđ ᴊ p̳ . . . .

CCCC. ƭi. liƀate
vic̄ Glouc̄.

Ð Jov̄ prox˟ post feſť 9cepťonis B'e
Mar̃ ap̃ Bristołł ᴊ liƀavim⁹ Engelarđ vic̄
Glouc̄ ad ponenđ ī tħaur̃ dñi Reḡ CCCC.
liƀ . . . . . .

Ð Saƀ p̳xīa iƀ ᴊ Walło de Merc de
dono v. s̄. p̳ Regē. Pro una penula varia
ad furranđ tunicā dñi Reḡ xx. s̄. p̳
grisio ad q˟sdā manicas dñi Regis ix. đ.
Cuidā nūtio eunti c̃ litťis de rumorib₃
Impatoris Rom̄ ˎad ep̃m Winť' iij. đ.
Rog͠o de Turr̃ eunti c̃ litťis de eođ ad
Huḡ de Neviłł iij. đ. Ᵽ duab₃ duodenis
pgameni ad facienđ rotulos de ep̃atub₃
xviij. đ. Ð Saƀ ī feſť Sc̄e Lucie ap̃d
Hemtoñ. Reinero nūtio duc̄ Luveiñ de
dono j. m̄. p̳ Regē. Nigełł de Freitmantełł de dono xx. s̄. p̳ ℞. Andr̃ nūtio

Cristiani de Pᵃtis v. š. Roꝧ nūtio eūti
c̃ littˀis ad Roꝧ fił Rogˀi ij. š.

Ꝺ Marꞇ aꝑ Gilingeħ ، Galfꞃ Gascoñ
ꝗvieti Roꝧ de Torneħ qˀ attulit austurcos
de Picꞇ de dono iij. m̃. p ℞. Cristiano
de Merc ꞇ portitori suo de dono x. š. p
℞. Walꝋo de Merc v. š. Silvꞃo Falcoñ x. š. p ℞. In careag̃ venaꞇõis c̃
duab₃ carettis p duos dies de Glouc̃ usꝗ
Estoñ ، iij. š. iiij. đ. liꝧ Wiłło Colomoš.

*Calc̃ sūmeꞇ ꞇ
careꞇ.*
Ꝺɪᴇ Mˀcuꞃ ꝑxᵃ aꝑ Cranebˀne in calc̃
qˀnꝗ sūmetaꞃ de cam̃a ، scił ، Johis
Contance ، Ađ Le Viel ، Ađ Le Bel ،
Luce ، Hug̃ ، v. š. ؛ Ade ꞇ Gˀvaš careꞇ
ad calc̃ ij. š. Florenc̃ lotˡci ad calc̃
xviij. đ. Phił de Straleg̃ de dono x. š.
p ℞. Jopꝑ valtᵉrio ad calc̃ xij. đ. p ℞.
Wiłło nūcio Ric̃ Leporis v. š. Johi nūtio
aꝧbis de Insuł Ꝺi eunti ad dñm suū v. š.
p ℞. Petᵒ nūcio Petri de Ken eūti ad
dñm suū v. š. p ℞.

Ꝺ Veħlis ꝑxᵃ aꝑ Clarendoñ ، Petro
Chevał de Baiona de dono j. m̃. p Petꞃ
de Maulay.

Ꝺ Ꝺñicᵃ aꝑ Winꞇ ، in expñsis m̃catoᵹ
de Placentia p sex dies ꝑꝓitos xxxviij. š.
vj. đ. liꝧ Johi de Lexoꝟ. Roꝧ de Cestꞃ
nūcio eūti c̃ littˀis ad magꞃm Templi
Lonđ vj. đ.

Ꝺ Luñ aꝑd Freitmantełł ، ī minutis
expēsis Henꞃ fił duc̃ Saxoñ xx. š. liꝧ
Hugõi de Bˀnevałł. Roꝧto Loiseleur ꞇ

socio suo j. ' marc̃' de dono p Roƀ de Veťi Pont̃.

Đ Mart̃ px̄ᵃ ante Natal ap̃d Odiham ノ Ric̃ Luverez 't Odoni valt*riis ノ p̃ duob₃ lupis captis ap̃ Gelingehā ノ 't alio lupo capto ap̃ Clarendoñ ノ xv. s̃. p R̸. Witto Desarme misso ad Ric̃ de Marisc̃ c̃ litťis iij. đ.

Đ Jovis ī vigil Natal Dñi ap̃ Windel-sour̃ ノ Roƀ le H'bergeur eūti c̃ litťis ad aƀƀem de Binedoñ j. m̃. p R̸.

Đ Sc̃i Stepħi ap̃ Lond̃ ノ Bero nūcio dñe Ginburg̃ de Monctauser̃ j. m̃. p R̸.

Đ Dñicᵃ ibid̃ ノ Andr̃ Audem̃ nūcio Aim̃ici de Rocheford̃ de dono ij. m̃. p R̸. Rad̃ de Chambr̃ eūti c̃ litťis ad vic̃ Norhant̃ vj. đ. Eidem eūti c̃ litťis ' de Laccoc' ad Regiñ de Cornhutt vj. đ. Rog̃o de Rup . . . . . c̃ litťis ad Gilƀ fit Reimfr̃ xviij. đ. Eadē die iƀ ノ Witto de Pavilly p uno sacco de corio vacc̃ ad īponendū leissas 't colaria iiij. . . . . . . ノ 't p uno pi husar̃ vacc̃ ad op⁹ Reg̃ iij. s̃. ノ p uno pi parvar̃ botar̃ furr̃ agnett xxiij. đ. ノ p uno pi botar̃ sing̃lar̃ xij. đ. ノ p uno pi es . . . . op⁹ Robiñ de Samford̃ xx. đ.

Calc̃ dñi Reg̃.

Đ Saƀ ī c*stino Circūcisionis Dñi ap̃ Geldeford̃ ノ Roƀto Kawage nūcio Hugõis de Malo Alneto de do . . . . . . Tyete nūcio ep̃i Norwic̃ eūti ad dñm suū ī Hiƀniam v. s̃. p R̸.

Ɗ Dñicᵃ iᵬ ⸴ Wiłło nūtio majoris de
Engolism̃ dim̃ m̃. p Ɽ. Wiłł . . . . . .
Reginałđ de Pontibᴣ dim̃ m̃. Wiłło
Britoñ nūtio majoris de Rup̃lla dim̃ m̃.
p Ɽ. Robino Blundo nūtio eunti ad
Huᵹ̃ de Neviłł . . . . . . eūti c̃ litťis ad
Wiłłm de Cantilup̃ xij. đ. Wiłło Desarme
eūti c̃ litťis ad com̃ Albeȓ ʼt Geȓ de
Camviłł xv. đ. Watekino fił Wi . . . . .
ʼt Wiłło de Siwełł euntibᴣ c̃ falconibᴣ ī
Angleseia ad Lewelinū Wat̃ñ xx. s̃. p Ɽ.

Ɗ Marť ī vigił Epiphañ ap̃ Esselegᷟ ⸴
Wiłło de . . . . . ad cuȓ Rom̃ ij. m̃. p
Ɽ. Bastardo nūtio dñi Winť ep̃i eūti c̃
litťis ad Henȓ de Veȓ dim̃ m̃. p Ɽ.
Maᵹ̃ro Osᵬto Perrario . . . . .

CCC. ti. liᵬał
Regiñ de Corn-
hułł.

Ɗ Veñlis ī Circūsione Dñi ap̃d Geldeforđ ⸴ liᵬavimᵍ Regiñ de Cornhułł p̃
pānis qᵒs emerat ad opᵍ dñi Reᵹ̃ ᵍtᵃ
Natale Dñi . . . . . . recepamᵍ eađ die
de eodē de archiep̃atu Cantuaȓ.

Ɗ M'cuȓ ī Epip̃h Dñi ap̃ Clarendoñ ⸴
majori de Reᵹ̃la eunti ˋLondoñˊ p̃ nūtiis
de Baiona . . . . ..

Ɗ Veñ iᵬ ⸴ nūtio dñi Porteclini eunti
ad dñm suū v. s̃. p Ɽ. ʼt G. de Neviłł
cameȓ.

Ɗ Saᵬ p̃xīa ap̃d Christechircħ ⸴ Rađ
nūtio Pagani de Rupeforti eunti ad dñm
suū dim̃ m̃. p Ɽ. ·

Sᵃ vjᵃ. M.C.Lxxiij. ti. vj. s̃. xj. đ. oᵬ. usq' ad diē Luñ ap̃
Kaneforđ ñ ǫp̃. ·

Ð Lune ꝑxīa aꝑd Caneford ⸓ Rað de Cambr̃ eunti cū roꞇlis de finib⁹ ad scacc̃m xij. ð.

Ð Mercur̃ ꝑxīa aꝑd Bere ⸓ Robino de Samford ad emendū gallinas ad falcones xij. ð. Guidoñ Leoiselur eunti c̃ littꝑis ad Engelard de Cigonñ ix. ð. Robino Blundo eunti c̃ littꝑis ad Regiñ de Cornhuꞇ xij. ð.

Ð Joṽ in cᵃstino Sc̃i Hilar̃ aꝑd Dorecestr̃ ⸓ Henr̃ nūtio aꝗbis de Binedoñ eūti Lond ad Regiñ de Cornhuꞇ xij. ð.

Ð Veñis ꝑxīa ibið ⸓ maꞹro Osꝗto Petrario sibi qᵃrto socioꝗ euntibꝫ Londoñ ad phendinand xx. s̃. p Regē.

Dɪᴇ Saꝗ ibið ⸓ Rabonde militi j. marc̃ p Regē. Hugōi de Hauviꞇ de dono dim̃ m̃. p ℞. Waltꝑo Luveꞇ ⁊ Michaeli venatoribꝫ ⸓ euntibꝫ pendinare aꝑd Sc̃m Edward ⸓ dim̃ m̃. p ℞. Roꝗ de Alemanñ eunti c̃ littꝑis ad Galfr̃ fiꞇ Petⁱ xij. ð. Reginaldo le Burgoinoñ qᵒndā ꝗvieti Imꝗti le Lorne j. m̃. de dono p ℞.

Memb. 4.

Ð Lune ꝑxima aꝑd Sturmenistr̃ ⸓ uxori Thome Malesmains de dono xxxᵗᵃ. marc̃ p ℞. Ernaudo cuidā nūtio majoris de Reꞹla eunti ad Reꞹlam ī nūtiū dñi ℞. dim̃ m̃. Ad nūtio de Reꞹla eunti ī nūtiū dñi Reꞹ ibidem dim̃ m̃. Joꞇi de Porta eunti ī nūtiū dñi Reꞹ ad eꝑm ⁊

milites Aquenŝ civitatis ʼt Gastonē de
Byerz j. m̂. p Reğ.

Dɪᴇ M'cur̃ ꝑxīa ibiđ ⸜ majori de Reğla
xx. sol liƀandos cuidā burgēsi de Baiona
eunti ī nūtiū dñi ℞. ibiđ p ℞. Wiħo
Gascoñ nūcio Huƀti de Burgo ⸜ v. ŝ. p
℞. Eađ die ad ludū dñi Reğ ad tabulas
vij. đ.

Dɪᴇ Veñlis aꝑ Craneburñ ⸜ Roğlo de
Cauz militi de dono iij. m̂. p ℞. Walerando eunti c̃ falcoñ laneriis aꝑ Wiltoñ
ad ꝑendinanđ j. m̂. p ℞.

Dɪᴇ Saƀ aꝑ Rameŝ ⸜ Robino de Samforđ ad emendā unā sellā ad op⁹ suū
v. ŝ. Ᵽ pargameno ēpto aꝑ Winť xvij. đ.
Rađ de Samforđ eunti c̃ littẙis dñi ℞. ad
Lewelinū ʼt ad com̃ Cestr̃ iij. ŝ. Herƀto
Rabaud cuidā marinario eunti ī Norm̃ ī
nūtiū dñi Reğ j. m̂. p Regē.

Dɪᴇ Joṽ proxᵃ aꝑd Merleƀgam ⸜ Kad-
walano Waĩñ eunti ī nūtiū dñi Reğ ī
Waħ de dono iij. m̂. p ℞. Pro pargameno iƀ xv. đ. In ludo dñi Reğ ibiđ
qui ꝑtitus ē c̃ Pagano de Chaurc̃ ad
taƀlas v. ŝ. p eundē Regē.

Dɪᴇ Saƀ ꝑxᵃ aꝑd Neubir̃ ⸜ liƀavim⁹
Thome de Samforđ ad ponenđ ī tħauro
aꝑ Divisas L. marc̃ ⸜ qᵃs recepam⁹ de
eodē de ꝑquisitis ī baħa sua ⸜ liƀať Wiħo
cħico suo.

Dɪᴇ Luñ ꝑxᵃ aꝑ Windelsour̃ ⸜ Luvello
venatori c̃ xiiij. canibȝ ⸜ ʼt Ric̃ Pincon cū
xv. cañ ⸜ euntibȝ ꝑendinare ī eꝑatu

Cicestr ، iiij. s̃. ij. đ.   Joħi Stulto c̃
xliij. canibȝ eunti pendinare c̃ Briañ de
Insuł aƥ Cawode dim̃ m̃. p Regē.

Die Purif B'e Marie aƥd Turrī Lonđ ،
libavim⁹ Robto de Braibroc CCC. marc̃ ،
qᵃs Brian⁹ de Insuł reddidit de eccłiis ꞇ
prebendis archieƥat⁹ .Eborac̃ in baillia
sua ، ad ponenđ aƥ Norhanꞇ ī tħauro.

Đ M'cur̃ in cᵃ . . . Purif. aƥ Turrī
Lonđ ، Robino de Cestr̃ ، eunti c̃ litꞇis
ad Engeł de Cigoigny ꞇ Rob Lupū ،
xij. deñ.

Die Jov̄ ꝑxᵃ ib ، qᵗtuor garcõibȝ . . .
de Samforđ ad calc̃ xx. đ.   Alano Russełł de Niorꞇ eunti ī Picꞇ ī nūtiū dñi Reg̃
xl. s̃. p ꝶ.

Die Veñ ib ، Pagano Plangburñ ، ꞇ
Bu . . . . . ، ꞇ Guidotto Pasturełł ، ꞇ
Gerarđ ، m̃catoribȝ de Placentia ، qⁱ
veñant ī Angł ꝑ debito suo qᵒd iƥi mutuo
libaverāt dño Impatori p licē . . . Reg̃ ،
de dono xx. m̃. p Regē.   In exꝑnsa
Thom̃ Marescałł ، ꞇ Rađ de Grenviłł ،
ꞇ duoȝ carettarioȝ morantiū p duos dies
aƥ Windelso . . . . . herneš garderobe
v. s̃.   Rob de Cestr̃ eunti c̃ litꞇis ad
Walꞇm de Clifforđ juvenē xv. đ.   Rađ
de Chambr̃ eūti c̃ litꞇis ad . . . . . fił
Nicoł xv. đ.

Die Sab ꝑxᵃ ib ، Gilebto de Baine mił
Regiñ de Pontibȝ de dono iiijᵒʳ. m̃. p ꝶ.

Ib ꝑ lectaria ad op⁹ Henr̃ fił Duc̃ ، a die
Jov̄ ꝑxᵃ p⁹ fesꞇ Sc̃i. Micħ usqᵦ ad diē

Exp̄ Regie.

Sab̄ ꝓximā p⁹ Purif B'e Mar̄ xviij. s̃. lib̄
Walťo de Audrecoť. Eadē die ib̄ ⏌ lib̄a-
vim⁹ Rob̄ Pmentar̄ ad aquitandas ex-
p̄nsas dñe Regīe aꝑ Divisas xxᵗⁱ. m̃. p ℞.
lib̄ Petro de Lonď.

Dɪᴇ · Dñica aꝑ Windelsour̄ Philippo
mag̃ro Henr̄ fił Duč eunti ī nūtiū dñi Reg̃
ī Alem̃ xl. s̃. p Reg̃. Cuidā nūtio eꝓi de
Ferlis eunti ī Hib̄ v. s̃. p ℞. Rob̄to cłico
com̃ de Saresb̄ de dono ij. m̃. p ℞.

Dɪᴇ Dñicᵃ ꝓxīa aꝑ Rading̃ ⏌ Henr̄ nūti
eūti č litťis ad vič Linč xij. ď.

Đ Marť seǧnti aꝑ Merleb̄gam ⏌ Maileri
fił Henr̄ qᵒndā justič Hib̄ de dono x. m̃.
p ℞. Joħi de Curcy de dono x. m̃. p eunď ⏌
lib̄ Elie cłico Hug̃ de Neviłł. Ib̄ in minutis exꝓ fčis p man̄ Wiłłi Scissoris ⏌ un̄
pticłe s̃t ī dorso roťli ⏌ xiij. s̃. iiij. ď. Joħi fił
Phił de dono dim̃ m̃. p ℞. Ib̄ ad expēsas
dñe Regīe xl. s̃. lib̄ mag̃ro Rať coco suo.

Exp̄ Regie.

Dɪᴇ Jov̄ proxᵃ aꝑ Esseleg̃ ⏌ Hispano
nūtio eunti č litťis ad Rob̄ fił Rog̃łi
consť Cestr̄ 't com̃ Alb̄icū xij. ď. Wiłło
de Vendom̃ eunti č litťis ad com̃ Arundełł 't Warenn̄ xij. ď. Stepħo de Oxon̄
eunti ī nūtiū ad Engeł de Cigoigny
xij. ď.

Dɪᴇ Sab̄ aꝑd . . . . . . meseiā ⏌ Rať
de Raleg̃ mił de dono v. m̃. p ℞.

Dɪᴇ Marť ꝓxᵃ aꝑd Odihā ⏌ Ade de
Cary nūtio mag̃ri Wiłłi de Leirč eunti

Leporar̄ Reg̃.

Rom̃ ad . . . . . suū ij. m̃. p ℞. Ib̄

dñi R̥. ad Thom̃ de Erdintoñ ⸴ ꝷ sociis suis
eūtibȝ ī nūtium dñi R̥. ⸴ j. m̃. p R̥. Wiłło
Babewiñ nūtio Ric̃ de Harecurt eūti ad
dñm suū cū liꞇis dim̃ m̃. p R̥.

Vad̃ Hēric̃ filii
Duciſ.
Die M'cur̃ ibidē ⸴ in lectar̃ Henr̃ fił
Ducis a die Sab̃i ꝗxᵃ post Purificaꞇonem
B'e Marie usqₕ ad eūdem diē M'cur̃
viij. s̃. iiij. d̃. ob̃. Wałano eūti in nūtiū
dñi R̥. ap̃d Staveñ iiijᵒʳ. m̃. p R̥. Nich̃
de Limisia ꝷ Hugōi de Sc̃o Paulo ⸴
balistar̃ eūtibȝ pendinare ap̃d Wintoñ ⸴
iiij. s̃. p R̥. Ibid̃ Henr̃ de Ortiay militi
de Norm̃ de dono C. soł p R̥. Galfr̃ de
Langetot hōi Ric̃ de Ripariis ibid̃ de
dono ij. m̃. p R̥. Henr̃ Teillard̃ servienti Wiłłi de Sc̃o Joh̃e eūti in nūtiū
dñi R̥. xl. soł p R̥.

Die Veñlis ꝗxᵃ ap̃d Glouc̃ ⸴ Wiłło de
Vendom̃ nūtio eūti cū liꞇis ad vic̃ Devoñ
xij.-d̃. Rob̃ de Cestr̃ eūti cū liꞇis ad
com̃ Wintoñ xij. d̃. Hispañ eūti cū liꞇis
ad Rob̃ de Bᵃibroc vj. d̃.

Die Veñlis ꝗxᵃ post Cathedᵃm Sc̃i Petᵗ
Lib̃ata fc̃a Enge-
lard̃ vic̃ Glouc̃.
ap̃d Glouc̃ ⸴ lib̃avimˢ Engeł de Cygonny
vic̃ Glouc̃ C. m̃. custod̃ ap̃d Bristoł.

Wenunwen.
Die Sab̃i ꝗxᵃ ib̃ ⸴ Weonunwen Wałn̄
de dono xl. m̃. p R̥. Wałt wafrar̃ dñi
Othom̃ Impatoris de dono j. m̃. p R̥.
Ab̃bi de Sc̃o Radegund̃ eūti in nūtium
dñi R̥. ij. m̃. p R̥.

Exp̃nse dñe Regie.
Dei Jovis ī cᵃstino Cin̄ū ap̃d Lute-
garcshał ⸴ ad exp̃n dñe Regie j. m̃. lib̃

maḡro Raᵈ coco. Eodē die aᵽd Win-
toñ, Ro�employeetb Le Herberjur eunti i̅ nūtium
dñi ℞. ad curiā Romanā, ad Thoᵐ̃ de
H'dintoñ ꝉ socios suos, ij. m̃. p ℞.

D Veñis aᵽd Wintoñ, p̄ ꝓcameno
xviij. ᵭ. Ro�656b Blūdo eunti ad vic̃ Norfok,
ꝉ Cantebruḡ, ꝉ Linc̃ cū litꝭis dñi ℞.
xviij. ᵭ.

DIE Dñica ꝓxᵃ post Ciñles aᵽd Wintoñ, Raᵈo Stulto ꝉ Hugoñ Norreis
eūtibჳ cū xij. leporaꝛ̃ ad Henꝛ̃ fiꝉ Gariñ
p j. diē x. ᵭ. Clencᴛ, ꝉ Normano, ꝉ
Doket cū x. leporaꝛ̃ p v. dies euntibჳ ad
Roḡ Rastel iiij. s̃. vij. ᵭ. Scoꝉ ꝉ Roḡlo
cū viij. leporaꝛ̃ eūtibჳ ad uxorē Garneri
venatoris p unū diē viij. ᵭ. Robino, ꝉ
Michel, ꝉ alio Robino cū x. leporaꝛ̃
eūtibჳ ad Wiꝉꝉm de Neviꝉꝉ p j. diē xj. ᵭ.
Aᵈ ꝉ Alano cū viij. leporaꝛ̃ euntibჳ ad
Petᵘm de Maulay p̀ j. diē viij. ᵭ. Garino
ꝉ Nicᴛ Gᵃsso, Thoᵐ̃ Chanterel, Siᵐ̃
Longo, Ro�932b de Heleneia, cū xix. lepo-
raꝛ̃ ad Phiꝉꝉ de Ulecoꝉ p x. dies, xvj. s̃.
iij. ᵭ. Walkelino Cointerel ꝉ Alano fꝛ̃
Watte, Buchardᵈ, Walkeliñ Gᵃsso, Watte
Pꝫ̃taꝛ̃, cū xxiij. leporaꝛ̃ eūtibჳ ad Brianū
de Insula p sex dies, x. s̃. ix. ᵭ. p ℞.
Ric̃ de Aumannia eūti cū litꝭis dñi ℞. ad
Ernaldū Buchardᵈ in Pictaviā v. soꝉ p ℞.
Tarkeis nūtio archidiacoñ Pictavie eūti
ad dñm suū v. soꝉ p ℞. Johi de Ruffic
clico de Pictavia diᵐ̃ m̃. p ℞. Phiꝉꝉ
capeꝉꝉo Wiꝉꝉi coci eūti ad dñm suū ij. m̃.

*Leporaꝛ̃ dñi Reḡ
missi ad phenᵈ.*

G. de Nevitt
camaȓ duos p'sones
p Lx. m̃. p̃ʋ C. m̃.
Milites ꝉ ꝫvietes
missi ĩ Picꝉ.

p ℞. Eberardo servienti Otħ Impatoris eūti ad dn̄m suū iij. m̃. p ℞. Eadē die Dn̄ica apᵈ Wintoñ⸜ Yvoñ de La Jaꝉ eūti in Pictaviā in ꝫviciū dñi ℞. de dono CC. m̃. p ℞. Gaufȓ de Nevitt camaȓ eūti siꝉr in Pictaviā C. m̃. de dono p ℞. Eim̃ico de Sacy eūti siꝉr ĩ ꝫviciū dñi ℞. ĩ Pictaviā xl. m̃. p ℞. Eim̃ico de Sc̃o Georg̃ eūti siꝉr ĩ Pictaviā de dono xx. m̃. p ℞. Petº Engebto socio ip̃iꝫ Eim̃ici de dono xv. m̃. p ℞. Petº Chat militi Portecly de dono C. soꝉ p ℞. Majori de Reg̃la de dono eūti in patꝉā suā L. m̃. p ℞.⸜ ꝉ eidē majori xij. libȓ x. ꝫ̃. ꝑ L. libȓ Anᵈ qꝰs dñs Rex ei debuit⸍ eidē majori de antiqº debito dñi ℞. L. m̃. qꝰs ei debuit p ℞. Ernaldo de Pinibꝫ cꝉico L. m̃. p ℞. In v. navibꝫ locandis sine coga libatis Hugoñ de Nevitt⸜ ad opꝰ Yvoñ de La Jaꝉ ꝉ Gaufȓ de Nevitt cameraȓ⸜ xix. m̃. p ℞. Sexaginta ꝉ tribꝫ ꝫvietibꝫ eūtibꝫ ĩ Pictaꝟ cū Gaufȓ de Nevitt camaȓ C. m̃. p ℞.

Donũ Steffañ de
Tornhā.

DEI Martis ꝑxᵃ apᵈ Sc̃am Brigidā⸜ Wilimet hõi Wiꝉti de Cresec eūti ad dn̄m suū v. ꝫ̃. p Rege. Ad em̃dū gallinas ad falc̃ dñi ℞. ij. ꝫ̃. lib Henȓ de Merc. Eadē die ibiᵈ⸜ dño Steffañ de Tornhā de dono C. m̃. p ℞. lib Wiꝉto Bissop hõi suo. In expñ Thom̃ Marescatt⸜ ꝉ duoꝫ hõum carettaȓ⸜ ꝉ septē eqꝰrū de garderoba⸜ morantiũ cū ħnesio de garderob p unā noctē apᵈ Kingestoñ⸜ p p̃ceptū dñi ℞.

ij. soł viij. đ. ⫶ et in passag̃ ħnesii de garderob apd Fulehā j. đ. Wiłło Desarme

Exp̄nse d̄ne Regīe. nūtio eūti cū liťis ad vič Linč ix. đ. In
expensis d̄ne Regīe morā facientis apd
Lutegareshał iij. m̃. lib Pet° de Ruceł.

Ɖ Saƀi px̄ᵃ iƀ ⫽ Wilekino de Subiř
valťᵃrio ⫽ cū xx. valťriis ᵗ cū iiijˣˣ. iiij.
leporař morantib; p unā noctē p p̃cept
d̄ñi Reg̃ apd Guldeforđ ⫽ vij. s̃. lib eidē
· Wilekiñ ⫽ ᵗ Ade hõi Henř fił H'vici.
Eadē die ibiđ in ludo d̄ñi ℞. q' ptit⁹ ẽ
cū Joħe Buqᵘinte ⫽ civi Londoñ ⫽ 9tᵃ
Warinū fił Gerolđ v. soł ix. đ. Ᵽ v.
lineis saccis ad īpoñdum denař x. đ.

Sepł sᵃ M.C.iiij ˣˣ. libř ix. łi. iij. s̃. v. đ. ob ad crucē.

Ɖ D̄ñica px̄ᵃ ibiđ ⫽ Steffañ de Oxoñ
eūti ad Rob de Tᵉsgoz ᵗ Rič de Ripariis iij. s̃. In lectař Henř fił ducis
Saxoñ ⫽ a die M'cuř px̄ᵃ post Cathedᵃm
Sči Petⁱ usq₎ ad diē D̄ñicam pximā post
festū Sči Gregorii ⫽ viij. s̃. lib Wałt de
Audrecot. Thom̃ de Evercy militi de
dono iiij. m̃. p Reg̃. Rađ Rosel ostⁱcař
de dono j. m̃. p Regē. In minuto ħnesio
de garderob empto p manū Thom̃ Mares-
cał ⫽ uñ pticule sūt in dorso rotuli ⫽
Opa castⁱ de Corf°. ij. s̃. x. đ. Mag̃ro Osb sibi qʳrto socioru̅
eūtib; apd Corf ibiđ morā facientib; p
p̃ceptū d̄ñi ℞. xx. soł p Regē. Wiłło
Engeleis carp̄ntař de doñ dim̃ m̃. Mag̃ro
Nicħ de Andely de dono dim̃ m̃. Novē
carpentař ⫽ qui sūt cū p̃dčo Wiłło ᵗ

Nicħ missis aþd Cnapp̃ ad Reulanū
Bloiet̃, ij. m̃. p ℞. Henr̃ de Zuþentorp̃
militi de feudo suo x. m̃. p ℞. Gaufr̃
de Pictav̄ 'τ Raďo de Chastelun̄, nūtiis
de Pictav̄, ij. m̃. p ℞. Joħi priori de
Fonte com̃ in Pictav̄ de dono iij. m̃. p
Regē. Eim̃ico capellano Pet' Odarď de
dono ij. m̃. p Regē. Driwe carpētar̃ eūti
aþd Cnapp̃ ad opandū v. s̃. p ℞. Pet°
Chevaler burg̃n̄ de Baiona eunti ī pat'am
suā de dono C. sol p eþm Winton̄. Walt
Anglico eūti in Norm̃ in nūtium dñi ℞.
j. m̃. p eþm Winton̄. Willo Berrarď
nūtio burg̃n̄ de Reg̃la v. s̃. de dono
p ℞.

DIE Luñ ρx^a aþd Scm Albanū, Robino de Alemann̄ eūti cū lit̃is dñi ℞. ad
vic̃ de Noting̃, 'τ Eborac̃, 'τ Cūberlanď,
'τ Carleol ij. s̃. vj. ď. Eadē die aþd Lonď
ad jocalia Impatoris Alemann̄ CC. m̃. p
℞. Henr̃ militi ejusdē Impatoris de
dono xx. m̃. p ℞. Rob clico dñi eþi de
Spires de dono x. m̃. p ℞.

Ð Jovis ρx^a aþd Norħaton̄, p t'b3
duodenis þcameñ xviij. ď. Henr̃ de
Balloul militi eunti ī nūtiū dñi ℞. iij. m̃.
p ℞. Gaufr̃ nūtio Steffañ de T'nehā
eunti ad dñm suū ij. s̃. p ℞. Furnero
servienti ī nūtiū dñi ℞. ij. m̃. p ℞. lib
lib com̃ Sarr̃. Ric̃ clico fr̃i Fulcħi de
Aumain̄ de dono dim̃ m̃. p ℞., don^c ei
r̃onabil libatio þvideat^r. In repac̃one
cofre de denar̃ iiij. ď. ob. Ad gallinas

em̃das ad falcones dñi ℞. iij. s̃. Eadē
die iɓ ap̃d Rokingeh⸗ Masculf̃ de Su-
linet̃ militi de dono xx. m̃. p ℞. liɓ Rad̃
de Sulinet̃. Phitt de Aubinet̃ de dono
xx. m̃. p Regē. Pentecost̃ nūtio Eustach de Es eunti ad dm̃ suū ap̃d Vinmut̃
de dono iiij^{or}. sot p ℞.

Đ Saɓi ꝑx^a ap̃d Salvatā⸗ cuidā nūtio
eūti in nūtium dñi ℞. v. m̃. liɓ Hugōi
de Nevilla ad liɓandū eidē nūtio⸗ q̃ nõ
ausi sum^9 scire n^n ej^9⸗ id̃o [non] ponit^r
in hoc sc^lpto. Eadē die iɓ⸗ in ludo dñi
℞. ad tabulas v. d̃.

Đ Dñica ꝑx^a ap̃d Noting̃⸗ Witto
nūtio aɓɓis de Insula Đi de dono v. s̃.
p ℞.

Đ Luñ ꝑx^a iɓ⸗ Guidoñ de Fresenevitt
militi de dono xl. s̃. p ℞. Ivoñ de
Lacett militi 't Pet^o de C^oun de dono
xx. m̃. p ℞. liɓ Brun de Colonia. Witto
Roillard̃ militi de dono xl. sot p ℞. In
minutis expñsis de garderoɓ p manū
Witti cissoris⸗ uñ ꝑticule sūt in dorso
rotuli⸗ iiij. s̃. vij. d̃. Witto Bloiet ad
calciam̃ xviij. d̃.

Calciam̃ Witti
Bloiet.

Đ M'cuf̃ Ric̃ fr̃i Fulcher̃ de Aumaiñ
de dono dim̃ m̃. p ℞. Witto de Wende-
vatt militi de doñ x. m̃. p ℞. liɓ Witto
de Grinvitt. Cuidā nūtio Ric̃ Toret eūti
in Hiɓñ v. sot p ℞. Ernulfo nūtio
Portecli de Mausy eunti ad dm̃ suū
v. s̃. p ℞. Rog̃ de Portis militi eunti

ī nūtium dñi Reğ de dono C. sol p ℞.
Pet° nūtio Gaufř de Nevill eunti ad
dñm suū in Pictav v. sol p coñ Sarř.
Eadē die apd Peverelestorp ⸝ Phill de
Cooignac militi de dono xx. sol p coñ
Sarř. In ludo dñi ℞. ad tabulas v. sol
quos amisit.

Đ Jovis px̊ ibid ⸝ in minutis expñ

Henř fil Ducis xx. sol lib Hugōi de
Bernevill. In libacone Guidoñ de Rupe
p xx. dies ⸝ q¹ ħt p diē ij. sol ⸝ scil ⸝ a
xxiiij. die Marc usqᵦ ad xiij. diē April ⸝
xl. sol lib Pet° de Ruffic. Roğ de Rupibᴣ
nūtio eūti cū lil̊is ad Petᵐ de Leoñ
iij. đ. Willo Desarme nūtio eūti cū lil̊is
ad baroñ de scacc ⸝ t ad Rob de Tʳnehā ⸝
xviij. đ. Rob de . . . . eunti cū lil̊is ad
Rob de Tʳnehā xviij. đ.

Đ Veñis ī cᵃstino Anñ B'e Marie apd
Pontfᵃctū ⸝ Joħi de Pavilly clico filii
Willi de Pavilly de dono ij. m̃. p ℞.

Đ Sabi apd Eborac ⸝ Robino Blundo
eunti cū lil̊is ad Thoñ Basset xv. đ.
Ead die in ludo dñi ℞. ad tabulas ⸝ qñ
ptit⁹ est cū Briañ de Insula ⸝ iiij. đ.

Đ Dñica in media XIᵃ. ibid ⸝ mağro
Thoñ de Kenilleworth ⸝ eunti ī nūtiū
dñi ℞. ad curiā Romanā ⸝ de dono v. m̃.
p ℞. Willo de Vendoñ nūtio eūti ad
Regiñ de Cornhull ⸝ t Rob de Tʳnehā ⸝
t Matheū fil H'ebti xviij. đ.

Dɪᴇ Martis px̊ ibid ⸝ in lectař Henř
fil Ducis ⸝ a die Dñica px̊ post festū

Sči Gregorii usꝗ ad diē Luñ in cᵃstiñ medie xlᵉ. comp̃ ⸝ ix. ŝ. vj. liƀ
Walť de Audrecoť. Eadē die ibiď ⸝ in

Calciaͫ sumetař. calciãtis Odoñ carettař ⁊ socii sui ⸝
carettař de garderoƀ ⸝ ij. ŝ. Florenč
loťci xviij. ď. Johi Coitance ⸝ Lucas ⸝
Adā Lebel ⸝ Hugōi ⸝ Rađo ⸝ quinꝗ
sumetariis de garderoƀ ⸝ v. ŝ. In exp̃nsis
hōium carettař ⁊ eqᵒrū carettař morantiū
exᵃ curiā p p̃ceptū dñi ℞. ⸝ uñ pticule
sūt in dorso rotuli ⸝ Lx. soť x. ď. oƀ.
ꝑ xiij. pelliƀꝫ de pcameno vj. ď.

Ð M'cuř px̄ᵃ apd Pikeriñg̃ ⸝ in ludo
dñi ℞. ad tabulas x. soť ⸝ quos amisit 9ᵃ
coͫ Sarř.

Elemosine. Ð Ven̄is px̄ᵃ post mediā Xlᵗm apd
Scardeburg̃ ⸝ in elemosinis dñi Reg̃ ⸝
sciť ⸝ ꝗ bis comedit apd Clivā die Ven̄is
px̄ᵃ post festū Ap̃lorū Siͫ ⁊ Jude in
pane ⸝ ⁊ pisce ⸝ ⁊ ꝯviŝ ⸝ ix. ŝ. iiij. ď. oƀ.
Iť p eodē ⸝ die Ven̄is px̄ᵃ post festū
Omͫium Sčorū apd Lessintoñ ⸝ ix. ŝ.
iiijᵒʳ. ď. oƀ. Iť die Ven̄is añ festū Sči
Nicħ apd Sčm Briaveⱡⱡ ⸝ p eoď ix. ŝ.
iiij. ď. oƀ. Iť die Ven̄is px̄ᵃ post fesť
Sči Nicħ apd Bristoⱡⱡ ⸝ ix. ŝ. iiij. ď. oƀ.
Iť die Ven̄is px̄ᵃ post Epiffañ Dñi apd
Cristeskirꝁ ⸝ p eodē ix. ŝ. iiij. ď. oƀ. Iť
dñs Rex bis comedit apd Dorcestř die
Ven̄is px̄ᵃ post festū Sči Ylarii in pane ⸝
⁊ pisce ⸝ ⁊ ꝯviŝ ⸝ ix. ŝ. iiijᵒʳ. ď. oƀ. Iť
die Ven̄is px̄ᵃ ante 9versionē Sči Pauli
apd Rumeseiā ⸝ p eodē ix. ŝ. iiij. ď. oƀ.

Iᵗ ꝑ eođ⸝ die Veñis ꝑxᵃ post �85siōem Sc̄ı Pauli aꝑd Neweburⸯ⸝ ix. s̃. iiij. đ. oƀ. Iᵗ die Veñis ꝑxᵃ post Purificaťonem B'e Marie aꝑd Turrī Londoñ⸝ ꝑ eodē ix. s̃. iiij. đ. oƀ. Iᵗ die Veñis ꝑxᵃ post octaƀ Purificaťonis B'e Marie aꝑd Rumeseiā⸝ ꝑ eodē ix. s̃. iiij. đ. oƀ.

Dɪᴇ Saƀi ꝑxᵃ post mediā Qᵃdrag̃ aꝑd Scardeburg̃⸝ Albric̄ 9stabularⸯ eq'ti⸝ eunti in nūtiū dñi Reg̃ ad Engelardū vic̄ Gloŭc⸝ iij. s̃. ꝑ ℞. Roƀ de Alem̃ eunti ad justic̄ t com̃ de Clara c̃ litťis ij. s̃. Wiᴛᴛo de M'c ad emenđ gallinas ad falcones dñi ℞. ij. s̃. Rađ Lutᵉrio t soc̄ suo⸝ eūtibȝ ad pendinādū aꝑ Noting̃ c̃ vic̄⸝ x. s̃. ꝑ ℞. Qᴵnqₜ garcōibȝ Robiñ de Samſ ad calc̃ ij. s̃. j. đ.

Dɪᴇ Dñicᵃ aꝑd Skeltoñ⸝ Radulſ de Langetot miᴛ de dono iij. m̃. ꝑ ℞.

Đ Marᵗ ꝑxᵃ aꝑ Stoketoñ⸝ Hugōi de Boues miᴛ⸝ nepoti Hug̃ de Gornay⸝ de dono xxx. m̃. liƀ Stepħo hōi suo ꝑ ℞. Joħi de . . . . ad Faukes xv. đ. Hispano nūtio eūti c̃ litťis ad vic̄ Essex̃ t Kenᵗ xviij. đ. Cuidā nūtio Henⸯ fiᴛ Com̃ eūti c̃ litťis . . . . . . t Devoñ v. s̃. ꝑ Regē⸝ eo qđ festinaᵛ venire ad Regē de dño suo.

Dɪᴇ Joᵛ ꝑxᵃ añ Pascħ Floridū aꝑ Dunolm̃ . . . .⸝ ad emēdū lineos pānos⸝ dim̃ m̃. ꝑ ℞. Ᵽ una furrurⸯ agñ ad surecotū Roƀ de Samſ iiij. s̃.

Milites de Norm. Đ Veńis aṕ Auclent, in . . . . . . đ.
Rič de Almaigñ, frĩ Fulcheř de Al-
maigñ, de dono, di. m̃. p ℞.

Đ Sab aṕd Derlintoñ, Roḃ de Bornot
mił . . . . Wač,
j. m̃. Witło de Colevitł j. m̃. Rič
de Lambcuitł j. m̃. Hugōi de Bosco
j. m̃.

DIE Dñicᵃ ī ram̃ palmař . . . .
. . . . eunti ad dñm suū ī
Hib dim̃ m̃. Joħi nūtio prioris de
Lantoñ eunti ad dñm suū dim̃ m̃. p ℞.
Priori nūtio . . . .
. . . . , 't Devoñ, 't Cornuḃ ij. s̃.
Witło nūtio Henř filii dñi Reǧ eunti ad
dñm suū v. s̃. p ℞.

DIE M'cuř ꝑxᵃ aṕd Wetł , ...
. . . . de dono dim̃ m̃. p Reǧ.
Joħi nūtio archieṗi Burdegał de dono
dim̃ m̃. p ℞.

DIE Joṽ Cene aṕd Cnareburǧ, in
ma . . . . Reǧ ad x . . . . iij. s̃. j. đ.
Ꝑ robis illoꝣ paupū . . . suendis ij. s̃.
ij. đ. Ꝑ xiij. zonis, 't xiij. cultellis, 't xiij.
braccalibꝫ ad eosdē paupes 't ꝑ xiij.
. . . . . . iiij. s̃. iiij. đ. oḃ . . . . . . de
Binedoñ. Nicoł carpent se iiijᵗᵒ. socioꝣ
eunt ad Hugōem de Nevitł, ij. m̃. p
℞. Galfř de La Jaitł mił . . . oti Ivoñ
de Lajatł, de dono, xx. s̃. p ℞.

DIE Veñ Crucis adorande ibiđ, in
miłł paupibus qᵒs dñs Rex pavit eadē

M

die iiij. ƚi. xiij. ŝ. ix. đ. Iƚ . . . . .
. . upibȝ q°s dñs Rex pavit eo qđ Rič
de Mari . . . . . pisces ix. ŝ. iiij. đ.

Robe carettař ꝉ
sůmeƚ.

oƀ. Eadē die iƀ⸝ Odoni caretař de
warderoba se alꝑo ad robas e . . . . . .
Cointance sůmetař ad robā v. . . . . .
Bel sůmeƚ ad robā vij. ŝ. vj. đ. Luč
sůmetař ad robā⸝ vij. ŝ. vj. đ. La . . .
. . . obā⸝ vij. ŝ. vj. đ. Rađ sůmeƚ . . .
. . . .

S⸍ viij⸍. CCC. ƚi. xxxvij. ŝ. j. đ.

Ɖ Saƀ in vigiƚ Pasch aꝑ Cnareburg⸝
Herneŝ nůtio Thoñ de Samforđ . . . .
. . eunti c̃ litƚis ad coñ Winƚ . . . . .

Ɖ Marƚ prox* post diē Pasch aꝑd
Wakefelđ⸝ Rič nůtio Elie B'narđ eunti
. . . . . . m̃. ꝑ pargameno vij. đ.

Ɖɪᴇ . . . . . . in dignerio dñi Regis
ibiđ⸝ ꝑ pƚibȝ carnibȝ xj. ŝ. viij. đ. ꝑ Roƀ
de Veƚi P . . . . . .

. . . . ꝓx* aꝑ Notingeh⸝ Thoñ de
L . . . . . . ꝉ rancino suo aꝑ Norhanƚ
iij. ŝ.

Ɖ Saƀ iƀ⸝ ꝓ xj. ulñ de grisenč ad
facie . . . . ⸝ qñ ivimᵖ ī exꝑcitū
Scoch⸝ x. . . . . . .

Ɖ Saƀ ī septiñ Pasch aꝑ Notingeh⸝
Phiƚ de Wigorñ miƚ⸝ eūti ī nůtiū dñi
Reg̃ . . . .⸝ de dono x.m̃. ꝓ ℞. Rič nůti .
. . . . . suū de dono j. m̃. ꝓ Regē. Am-
fredo de Dena militi⸝ eunti ī nůtiū dñi
Reg̃ ī Hiƀ . . . . . dono x. m̃. ꝓ ℞.

Dɪᴇ Dñicᵃ px̃ᵃ . . . . . . coɱ Wint̃ᴖ
eunti ad dñm suū ᴖ v. s̃. p ℞. ₽ pargameno empto ap̃ Norhant̃ xxij. . . Rog̃o
nūtio eunti c̃ litt̃is ad fa . . . .

. . . . . ĩ clausū Pasch ap̃ Norhant̃ᴖ
mag̃ro Ric̃ de Terintoñᴖ eunti ĩ nūtiū
dñi Regis ad curiā Roɱᴖ xv. ɱ. p ℞.
. . . . de dono ij. ɱ. p ℞.

D Martis ibid̃ᴖ Ernulvo de Juliers
nūtio Goswiñ de Burñ eūti ad dñm suū
de dono j. ɱ. p . . . . . . ibidē triginta
ᴖ t'b; valt̃riis ᴖ vjˣˣ. ᴖ vij. leporãr̃ᴖ qui
hñt p diē x. s̃. ix. d̃. ob̃ eūtib; Lundoñ
p tres dies ᴖ sᵃ xxx. . . . . ob̃ . . lib̃atos
Michi ᴖ Philipp̃ hõib; Henr̃ filii Coɱ.
Ad minutas exp̃nsas Henr̃ filii ducis
Saxoñ xx. s̃. lib̃atos Hugōi de Bernevall̃.
Will̃o Bloiet ad calciaɱ xviij. d̃. Rob̃
de Burgat̃ p qᵃdā custodia qᵃm huit in
ep̃c̃atu Dunolɱᴖ qᵃm reddidit dño Regiᴖ
L. ɱ. p ℞. In exp̃nsis minutis de
garderob̃ᴖ p manū Will̃i Cissorisᴖ uñ
pticule sūt in dorso rotuli ᴥ vj. s̃. iij. d̃.
Hernesio nūtio dñi Thoɱ de Samford̃
eūti ad dñm suū xij. d̃. Thoɱ de La
Lande morā faciēti ap̃d Norhātoñ p
j. noctēᴖ cū ix. equis dñi Reg̃ ᴖ viij.
garcionib; cū corpe suoᴖ iij. s̃. iiijᵒʳ. d̃.
ob̃ ᴥ eidē Thoɱ eūti cū xxj. equis ᴖ
xij. garc̃onib; Cirecest̃r̃ p duas noctes
cū corpe suo x. s̃. vj. d̃. p ℞. Gauff̃r̃
Wal̃nsi eūti cū xxxv. equis ᴖ xvij. gar-
c̃onib; Oxoñ p p̃cept̃ dñi ℞. p unā

M 2

noctē viij. s̄. p ꝶ. Ꝓ pcameno empto
ad faciend̄ rotulos . . ꝯpoto epc̄atuū ꞇ
ab̄biarū existētiū in mañ dñi Reg̃ xx. d̄.
Ꝓ una capa empta ap̄d Norhātoñ ad op⁹
Henr̄ filii Ducis de Joħe Samsoñ ix. s̄.
iiij. d̄.   Wilekino nūtio Henr̄ filii Reg̃
eūti ad dñm suū xij. d̄.

Dɪᴇ Veñis ꝑxᵃ post clausū Pasch̄ ap̄d
Londoñ ⸝ Walt̄ de Bailloul militi ad fa-
ciēdū p̃cept̄ dñi Reg̃ xv. ꝉi. p ꝶ.   Steffañ
de Oxoñ eūti cū lit̃is in nūtiū dñi Reg̃
ad Cestᴵam ad ꝯstabular̄ Cestr̄ iiij. s̄.

Dɪᴇ Sab̄i festo ⸝ scil̄ ⸝ Ap̄lorū Philipp̃
ꞇ Jacob̄ ap̄d Sc̄am Brigidā ⸝ Odoñ
carettar̄ de garderob̄ ꞇ socio suo ⸝ ad
calciañ ⸝ ij. s̄.   Florētie lotᴵci xviij. d̄.
Joħi Cointanc̃ ⸝ Ade Bello ⸝ Luce ⸝
Hugōi ⸝ Rad̄o ⸝ v. sumetar̄ de garderob̄ ⸝
v. s̄.   Hildeward̄ ⸝ Walt̄ ⸝ Edm̃ ⸝ Aneke ⸝
Thedñ ⸝ mag̃ris v. kogarū q̃ vener̄t de
Fresland̄ ⸝ ad exp̄nsas suas xxiiijᵒʳ. m̃.
iiijᵒʳ. s̄.   In exp̄nsis Galorañ Theutonici
qᴵ venit de Fresland̄ x. s̄. p ꝶ.

Dɪᴇ Dñica ī cᵃstino Ap̄lorū Philipp̃ ꞇ
Jacob̄ ap̄d 'Turrī' Lundoñ ⸝ Steffañ nūtio
dñi lᴵpatoris eūti ad dñm suū dim̃ m̃. p
ꝶ.   Ꝓ x. parib₃ lineor̄ panno₃ ad op⁹
dñi Reg̃ suendis iij. s̄. iiij. d̄.   Ꝓ tᴵb₃
succaneis ad op⁹ ej⁹dē suend̄ ix. d̄.   Ꝓ
j. urinali j. d̄.   Gaufr̄ de Caleto militi
eūti in nūtiū dñi Reg̃ v. m̃. p ꝶ.   Ꝓ
riddiando septē camisias dñi Reg̃ vij. d̄.
Ad repand̄ lessias vj. d̄.   Ꝓ j. tarkeisio ad

op⁹ Reğ xij. đ. ₽ duob₃ parib₃ estivalloř
ad op⁹ Robiñ de Samforđ iij. ŝ. ₽ j.
magno sacco de corio ad op⁹ Wiłłi
Cissoris ⌐ ad īponenđ pannos dñi ℞. ꝓ
res minutas ⌐ xiij. ŝ. x. đ. Gaufř de
Ros hõi Joħis de Neviłł eūti ad dñm suū
diꝏ ꝏ. p Reğ. Cuidā nūtio H'nrici filii
Reğ eūti cū liťis ad Steffañ de Tornhaꝏ
ij. ŝ. In exꝓnsis xxvj. eqᵒrū ꝓ xxiiij. gar-
čonum morantiū p unā noctē aꝑd Gᵃves-
ende cū Wałł de Sčo Audoeno viij. ŝ.
xj. đ. Rađo nūtio Regiñ de Orgepan
eūti ad dñm suū v. ŝ. p coꝏ Sarř.

*Feuda miliť de
Flandř ꞉ ꝓ mit-
tenđ ẻ ad scacč.* Ð Martis ī cᵃstino Sče Crucis aꝑ Dovř ⌐
Gileħ de Wunes mił Flandř ⌐ de medie-
tate feodi sui qđ ħt p annū ⌐ xij. łi. x. ŝ.
Guidoñ de Pinches mił Flandř xij. łi.
x. ŝ. p coꝏ Sař. Eustacħ monaco de
feodo suo xxx. ꝏ. p coꝏ Sarř. Ade de
Sčo Martino de feudo suo C. ŝ. Eusta-
chio de Champaigñ de feudo suo C. soł.
Wiłło de Sčo Martino de feudo suo C. ŝ.
liħanđ Roħto člico Joħis de Boscho eunti
ad dñm suū ⌐ xx. ŝ. p eꝑm Winł ꝓ coꝏ Sař.

Ð Jovis ꝓxᵃ post Invētionē Sče Crucis
apud Rofā ⌐ ad cordandū balantias j. đ.
Ad repanđ cofᵃs de denař iij. đ. Eađ die
ibiđ ⌐ Rađo de Cambř eunti ī nuntiū dñi
Reğ ultᵃ mare ad curiā Romanā j. ꝏ.
Cuidā nūtio de Baiona q̃m dñs Rex
ꝑcussit eunti ad dñm suū j. ꝏ. p ℞. Petᵒ
ꝓ Bruno monachis de Regula de dono
ij. ꝏ. p ℞. Ił eođ die aꝑd Suttonā ⌐ cui-

dā nūtio eunti cū liťis ad xij. juratos ꝉ
ad ꝯsiliū de Bayona dīm m̄. p ℞. Henꝝ
de Bailluel militi de dono ij. m̄. p com̄
Sarꝝ. Eustacħ de Kayov militi de dono
x. m̄. p com̄ Sarꝝ.

Ꝺ Saƀi ꝓxᵃ post Invētionē Sc̄e Crucis
aꝑd Westm̄ ⸗ Roƀ mon̄cħ de Castro
Cerso ⸗ nūtio Thedbalď Crespin̄ eūti in
ptes suas ⸗ xx. s̄. p ℞. Ꝑ tᶦbȝ unciis de
serico ad opꝰ dn̄i Reg̃ ij. s̄. vj. ď.
Raďo nūtio Pagan̄ de Ruꝑforti eunti ad
dn̄m suū v. s̄. p ℞. Joħ nūtio eunti ad
Raďm Pm̄tariū ix. ď. In expn̄ vjˣˣ. ꝉ
xj. leporaꝝ ꝉ xxxvj. valťrioꝝ p tres dies ⸗
euntiū aꝑd Frigiď Manctelͱ ⸗ xxxiij. s̄.
iiij. ď.   In hernesio Roƀ de Samforď
empto p Wiͱͱm Scissorē x. s̄. vj. ď. liƀ
eiď Wiͱͱo.   In minuto hernesio empto ad
opꝰ dn̄i Reg̃ p manū Walť de Sc̄o
Audoeno ij. s̄. viij. ď. liƀ Roƀ de Luvͱ
p Wiͱͱm de Cantiluꝑ. Eoď die ibiď ⸗
Wiͱͱo Goimeꝝ p duobȝ duodenis manu-
ꝼgioꝝ ad opꝰ dn̄i Reg̃ xxviij. s̄. Ric̄ fiͱ
Pꝝbi de Lundon̄ p j. pari pan̄ioꝝ ad
īponenď cendalia viij. s̄.   Walensi ꝉ Wiͱͱo
Doget cū Fliť ꝉ Bidon̄ eūtibȝ aꝑd Frigiď
Manctellū xij. ď.   In lectaꝝ ꝉ minutis
exꝑnsis Henꝝ filii ducis Saxon̄ ⸗ a die
Martis ꝓxᵃ post mediā Qᵃdragesimā usqᷗ
ad diē Dn̄icam ꝓxᵃm pꝰ Invētionē Sc̄e

Feoď Peť ds
Kayev ⸗ q' idē Roƀ
debet re ponďe ⸗ nⁱ

Crucis ⸗ xix. s̄. Petꝰ de Kaev miliť
Flandꝝnsi de feodo suo xx. m̄. liƀ Roƀ
de Turneham.   Ad unā cogā ten̄dam ī

P. de Kaiov vene-
rit ĩ ꝓviciũ dñi
Reg̃.

serviciũ dñi Reg̃ x. m̃. liƀ eiđ Roƀ
p ℞.

Iᴛ' die Luñ ꝓxᵃ ap̃d Odiham ⸝ Iꞇio
Landry miliꞇ Gwidoñ de Laroch ᴛ
familie ip̃ius G. eũtibჳ ĩ Pictaviã ⸝ cenꞇ
soł p ℞. liƀ eiđ Iꞇio ᴛ Johi de Ruffic
cłico. Johi Long̃ eunꞇ cũ liꞇis ad Roƀ
de Ros ᴛ Eustach de Vescy xij. đ.

Đ Martis ꝓxᵃ ap̃d Wintoñ ⸝ p xxvj.
duodenis parcameñ ad deferenđ noƀcũ
ĩ Hiƀñ j. m̃. ℙ factura cape dñi Reg̃
de eskarlat furraꞇ viriđ cendał xj. đ. ℙ
filo ad opus Witłi Scissoris ix. đ. Ivoni
de Laceꞇ militi ⸝ socio Petˡ de Croum ⸝
de dono x. m̃. p Reg̃. Iꞇ ibiđ ⸝ ꝓ xix.
duodenis pcameni ad ferenđ cũ dño
Reg̃ ĩ Hiƀñ ix. s̃. vij. đ. Iꞇ ꝓ tribჳ duodenis pcameñ xj. đ. Witło Desarme
nũtio eũti cũ dñam Reginam vj. đ. Iꞇ
ⁱn pcameñ .s̃. ĩ v. duodenis iij. s̃. viij. đ.
Eodē die ibiđ ⸝ Watekino de Bello Cãpo
ad panđ se tᵃnsfretanđ cũ dño Reg̃ xx. s̃.
p Reg̃.

Đ Jovis ꝓxᵃ post octaƀ Invētionis Sc̃e
Crucis ap̃d M'leƀg̃ ⸝ ad expñ dñe Regine
q̃ morā fecit ap̃d Wdestoƀ iiij. m̃. liƀ
Galfꞃ vadletto P. de Maudley ad tᵉdenđ
mag̃ro Rađo coco dñe Regiñ.

Đ Veñis ꝓxᵃ ap̃d Bristotł ⸝ Witło
Roillarđ ⸝ ᴛ Thom̃ de Ba . . . . . ⸝ ᴛ Ade
de Damenois ⸝ mił Flandꞃ ⸝ de dono
iij. m̃. Priori nũtio eũti cũ liꞇis ad Roƀ
fił Rog̃łi vj. đ. Ric̃ . . . . cłico fr̃

Fulcħi de Aumaigne de dono ij. m̃.
p R̘.

Đ Luñ px̄ ap̃d Bristoħ ⌐ ī m . . . . .
ħnesio ēpto ad . . . . Thom̃
Maresc̃ iiij. s̃. vij. đ. oƀ. P̄ viij. ulnis
linee tele ad facienđ saccos ad denar̃
xx. đ.

Đ M . . . . ⌐ Wiħo de Lundoñ
militi de feudo suo de t̃mino Pasch̃ p
custodia cast¹ de Carinawrtħ L. m̃. liƀ
. . . .

. . M'cur̃ px̄   de Cant̃ de dono
xx. m̃. p Regē p sex ulnis grisenḡ ad
9putanđ . . . . . ibidē ⌐   de dono
C. m̃. p Reḡ liƀ Rob . . . . . septē vad-
lettis ducis Saxoñ . . . . dñm Regē
cum austurcis . . . . et Alexandr̃
militi ⌐ q¹ cū iħ . . . ⌐ iiij. m̃. de dono p R̘.
It̃ . . . . ad caligas dñi Reḡ xj. s̃. P̄
xiiij. ulnis t ij. q̄rt̃iis de grisenc̃ ad
facienđ tres saccos . . . . xiij. s̃. iiij. đ.
oƀ. . . . chanevacis t correḡ ad sacos
illos v. đ. Joħi Mercatori de Wintoñ
p xxx. libr̃ cotoñ xv. s̃. ⌐ eiđ p sex libr̃
cotonis iij. s̃. vj. đ. Hugoñ M'cerio de
Lundoñ p viij. libr̃ cotonis iiij. s̃. viij. đ.
p Wiħm . . . . Ric̃ nũtio Briañ
de Insuħ eunti cū litt̃is dñi R̘. ad dñm
suū vj. đ. Robino   eunti cū
litt̃is ad vic̃ Wiltesir̃ t Hanttesir̃ ix. đ.
Roƀ de Alemannia eunti cū litt̃is ad vic̃
Oxoñ t Bercsire ix. đ. P̄ viij. ulñ de
grisenc̃ t viij. ulñ de canevac̃ ad facienđ

saccos ad inponenđ   dñi Reg̃
p Walꝑum de Sc̃o Audoeno viij. soł
iiij. đ. ꝑ iiij. cinguł . . . . ad opus dñi
Ꝥ. ij. soł ij. đ. p eunđ.

Ɖ Veñis proxĩa aᵽd   nūtio arcħ
Pictavie eunti ad dñm suũ dĩm marc̃. In
exᵽnsis Walꝑi de Audrecot valletti Hñrici
fił duc̃ Saxoñ ᷅ qui eg°tavit apud Wintoñ
p xxj. diem ᷅ xiij. soł iiij. đ. Gaufriđ de
Langetot eunti ĩ Norm̃ in nūtium dñi Ꝥ.
de dono xx. soł. Hñrico Gyscarđ eunti ad
Wiłłm de Sc̃o Joħe in insuł de dono xx. soł
p Reg̃. Gileᵬto valt°rio eunti ad Pet°m
de Maulay apud Uphavē cũ leporar̃ suo
vij. đ. oᵬ. In lectar̃ Hñrici fił duc̃ Saxoñ ᷅
ꝼ minutis exᵽnsis ejusdem a die Dñica
proxĩa p⁹ Inventõm Sc̃e Cᵘcis usꝗ ad dịₑ
Saᵬ   ꝓxĩam añ Ascensionē Dñi xiij. soł
iiij. đ. Pro tᵗbus pixidibꝫ ad ĩponendũ
bñia dñi Ꝥ. . . . . Rog̃o nūtio Hñrici
fił Ꝥ. eunti ad dñm suũ vj. đ. Russełł
nūtio Wiłłi Coci eunti ad dñm suũ
xx. soł p eᵽm Wintoñ. Iꝓ Russełł nūtio
Eym̃ici de Saci eunti ĩ Pictaṽ p ᵱcepꝓ
dñi Ꝥ. dĩm marc̃. Matħo nūtio Rađi
ᴅe Ralig eunti ad dñm suũ xij. đ. p Ꝥ.
Joħi de Ruffic̃ cłico eunti phendinare
cum dño Wintoñ eᵽo j. marc̃ p Ꝥ.
Hñrico de Ortiay militi de Norm̃ de
dono iij. marc̃ p Ꝥ. Reimundo de Bute-
viłł militi de Norm̃ de dono dĩm marc̃ p
Ꝥ. Phił de Connaco militi de dono
j. m̃. euntibus ad com̃ Sarr̃ p ᵱcepꝓ

dñi ℞. Nuntiis Robini de Samford
p̃euntib; cũ hernesio suo iij. sot.

Đ Mart prox* añ Ascensionē Dñi apud
Kaerdif ، Amando fr̃i majoris de Ango-
leime cłico de dono xx. sot p ℞. Joħi
nuntio Savarici de Malo Leone eunti ad
dũm suũ dim̃ marc̃ p ℞. In calciamento

Elemos̃ dñi Reḡ.
Wiłłi Bluet xviij. đ. In elemosina dñi
Reḡ q̃ est p diē iij. s̃. de CC. xxxiij. dieb; ،
scilt ، a sexto die Octobr̃ usq, ad xxvj.
diē Maii ، ut*q, conput ، s* xxxiiij. łi.

*Aq*rius.*
xix. s̃. Wiłło Aq*rio q' ħt p diē oƀ de
CC.v. dieb; ، scilt ، a q'nto die Nov̄
usq, ad xxvj. diē Maii ، ut*q, conp̃ ، s*
viij. s̃. vj. đ. oƀ. Eidē p undecī balneis
ad opus dñi Regis a vigit   ap̃
Havrefort post Ascensionē Dñi ، s* vj. s̃.
j. đ.

S nona CCC.iiij*. łi. xv. đ.*

Memb. 1. *in dorso.*

COMPOT⁹ Wiłłi Scissoris.

Đ M'cur̃ q* fuim⁹ ap̃ Be-
lyam mañl̃iũ ep̃i Cicestr̃ ،
Wiłło Scissori p trib; roƀ f̃cis
ad op⁹ t'um domicellar̃ ij. s̃.
vj. đ. p P. de Maulay. ₱ q*dā
roba scarlat integ* ad op⁹ dñi
Reḡ xij. đ. ₱ duob; suptunic̃
de russet ɔ de viridi sinḡlis
ij. đ. ₱ una camisia Roƀ de
Samf j. đ. ₱ vij. pib; lineoჳ
pãnoჳ ad op⁹ dñi ℞. ɔ una

camisia 'ᴛ duabȝ succaneis ad
op⁹ ℞. ij. s̃. x. đ. ℘ tribȝ cin-
gul̃ ad lectū ℞. iij. đ. ℘ una
roba ad op⁹ dñi Reg̃ de viridi
9tᵃ Pentec̃ xij. đ. It̃ ap̃ Wint̃⹎
p una roba de Simplingeh
vj. đ. ⹎ p una capa de scarl̃
furr̃ vj. đ. ⹎ p filo vj. đ. ⹎ p
una capa ad pluviā ij. đ. ⹎ p
trib⁹ ulnis stamf̃ tincti ad facien[das] caligas ad op⁹ ℞.
iiij. s̃. ⹎ ad repandā scaubgiā
ensis dñi ℞. j. đ.

Sᵃ xiij. s̃.
vij. đ.

Memb. 3. in dorso.

. . . ap̃ Glouc̃ libavim⁹ Engel̃ vic̃
Glouc̃ D. l̃i. qᵃs debȝ affre p⁹ Reg̃e.

Memb. 4. in dorso.

DIE Dñica in octab̃ Sc̃e Trinitatis ap̃d
Cnapp̃⹎ libaṽ dñs Rex justic̃ j. anul̃
gemell̃ ad poñdū int̃ᴾ j. smar̃ qˡ defec̃.

Sc̃i Joh̃is Babtiste⹎
precepit dñs Rex q ip̃a die ñ habent nˡ
dimiđ libatōum suaȝ.

ROTULUS DE PRESTITO.

JOHANNE REGE.

ROTULUS de Prestito anno Regis J. duodecimo.

Memb. 8.

Johi fit Cardōis de Frenevill.

Ɖ Veñlis in cᵃstino Asc̄nsionis Dñi apud Margan, Johi fit Cardonis de Freneviłł de prestito sup ℈ram patˡs sui x. marc̄ p ℞. liƀ eid̄ J.

Falconi.

Ead' die Veñlis apud Sueinesheiam, Falcoñ de prestito viij. liƀr̃ vj. soł ix. d̄. ad adquietandū hospicia dñi Regis dum fuit ī baiłła sua.

Ɖ Saƀ proxīa iƀ, eid̄ Falconi ad facien d̄ prestitū iiij. navibus de Sueinesheia euntibus in serviciū dñi ℞. usqₕ Penbroc cent̄ soł p Reg̃.

Thoм̃ Flechaȓ.

Ɖ Lune proxīa apud Haverford̄, Thoм̃ Flechario x. soł.

Hн̃rico de Veȓ.

Ɖ Jovis proxᵃ apud Cruc̄e, Hн̃rico de Ver ad facien d̄ liƀaciones Lv. ser

vientibus 't v. bal , euntibus in Hiƀ cū
Joħe Marescaℓℓ 't W. Mauclerc Lx. libr̄
xv. soℓ liƀ Nichoℓ cℓico suo.

Servientiƀ⁹ tħau-
rarioᵹ Lonđ.

Ɖ Veñis iƀ Thoṁ fiℓ Henrici 't Hugōi
de Monasťiis , servientibus tħaurarioᵹ
Lonđ , qui veñant cū tħauro apud Cᵘcem
subt⁹ Penbroc̃ , quando dñs Rex ivit ī Hiƀ
xl. soℓ ./ iđ v° recepant p manū Petˡ de
Maulay xl. soℓ , quos idē recepat de
camera ad facienđ prestitū carrettar̄ qui
ducebant p̄scⁱptū tħaurum.

Heℓ de Mareviℓℓ.

Ɖ Saƀ in vigiℓ Pentec̃ apud Cᵘcem
subt⁹ Penbroc , Helie de Mareviℓℓ militi
sup liƀaciones suas xlv. soℓ p Petᵘm de
Maulay.

Roƀ de Burgaℓ.

Eᴀᴅ' die iƀ , Roƀ de Burgaℓ sup
debiℓ qđ dñs Ʀex ei debet de quadā
custodia in ep̄atu Dunholṁ x. ṁ. liƀ
Rogᵹo Crewe socio suo p Ʀ.

Aimaro 't Reiño.

Eᴀᴅ' die iƀ , Aimaro , 't Reiño , 't
Rađo de Samf v. ṁ.

Hñrico fiℓ Coṁ ad
op⁹ marineℓℓ
Pentec̃.

Ɖ Pentec̃ iƀ , Hñrico fiℓ Coṁ ad
facienđ prestitū marineℓℓ euntibᵹ ī Hiƀ
in serviciū dñi Ʀ. cenℓ libr̄ p Ʀ.

Hñrico de Ver̄.

Eᴀᴅ' die iƀ , Hñrico de Ver ad facienđ
prestiℓ baℓ xxᵗⁱ. libr̄ p Ʀ. liƀ Nichoℓ
cℓico suo.

Ɖ Lune in c⁕stino Pentec̃ iƀ , Hñrico
de Ver ad facienđ liƀ baℓ 't servientibus
CC. libr̄ liƀ Nichoℓ cℓico suo.

Hñrico fił Cõm ad op⁹ marinełł.

EAD' die ił ⸰ Hñrico fił Cõm ad faciend prestił marinełł euntibus in Hił ī serviciū dñi ℞. cenł libř lił eid.

D Martis proxīa ił ⸰ ꝑcio Hñrico fił Cõm ⁊ Gaufrid de Lucy ad faciend prestił marinełł euntib; ī serviciū dñi ℞. ī Hił cenł libř lił eisd.

Prestił fĉm mili-tibus euntib; ī Hił cū ℞. cord H. de Ver ⁊ Roł de Burgał.

Ad op⁹ marinełłoꝛ.

EAD' die ił ⸰ Hugōi Talemasch xx. soł ⸴ et Alano de Monnay j. m̃. ⸴ et Rič de Eschał j. m̃. p ℞.

D Mercuř in septimañ Penteĉ ił ⸰ qᵃrto Hñrico fił Cõm ⁊ Gaufrid de Lucy ad faciend prestitū marinełł euntib; cū dño Reğ in Hił C. libř lił eisd.

Ead die ił ⸰ quinto eisd ad faciend prestił ꝑdĉis marinełł cenł libř lił eisd.

D Jovis proxīa ibidē ⸰ eisd ad faciend prestitū ꝑdĉis marinełł ⁊ nautis L. libř lił eisdē.

Ead die ibid ⸰ eisd ad faciend prestitū ꝑdĉis marinełł ⁊ nautis L. libř lił eisd.

D Veneris proxᵃ ił ⸰ eisd ad faciend prestitū ꝑdĉis marinełł ⁊ nautis xl. libř lił eisdem.

PRESTITU' fĉum militibus Flandř apud Cᵘcem subt⁹ Penbroc die Sał in septim̃ Penteĉ p visum cõm Sarř.

Danieł de Curteray iij. marĉ ⸰ Gui-doñ de Pimches xx. soł ⸰ Gilełto de Wymes xx. soł ⸰ Wałꝑo Le Buc xx. soł ⸰ fři ejus j. marĉ ⸰ Baudewiñ de Duaviłł

cenŧ soł, Wiłło de Frisa cenŧ soł,
Eustach de Es iij. marc̃, Wiłło Buᵖy
ij. marc̃, Roƀ de Waverans ⁊ Ernulf
fŕi suo xx. soł, Aleviñ de Maroil j.
marc̃, Petᵒ de Delettes j. marc̃, Thom̃
de Bavelingham j. marc̃, Wiłło Rullard̃
xx. soł, Lambekiñ de Roillecurt j. m̃.,
Ad̃ de Daunnois dim̃ marc̃, Wiłło de
Duuse dim̃ marc̃, Illeƀto de Herford̃
iiij. marc̃, Ad̃ de Croc xx. soł, Guidoñ
de Freseneviłł j. marc̃, Wiłło de Sc̃o
Audomaro cenŧ soł, Hasci de Hov̆ing-
ham v. marc̃.

Gileƀto de Clara,
Ham̃oi de Sibetoñ,
Ric̃ de Argntom,
Roƀ de Insuł.

Eᴀᴅ' die iƀ, coram eod̃ com̃ Sarŕ,
Gileƀto de Clara cenŧ soł liƀ Johi fił
Nichoł, Ham̃oi de Sibetoñ xx. soł, Ric̃
de Argentom̃ v. marc̃, Roƀto de Insuł
iiij. marc̃.

ᵭ Dñica in festo Sc̃e Tᵗnitatis ibid̃,
Hñrico fił Com̃ ⁊ Galfrid̃ de Lucy
ad reddend̃ arreragia sex galiaᵹ xxv. m̃.
xij. s̃. iiij. d̃.

Roḡo Waceliñ.

Eᴀᴅ' die ibid̃, Roᵹo Waceliñ de
prestito ad navē suam om̃ino parandā
que roƀata fuit vj. marc̃.   Pleḡ com̃ Sarŕ,
p̃ᵗ donū qd̃ Rex ei dedit de aliis vj. marc̃
que sūt ᴵ roŧlo mise, ⁊ Ric̃ de Marisc̃ est
pł insimul cū com̃ Sarŕ de eisd̃ vj. marc̃
ei acomodatis.

Militibᵹ dñi Win-
toñ eᵖi.

Eᴀᴅ' die ibid̃, militibus dñi Wintoñ
eᵖi sup eund̃ eᵖm xx. m̃. liƀ Roᵹo
Waceliñ ⁊ Stepħo cłico.   Pł com̃ Sarŕ.

v. m̃. ⫟ Ad̃ de Wilesic de honore de Thikehull xx. sol ⫟ Willo de Wibtona xx. sol ⫟ Eustach ⫟ t̃ Simoñ de Camp̃ Remigii ⫟ t̃ Hñrico de Longo Campo ⫟ t̃ Willo de Kainages x. m̃. ⫟ Stepho Harengot iij. marc̃ ⫟ Hñrico de Mailloc iij. marc̃ ⫟ Rad̃o Dairel xx. sol ⫟ Jocelino de Hispañ xx. sol ⫟ Pet° Picot sibi alti iiijᵒʳ. marc̃ ⫟ Walto Foliot xx. sol ⫟ Rad̃o Gernum iiij. marc̃ ⫟ Hñrico fit com̃ Dd xx. sol ⫟ Nichol de Bretevill xx. sol ⫟ Willo de Gatesdeñ xx. sol ⫟ Rad̃o Monacho xx. sol ⫟ Ric̃ Morin xx. sol ⫟ Wandrill de Curcell xx. sol ⫟ Rog̃o de Boscho xx. sol ⫟ Ric̃ de Escal xx. sol ⫟ Phil de Copniaco xl. sol ⫟ Rog̃o de Portis xx. sol ⫟ Hug̃ de Cantel xx. sol ⫟ Luc̃ de Trublevill xx. sol ⫟ Willo le Poingnur xx. sol ⫟ Rob de Fiscamñ xx. sol ⫟ Hugōi de Samf v. m̃. ⫟ Albico de Marines iij. m̃. *Sⁿ cent iiijˣˣ. iij. m̃. t̃ d̃i.*

Prima s̃ M.CCCC.xxxij. li. xiij. sol. vj. d̃. p̃batur.

⎧ Ead̃ die Rob de Burgal apud Hav̂- ⎫
⎪ ford̃ ad ludū suū sup debit̃ qd̃ ei ⎪
⎩ debetʳ ij. sol. x. d̃. ⎭

    q' supius.

⎧ Eid̃ apud Pontē Novū villā ⫟ W. ⎫
⎩ Marescall v. sol sup debitū. ⎭

    q' supius.

Ep̃o Norwic̃ ⫟
Hibernia.

D Dñica ī octab Sc̃e T'nitatis apud Crocū subt̃ Watford̃ ⫟ ep̃o Norwic̃ cent libr̃ ad faciend̃ libaciones servientibus Hib quos retinuerat ad serviciū dñi Reg̃.

Militibʒ eṗi Wintoñ.

Ð Luñ proxᵃ añ Nativi� Sͨi Joħ Bapꝉ iꝉ ᴊ militibus dñi Wintoñ eṗi sup eunꝺ eṗm xx. libͬ liꝉ Roꝛ Waceliñ ꞇ Stepħo cꝉico p ℞.

H. fiꝉ Coͫ ꞇ G. Luꝟeꝉ.

Eᴀᴅ' die ibiꝺ ᴊ Hñrico fiꝉ Comiꝉ ꞇ Gauffͬ Luꝟeꝉ ad facienꝺ prestiꝉ mari-neꝉ ꞇ galiotis qⁱ veñunt cū Reꝛ in Hiꝉ D. marͨ liꝉ eisꝺ p ℞.

Aymaͬ ꞇ Reinero.

Eᴀᴅ' die apud Pontē Novū ᴊ Aymaro ᴊ ꞇ Reinero de Cleri ᴊ ꞇ Raꝺo de Samꝉ sup liꝉ suas xl. soꝉ liꝉ Reinero ꞉ ꝉcia ṗs debet subtᵃhi q' ꝯputaꝉͬ ī liꝉacione Aymari.

Prestiꝉa galiotis.

Ð Marꝉ proxᵃ apud Boscū juxᵃ ꝉram Thoͫ fiꝉ Antonii ᴊ Joħi de Winꝉburñ cꝉico ad facienꝺ presꝉ sex galiis euntibus cū G. de Lucy ad exploranꝺ piratas xlij. libͬ liꝉ eiꝺ Joħi.

H. de Ver.

Eᴀᴅ' die iꝉ ᴊ Hñrico de Ver ad fa-cienꝺ liꝉaciones vij. militibus ᴊ servien-tibʒ ᴊ ꞇ baꝉ exisꝉntibus in galiis xl. ͫ. liꝉ Nichoꝉ cꝉico.

Roꝉ de Burgaꝉ.

Eᴀᴅ' die iꝉ ᴊ Roꝉ de Burgaꝉ sup debiꝉ qꝺ ei debeꝉͬ x. marͨ liꝉ Gernun hͦi suo.

Pʀᴇsᴛɪᴛ' fͨum militibus apud Kil-kenñ die Jovis ī f Nativ̾ Sͨi Joħ Bapꝉ corā coͫ Sarͬ ꞇ R. de Marisͨ.

Nativ' Sͨi Joħ Bapꝉ.

Raꝺ de Tᵘbleviꝉ iij. marͨ ᴊ Roꝉ de Mortuo Mari iij. marͨ ᴊ Thoͫ de Can-

vill iij. marc ⸝ Elie de La Faleš 't Willo
frĩ ejus iij. m̃. ⸝ Willo de Hasting̃
v. marc ⸝ Willo de Curtenay iij. marc ⸝
Ric̃ Revel iij. marc ⸝ Ric̃ fil Willi xx. sol ⸝
Joħ de Sc̃a Helena xx. sol ⸝ Walᵖo de
Esseleg̃ iij. marc ⸝ Ric̃ de Gᵃvenell
iij. marc ⸝ Rad de Marcy xx. sol ⸝ Gaufr̃
de Saukevill xx. sol ⸝ Stepħ de Esburneħ
xx. sol ⸝ Gaufr̃ de Sc̃o Leodegar̃ de Wert-
ling̃ iij. marc ⸝ Gilebto Anglico xx. sol ⸝
Willo de Clintoñ xx. sol ⸝ Gaufr̃ fil
Gaufrid xx. sol ⸝ Rannñ de Fisseburñ
xx. sol ⸝ Hñrico de Nevill de Hal
xx. sol ⸝ Alof de Boltoñ xx. sol ⸝ Rob
Barat 't Rogᶦo Birget xx. sol ⸝ Willo
Haket xx. sol ⸝ Willo Espec xx. sol ⸝
Willo Pauntoñ xx. sol ⸝ Gaufr̃ de Apel-
toñ xx. sol ⸝ Willo de Arches xx. sol ⸝
Willo de Escoteny xx. sol ⸝ Alard La
Flamenc cũ fil suo iij. m̃. ⸝ Petᵒ de Mel-
leto xx. sol ⸝ Petᵒ de Escoteny xx. sol ⸝
Willo de Muncell sup p̃rem suũ xx. sol ⸝
Willo Dorre xx. sol ⸝ Gaufr̃ de Claro
Monte xx. sol ⸝ Joħi de Regny xx. sol ⸝
Hug̃ Malebisš iij. marc ⸝ Rado de Lange-
tot xx. sol ⸝ Willo de Serland 't Gaufr̃
frĩ suo iij. marc ⸝ Hñrico de Sc̃o Georgio
xx. sol ⸝ Budewino de La Duñ xx. sol ⸝
Simoñ de Echingham iij. marc ⸝ Rob de
Percy iij. marc ⸝ Rad Belet xx. sol ⸝ Hug̃
de Gundevill xx. sol ⸝ Briañ Toulard
xx. sol ⸝ duobus militibus Willi fil Rad
de Kaynes sup dñm suũ iij. marc ⸝ Mau-
ric̃ fil Rob xx. sol ⸝ Rogᶦo de Wilers

xx. sol ⸗ Briañ fił Rađi iij. marc ⸗ Wiłło
Peⱴel xx. sol ⸗ Regiñ de Moyun vj. m̃. ⸗
Roƀ de Mandevitł Lx. sol ⸗ Hugōi de
Chauwrces Lx. sol ⸗ Roƀ fił Amaury
xx. sol ⸗ Engerañ de Pratełł iij. marc ⸗
Johi de Samforđ xx. sol ⸗ Rađo ·Morel
xx. sol ⸗ Wiłło de Winlesour xx. sol ⸗
Wiłło de Roff ꝑ Rađo p̃re suo iij. marc ⸗
Thom̃ Britoñ xx. sol ⸗ Hugōi de Berne⸗
vałł xx. sol ⸗ Thom̃ Est⸗my xx. sol ⸗
Wiłło de Cresec Lx. sol ⸗ Walƀo de
Ronceby xx. sol ⸗ Wiłło fiłSimoñ xx. sol ⸗

Bernardo de Baillol. Bernardo de Baillol militi sup feodũ suũ
v. marc ⸗ Walƀo le Neve iij. marc.

Sᵃ CLj. m̃.

Nativ' Sc̃i Joħ Bapt. Com̃ Sarr̃. ⅅ Jovis in Nativitate Sc̃i Joħ Bapt
apud Kilkenñ ⸗ com̃ Sarr̃ sup feodũ suũ
x. marc liƀ Wiłło Talebot ⸗ ił apud
Nassam eiđ com̃ x. marc liƀ Robino de
Cam̃a quando dñs Rex jacuit ĩ papi-
lionibus ⸗ ~~ił ibiđ ⸗ ad ludũ suũ x. c̃.~~

Roƀ de Burgał. ⅅ Saƀ prox⸗ apud Nassam ⸗ Roƀ de
Burgał ad ludũ suũ v. sol sup debił qđ
ei debet⸗.

Memb. 7.

Com̃ Sarr̃. ⅅ Luñ in vigił Ap̃łoʒ Pet⸗ 't Pauli
apud Diveliñ ⸗ com̃ Sarr̃ sup feodũ suũ
xv. libr̃ liƀ Wiłło Talebot.

H. de Ver. Ead' die Luñ ibiđ ⸗ Hñrico de Ver ad
facienđ liƀaciones bał 't servientibus
CCCC. liƀ eiđ Henr̃.

N 3

Prestita fĉa militibȝ apud Dublinū⸗
die Luñ in vigiℓ Apˡoȝ Petˡ ⁊
Pauli⸗ corā W. co͠ Sarͬ⸗ ⁊
Roƀ de Burgaᵺ⸗ ⁊ Joħe de
Bassingeb'ne.

Olivero de Vallibus xl. soℓ⸗ Michaeli
de Puinges xl. soℓ⸗ Joħi de Vallibus
xx. soℓ⸗ q'tuor militibus Wiℓℓi de Can-
telup̃ sup ip̃m W. iiij. ℓi.⸗ Wiℓℓo de Eine-
forᵺ Lx. soℓ⸗ Joħi de Bully xl. soℓ⸗ Roƀ
Arsic xl. soℓ⸗ Elie Giffarᵺ xl. soℓ⸗
Einf'do de Criketot xx. soℓ⸗ Alañ de
Valeines xx. soℓ⸗ Raᵺo de Anvers xx.
soℓ⸗ Roƀ de Suttoñ xl. soℓ⸗ Hugōi
Puinz sup p̃rem suū xl. soℓ⸗ Eustaĉ
de Vescy vij. ℓi.⸗ Wiℓℓo de Ros xl. soℓ⸗
Baldewiñ Filloel xx. soℓ⸗ Hugōi de Steintoñ xx. soℓ⸗ Hͭñrico de Isleḡ xx. soℓ⸗
Wiℓℓo de Cressy xx. soℓ⸗ Roƀ fiℓ Pagañ
xl. soℓ⸗ Hugōi de Capella xx. soℓ⸗ Raᵺo
de Greseℓ xx. soℓ⸗ Wiℓℓo de Barminges
xx. soℓ⸗ Hugōi de Neviℓℓ Cᵃsso xl. soℓ⸗
Stepħo Harengot xl. soℓ⸗ Wiℓℓo de
Aͮveñḡ xl. soℓ⸗ Roƀ de Fᴿraͬ xl. soℓ⸗
Elie de Meysi xx. soℓ⸗ Rogᵒo La Zuĉ
xl. soℓ⸗ Joħi de Aencurt xx. soℓ⸗ Hͭñrico
de Tamdeñ xl. soℓ⸗ Gaufriᵺ Hose xx.
soℓ⸗ Aᵺ Le Butiller xx. soℓ⸗ Stef de
Bello Campo xx. soℓ⸗ Rogᵒo Laveiℓℓ
xx. soℓ⸗ Gaufͬr de Aubemarℓ xx. soℓ⸗
Hugōi Peͮvel de Samf xx. soℓ⸗ Roƀ de
Setvans xx. soℓ⸗ Raᵺo de Laneulanᵺ
xx. soℓ⸗ Wiℓℓo de Beͮvcoℓ xx. soℓ⸗ Riĉ
de Pelamdoñ xx. soℓ⸗ Riĉ de Furneℓℓ

xx. sol̃ ↙ Gaufr̃ fil̃ Angot xx. sol̃ ↙ Roƀ
de Tintaiol xl. sol̃ ↙ Wiɫɫo de Bulewardeɫ
sup p̃rem suū xx. sol̃ ↙ Roƀ Picot xx.
sol̃ ↙ Wiɫɫo de Trounnettes xl. sol̃ ↙ Rad̃
de Sc̃o Georgio xx. sol̃ ↙ Roƀ de Novo
Burgo Lx. sol̃ ↙ Miloñ de Bello Campo
xx. sol̃ ↙ Ric̃ fil̃ Roƀ de Cornubia xx. sol̃ ↙
Roƀ Le Brun xx. sol̃ ↙ Driwe de Vernun xx. sol↙ Rog̃o de Meisy xl. sol̃ ↙
Roƀ de Mara xl. sol̃ ↙ Walᵗo de Basker-
viɫɫ xl. sol̃ ↙ Guidoñ de Duna` xx. sol̃ ↙
Roƀ de Gurthested̃ xx. sol̃ ↙ Roƀ de
Meisy xl. sol̃ ↙ Roƀ de Saundeby xx. sol̃ ↙
Joħi de Borhā xx. sol̃ ↙ Thom̃ de Mus-
camp̃ xx. sol̃ ↙ Wiɫɫo le Buteiɫ xx. sol̃ ↙
Gileƀ Mauduit xx. sol̃ ↙ Hugōi de Hedoñ
xx. sol̃ ↙ Henr̃ de Witefeld̃ xx. sol̃ ↙ tribus
militibus Wiɫɫi de Huntingefeld̃ sup eund̃
W. cent̃ sol̃ ↙ Joħi de Basingeburñ Lx.
sol̃ ↙ militi Guimari de Bassingeburñ
xx. sol̃ ↙ com̃ Ebroic̃ x. ɫi. ↙ Roƀ de
Mortuo Mari Lx. sol̃ ↙ Seier̃ com̃ Wintoñ
xx. m̃. ↙ ~~W. com̃ de F'rar̃ xx. marc̃~~
Nichoɫ de Stuteviɫɫ vj. ɫi. ↙ Walᵗo de
Clifford̃ juveni xl. sol̃ ↙ Rog̃o de Clif-
ford̃ xl. sol̃ ↙ Gileƀ de Say xl. sol̃ ↙ militibus com̃ Albᶦci sup eund̃ A. vj. ɫi. ↙
Wiɫɫo fil̃ Hamōis Lx. sol̃ ↙ Wiɫɫo de
Witsand̃ xx. sol̃ ↙ Godefrid̃ de Craucūƀ
xxx. sol̃ ↙ Gaufr̃ de Caleto xxx. sol̃ ↙
Hereƀto de Bolebec xx. sol̃ ↙ Rad̃o Selvein xx. sol̃ ↙ Ranulf de Novo M'cato
xx. sol̃ ↙ Baldewino de Hodenet xl. sol̃ ↙
Petᵒ de Godintoñ xx. sol̃ ↙ Roƀ de

Witham xx. sot⸱ Thom̄ Basset x. marc̄⸱
Witło de Hasting̃ x. marc̄⸱ Guariñ fił
Geroł đ xx. marc̄⸱ Nichoł de Verdun
x. marc̄⸱ Alano Basset x. marc̄⸱ Ade de
Bella Aqua xxx. sot⸱ Henr̄ fił Geroł đ
cent̄ sot⸱ Phił de Kyma C. sot⸱ Rob̄ de
Ros xx. marc̄⸱ Rob̄ Britoñ xxx. sot⸱
militibus ep̄i Sarr̄ xv. marc̄ lib̄ Rađo de
la Bruer̄⸴ Gaufr̄ fił Witłi⸱ Rađo de
Boviłł⸱ 't Jurdañ Trevake⸱ militibꝫ Witłi
Bot̊ełł⸱ sup feoda sua vj. marc̄⸱ scilt⸱
cˡlibꝫ ij. marc̄⸴ Rob̄ de Cerintoñ Lx.
sot⸱ Rob̄ de Faukeham xl. sot⸱ Rog̊ło
de Lenham Lx. sot⸱ Rob̄ de Bretełł
xxx. sot⸱ Witło de Essetefoł đ xl. sot⸱
Rob̄ de Valeines xxx. sot⸱ Stepħo Pauntoñ xxx. s̃.⸱ Alufo de Boutoñ xx. sot⸱
Witło fił Guariñ xl. sot⸱ Aluredo de
Linc̄ C. sot⸱ Hugōi de Chaurces Lx.
sot⸱ Rob̄ fił Phił xl. sot⸱ Rađo Gernun
C. sot⸱ Witło de Soby xxx. sot⸱ Girał đ
de Furnivałł xv. marc̄⸱ Fulcoñ fił Guariñ
x. marc̄⸴ Joħi de Munemutħ x. marc̄⸱
't est pł dc̃i Fulcoñ de x. marc̄ qᵃs ħuit⸴
Rog̊ło de Ver xl. sot⸱ Odoñ de Dren-
chetoñ sup Rob̄ de Hulmo xl. sot⸱ Phił
de Culūberes Lx. sot⸱ Witło de Guignay
C. sot⸱ Simoñ de Cāpo Remig̃ 't Eustacħ fr̄i suo v. marc̄⸱ Hñrico de Longo
Campo 't Witło de Kamacħ v. marc̄⸱
Rob̄ de Crec xl. sot⸱ Rob̄ de Percy xl.
sot⸱ Simoñ de Echinghā xl. sot⸱ Wal̊ło
de Prestoñ xl. sot⸱ Hugōi Painełł C. sot⸱
Witło de Wenevałł xl. sot⸱ Witło de

Fenebriḡ xx. soł., Eudoñ Pat'c̃ xl. soł.,
Roƀ de Bikeł xl. soł., Guidoñ de Freseneviłł xx. soł., Regiñ Croc xx. soł., Gaufr̃
de Comeres xx. soł., Rogło de Comeres
xx. soł., Wiłło de Erleseia xx. soł., Gaufriđ
fił Gaufriđ xx. soł., Rann̄ de Fisseburñ

Militibʒ Fland̃.   xx. soł. Militibus Fland̃., sciłt., Wiłło
.de Cresec C. soł sup feodū suū., Hosti de
Curinhā iiij. łi. x. soł., Joħi de Evringham
de medietaꝛ feodi sui x. łi., Wiłło de Sc̃o
Oḿo x. łi., Thoḿ Keret vj. łi. x. soł.
     Sᵃ CCC. łi. iiijˣˣ. łi. vj. łi. xiij. s̃. iiijᵒʳ. đ.

Aymar̃ ꝛ Reiño.   Eᴀᴅ' die Luñ in vigił Aᵽloʒ Pet' ꝛ
Pauly ibiđ., Aymaro., ꝛ Reiño., ꝛ Rađo
de Samf Lx. soł.⁖ *łcia ꝑs debet subtᵃhi q'*
ꝯputaꝛ in liƀac̃oe Aymari.

Joħi Batałł.   Eᴀᴅ' die ibiđ., Joħi Batałł ꝛ socio suo
ij. marc̃., ~~Thoḿ Flechar̃ dimiđ marc̃., Roƀ~~
~~Piscatori dimiđ marc̃., Thoḿ fił Ađ xl. soł.~~

H. fił Coḿ ꝛ G.   Ð M'cur̃ in cᵃstiñ Aᵽloʒ Pet' ꝛ Pauli
Luđełł.   apud Dubliñ., Hñrico fił Coḿ ꝛ Galfriđ
LuꝒełł ad opᵍ marinelloʒ miłł łi. liƀ eisđ.

Coḿ Sarr̃.   Eᴀᴅ' die apud Pᵃtum Grenoc., coḿ
Sarr̃ sup feodū suū Lv. marc̃ liƀ Roƀ de
Caḿa.

     Pʀᴇsᴛɪᴛᴀ fᶜa militibus apud Grenoc.,
     die M'cur̃ in cᵃstiñ Aᵽloʒ Pet'
     ꝛ Pauli., corā W. coḿ Sarr̃., ꝛ
     Joħe de Basingeburñ., ꝛ R. de
     Marisc̃.

iiijᵒʳ. milites   Wiłło Butery cenꝛ soł., Aleviñ de
Fland̃.   Maroil ij. marc̃., Thoḿ de Bavelinghā
xl. soł., Petᵒ de Delettes ij. marc̃., Joħi

de Wahuɫɫ x. marč., Rogᵭo de Shende-
duit xxx. soɫ., Thoɱ de La Mare Lx. soɫ.,
tribus militibus Joħis fiɫ Hug̃ sup dñm
suū C. soɫ., Joħi de Mareʒ xxx. soɫ., Roƀ
Crevequor v. marč., Wiɫɫo de Dudintoñ
xxx. soɫ., Alañ de Dunstanviɫɫ xl. soɫ.,
Thoɱ de Valeines xxx. soɫ., Wiɫɫo de
Curtenay Lx. soɫ., Roƀ de Cardinan
x. marč., Hugōi Meriet sup Nichoɫ p̃rem
suū xxx. soɫ., Rič fiɫ Wiɫɫi de Heselƀge
xxx. soɫ., Roulanɗ de Acstede xxx. soɫ.,
Wiɫɫo de Boscho Roarɗ xxx. soɫ., Walᵭo
de Neves xx. s̃., Rič fiɫ Rič xl. soɫ.,
Wiɫɫo de Witefelɗ xx. soɫ., Rič Peᵥeɫɫ
sup Walᵭum de Eures xx. soɫ., Raɗo de
Wileby xxx. soɫ., Roƀ de Gattoñ Lx. soɫ.,
Walᵭo Foliot xx. soɫ., Roƀ de Sčo Joħe
xx. soɫ., Roƀ Camerario xx. soɫ., Raɗ de
Burg̃ Baɫ xx. soɫ., Hñrico Falconař xxx.
soɫ., Phiɫ de Coleviɫɫ xxx. soɫ., Joħi
Malesouř sup Wiɫɫm p̃rem suū xx. soɫ.,
Rogᵭo de Sčo Dioniš xxx. soɫ., Hñrico
de Neviɫɫ C. soɫ., Roƀ de Gresleg̃ ceñ
soɫ., Thoɱ fiɫ Wiɫɫi de Harpetř xl. soɫ.,
Wiɫɫo fiɫ Joħis de Harpetř xxx. soɫ., Walᵭo
Alemanno xxx. soɫ., Gaufř de Escalleriis
xxx. soɫ., Joħi Huscarɫ sup Reuleñ p̃rem
suū xxx. soɫ., Wiɫɫo de La Fᵗte C. soɫ.,
Ingeraɱ de Ulecoɫ̃ xxx. soɫ., Phiɫ de
Girunde xxx. soɫ., Roƀ de Pinkeny xl. soɫ.,
Alano fiɫ Roulanɗ xx. soɫ., Eborarɗ de
V'nū xxiij. soɫ iiij. ɗ.   Sᵃ C. ɫi.

Peᵗ de Kaev.   Eᴀᴅ' die iƀ., Peᵗᵒ de Kaev militi Flaɴdř
sup feodū suū x. marč liƀ eiɗ P.

W. de Sčo Maxenť.   EAD' die iɓ ⌐ Wiɫɫo de Sčo Maxenť
xl. soɫ p Reǧ ʼt coɱ Sarɍ.

H. de Ver.   EAD' die iɓ ⌐ Hɱ̃rico de Ver ad faciend̃
prestiť baɫ ʼt servientibɜ vjˣˣ. ɫi. vij. ɫi. liɓ
eid̃ H.

Sčda sᵃ ꝓbata M.M.DCC. ʼt xxj. ɫi. xviij. soɫ iiijᵒʳ. d̃.

PRESTITA fc̃a militibɜ apud Pᵃtum
subť Trim ⌐ die Veɱ̃lis ī f Sči
Swithuny ⌐ corā W. coɱ Sarɍ ⌐
ʼt R. Gernū ⌐ ʼt R. de Mariscis.

~~Petᵒ fiɫ H'eɓti xx. ɫi.~~ q' soɫvit i caɱ̃a
apud Odihā ⌐ Nichoɫ de Tokeviɫɫ xx. soɫ ⌐
Ade de Novo M'cato C. soɫ ⌐ Hɱ̃rico de
Novo M'cato iij. marč sup Hɱ̃ricū de
Pusaz ⌐ Pagaɱ̃ Chaurces cenť soɫ ⌐ Hɱ̃rico
de Gray x. m̃. ⌐ v. militibɜ Wiɫɫi Malet
x. m̃. sup dɱ̃m suū ⌐ Binard̃ de Crateluꝑ
xxx. soɫ ⌐ Wiɫɫo Le Danes iij. m̃. ⌐ Saheir
Bataɫɫ xxx. soɫ sup ꝓrem suū ⌐ Rad̃o de
Bello Cāpo iiij. marč ⌐ Regiɱ̃ de Pavilly
v. m̃. ⌐ Elie de Bello Cāpo iiijᵒʳ. m̃. ⌐ Rogꝉo
Bertᵃm x. marč ⌐ Miloɱ̃ de Suɱ̃y iij. m̃. ⌐
Rogꝉo de Cressy v. m̃. ⌐ Rad̃o de Kameis
iij. m̃. ⌐ Rad̃o Le Bret xx. soɫ sup ɱ̃rem
uxoɍ Hɱ̃rici fiɫ Gerold̃ ⌐ Norm̃ de Arcy
vj. m̃. ⌐ Rad̃o de Gateleǧ xx. soɫ ⌐ Joɦi
de Langedoɱ̃ xx. soɫ ⌐ Andɍ de Mathun
xx. soɫ ⌐ Roɓ de Estwde xx. soɫ ⌐ Roɓ de
Tᵗngheia xx. s̃. ⌐ Huǧ de Bocstede xxx.
soɫ ⌐ Hugōi de Sčo Vedasto xl. soɫ ⌐
Hɱ̃rico de Liditoɱ̃ xx. soɫ ⌐ Rogꝉo Mar-
teɫɫ xx. soɫ ⌐ Walꝑo de Stauntoɱ̃ xx. soɫ ⌐
Egidio de Sčo Leodegaɍ xx. soɫ ∠ Ričde

Hudelesdoñ xxx. soł ⸗ Walťo Foliot xx.
soł ⸗ Hñrico fił Wiłłi xxx. soł ⸗ Osbto
Lesor xx. soł ⸗ Wiłło de Mareny xx. soł ⸗
Simoñ Baiard xx. soł ⸗ Hug̃ fił Rob
xxx. soł.   *S*ª *iiij*ˣˣ. *li.*

Eṕo Norwič.   Eᴀᴅ' die ib ⸗ dño Norwič eṕo ad op⁹
Hibniensiū qui cū eo veñant ī exčcitū
dñi Reg̃ de Monasťiis ꞇ de Dessemunð
xl. łi. lib Thoɱ̃ Bloet.

H. de Ver.   Eᴀᴅ' die ib ⸗ Hñrico de Ver ad facienð
lib servientibus qⁱ veñant cū Gaufrið
Marisco ⸗ ꞇ Thoɱ̃ fił Maurič ⸗ ꞇ Thoɱ̃
Bloet iiijˣˣ. x. łi. xiij. soł iiij. ð. lib eið H.

H. de Ver.   D sab ib ⸗ eið H. de Ver ad facienð
libacões servientib₃ quoꝥ quil₃ ħt p diem
ij. ð. vij. łi. lib. eið H. de Ver.

Rob de Burgał.   Eᴀᴅ' die ib ⸗ Rob de Burgał xxxv. soł
vj. ð. de arerag̃ debiti qð ei debuit dñs
Rex ꝓ qªdā custodia in eṕatu Dunholɱ̃ ⸗
ꞇ jⁱ quiet⁹ est dñs Rex de totali debito
qð ei debebat ꝓ illa custodia ⸗ sciłt ⸗ de
C. marč.

Militib₃ eṕi Win-   D Dñica proxª apud Pªtum subℙ Ken-
toñ.   dles ⸗ militib₃ eṕi Wintoñ suꝑ eunð eṕm
x. marč lib Stepho cłico.

H. fił Coɱ̃ ꞇ G.   D Luñ proxª ib ⸗ ad ꝓficienð lib mari-
Luᵛełł.   nełł qui sūt ī coga Ernulf de Coloñ ⸗ in
quā tªnsfªtavit Simon de Pateshułł in
adventu suo ī Hib ⸗ x. marč lib Hñrico
fił Coɱ̃ ꞇ G. Luᵛełł.

H. fił Coɱ̃.   Eᴀᴅ' die ib ⸗ eið H. fił Coɱ̃ ꝓ pre-

stito q̃ fecit Elie de Mareviłł apud
C͞cem subP̃ Penb°c iij. marc̃ ad ext'hend̃
vadia sua ⸳ liƀ eid̃ H.

PRESTITUM f̃cum militib₃ apud P͆tum
subP̃ Kendles ⸳ die Luñ prox͆
p⁹ f Aͫplo₃ Pet¹ ᵗt Pauli ⸳coram
W. com̃ Sarr̃ ᵗt R. de Mariscis.

Hugōi de Ballol x. marc̃ ⸳ Jacobo de
Novo M'cato x. m̃. ⸳ Roƀ de Jaundos
v. m̃. ⸳ Rad̃o de Tony C. soł ⸳ Johi de
Balun iiij. m̃. ⸳ Moriceo de Gaunt x. m̃. ⸳
it̃ Roƀ Barat ᵗt Rog̃o Orget fr̃ib₃ xl. soł ⸳
Gileƀ Talebot ij. m̃. ⸳ tribus militib₃ Gau-
frid̃ de Sey p̃ris v. m̃. sup d̃m suū ⸳
decem militib₃ H. com̃ Herford̃ x. m̃.
sup d̃m suū ⸳ Wałło de Haia sup Wiłłm
de Haya frēm suū Lx. soł ⸳ duob₃ militib₃
Fulcoñ de Cantelup̃ iiij. m̃. sup d̃m suū ⸳
Ric̃ de Insuł sup Brianū de Insuł xl. soł ⸳
Joce de Baionis iiij. m̃. ⸳ Rad̃o de T͈ble-
viłł xl. soł ⸳ Hugōi Malebisse xl. s̃. ⸳
Hñrico fił com̃ Ɖd xx. soł ⸳ Luc̃ de
Trubleviłł xx. soł ⸳ Roƀ de Fiscāpno
xx. soł ⸳ Rog̃ de Portis xx. soł ⸳ Nichoł
de Stuteviłł xx. soł ⸳ Stef̃ de Gaunt xx.
soł ⸳ Nichoł de Breteviłł xx. soł ⸳ Wiłło
le Punner de La Galéé xx. soł ⸳ Rad̃o
de Langetot xx. soł ⸳ Wiłło Pauntof xx.
soł ⸳ Regiñ Croc xx. soł ⸳ Ad̃ del Croc
xx. soł ⸳ Wiłło Esspec xx. soł ⸳ Wiłło
Haget xx. soł ⸳ Adelardo Le Flemenc
xl. soł ⸳ Thom̃ Britoni xx. soł ⸳ Thom̃
Est'my xx. soł ⸳ Hug̃ de Bernevałł xx. soł ⸳

Rob fil Meldred v. m̄. ⸣ Hug̃ Talemasch
xl. sol ⸣ Eustach de Moreteiñ iiij°ʳ. m̄. ⸣
Barnab de Hertwell xxx. sol ⸣ Rob de
Culūberes xx. sol ⸣ Rob ‚de Laneulande
xx. sol ⸣ Robo de Leveland xxx. sol ⸣ x.
militibꝫ com̄ Đd x. m̄. sup dñm suū lib Bar-
tholoñ militi de Mortuo Mari ⸣ Ad Malo
Vicino xx. sol ⸣ Willo Le Kauteis xxx.
sol ⸣ Willo Tᵒsgoz xxx. sol ⸣ militi Mar-
gerie de Lucy xx. sol sup dñam [suam] ⸣
Rob de Burstall xx. sol ⸣ Serloñ de Marcy
xl. sol ⸣ Rič de Hikelestoñ xx. sol sup
Rob p̃rem suū de Hikelestoñ ⸣ Ad de
Beudenges xxx. sol ⸣ Rob de Arches
xx. sol ⸣ Michael de Muntony xx. sol ⸣
Rog̃o de Monte Begonis cent sol lib
Johi Waceliñ militi suo ⸣ militi Walři
de Cantelup̃ xx. sol sup dñm suū ⸣ Willo
de Ockindoñ xx. sol est de ep̄atu Londoñ ⸣
Rog̃o de Merleg̃ v. marč ⸣ Rič Barentiñ
iij. marč ⸣ Willo Monacho xx. sol ⸣ Rado
de Diva xx. sol ⸣ Rob Silvestⁱ xl. sol ⸣
Rič fil Rann̄ xx. sol ⸣ Johi Estʳmy xx. sol ⸣
Eustach de Eia xx. sol ⸣ Rob de Cliftoñ
de honore Rič de Wigornia xx. sol ⸣
duobꝫ militibꝫ Johis de Rupe Forti iij. m̄.
sup dñm suū lib Rog̃o de Berhes ⸣ Petᵒ
de Croun xl. sol ⸣ Ad de Stawell xx. sol ⸣
Johi Pullano xx. sol ⸣ Hñricho de Heriz
xx. sol ⸣ Aluredo de Keteling̃ sup Thom̄
de Keteling̃ xx. sol ⸣ Rog̃o Paupi xx. sol ⸣
Rič de Cliftoñ xx. s̄. ⸣ Rob de Curtenay
iiij°ʳ. marč ⸣ Phil de Mala Vill xx. sol ⸣
mag̃ro Urricho xl. sol ⸣ Walřo Walens̄

xx. soł ⸝ Wiłło de Witefełd xl. soł ⸝ Roƀ
de Craventhun xx. soł ⸝ Thoṁ fił Stef
xx. soł ⸝ Raḋo de Sc̃o Audoeno xx. soł ⸝
Hermero de Bakewełł xx. soł ⸝ Roƀ de
Beke sup Pet°m de Beke xx. soł ⸝ Wiłło
Muschet xx. soł ⸝ Wiłło de Mubªy C. soł
liƀ Roḡ de Fontibȝ ⸝ duobȝ militibȝ Ric̃
Le Flemenc xl. soł sup dñm suū ⸝ duobȝ
militibȝ Wiłłi de Monte Acuto xl. soł sup
dñm suū ⸝ Wiłło de M̃c xx. soł ⸝ Simoñ
de Merc xx. soł ⸝ Wiłło de Pauntoñ
xx. soł ⸝ Gaufř Culumbein xx. soł ⸝ Gif-
farḋ Witheng xl. soł ⸝ Ade de Crūbe
xl. soł pł coṁ Wintoñ ⸝ Raḋo de Crūwełł
xxx. soł ⸝ Roƀ de Wauł'viłł xx. soł ⸝ Ric̃
de Percy v. ṁ. ⸝ Gaufř de Sey juveni
v. ṁ. ⸝ Wiłło de Bissopedoñ xx. soł ⸝
Roḡo Monacho xx. soł ⸝ Gaufř de Mar-
hā xx. soł ⸝ Raḋo Torełł xx. soł ⸝ Joħi
fił Rann̄ xx. s̃. ⸝ Roḡo fił Ric̃ xx. s̃. ⸝
Thoṁ de Scoteny xx. s̃. ⸝ Wiłło de Fᵖnā
xx. s̃. ⸝ Joħi de Alneto xx. soł sup Raḋm
de Treauntoñ.   Sª CC. łi.

Memb. 6.

*Isti subsc^ipti debent sequi dñm Reḡ
quocūq' ierit ⸝ Elias de Mareviłł 't Wiłł
fř ej^9 ⸝ Eł de La Faleis 't W. fř ejus ⸝
Ileƀt de Herforḋ ⸝ W. de Serlanḋ 't G.
fř ejus ⸝ Nichoł de Tokeviłł ⸝ Oliv'us de
Puiardū ⸝ Wiłł de Sc̃o Medardo.*

H. de Ver.   Eᴀᴅ' die ⸝ Hñrico de Ver ad facienḋ
prestitū x. militibȝ supsc^iptis x. łi. łiƀ
eiḋ H.

Com̃ de Melleto. EAD' die ib̄, com̃ de Melleto x. m̃. sup feodū suū de t̃mino Sc̃i Joh̄is Bapt̃ p̃t̃ito p com̃ Sarr̃, lib̄ eid̄ com̃ Sarr̃:' ead̄ die ib̄, Hñricho de Ver ad facienđ prestit̃ DC. s̃vientibus ꝛ Lx. s̃vientibꝫ peditibꝫ euntibꝫ cū Joh̄e Marescall̄, ꝛ Cij. s̃vientibꝫ eq'tibus euntibꝫ cū eod̄, p p̃cept̃ dñi R. xlvj. li. xiij. s̃. lib̄ eid̄ H. corā Joh̄e Marescall̄.

PRESTITU' fc̃um militibꝫ apud Pᵃtum subt̃ aquā quandam que vocatʳ Stᵘthe, corā W. com̃ Sarr̃ ꝛ R. de Mariscis.

Rog̃o fil Rad̄i xx. s̃., Gaufr̃ de Chausy xx. s̃., Hamoni de Schipeton xx. sol̄, Rob̄ Le Maunsell̄ xx. s̃., Eborard̄ de Vernū xx. sol̄, Rob̄ de Toreny xx. sol̄, Gileberto de Riggeby xx. sol̄, Walt̃o C°c xx. s̃., Ric̃ Selvein xx. sol̄, Ric̃ de Samf xl. s̃., Rad̄o de Wiun xx. sol̄ sup Will̄m de Wyun p̃rem suū, Will̄o de Albeneto juveni C. sol̄ sup Will̄m p̃rem [suum], Irevoy Malet xx. sol̄, Hug̃ de Druvall̄ xx. sol̄, Regiñ Andegavensi xx. s̃., Stef de Tilesope xx. sol̄, Miloni Neirenuit xx. sol̄, Ric̃ de Grimested̄ xx. sol̄ sup Walt̃um de Grimested̄, Hugōi de Soteb°c̃ xx. sol̄, Hñrico de Escallariis xl. sol̄ sup Hug̃ p̃rem suū, t'bus militibꝫ Rog̃i de Mortuo Mari Lx. sol̄ sup dñm suū, Ric̃ de Kanvill̄ Lx. sol̄, Hamōi de Torevill̄ ꝛ Rad̄o fil Briañ militibꝫ Rog̃ de Basingham xl. sol̄ sup dñm suū, Will̄o

Cimino xx. s̃. ⁊ Walto de Verdun xxx. sol⁊
Gilebto fil Ric̃ p̃ Thom̃ fil Hñrici xx. sol
sup eunð Thom̃ ⁊ Stef de Hautevill xx.
sol sup Hñricum de Monte Forti ⁊ Gaufr̃
de Ticheseia xx. s̃. ⁊ Walꝑo de Ev̄muth
Lx. sol ⁊ Simoni Barri xx. sol ⁊ t꜠bȝ militibȝ Rob de Tatesal sup dñm suū Lx. sol⁊
Willo Le Chen xx. sol ⁊ Rob de la Sal-
seie xxx. sol sup Rob p̃rem ⁊ Willo de
Chaucūbe xxx. sol sup Rob Chaucūbe ⁊
Nichol de Haꝑesham xx. s̃. sup Hug̃
p̃rem suū ⁊ duobȝ militibȝ Rað̃i de Sulleia
xl. sol sup dñm suū ⁊ Willo Walerano
xx. sol ⁊ Adelardo Le Flemenc de Sab-
tona xx. sol ⁊ Willo de Well xx. sol ⁊
Hugōi de Polstede xl. sol ⁊ Thom̃ de
Wike xx. s̃. ⁊ David de Hasting̃ xl. sol
sup Johm p̃rem suū ⁊ Alexandr̃ fil Ric̃
xx. sol ⁊ Thom̃ de Moriston̄ xx. sol ⁊ Að
de Monte Sorell xx. s̃. sup Alnoth de
Sifrewast ⁊ Gaufrið de la Hose xx. sol ⁊
Walꝑo de Patemere xx. sol ⁊ Willo fil
Ric̃ de Caaunes xl. sol ⁊ Eustach de Ballol
xx. sol ⁊ Willo de Audebir̃ xx. sol sup
Rað̃m de Furnell ⁊ duobȝ militibȝ Ric̃
fil Willi xl. sol sup dñm suū ⁊ Stef de
Walecotes sup Johm de Ken xx. sol ⁊
Willo de Stokes xx. sol ⁊ Jacobo de Kauz
xx. sol ⁊ Pet° de Pelevill xx. sol ⁊ Willo de
Bolebec xx. sol sup Hamonē Carbonell ⁊
Johi Esschelling̃ xl. sol ⁊ Rob de Portu sup
Gilebtum de Portu xx. sol ⁊ Walꝑo de
Muscegros xx. sol ⁊ Hñrico de Crupes
xx. sol ⁊ Pet° de Palūe xx. s̃. ⁊ Ric̃ fil

o

Willi de Schaudeford xx. s̃. ◡ Nichol de
Wancy xx. sol ◡ Hug̃ de Jaggef xx. s̃. ◡
Willo de Furchis xx. s̃. ◡ Willo de Welle-
bef xx. s̃. ◡ Walʇo de Eꝟeus xx. s̃. ◡ Rob
de La Mare sup Walʇum de Nevill xx. s̃. ◡
Osbto de Avenebir̃ xx. s̃. ◡ Rob de Buscy
xx. s̃. ◡ Thome fil Bernardi de Breml
xx. s̃. ◡ Hug̃ de Cumbes xx. s̃· ◡ Johi
Com̃ xx. s̃. ◡ Willo de Grenested sup
Matild de Selintoñ ꞇ p se xx. sol ◡ Hñrico
de Wistenestoñ xx. sol ◡ Willo de Markam
xx. s̃. ◡ Johi Russell xxx. sol.

Matho de Cigony.

     ⎧ Ead' die M'curii ib ◡ Matho de Cy- ⎫
     ⎪ gony ꞇ militibȝ Engelard fr̃is sui C. sol ⎬
     ⎩ lib eid Matho. ⎭
         Q̃' solvit apd Meleburñ.

H. de Ver.

     D Jovis proxĩa p⁹ octab Aplox Pet'
ꞇ Pauli ap P·tum jux· Kadelac̃ ◡ lib
Hñrico de Ver ad faciendū lib ꝗvientibȝ
ꝗ' veñunt de Monasʇia ◡ ꞇ CCCC. servientibȝ qui veñunt de novo ◡ qui fuerūt
cū Hug̃ de Lascy ◡ cenʇ ꞇ xl. li. ◡ de
quibȝ C. li. fuerūt de thauro qd venit de
Bristoll ◡ ꞇ xl. li. de residuo thauro qd
venit de Londoñ.

     Ead die ib ◡ H. de Ver ad faciend lib
Rute Midad Hibñiensis xlviij. li. lib eid H.

H. fil Com̃ ꞇ G.
Luʇell.

     D Veñ prox· apud Carlingeford ◡ Hñ-
rico fil Com̃ ad duas galias euntes ĩ
nūtium dñi Reg̃ x. m̃. lib eid.

     D Sab prox· ibid ◡ H. fil Com̃ ꞇ G.
Luʇell ad op⁹ marinellox CCL. marc̃ lib
eisdem p ℞.

Isti subscripti ator-
nant ad pac guar-
derobe Carpntarii.

Ead' die ib̃ ⌐ Nichol Carpentar̃ ⌐ const̃
Hugōi de Barentiñ ⌐ Thom̃ de Rotom̃ ⌐
Laur̃ de Sc̃o Amano ⌐ Boues Carp̃ntario
sup lib̃ suas xx. sol̃ ⌐ Rad̃ de Prestebir̃ ⌐
Osb̃tus de Rading̃ ⌐ Gaufr̃ de Glouc̃ ⌐
Hug̃ Houet ⌐ Thom̃ Le Blake ⌐ Rog̃ de
Ludelowe ⌐ Ernald̃ de Munemut̃h ⌐ Wal-
?us Morin ⌐ Fromund⁹ de Bristoll ⌐ scilt ⌐
ix. carpentar̃ qui libati sunt mag̃ro Urrico ⌐
xxx. s̃. sup liberac̃oes suas lib̃ mag̃ro
Urrico.

Petr̃rii l fossa-
tores.

Mag'r Osb̃tus Const̃ ⌐ Gerard̃ de Vernū ⌐ Petr̃ Pictaviñ ⌐ Fulcoñ de Bardunvill ⌐
Alberic̃ Wastet̃re fossator̃ de prest̃ xv. s̃.

Minatores.

Mag'r Pinell se vij°. ⌐ mag̃ro Ernulf̃
se vj°. ⌐ de prest̃ ij. m̃. sup lib̃ suas.

Rob̃ de Burgat̃.

Ead' die ib̃ ⌐ Rob̃ de Burgat̃ de arre-
rag̃ debiti sui xxvj. marc̃ p R̃.

Prest' fc̃um militib3 Flandr̃ ap̃d
Karlingeford̃ ⌐ die Dñica ĩ f
T'nslac̃ois Sc̃i Benedicti ⌐ corā
com̃ Sarr̃ l R. de Marisc̃.

Milites Flandr̃
xl. marc̃.

Pet° de Kaev v. m̃. ⌐ Willo Fruses
v. m̃. ⌐ Baldewiñ de Dudavill v. m̃. ⌐
Eustach̃ de Ees xx. s̃. ⌐ Lambekiñ de
Rollecurt xx. s̃. ⌐ Pet° de Delettes xx. s̃. ⌐
Ad̃ Croc xx. s̃. ⌐ Aleuiñ de Maroil xx. s̃. ⌐
Willo Rullard̃ iij. m̃. ⌐ Thom̃ Keret Lx. s̃. ⌐
Willo Buly Lx. s̃. ⌐ Bernard̃ de Ballol
xl. s̃. ⌐ Guidoñ de Frensenevill xx. s̃. ⌐ Ad̃
Daunvois j. m̃.

Mariadac Reḡ
Limeric.

Ð Luñ in cᵃsᵗ Tⁿnslacõis Sc̃i Benedicti apud Cᵃstᵘm Jordañ de Saukeviłł ノ Mariadac Regi de Limeric de presᵗ x. m̃. p̄ Guariñ fił Geroldᵗ.

Huḡ Poinz.

Eᴀᴅ' die iꝥ ノ Huḡ Poinz de presᵗ sup̄ Nichoł p̃rem suū v. m̃. liꝥ Raðo Gupił hõi suo.

Petᵉrii.

Ð M'cur̃ proxᵃ apud Ratħ ノ Nichoł Carpentarᵗ sibi vᵗᵒ. de presᵗ x. soł ノ Raðo de Prestebir̃ sibi nono carpentarioꝣ xv. s̃. ノ maḡro Osꝥto sibi qᵃrto petᵉrioꝣ ꞇ Albⁱco Fossatori vij. soł vj. ðᵗ. Maḡro Pinello ꞇ Ernulf sibi xiij°. minatoꝣ j. marc̃.

Aymar̃ ꞇ Reiño.

Aʏᴍᴀʀᴏ ノ ꞇ Reiñlo ノ ꞇ Raðo de Samfordᵗ xl. soł.

T'cia p̄s debet subtᵃhi q̄' ꝯputaᵗ in libatione Aymar̃.

Thoḿ fił Aðᵗ.

[Tʜᴏᴍ' fił Að ij. m̃.]

Com̃ Sarr̃.

Eᴀᴅ' die Mercur̃ iꝥ ノ com̃ Sarr̃ sup̄ feodū suū x. m̃. liꝥ Wiłło Talebot.

H. de Ver.

Ð Veñlis proxᵃ apud Pᵃtum subtⁿ Dun ノ Hñrico de Ver ad faciendᵗ presᵗ ꝯvienᵗ xl. łi. liꝥ eiðᵗ.

Guar̃ fił Geroldᵗ.

Eᴀᴅ' die iꝥ ノ Guarino fił Geroldᵗ ad ludū suū v. s̃. p̄ Reḡ.

Elemoꝭ.

Ð Luñ proxᵃ añ f Marie Magdaleñ ap̃ Karcᵗgus ノ fr̃i Thoḿ elemosinar̃ sup̄ elemosinā C. s̃.

Com̃ Sarr̃

Eᴀᴅ' die iꝥ ノ com̃ Sarr̃ sup̄ feudū suū xl. m̃. ノᐟ et ita quietⁿ est dñs Rex de feudo suo de łᵗio Sci Joħ Bapᵗ anñ ꞇc̃. xij°.

Roḡ Pipard.

D̶ Mart̄ ī f Sc̄e Margarete ib̄ ⸴ Rog̃o
Pipard ad equos emendos ij. m̃. lib̄ Walt̃o
hõi suo.

H. fit Com̃.

Ead' die ib̄ ⸴ Hñrico fil̃ Com̃ xl. s̃. lib̄
Rob̄ de Pidekil̃l.

Consellard̃.

Ead' die ib̄ ⸴ Cunsellard̃ x. s̃.

*Militib₃ ep̄i Win-
ton̄.*

Militib₃ ep̄i Wint̄ ib̄ C. s̃. lib̄ Steph̄
Cl̃ico.

Prest' fc̄um militib₃ apud Cracfgus⸴
xxᵉ. die Jul̃ ⸴ anno regni Reḡ
J. duodecimo ⸴ scil̃t ⸴ die Mart̄
ī f Sc̄e Margaret̄.

Sᵗ DC. marc̄.

Baldewiñ Fillol ij. m̃. ⸴ Henf'dus de
Criketot ij. m̃. ⸴ Rob̄ de Mara p̃ se ꞇ
Walt̄ de Nevil̃l ij. m̃. ⸴ Gaufrid̃ fil̃ Auget
ij. m̃. ⸴ Wil̃l Perrot sup Wil̃l Perrot fr̄em
suū ij. m̃. ⸴ Joh̄ de Regny ij. m̃. ⸴ Walt̄
de Haia sup Wil̃l fr̄em suū iiij. m̃. ⸴ Bar-
nab̄ de Herwel̃l ij. m̃. ⸴ Alañ de Moenay
ij. m̃. ⸴ Gaufr̄ de Arretoñ ij. m̃. ⸴ duob₃
militib₃ Gileb̄ti de Tany iiij. m̃. ⸴ Rob̄
de Valeines ij. m̃. ⸴ Ric̄ de Scal̃ ij. m̃. ⸴
Roḡ de Boscho ij. m̃. ⸴ Rob̄ de Waul̃vil̃l
ij. m̃. ⸴ Huḡ de Meriet sup Nich̄ p̄rem
suū ij. m̃. ⸴ Wil̃l ꞇ Hñric̄ de Columbar̄
sup Matild̃ de Chaundos iiij. m̃. ⸴ Wil̃l
de Bev̄cot̄ ij. m̃. ⸴ Regiñ de Cliftoñ ij. m̃. ⸴
Pauliñ de Taideñ sup̄ Hñricum p̄rem
suum iiij. m̃. ⸴ Ad̃ de Bendenges ij. m̃. ⸴
Wil̃l de Muneld̃ ij. m̃. ⸴ Rad̃o de Sc̄o
Georḡ ij. m̃. ⸴ Thom̃ fil̃ Stef ij. m̃. ⸴ Wil̃l
Tresgoz ij. m̃. ⸴ Gileb̄ de Mauliñg sup

Margaretā de Lucy ij. m̃. ⸴ Joħ Huscarl
sup Rouland̃ p̃rem suū ij. m̃. ⸴ Hñric⁹
de Illeğ ij. m̃. ⸴ Wiłł de Witsand̃ ij. m̃. ⸴
Huğ de Steintoñ ij. m̃. ⸴ Rob de Sandeby
ij. m̃. ⸴ Rob de Suttoñ iiij. m̃. ⸴ Thoñ de
Essindoñ ij. m̃. ⸴ Hñric⁹ fił Huğ de Neviłł
ij. m̃. ⸴ Pet˙s de Escoteny iiijᵒʳ. m̃. ⸴ Rob
Arsike iiijᵒʳ. m̃.⸴ Rič de Poltindoñ ij. m̃. ⸴
Ranulf de Novo M'cato ij. m̃. ⸴ Wiłł de
Warbertoñ ij. m̃.⸴ Miloni Neirenuit ij. m̃.⸴
Amauñ fił Rob ij. m̃.⸴ Rob Bretełł ij. m̃.⸴
Joceliñ de Hispañ ij. m̃. ⸴ duob₃ militib₃
Joħ de Bully sup eund̃ Joħem iiijᵒʳ. m̃. ⸴
Wiłł le Buteler ij. m̃. ⸴ Rič de Argentoin
iiijᵒʳ. m̃. ⸴ Wiłł de Esseteford̃ ij. m̃. ⸴ Rob
de Insuł ij. m̃. ⸴ Gaufñ Hose ij. m̃. ⸴ Wa-
riñ de Salseia ij. m̃. ⸴ Simoñ de Insuł
iiijᵒʳ. m̃. ⸴ Rad̃ de la Neuland̃ ij. m̃. ⸴ Rad̃
de Diva sup Matild̃ m̃rem suā ij. m̃. ⸴ Petñ
de Goudintoñ ij. m̃. ⸴ Derekino de Acra
ij. m̃. ⸴ Wiłł de Clintoñ ij. m̃. ⸴ Roğ la
Veille ij. m̃. ⸴ Gaufñ de Saukeviłł ꝉ Rad̃
de Marcy iiij. m̃. ⸴ Wiłł de Diviš ij. m̃.⸴
Joħ de Mareis ij. m̃. ⸴ Walt̃ de Rouceby
ꝭj. m̃. ⸴ Thoñ de Fraxino ij. m̃. ⸴ Rad̃
Torel ij. m̃. ⸴ Huğ Crasso iiijᵒʳ. m̃. ⸴ Wiłł
de Escoteny ij. m̃. ⸴ Herb de Bolebec
ij. m̃. ⸴ Rič Morin ij. m̃. ⸴ Phił de Maleviłł
ij. m̃. ⸴ Hñrico Bek ꝉ Joħi f̃ñ suo iiij. m̃.⸴
Thoñ de Plūberğ ij. m̃. ⸴ Wiłł fił Simoñ
ij. m̃. ⸴ Rič de Furnełł ij. m̃. ⸴ Rad̃ Selvein ij. m̃. ⸴ Huğ de Fraxino ꝭj. m̃. ⸴ Rob
de Arches ij. m̃.⸴ Eborard̃ de Vernū ij. m̃.⸴
Nicholꝉ de Haveshā sup Huğ p̃rem suū

ij. m̄. ◡ Hug̃ Talemascħ ij. m̄. ◡ Walt de Grenested ij. m̄. ◡ Ade le Butiller ij. m̄. ◡ Stef de Pauntoñ ij. m̄. ◡ Rob fil Phil iiij. m̄. ◡ Rob fil Aumaric̄ ij. m̄. ◡ Gileb fil Ric̄ sup Thom̄ fil Hn̄rici ij. m̄. ◡ Ha-mōi de Sibetoñ ij. m̄. ◡ Gaufr̃ de Cein-sueres ij. m̄. ◡ Rann̄ de Risseburñ ij. m̄. ◡ Gaufr̃ fil Gaufr̃ ij. m̄. ◡ Gaufr̃ de Chausi ij. m̄. ◡ Elie Giffard iiij. m̄. ◡ Willo Le Blundo ij. m̄. ◡ Gileb Mauduit ij. m̄. ◡ Rob de Saliceto sup Rob p̃rem ij. m̄. ◡ Briañ Toullard ij. m̄. ◡ Thom̄ de Muscāpis ij. m̄. ◡ Hug̃ de Gundevill ij. m̄. ◡ Briañ fil Radi iiij. m̄. ◡ Rog̃ de Vileres ij. m̄. ◡ Will de Whitefeld ij. m̄. ◡ Guidoñ de Diva ij. m̄. ◡ Walꝑo Foliot ij. m̄. ◡ Will de Wokindoñ ij. m̄. ◡ Will de Bolebech sup Hamonē Carbonell ij. m̄. ◡ Will Cu-min ij. m̄. ◡ Rad Dairel ij. m̄. ◡ Will de Dorre ij. m̄. ◡ Willo Peꝯell ij. m̄. ◡ Gal-frid de Rupe Forti sup Joħm f̃rem suū iiij. m̄. ◡ Rob de Cravention ij. m̄. ◡ Willo Le Ken ij. m̄. ◡ Willo de Marigny ij. m̄. ◡ Simoñ Baard ij. m̄. ◡ Hug̃ de Chesney ij. m̄. ◡ Ade de Welsic ij. m̄. ◡ Matħ Mauntel iiij. m̄. ◡ Rob Salvagio ij. m̄. ◡ Willo Le Danois ij. m̄. ◡ Rob fil Walkelini sup Bertā de Broc ij. m̄. ◡ Gaufr̃ de Tikes̃ ij. m̄. ◡ Will Hauselin ij. m̄. ◡ Thom̄ Hauselin ij. m̄. ◡ Joħi Mal-leseur̃ ij. m̄. ◡ Pagañ de Burhull sup Willm p̃rem suū ij. m̄. ◡ Gaufr̃ de Caun-vill iiij. m̄. ◡ Hug̃ de Polstede iiij. m̄. ◡ Rad Le Bret sup Eufemiā de Kenem̄toñ

ij. m̃. ⁂ Ric̃ de At¹o ij. m̃. ⁂ Michael de
Puinges iiij. m̃. ⁂ Oliv̊o de Vallibȝ iiij. m̃. ⁂
Ric̃ de Cliftoñ ij. m̃. ⁂ Willo Monacho
ij. m̃. ⁂ Badewino de Hodenet ij. m̃. ⁂ Pet°
de Melleto ij. m̃. ⁂ Giffard Witheng iiij. m̃. ⁂
Gileb de Trbervill ij. m̃. ⁂ Hug̃ de Cumbe
ij. m̃. ⁂ Joh̃i de Saunf ij. m̃. ⁂ Joh̃i de Vallibȝ ij. m̃. ⁂ Thoñ fil Bernard ij. m̃. ⁂ Rob
de Bucy ij. marc̃ ⁂ Will de Winlesour̃
ij. m̃. ⁂ Rob de Toriny ij. m̃. ⁂ Joh̃i Comiti
ij. m̃. ⁂ Nichol de Wancy ij. m̃. ⁂ Hñrico
de Wistenestoñ ij. m̃. ⁂ Rob de Columbes
ij. m̃. ⁂ Will le Chauceis ij. m̃. ⁂ Rob de
Novo Burgo vj. m̃. ⁂ Walt de Witefeld
ij. m̃. ⁂ Rob Cam̃ario ij. m̃. ⁂ Ade de
Crūbes iiij. m̃. ⁂ Gileb de Finemere ij. m̃. ⁂
Ric̃ de Barentiu ij. m̃. ⁂ Rob de Sc̃o Joh̃e
ij. m̃. ⁂ Eustacħ de Eé ij. m̃. ⁂ Ric̃ de
Fresingefeld sup Thoñ de Burgo ij. m̃. ⁂
Wallo de Baskervill iiij. m̃. ⁂ Joh̃ de Sc̃o
Q¹ntino sup sup Herb p̃rem suū iiij. m̃. ⁂
Thoñ Le Salvag̃ sup Alinā de Harecurt
ij. m̃. ⁂ Ade de Bella Aqua ij. m̃. ⁂ duobȝ
[militibȝ] Will fil Rad de Kaangnes iiij. m̃. ⁂
Will fil Guarini iiij. m̃. ⁂ Hñrico de Sc̃o
Georgio ij. m̃. ⁂ Rob de Mub*y iiij. m̃. ⁂
Joh̃i Malħbe iiij. m̃. ⁂ Ade de Novo
M'cato vj. m̃. ⁂ Rob fil Pagany iiij. m̃. ⁂
duobȝ militibȝ Hñrici de Pusaz iiij. m̃. ⁂
Elie de Meisi ij. m̃. ⁂ Phil de Girund
ij. m̃. ⁂ Will de Barmeling̃ ij. m̃. ⁂ Will de
Bisopetoñ ij. m̃. ⁂ Ric̃ fil Rañ ij. m̃. ⁂
Ric̃ Pancefot ij. m̃. ⁂ Will de Weldebof
ij. m̃. ⁂ Hug̃ de Chaggeford ij. m̃. ⁂ Simoñ

de Merc ij. m̃. ◡ Will de Merc ij. m̃. ◡
duobȝ militibȝ Rað de Roff iiij. m̃. ◡
Alexandř Crevequer ij. m̃. sup Walt de
Ver ◡ Rouland de Acstede ij. m̃. ◡ Rað
Monacho ij. m̃. ◡ Gaufř de Pavilly ij. m̃. ◡
Huḡ de S̃co Vedasto iiij. m̃. ◡ Gaufř
de la Hose ij. m̃. ◡ Eudoni Pat'cio ij. m̃. ◡
Gaufř fił Willi de honore Willi de Bołełł
ij. m̃. ◡ Will de Gisnay iiij. m̃. ◡ Hñricho
de Malloc iiij. m̃. ◡ Willo de Cressy ij. m̃. ◡
Will de Welle ij. m̃. ◡ Huḡ de Capella
ij. m̃. ◡ Alañ de Dunstanvill ij. m̃. ◡ Willo
de T·mmettes ij. m̃. ◡ Ric̃ fił Rob de
Cornubia ij. m̃. ◡ Drui de Vernun ij. m̃. ◡
Rob Brun ij. m̃. ◡ Barthoł Turet ij. m̃. ◡
Thom̃ de Moristoñ ij. m̃. ◡ duobȝ militibȝ
Ric̃ Le Flemenc iiij. m̃. ◡ Roḡ Martełł
ij. m̃. ◡ Ric̃ de Saunford iiij. m̃. ◡ Hñrico
de Luditoñ ij. m̃. ◡ Rob Picot ij. m̃. ◡
Alulfo de Bouton ij. m̃. ◡ Gaufř fił Rob
ij. m̃. ◡ Gaufř de Scallariis ij. m̃. ◡ Ade
de Beringhā sup Roḡ m de Leham ij. m̃. ◡
Willo de Grenested p se ⁊ dña de Selin-
toñ ij. m̃. ◡ Willo de Dudintoñ ij. m̃. ◡
Alured de Keteliñg sup Thom̃ f̃rem suū
ij. m̃. ◡ Willo de Subiř ij. m̃. ◡ Odoni de
Dreuchestede sup Rob de Boliñ ij. m̃. ◡
Rað de Gresel ij. m̃. ◡ Huḡ de Hedoñ
ij. m̃. ◡ Thom̃ de la Mare sibi P̃cio vj. m̃. ◡
Stef de Spurnehā ij. m̃. ◡ Hñricho de
Nevill sup Rob de Nevill ij. m̃. ◡ Huḡ
Malet p Ric̃ de Torenie ij. m̃. ◡ Gileb
Anglico ij. m̃. ◡ Roḡ de S̃co Dioniš ij. m̃. ◡
Willo Foliot ij. m̃. ◡ Willo de Hastiñg
iiij. m̃. ◡ Serloñ de Marci iiij. m̃. ◡ Willo

Ruffo ij. m̃. ⹁ Hñricho de Kemesike ij. m̃. ⹁
Gaufr̃ de Sc̃o Leodegaro iiij. m̃. ⹁ Hug̃
de Cantelup̃ ij. m̃. ⹁ Witto Muschet ij. m̃. ⹁
Witto fit Alured̃ ij. m̃. ⹁ Hñricho Falconar̃
ij. m̃. ⹁ Rob de Tintaiol iiij. m̃. ⹁ Rad̃
Morel ij. m̃. ⹁ Jordañ Tᵉvagan ij. m̃. ⹁
Thom̃ de Escoteny ij. m̃. ⹁ Phit de Cole-
vitt ij. m̃. ⹁ Herm̃o de Bekewett ij. m̃. ⹁
Witto de Aldebir̃ ⹎ Rad̃ de Furnett ij. m̃. ⹁
Rob de Wikehā ij. m̃. ⹁ Rob de Porta
sup Gileb p̃rem suū ij. m̃. ⹁ Rog̃ de
Coisueres ij. m̃. ⹁ Joh de Alneto ⹎ Rad̃
de Trebauntoñ ij. m̃. ⹁ Witt de Fambrig̃
ij. m̃. ⹁ Rad̃ Basset ⹎ Ric̃ Basset iiij. m̃. ⹁
Rob de Cirintoñ sup p̃rem suū iiij. m̃. ⹁
Hñric̃ de Heriz ij. m̃. ⹁ Thom̃ de Valeines
ij. m̃. ⹁ Joh Pulein ij. m̃. ⹁ Walt de Patemere ij. m̃.

Memb. 5.

Hñrico fit Com̃
⁊ G. Lut̃ett.

D Sab proxᵃ p⁹ f B'e Marie Magdaleñ
apud Cracfgus ⹁ H. fit Com̃ ⁊ G. Lut̃ett
ad faciend̃ prestit̃ marinett CC. m̃. lib
eisd̃.

H. de Ver.

Eᴀᴅ' die apud Cracfgus ⹁ H. de Ver
D. ti. ⁊ xxxij. ti. ad faciend̃ [prestit̃]
bat ⁊ servientibӡ ⹁ ⁊ militibӡ suis.

Ead̃ die ib ⹁ eid̃ H. ad faciend̃ prestit̃
CCCC. servientibӡ peditibӡ xxxij. ti.

Dño Norwic̃ ep̃o.

Eᴀᴅ' die ib ⹁ dño Norwic̃ ep̃o ad liban-
dum Gaufr̃ de Marisc̃ ⁊ Thom̃ fit Moric̃
ad faciend̃ prestit̃ servientibӡ de Monast̃
⁊ servientibӡ de Ruta Midal cent̃ marc̃
lib eid̃ ep̃o.

Prestita fɔ̃a militibȝ apud Cracɪ̃gus ⸗
die Sɔ̃i Jacoƀ Aꝑli.

Roƀ de Ros xl. m̃. ⸗ militibus eꝑi Win-
toñ sup dñm suū xl. m̃. liƀ Roḡ Waceliñ ⸗
Wiƚƚo Briwerr̃ ꝑri xxxᵃ. m̃. liƀ Alañ de
Bokelanɗ ⸗ coñi Wintoñ L. m̃. liƀ Everarɗ
de Tᵘmpintoñ ⸗ coñi Ɖd xxxᵃ. m̃. liƀ
Barthoƚ de Mortuo Mari ⸗ Raɗ de Tony
C. soƚ liƀ Roḡ Bertiñ ⸗ Roƀ fiƚ Walȶ̃i
xl. m̃. liƀ Wiƚƚ de Aumbr̃ ⸗ [coñi de F'rar̃
L. m̃. liƀ Gaufr̃ de Greseƚ] q' solvit ⸗
Girarɗ de Caunviƚ xv. m̃. liƀ Wiƚƚo de
Jauwurces ⸗ coñi de Evereus xx. m̃. ⸗
coñi de Herf xxxᵗᵃ. m̃. liƀ Riɔ̃ de Vehin ⸗
Warino fiƚ Gerolɗ xx. m̃. ⸗ Thoñi Basset
xx. m̃. ⸗ Alañ Basset x. m̃. ⸗ Hñrico fiƚ
Gerolɗ x. m̃. ⸗ Wiƚƚo de Caunteluꝑ xx. m̃.
liƀ Saudebroƚ ⸗ Hñriɔ̃ Hose ꝑri x. m̃. ⸗
Riɔ̃ de Kaunviƚ x. m̃. ⸗ Petᵘs de Peleviƚ
ij. m̃. ⸗ Huḡ Malebisse iiij. m̃. ⸗ Gaufr̃ de
Kauz ij. m̃. ⸗ Thoñi Britoñ ij. m̃. ⸗ Aɗ de
Staweƚ ij. m̃. ⸗ Thoñi Est'my ij. m̃. ⸗ Huḡ
de Bernevaƚ ij. m̃. ⸗ Wiƚƚ Haget ij. m̃. ⸗
Roḡ Orgette ij. m̃. ⸗ Roƀ Barat ij. m̃. ⸗.
Hñriɔ̃ de Longo Cāpo ij. m̃. ⸗ Eustaɔ̃
de Cāpo Remiḡ ij. m̃. ⸗ Simoñ de Campo
Remiḡ ij. m̃. ⸗ Wiƚƚ de Kamesches ij. m̃. ⸗
Phiƚ de Culumƀes iiij. m̃. ⸗ Ɖd de Hastiñḡ
iiij. m̃. sup Joƀ ꝑrem suū ⸗ Wiƚƚ de La
Lanɗ ij. m̃. ⸗ Wiƚƚ de Chaucūƀ ij. m̃.
sup Roƀ de Chaucūƀ ⸗ Riɔ̃ Selvein ij. m̃. ⸗
Raɗ de Tᵘbleviƚ iiij. m̃. ⸗ Luɔ̃ de Tᵘble-
viƚ ij. m̃. ⸗ Roƀ de Phiscāpno ij. m̃. ⸗ Raɗ
de Langetot ij. m̃. ⸗ Wiƚƚ de la F'te vj. m̃. ⸗

Engelram̃ de P᷎teł iiij. m̃. ⸝ Ric̃ Walens̃
ij. m̃. ⸝ Rað de Sulleia iiij. m̃. lib Wiłł
Russełł ⸝ Rog̃ la Thuch iiij. m̃. ⸝ Walt de
Clifforð juveni iiij. m̃. ⸝ Rog̃ de Clifforð
iiij. m̃. ⸝ Gileb de Sey iiij. m̃. ⸝ Joh de
Langedoñ ij. m̃. ⸝ militib꜋ Rob de Turnhā
sup dñm suū x. m̃. ⸝ Rog̃ de Kesneduit
ij. m̃. sup Rob de Veti Ponte ⸝ Wiłł de
Wennevałł ij. m̃. ⸝ Að Malo Vicino ij. m̃. ⸝
Rob de Chauwurc̃ ij. m̃. ⸝ Wiłł de Fᵖnam
ij. m̃. ⸝ duob꜋ militib꜋ Rob Mauduit ca-
ñarii iiij. m̃. ⸝ Wiłł Le Butełł de Lanc̃
iiij. m̃. ⸝ Rog̃ de Cressy viij. m̃. ⸝ Engeram̃
de Sey sup Gaufr̃ p̃rem de Sey vj. m̃. ⸝
Thom̃ de Kaunviłł iiij. m̃. ⸝ Wiłł Espec
ij. m̃. ⸝ Rob de Frar̃ iiij. m̃. ⸝ Thom fił
Wiłłi ij. m̃. ⸝ Joh fił Wiłł ij. m̃. ⸝ duob꜋
militib꜋ Wiłłi de Bokelanð sup dñm suū
iiij. m̃. ⸝ Henr̃ de La Mare de Norm̃
iiij. m̃. lib Ric̃ de Wivił ⸝ Wiłł de Ros
iiij. m̃. ⸝ Hug̃ de Chauwurc̃ vj. m̃. ⸝ duob꜋
militib꜋ Walti de Clifforð p̃ri iiij. m̃. ⸝
Ric̃ Revełł iiij. m̃. ⸝ Walt de Esseł iiij.
m̃. ⸝ Thurstañ de Monte Forti vj. m̃.
lib Orgette ⸝ Wiłł de Gimingeh ᷑ Ric̃
de Bellus iiij. m̃. ⸝ Simoñ de Echingehā
iiij. m̃. ⸝ Wiłł Pauntolf ij. m̃. ⸝ Pagañ
de Chauwurc̃ vj. m̃. ⸝ Alureð de Linc̃
vj. m̃. ⸝ duob꜋ militib꜋ Fulchoñ de Can-
telup̃ iiij. m̃. ⸝ v. militib꜋ Hug̃ de Neviłł
sup dñm suū x. m̃. ⸝ Rog̃ de Neviłł
iiij. m̃. ⸝ Regiñ de Moiun viij. m̃. ⸝ Nich
de Stuteviłł ij. m̃. ⸝ Stef de Gaunt ij. m̃. ⸝
Joh de Wahułł vj. m̃. ⸝ Fulchoñ fił

Guariñ viij. m̃. ⌐ Roḃ de Mortuo Mari
vj. m̃. ⌐ Huḡ de Saunf vj. m̃. ⌐ Aubrey de
Marines iiij. m̃. ⌐ Huḡ Painełł vj. m̃. ⌐
Roḃ de Wurthesteđ ij. m̃. ⌐ Joħ Est'my
ij. m̃. ⌐ Ric̃ fił Wiłł ij. m̃. ⌐ Joħ de Sc̃a
Helena ij. m̃. ⌐ Egidio de Sc̃o Leodegar̃
ij. m̃. ⌐ Ric̃ de Percy vj. m̃. ⌐ Walt̃ de
Staunton ij. m̃. ⌐ Roḡ Paupi ij. m̃. ⌐ Saer
Batałł ij. m̃. ⌐ Thom̃ Mauduit iiij. m̃. ⌐
Wiłł de Curtenay iiij. m̃. ⌐ Roḃ de Clif-
toñ ij. m̃. ⌐ Eustacħ de Vescy xxxª. m̃. ⌐
Roḡ de Merł xx. m̃. ⌐ Gileḃ de Gaunt
xx. m̃. liḃ Petº de Stañ ⌐ Jovie de˾Novo
M'cato xvj. m̃. liḃ Gauff̃ fił Herḃti ⌐
Roḃ de Percy iiij. m̃. ⌐ Adelarđ Le
Flemenc iiij. m̃. ⌐ Hñrico fił com̃ Đd
ij. m̃. ⌐ Nicħ de Breteviłł ij. m̃. ⌐ Moric̃
de Gaunt x. m̃. ⌐ Roḃ Russełł ij. m̃. ⌐
Walt̃ Le Neve ij. m̃. ⌐ Roḃ de Levelanđ
ij. m̃. ⌐ Eustacħ de Moretiñ iiij. m̃. ⌐ Petº
de Croun iiij. m̃. ⌐ Alañ de Muletoñ sup
Thom̃ de Muletoñ ij. m̃. ⌐ Roḃ de Meisy
iiij. m̃. ⌐ Rađ de Crumwełł ij. m̃. ⌐ Nicħ
de Kenet iiij. m̃. ⌐ Hñricħ de la Puḿay
iiij. m̃. ⌐ Huḡ Peṽełł de Saunf iiij. m̃. ⌐
Wiłł de Marisc̃ ij. m̃. ⌐ Ric̃ fił Wiłłi de
Haselḃge ij. m̃. ⌐ Regiñ Croc ij. m̃. ⌐
Gauff̃ de Aubemarł ij. m̃. ⌐ Rađ Belet
ij. m̃. ⌐ Roḃ de Roppełł xx. m̃. ⌐ Roḃ de
Chaundos vj. m̃. ⌐ Walt̃ de Mucegºs
ij. m̃. ⌐ Walt̃ de Eṽeus ij. m̃. ⌐ Roḃ de
Tregay ij. m̃. ⌐ Rađ de Sc̃o Audoeno
ij. m̃. ⌐ Wiłł de Furcħ ij. m̃. ⌐ Osḃ
de Aunebir̃ ij. m̃. ⌐ Wiłł de H'leseia

ij. m̃. ↲ Joħ de Amundeviłł ij. m̃. ↲ Wiłł
de Aubeny p̃ri xvj. m̃. liħ Hodinel de
Aubeny ↲ Eustacħ de Stuteviłł xvj. m̃.
liħ Nicħ de Stuteviłł ↲ Girarđ de Furnivałł xvj. m̃. liħ Alañ fił Alexandr̃ ↲ Wiłł
fił Hamoñ iiij. m̃. ↲ Ađ Croc ij. m̃. ↲ Rađ
Gernun viij. m̃. ↲ Roħ de Bikeł iiij. m̃. ↲
Elie de Bello Cāpo iiij. m̃. ↲ Rađ de Bello
Cāpo ij. m̃. ↲ Regiñ de Pavily ij. m̃. ↲
mag̃ro Urrico iiij. m̃. ↲ Rog̃ de Pertis
ij. m̃. ↲ Guidoñ de Freseneviłł ij. m̃. ↲ Rađ
de Rodes x. m̃. liħ Walerañ ↲ Roħ de
Croc iiij. m̃. ↲ Wiłł de Borharđ ij. m̃. ↲
Rog̃ de Staunforđ ij. m̃. ↲ Stef Harengot
iiij. m̃. ↲ Rađ de Burg̃ ij. m̃. ↲ Rađ
Willeby ij. m̃.   Sᵃ M. ᵗ iiijᵒʳ. m̃.

Carpentar̃ ,
minator̃.

EAD' die iħ ↲ Nichoł Carpentar̃ sibi
vᵗᵒ. de presẽ x. s̃. ↲ mag̃ro Pinełł ᵗ Ernulf
sibi xiij. minatoꝛ j. m̃. ↲ Rađ de Prestebir̃
sibi nono carpentar̃ xv. s̃. liħ mag̃r̃
Urrico ↲ mag̃ro Osħ sˡ qᵉrto petᵉrioꝛ ᵗ
Alberico fossatori vij. soł vj. đ.

G. de Craucūħ ᵗ
s̃vienẽ capelle.

Đ Luñ ī cᵃstiñ Sc̃i Jacoħ ↲ Godefr̃ de
Craucūħ iiij. m̃. ↲ Godefr̃ Spigᵣnełł ↲ ᵗ
Joħ de Camͣa ↲ ᵗ Ađ Murileg̃ ↲ servi-
entibꝫ capelle ↲ de presẽ iij. m̃.

H. fił Com̃ ᵗ
G. Luᵖełł.

EAD' die ↲ H. fił Com̃ ᵗ G. Luᵖełł ad
facienđ prestiẽ nautis ᵗ marinełł C. m̃. liħ
eisđ.

H. de Ver ad op⁹
pᵗᵘm.

Đ Martis prox̃ iħ ↲ Henr̃ de Ver
ad opus p̃pˡum xxxᵃ. m̃. p Regem liħ
eiđ.

PRESTITA fc̃a militibȝ apud Cracfgus ī cast°⸗ die Martis prox⁴
p⁹ f Sc̃i Jacobi⸗ corā Will̃o de
Harecurt̃ t̃ Ric̃o de Marisc̃.

S⁴ C.iiij^xx. xvj. t̃i.
vj. sot viij. d̃.

Com̃ Warenī xx. m̃. lib̃ Malveisin⸗
Henr̃ de Gray xvj. m̃. lib̃ Russell̃ militi
suo⸗ Gaufr̃ de Sey juveni iiij. m̃.⸗ Gileb̃
de Clara x. m̃.⸗ Stef̃ de Bello Cāpo
ij. m̃.⸗ Ranī fil̃ Rob̃ vj. m̃.⸗ Walt̃ Walensi ij. m̃.⸗ Gileb̃ de Riggeby ij. m̃.⸗
duobȝ militibȝ Nigelli de Luveto iiij. m̃.
lib̃ Will̃ de Luveto⸗ Will̃o de Bello
Campo x. m̃.⸗ militibȝ justic̃ Angl̃ xxx.
m̃. sup dñm suū⸗ Thom̃ de Lampnesse
iiij. m̃.⸗ Rob̃ de Pinkeny iiij. m̃.⸗ Ric̃
de Gravenell̃ iiij. m̃.⸗ Simoni de Cauncy
iiij. m̃.⸗ Hug̃ de Morewike ij. m̃.⸗ Joh̃
de Stobbinges ij. m̃.⸗ Rog̃ Bert⁴m iiij. m̃.⸗
Ric̃ de Caunvill̃ iiij. m̃.⸗ Will̃ de Poun-
toñ ij. m̃.⸗ Hug̃ de Avereng̃ ij. m̃.⸗ ix.
militibȝ ep̃i Sarr̃ sup ep̃m xviij. m̃. lib̃
Rad̃ de la Bruer̃⸗ Will̃ fil̃ Rad̃ ij. m̃.⸗
Ad̃ de Stavel̃ ij. m̃.⸗ Stef̃ Le Flemenc
iiij. m̃.⸗ Oliv̊o de Dinham ij. m̃.⸗ Rob̃
fil̃ Meldred̃ vj. m̃.⸗ Will̃ Le Poingnur
ij. m̃.⸗ Hug̃ de Soteb°c ij. m̃.⸗ Walt̃ de
Alemanī ij. m̃.⸗ Hug̃ de Bollol xx. m̃.⸗
Rob̃ de Maundevill̃ vj. m̃.⸗ Will̃ de
Katesdene ij. m̃.⸗ Rad̃ de Martiwast
ij. m̃.⸗ Will̃ de Frisa iiij. m̃.⸗ Baldewiñ

Milites Flandr̃.

de Dudavill̃ iiij. m̃.⸗ Will̃ de Cresec
iiij. m̃. lib̃ Davino⸗ Joh̃ de Fresenevill̃
sup p̃rem suū ij. m̃.⸗ Will̃ de Bul̊y ij. m̃.
sup feudū suū⸗ Will̃ Rullard̃ ij. m̃.⸗

Pet° de Kaeu iiij. m̃. sup feudū suū ⌐
Eustach̄ de Es ij. m. ⌐ Guidoñ de Punches
ij. m̃. ⌐ Gileb de Wima ij. m̃. ⌐ Osti de
Wiringhā ꝉ Joh̄ frī suo iiij. m̃. ⌐ Ad̄
de Ainvois ij. m̃. ⌐ Rob de Wav̑auns
ij. m̃. ⌐ Ernulf de Wav̑auns ij. m̃. ⌐ Pet°
de Delettes ij. m̃. ⌐ Aleuine de Maroil
ij. m̃. ⌐ Thoñ Keret iiij. m̃. ⌐ Wil̄lo de
Sc̃o Omero iiij. m̃. lib Thoñ de Bavelinghā ⌐ Bernard̄ de Ballol iiij. m̃. lib
Wil̄lo Rullard̄ ⌐ Thoñ de Bavelinghā
ij. m̃. ⌐ Lambekino de Rollecurt ij. m̃.
lib Joh̄i de Fresenevil̄.

Memb. 4.

Norwīc̃ ep̃o.

Đ M'cūr p̄xīa ap̄d Cracfg° ⌐ dño
Norwīc̃ ep̃o ad faciend̄ fi galias apud
Aunt"m x. m̃. lib Rog̃ Pipard̄.

G. Luꝉel̄l.

Đ Jovis proxᵃ apud Sc̃m Boscū ⌐
Gauf̃r Luꝉel̄l ad faciend̄ prestiꝉ marinel̄l
de navi de Baiona Lx. sol̄ lib eid̄.

Ead̄ die ⌐ eid̄ Gauf̃r ib ad faciend̄
prestiꝉ marinel̄l ꝉ galiotis xvij. l̄i. lib
eid̄.

Coñ Wintoñ.

[Com' Wintoñ apud Balimoran v. sol̄
ad ludū suū ij. d̄. ⌐] Guariñ fil̄ Gerold̄ ad
ludū suū apud Dun x. d̄.

G. de Sc̃o Dioniꞩ.

Đ Sab proxᵃ ib ⌐ Gauf̃r de Sc̃o Dioniꞩ
sup vadia sua ꝉ p̄ exp̃n fc̃is in papi-
lionibꝫ dñi Reg̃ xxx. sol̄.

H. de Ver.

Đ Luñ in cᵃstiñ Sc̃i Pet̄ ad vinc̃la
apud Dun ⌐ Henr̄ de Ver ad faciend̄

liberacões Roḡ de Gaugy sˡ xv. socioჳ
xij. łi. lił eiđ H.

Roɓ de Ros.

> Roʙ' de Ros ad ludum suū apud
> Kerlingeforđ⸝ qñ lusit cum Gavariñ
> fił Gerolđ⸝ ᵹ qñ dñs Rex fuit pticeps
> ejus⸝ xxxvij. soł iiij. đ.⸝ inde reddidit
> xiiij. soł viij. đ.
> Iᵵ đ Luñ in cᵃstiñ Sᶜi Petˡ ad vinᶜla
> apud Dun⸝ eiđ Roɓ xx. soł iiij. đ.⸝
> qñ lusit cum dᶜo Guaariñ⸝ ᵹ dñs Rex
> fuit ejus pticeps ad ludū.

Carpentᵃrii ᵹ
Petᵃrii.

D Martis proxᵃ ił⸝ Nichoł carpentaȓ
sibi vᵗᵒ. xx. soł. Maḡro Osɓto⸝ sibi iiij.
petᵃrioჳ⸝ ᵹ Albˡco fossatori x. soł.

Thoᵐ fił Ađ.
Berberiᵭ.

Thoᵐ' ~~fił Ađ de prest ij. m̃.~~ ꝶ Bar-
beriᵭ ad ceram emendā iiij. m̃.

Coᵐ Sarȓ.

Eᴀᴅ' die ił⸝ coᵐ Sarȓ sup feođ suū
de ꝑmino Sᶜi Michaeł xx. m̃. lił Joħi
Bonet.

Petᵒ de Croun.

D Mercuȓ proxᵃ apud Bannū⸝ Petᵒ
de Croun militi iij. m̃. lił Gauffȓ Here-
mite socio suo.

W. Le Buc.

Eᴀᴅ' die ił⸝ Walᵭo Le Buk sup lił
suam ij. m̃. de prest.

Baldewiñ Le Buc.

Bᴀʟᴅᴇᴡɪɴ' Le Buk fȓi dᶜi Walᵭi j. m̃.
sup lił suam lił eiđ Walᵭo.

Riᶜ de Maroil.

D Jovis proxᵃ apud Kerlingeforđ⸝ Riᶜ
de Maroil sup lił suam đi marᶜ eunti ī
Mannū ad custodienđ warnestʳam dñi ꝶ.
ił p ꝑceptū dñi ꝶ.⸝ uñ loꝗndum est cū
Henȓ de Ver.

Petᵒ fit Herb.

  Eᴀᴅ' die ib ، Petᵒ fil Herbti de prest
xx. m̃. lib Petᵒ Selvein.
    Q₂ solvit ap̃ Odiham.

H. de Ver.

  Đ Dñica ī octab Sc̃i Pet¹ ad vīcula
apud Drocda ، Henr̃ de Ver ad faciend̃
prest bal t servientib₃ CC.xv. m̃. lib
eid̃.

Com̃ de Frar̃.

  Eᴀᴅ' die ib ، com̃ de Frar̃ de prest
xl. m̃. lib Gaufr̃ de Gresel.

Hug̃ de Gurnay.

  Eᴀᴅ' die ib ، Hug̃ de Gurnay xx. m̃.
lib Brisepot.

Thom̃ Flechar̃.

  [Tʜᴏᴍ' Flechar̃ ib ، dī marc̃ de prest.]

  Pʀᴇꜱᴛɪᴛ' fc̃m militib₃ apud Drocda ،
   die Luñ ī vigil Sc̃i Laur̃ ، corã
   Ric̃ de Marisc̃.

Milites Flandr̃.

  Com̃ de Melleto v. m̃. lib Willo Le
Butor ، militib₃ Joh de Bully v. m̃. sup
dñm suū ، Phil de Columbes iij. m̃. ، Hug̃
de Aubvill C. sol ، Thom̃ de Lampneis
iij. m̃. ، Henr̃ de Malloc ij. m̃. ، Will de
Eyneford̃ iij. m̃. ، Rad̃ Gernun ij. m̃. ،
Rad̃ de Toeny C. sol ، Petᵒ de Scoteny
ij. m̃. ، Sim̃ de Echinghā xx. sol ، Rob
de Percy xx. sol ، Rob de Setvaus j. m̃. ،
Ivoñ de Heriz j. m̃. ، Willo de Hasting̃
iij. m̃. ، Petᵒ Picot iij. m̃. ، Rog̃ la Veill
xx. sol ، Johi de Humaz ij. m̃. ، Stef
Harengod̃ ij. m̃. ، Will de Sc̃o Omero
ij. m̃. ، Willo de Cresec ij. m̃. ، Petᵒ de
Kaeu ij. m̃. ، Thom̃ Keret ij. m̃. ، Baldewiñ de Dudavill ij. m̃. ، Will de Frise

ij. m̃. ◡ Wiłło Buťy j. m̃. ◡ Osti de Everinghā j. m̃. ◡ Joħ fr̃i suo j. m̃. ◡ Eustacħ de Es j. m̃. ◡ Guidoñ de Punches j. m̃. ◡ Gileɓ de Wimes j. m̃. ◡ Roɓ de Waṽauns j. m̃. ◡ Ernulf fr̃i suo j. m̃. ◡ Joħ de Fresoneviłł j. m̃. ◡ Guidoñ fr̃i suo j. m̃. ◡ Lambeɮ de Rollecurt j. m̃. ◡ Ađ de Aunvois j. m̃. ◡ Wiłło Roillard̃ j. m̃. ◡ Aleliñ de Maroil j. m̃. ◡ Pet° de Delettes j. m̃. ◡ Thom̃ de Bavelinghā j. m̃. ◡ Danieł de Curt*y ij. m̃. ◡ Walťo Le Buc j. m̃. ◡ Baldewiñ fr̃i suo j. m̃.

S̃ iiij^{xx}. m̃. viij. m̃. vj. s̃. viij. d̃.

Eṕo Norwič.

EAD' die apud Deueleyc ◡ eṕo Norwič xv. m̃. liɓ Roḡ Pipard ad tenendū servientes ī castr̃ de Ratħ ⸴ reddet apud Dublinū.

Milites.

Đ Martis ī f Scĩ Laur̃ iɓ ◡ Thom̃ Basset ij. m̃. liɓ Thom̃ de Marecy ◡ Wiłł de Eṽenches ij. m̃. liɓ eiđ ◡ Rič de Kaunviłł j. m̃. liɓ eiđ ◡ Wiłło de Muncełł j. m̃. ◡ militibɜ Wiłł de Boclanđ ij. m̃. liɓ Yvoñ de Luttoñ ◡ Roɓ Cam̃ar̃ j. m̃. ◡ Thom̃ de Caunviłł ij. m̃. liɓ Gervas̃ de Girunđ ◡ Engelram̃ de P*tełł ij. m̃. ◡ Hugōi de Samf ij. m̃. ◡ Gilɓ de Kaunt ij. m̃. ◡ Wiłł fił Simoñ de honore Lancastr̃ j. m̃. ◡ militibɜ Roḡ de Mortuo Mari iij. m̃. liɓ Walťo de Fraxiñ ◡ Wiłło Le Buteler j. m̃. ◡ Wygano de Mara j. m̃.

Ead̃ die Martis apud Kendles ◡ Danieł cłico arcħ Wigorñ sup iṕm archiđ ij. m̃.

Ɗ Mercuꝛ̃ proxᵃ iƀ⸝ Riɕ̃ de Percy
iij. m̃.⸝ Walꝉo de Eṽmutħ j. m̃.⸝ Bivarꝺ
de Cratelup̃ j. m̃.

PREST' fɕ̃m familie dñi ꝶ. p W.
senescaꝉꝉ⸝ apud Kendles die
Mercuꝛ̃ proxᵃ p⁹ f Sɕ̃i Lauꝛ̃.

Wiꝉꝉ de Curtenay xx. soꝉ⸝ Aꝺ de Croc
꜠ Regiñ de Croc fꝛ̃i suo xx. soꝉ⸝ Hug̃
Malebiss̃ xx. soꝉ⸝ Luɕ̃ de Tᵘbleviꝉꝉ x. soꝉ⸝
Raꝺ de Tᵘbleviꝉꝉ xx. soꝉ⸝ Henꝛ̃ fiꝉ coñ̃
Ɗd x. soꝉ⸝ Wiꝉꝉ de Wenevaꝉꝉ x. soꝉ⸝
Niɕħ de Stuteviꝉꝉ x. soꝉ⸝ Stef de Gaunt
x. soꝉ⸝ Albriɕ̃ de Marines x. soꝉ⸝ Riɕ̃
Walens̃ dĩ marɕ̃⸝ Henꝛ̃ de Longo Cāpo
x. s̃.⸝ Wiꝉꝉ de Gamasches x. soꝉ⸝ Eustaɕħ
de Kaunremy x. soꝉ⸝ Simoñ de Campo
Remigii x. soꝉ.   Sᵃ xiiij. m̃.

PRESTIT' fɕ̃um apud Fouꝛ̃⸝ ꝺ Mer-
cuꝛ̃ in cᵉstiñ Sɕ̃ı Lauꝛ̃⸝ corā
Wiꝉꝉ de Harecurt señ.

Milites.

Pauliñ de Taideñ ij. m̃.⸝ militibꝫ Wiꝉꝉi
de Cantelup̃ v. m̃.⸝ Roƀ Barat ꜠ Rog̃
Orgette ij. m̃.⸝ Roƀ Arsiꝅ iij. m̃.⸝ Joħ
de Bassingeburñ ceñ soꝉ⸝ Thoñ̃ fiꝉ Aꝺ
ij. m̃.⸝ Thoñ̃ Estᵉmy j. m̃.⸝ Hug̃ de
Bernevaꝉꝉ j. m̃.⸝ Thoñ̃ Britoñ j. m̃.⸝ Roƀ
de Mortuo Mari iij. m̃.⸝ Raꝺ de Bello
Cāpo j. m̃.⸝ Regiñ de Pavilly j. m̃.⸝
Walꝛ̃ de Tiwe ij. m̃. sup̃ Henꝛ̃ de Oilly⸝
Aꝺ de Staweꝉꝉ ij. m̃.⸝ Raꝺ de Langetot
j. m̃.⸝ Nichoꝉ de Breteviꝉꝉ j. m̃.⸝ Wiꝉꝉ
Pauntolf j. m̃.⸝ Norñ̃ de Arcy iij. m̃.⸝

Wiłł de Marisc̃ j. m̃. ⸱ Thom̃ fił Wiłł
j. m̃. ⸱ Wiłł de La Lande j. m̃. ⸱ Rog̃ de
Mub'y ij. m̃. ⸱ Joħ Malherbe ij. m̃. liħ
Alexandr̃ de Neviłł ⸱ com̃ Warenñ x. m̃.
liħ Malo Vicino ⸱ Gauff̃ de Sey p̃ri iij. m̃.
liħ Engeram̃ fił suo ⸱ Rog̃ de Ver j. m̃. ⸱
Phił de Kima juveni ij. m̃. sup p̃rem
suū ⸱ Joħ de Sc̃a Helena j. m̃. ⸱ Wałł Le
Aleman j. m̃. ⸱ Adelard̃ Le Flemenc
ij. m̃. liħ Hug̃ Le Flemenc fił suo ⸱ Thom̃
Malemains ij. m̃. ⸱ Rad̃ Belet j. m̃. ⸱ Joħ
de Sc̃o Q'ntino ij. m̃. ⸱ Gauff̃ de Sey
juveni ij. m̃. liħ Engeram̃ fr̃i suo ⸱ Roħ
de Suttoñ ij. m̃. ⸱ Joħ de Barewe ij. m̃.
sup Ɵrā p̃ris sui.   S˙ cenł vij. m̃. ⁊ đi.

Eꝑo Norwic̃.

Ead' die iħ ⸱ dño Norwic̃ eꝑo xx. m̃.
ad emendā warnest'am ad cast'm de
Cracfg⁹ liħ eid̃ ⸱ reddet apud Dublinū.

Com̃ Sarr̃.

Ead' die iħ ⸱ com̃ Sarr̃ sup feodū suū
de Ɵmino Sc̃i Michael x. m̃. liħ Roħ de
Cam̃a.

Milites.

Ð Jovis proxᵃ apud Grenard̃ ⸱ Gileħ
de Clara iij. m̃. ⸱ Roħ de Fiscāpo j. m̃. ⸱
WałƟo de Verdun j. m̃. ⸱ Herħ de Bolebec j. m̃.

Joħ fił Phił.

Ð Saħ ī vig̃lia Assūpciõis B'e Marie
apud Ratwer ⸱ Joħi fił Phił j. m̃. p ℞.

Roħ de Londoñ.

Ð Luñ in c'stiñ Asūpciunis B'e
[Marie] apud Castełł Bret ⸱ Roħ de
Londoñ cłico iij. m̃. liħ eid̃.

Gauff̃ LutƟełł.

Ð Mercur̃ proxīa apud Dubliñ ⸱ Gauff̃
LutƟełł ad faciend̃ prestił marinełł unius

P 3

navis ī qua t⋅nsf⋅tavit Roḃ de Lonḋ ī Angī xl. soꝉ liḃ eiḋ.

Witto de Ireby.

Đ Jovis prox⋅ iḃ ⌡ Witto de Ireby vadletto dñi Reǧ j. m̃. de prestito p Reǧ.

H. de Ver.

Ead' die Jovis iḃ ⌡ Henr̃ de Ver ad facienḋ prestiꞇ servientibȝ ꞇ ba꞉ CCCC. m̃. liḃ eiḋ Henr̃ p Ꞃ.

Prest' fc̃m militibȝ ⌡ die Jovis prox⋅ p⁹ Asūpcionem B'e Marie ⌡ apud Dubliñ corā com̃ Sarr̃ ꞇ Ric̃ de Marisc̃.

Huǧ Le Bigot x. m̃. liḃ Hamōi Lenveise ⌡ Henr̃ de Gray x. m̃. ⌡ militibȝ Thom̃ de Sc̃o Walerico v. m̃. sup dñm suū liḃ Fulcoñ de Baionis ⌡ Rañ fi꞉ Roḃ x. m̃. ⌡ com̃ de Aubemar꞉ C. so꞉ liḃ Raḋ Gernun ⌡ Roḃ de La Mare j. m̃. p se ꞇ Walꞇ de Nevi꞉ ⌡ Gaufr̃ Columbein j. m̃. ⌡ Thom̃ de Scoteny j. m̃. ⌡ Henr̃ de Escallar̃ ij. m̃. sup p̃rem suū ⌡ Henr̃ de Sc̃o Georgio j. m̃. ⌡ Ric̃ de Furne꞉꞉ j. m̃. ⌡ Ric̃ de Cliffetoñ j. m̃. ⌡ Gaufr̃ fi꞉ Wi꞉꞉ j. m̃. ⌡ Jordañ Trewaꞁ j. m̃. ⌡ Raḋ de Bovi꞉꞉ j. m̃. ⌡ duobȝ militibȝ Gileḃ de Tany ij. m̃. sup dñm suū ⌡ Wi꞉꞉ de Wiret j. m̃. ⌡ Raḋ fi꞉ Stef j. m̃. ⌡ Wi꞉꞉ de Boisrewarḋ j. m̃. ⌡ Roḃ fi꞉ Pagañ ij. m̃. ⌡ Roḃ de Meisy ij. m̃. ⌡ He꞉ de Meisy j. m̃. ⌡ Henr̃ Falconar̃ j. m̃. ⌡ duobȝ militibȝ Joħ de Bully v. m̃. sup dñm suū ⌡ Roḃ de Bike꞉ ij. m̃. ⌡ Roḃ

de Wursteđ j. m̃. ⏴ Roɓ de Sandeby j. m̃. ⏴
militibӡ eᵽi de Roffa sup dm̃m eᵽm iij. m̃.
lib Wiłł de Estwuđ ⏴ Alexandr̃ Creve-
quer j. m̃. sup Walt de Ver ⏴ Roğ
Monaco j. m̃. ⏴ Gileɓ fił Ric̃ j. m̃. sup
Thom̃ fił Henr̃ ⏴ Roɓ· de Suttoñ ij. m̃. ⏴
Ric̃ fił Rañ j. m̃. ⏴ Rađ Le Bret j. m̃. sup
Eufemiā Talebot ⏴ Roɓ Bretełł j. m̃. ⏴
Roğ de Chesneduit j. m̃. sup Roɓ de
Veti Ponte ⏴ duobӡ militibӡ Wiłł fił Rađ
de Kaingnes ij. m̃. ⏴ Roɓ de Gattoñ ij. m̃. ⏴
Huğ de Steintoñ j. m̃. ⏴ Stef de Pauntoñ
j. m̃. ⏴ Roɓ Le Salvağ j. m̃. ⏴ Baldewiñ
de Redduñ j. m̃. ⏴ Wiłł Le Butiller de
Tikehułł j. m̃. ⏴ mağro Urrico ij. m̃. ⏴ Roğ
de Ver j. m̃. ⏴ Roğ de Sc̃o Dionisio j. m̃. ⏴
Rađ de Gateł j. m̃. ⏴ Roɓ fił Walkeliñ
j. m̃. sup Bertā de Broc ⏴ Egidio de Sc̃o
Leodegar̃ j. m̃. sup Huğ de Fokintoñ ⏴
Ric̃o Walens̃ j. m̃. ⏴ [militibӡ Roɓ fił Roğ
x. m̃. sup dm̃m suū lib Roğ de Ridał ⏴]
Joħ Le Cunte j. m̃. ⏴ Rađ de Anᵛs j. m̃. ⏴
Rađ de Tony C. soł ⏴ Rađ de Diva j. m̃. ⏴
Ađ de Wilesik j. m̃. ⏴ Roɓ de Mandeviłł
iij. m̃. ⏴ David de Hastinğ ij. m̃. ⏴ Briañ
Tollarđ j. m̃. ⏴ militibӡ Roɓ Mauduit
camerar̃ ij. m̃. ⏴ Rañ de Novo M'cato
j. m̃. ⏴ Walt de Clifforđ juveni ij. m̃. ⏴
Roğ de Clifforđ ij. m̃. ⏴ Gileɓ de Sey
ij. m̃. ⏴ Roɓ Britoñ j. m̃. ⏴ Joħ de Humate
ij. m̃. ⏴ Derkiñ de Ac• j. m̃. ⏴ Roɓ de
Novo Burgo iij. m̃. ⏴ Wiłł de Grenesteđ
j. m̃. ᵽ se ꝭ dña de Silintoñ ⏴ Andr̃ Le
Machun j. m̃. ⏴ Huğ de Bocsteđ j. m̃. ⏴

q' reddidit

militi Pet¹ de Beche j. m̃. sup dm̃ suū ⸜
Will de Diviŝ j. m̃. ⸜ Regiñ de Moiun
iiij. m̃. lib̃ Rob̃ fil Rob̃ ⸜ Rad̃ de Sc̃o
Georg̃ j. m̃. ⸜ Pet° de Pelevill j. m̃. ⸜ Joh̃
de Vallib₃ j. m̃. ⸜ Thom̃ de Nessedoñ
j. m̃. ⸜ Will de Curtenay ij. m̃. ⸜ Nichol
de Stutevill j. m̃. ⸜ Stef de Gaunt j. m̃. ⸜
Ivoñ de Heriz j. m̃. ⸜ trib₃ militib₃ Rob̃
de Turnhā iiij. m̃. lib̃ de Longo Vado ⸜
Gaufr̃ de Claro Monte j. m̃. ⸜ duob₃
militib₃ Nigelli de Luneto ij. m̃. ⸜ militib₃
Gaufr̃i de Sey p̃ris iiij. m̃. ⸜ Hug̃ de Hedoñ j. m̃. ⸜ Henr̃ Bek ij. m̃. ⸜ Gaufr̃ de
Sey juveni ij. m̃. ⸜ Ric̃ de Bellus j. m̃. ⸜
Will de Giminghā j. m̃. ⸜ Rob̃ de Waut-
vill j. m̃. ⸜ Nichol de Wauncy j. m̃. ⸜
Simoñ Barre j. m̃. ⸜ Hug̃ de Cumbes de
honore de Breml j. m̃. ⸜ Rob̃ de Cra-
nonthun j. m̃. ⸝ Will Hauselin ⸜ Joh̃
Mallesour̃ ⸜ Thom̃ Hauselin ⸜ militib₃ ⸜
sup baroniā que fuit Dodoñ Bardulf
iiij. m̃. ⸝ Alexandr̃ fil Ric̃ j. m̃. ⸜ Rob̃ de
Buthi j. m̃. ⸜ Rog̃ La Veille j. m̃. ⸜ Rob̃
Camerar̃ j. m̃. ⸜ Will de Jaucūb j. m̃.
sup Rob̃ de Jaucumb̃ ⸜ Ric̃ Selvein j. m̃. ⸜
Rob̃ de Kardinan v. m̃. ⸜ Will de la Fᵗte
iiij. m̃. ⸜ Alured̃ de Lincolñ iiij. m̃. ⸜ Hug̃
Talemasch j. m̃. ⸜ xᵐ. militib₃ justic̃ Angl
x. m̃. lib̃ G. de Maundevill ⸜ Will de
Escallar̃ ij. m̃. ⸜ militib₃ com̃ Albⁱci C. sol
lib̃ Will Talemasch ⸜ Eustach de Eia j. m̃. ⸜
Henr̃ de La Mare de Norm̃ ij. m̃. ⸜
Amauri fil Rob̃ j. m̃. ⸜ Hermer̃ de Beke-
well j. m̃. ⸜ Rob̃ de Port j. m̃. ⸜ Will

Muschet j. m̃. ⁊ Aluređ de Retling̃ j. m̃.
sup Thom̃ fr̃em suū ⁊ militibȝ Wiłłi de
Cantelup̃ C. soł ⁊ militibȝ Fulcoñ de
Cantelup̃ ij. m̃. ⁊ Gaufr̃ de Marcħa j. m̃. ⁊
Wiłł Le Kanceis j. m̃. ⁊ Petr̃ de Palerñ
j. m̃. ⁊ Wiłł de Winlesour̃ j. m̃. ⁊ Wałt de
Esseł ij. m̃. ⁊ Wiłł de Pauntoñ j. m̃. ⁊ Stef̃
de Hauteviłł sup Henr̃ de Muntfort j. m̃. ⁊
Joħ de Rengny j. m̃. ⁊ Henr̃ fił Gerołđ
ij. m̃. ⁊ duobȝ militibȝ Wał?i de Cliffořđ
p̃ris ij. m̃. ⁊ Alañ Basset ij. m̃. ⁊ Phił de
Colūƀes ij. m̃. ⁊ Joħ Pulein j. m̃. ⁊ militibȝ
Joħ de Rupe Forti ij. m̃. ⁊ Giffařđ
Witheng ij. m̃. ⁊ Joħ Juveni j. m̃. ⁊ Joħ
Russełł j. m̃. ⁊ Rađ Belet j. m̃. ⁊ Ric̃ Le
Flemenc ij. m̃. ⁊ Baldewiñ Fillol j. m̃. ⁊
Henr̃ de Illeg̃ ij. m̃. ⁊ Roƀ fił Phił ij. m̃. ⁊
Rađ de La Neulanđ j. m̃. ⁊ Ađ de Bor-
lingħā j. m̃. sup Regiñ de Lehī ⁊ Pagañ
de Chauwurc̃ iij. m̃. ⁊ Hug̃ de Chauwurc̃
ij. m̃. ⁊ Stef̃ de Waletoñ j. m̃. sup Joħ
de Ken ⁊ Henr̃ de Luditoñ j. m̃. ⁊ Reg̃
Martełł j. m̃. ⁊ Gileƀ de Gaunt cenł soł ⁊
Guar̃ fił Gerołđ x. m̃. ⁊ Ric̃ de Gravenełł
ij. m̃. ⁊ Rađ Monaco j. m̃. ⁊ militibȝ Gileƀ
Peke iij. m̃. ⁊ Wiłł de Clintoñ j. m̃. ⁊
militibȝ Roƀ de Tatesħał iij. m̃. ⁊ Joħ
de Wahułł v. m̃. lib Benun ⁊ Roƀ de
Pinkeñ ij. m̃. ⁊ Rađ de Sulleg̃ ij. m̃. ⁊
Rađ de Wyun j. m̃. ⁊ Hug̃ de Jage-
fořđ j. m̃. ⁊ Ric̃ de Barentin j. m̃. ⁊
Wiłł de La Lanđ j. m̃. ⁊ Norm̃ de
Arcy ij. m̃. ⁊ Hug̃ de Samf̃ iij. m̃. ⁊
Henr̃ de Capella j. m̃. ⁊ Eustacħ de

Moreteiñ ij. m̃. ⸓ Rađ de Crūwell
j. m̃.

DANIEL' de Curt°y sup feudū suū
iiij. m̃.   *Sᵗ CCC. m̃. ꞇ xxix. m̃. ꞇ dῑ.*

PRESTIT' fc̃m militib; apud Dubliñ ⸓
đ Sab prox° p⁹ Asūpcionem
B'e Marie ⸓ corā com̃ de F'rar̄
ꞇ R. de Marisc̃.

Pet° Pikot iiij. m̃. ⸓ duob; militib; Rađ
de Roff iiij. m̃. sup dñm suū ⸓ Simoñ
de Merc ij. m̃. ⸓ Will de Merc ij. m̃. ⸓
Rob de Ferrar̄ iiij. m̃. ⸓ Rađ de Bello
Cāpo ij. m̃. ⸓ Regiñ de Pavilly iij. m̃. ⸓
Rađ fil Will ij. m̃. ⸓ Rob de Arsike iiij m̃. ⸓
Will de Vernun ij. m̃. ⸓ Will de Hasting̃
C. sol ⸓ Yvoñ Pat°c ij. m̃. ⸓ Briañ fil Rađ
iiij. m̃. ⸓ Rob de Lasceles iiij. m̃. ⸓ Hug̃
de Polsteđ iiij. m̃. ⸓ Baldewiñ de Hodinet
ij. m̃. ⸓ militib; Joh de Munemuth iiij. m̃.
sup dñm suū ⸓ Odoñ de Drengetoñ ij. m̃.
sup Rob de Holm̃ ⸓ Joh de Hudebovill
ij. m̃. ⸓ Will Haket ij. m̃. ⸓ Hug̃ de Aubvill cenŧ sol lib Rob de Aubvill ⸓ Will
de Burwardel sup Baldewiñ p̃rem suū
ij. m̃. ⸓ Stef Harengot iiij. m̃. ⸓ Joceliñ de
Hispoñ ij. m̃. ⸓ Ric̃ de Argentō iiij. m̃. ⸓
Simoñ de Insul iiij. m̃. ⸓ Rob de Insul
ij. m̃. ⸓ Guar̄ de Sudhā ij. m̃. ⸓ Will de
Aves̃ ij. m̃. ⸓ Hug̃ de Seinwasŧ iiij. m̃. ⸓
militib; Will de Haya iiij. m̃. lib Walŧ
fr̄i suo ⸓ Will Perrot ij. m̃. sup Rađ Perrot ⸓ Ric̃ de Escal ij. m̃. ⸓ Rog̃ de Bosco
ij. m̃. ⸓ Rob de Leuelanđ iiij. m̃. ⸓ Will

Le Chen ij. m̃. ◡ Roƀ de Mortuo Mari
vj. m̃. ◡ Alañ de Muletoñ sup Thom̃ f̄rem
suū ij. m̃. ◡ Henr̄ de Malloc iiij. m̃. ◡ Hel
Giffard̄ iiij. m̃. ◡ t'bus militib꜕ Roƀ Mar-
miun vj. m̃. liƀ W. señ ◡ Walt̄ de Wite-
feld̄ ij. m̃. ◡ Will̄ de Gisnay C. sol̄ ◡ Will̄
de Wennevall̄ ij. m̃. ◡ Rad̄ de Burgo ij. m̃. ◡
Roƀ de Ver C. sol̄ ◡ Thom̃ de Muscāpo
ij. m̃. ◡ Thom̃ de Mara vj. m̃. ◡ Hug̃ de
Chesney ij. m̃. ◡ Walt̄ de Ronceby ij. m̃. ◡
Roƀ de Trindeia ij. m̃. ◡ Thurstañ de
Munford̄ C. sol̄ ◡ Engeram̃ de P⋅tell̄
C. sol̄ ◡ militib꜕ Roƀ de Crevequer C. sol̄ ◡
Matħo Mantell̄ iiij. m̃. ◡ Saheri Batall̄
ij. m̃. ◡ Hamōi de Sibetoñ ij. m̃. ◡ militib꜕
Will̄ de Albeneto p̃ris viij. m̃. ◡ Gil̄ de
Clara iiij. m̃. ◡ duob꜕ militib꜕ cõisse m̃ris
sue iiij. m̃. liƀ Joħ de Stubinges ◡ Will̄ de
Eineford̄ C. sol̄ ◡ Roƀ de Faukehā ij. m̃. ◡
militib꜕ Willi de Cirintoñ iiij. m̃. liƀ Roƀ
de Cirintoñ ◡ Joħ de Langedoñ ij. m̃. ◡
Rog̃ de Levehā iiij. m̃. ◡ Will̄ de Ros de
Cancia vj. m̃. ◡ Joħ de Maris ij. m̃. ◡ Thom̃
de Lampnesse iiij. m̃. ◡ Rog̃ de Cressy
C. sol̄ ◡ Petr̄ de Scoteñ iiij. m̃. ◡ Will̄
Blund̄ ij. m̃. ◡ Roƀ de Sevauz ij. m̃. ◡ Ric̃
de Peldindoñ ij. m̃. ◡ Will̄ de Dudintoñ
ij. m̃. ◡ Pħ de Malevill̄ ij. m̃. ◡ Will̄ de
Bello Cāpo C. s̃. ◡ Will̄ de Rernā ij. m̃. ◡
Nicħ de Kenet iiij. m̃. ◡ Hemf'd̄ de
Criketot ij. m̃. ◡ Roƀ Pikot ij. m̃. ◡ Henr̄
de Cemesech ij. m̃. ◡ Thom̃ de Valeines
ij. m̃. ◡ Gaufr̄ de Scalar̄ ij. m̃. ◡ Ric̃ fil̄
Will̄ ij. m̃. ◡ Joħ de Sc̃a Helena ij. m̃. ◡

Thoṁ fiĺ Wiĺĺ ij. m̃. ⅃ Huḡ de Neviĺĺ
C⁴sso iiij. m̃. ⅃ Miloñ Neirenuit ij. m̃. ⅃
Gaufr̃ Hose ij. m̃. ⅃ Ric̃ fiĺ Wiĺĺ de Hasel-
ɓge ij. m̃. ⅃ Steḟ de Bello Cāpo iiij. m̃. ⅃
militibȝ Simoñ de Kima p̃ris iiij. m̃. liɓ
Waĺt Bech ⅃ Ric̃ Reveĺĺ C. soĺ ⅃ Wiĺĺ de
Marisc̃ ij. m̃. ⅃ Waĺt de E⁹muth iiij. m̃. ⅃
Ric̃ de Percy C. soĺ ⅃ Wiĺĺ de Fenb'ge
ij. m̃. ⅃ Thoṁ Basset C. soĺ ⅃ Raɗ Basset
sup p̃rem suū iiij. m̃. ⅃ Wiĺĺ Pe⁹eĺĺ ij. m̃. ⅃
Ric̃ Morin ij. m̃. ⅃ Wiĺĺ de Westoñ ij. m̃. ⅃
Alañ de Monay ij. m̃. ⅃ Waĺt de Basker-
viĺĺ iiij. m̃. ⅃ Huḡ Meriet ij. m̃. sup Nichoĺ
p̃rem suū ⅃ Pauliñ de Taideñ iiij. m̃. ⅃
Regiñ de Peritoñ ij. m̃. ⅃ Alañ de Dun-
stanviĺĺ ij. m̃. ⅃ Thoṁ Mauduit iiij. m̃. ⅃
militibȝ Roɓ de Stoƙ iiij. m̃. liɓ Nicħ de
Brus ⅃ Heĺ de Bello Cāpo C. soĺ ⅃ Phiĺ
le Baud ij. m̃. ⅃ Gaufr̃ de Kanviĺĺ iij. m̃. ⅃
militibȝ Roḡ de Mortuo Mari C. soĺ ⅃
Wiĺĺ de Werbeltoñ ij. m̃. ⅃ Huḡ Paineĺĺ
vj. m̃. ⅃ Wiĺĺ de A⁹enḡ iiij. m̃. ⅃ Wiĺĺ de
Munceĺĺ ij. m̃. ⅃ Petr̃ de Melleto ij. m̃. ⅃
Giĺ de Riggeby ij. m̃. ⅃ Roɓ de Curtenay
iiij. m̃. ⅃ Thoṁ de Kanviĺĺ iiij. m̃. ⅃ Roulanɗ de Acsteɗ ij. m̃. ⅃ Roɓ de Colūberes
ij. m̃. ⅃ Henr̃ de Neviĺĺ de Brancepañ
C. soĺ ⅃ Barnaɓ de Hertweĺĺ ij. m̃. ⅃ Ric̃
fiĺ Wiĺĺ iiij. m̃. ⅃ Morisco de Gaunt C. soĺ ⅃
Joce de Baioñ iiij. m̃. ⅃ Ric̃ de At'o ij. m̃. ⅃
Aɗ Pinℓne ij. m̃. ⅃ Huḡ de Fraxiñ ij. m̃. ⅃
Wiĺĺ de Mub⁴y x. m̃. ⅃ Huḡ de Gurnay
x. m̃. ⅃ Raɗ de Rodes x. m̃. ⅃ Giĺ Anglic̃
ij. m̃. ⅃ Heir̃ fiĺ Wiĺĺ ij. m̃. ⅃ Simoñ de

Echingehā iiij. m̃. ◡ Roꝑ de Percy iiij. m̃. ◡
Huᵹ̃ Peṽeꝉ ij. m̃. ◡ Gaufꝛ̃ de Aubemarꝉ
ij. m̃. ◡ Roꝑ de Crec iiij. m̃. ◡ Roꝑ de
Lasceles iiij. m̃. sup Roᵹ̃ de Lasceles ◡
v. militibȝ Wiꝉꝉ Malet x. m̃. liꝑ Raᷗ
Malet ◡ Huᵹ̃ de Canteluꝑ̃ ij. m̃. ◡ militibȝ
Wiꝉꝉ de Bokelanᷗ iiij. m̃. sup dñm suū ◡
Riᷓ de Samſ iiij. m̃. ◡ Roᵹ̃ de Mubᵃy
iiij. m̃. ◡ Joꝉ Malherꝑ iiij. m̃. liꝑ Roᵹ̃ de
Fontibȝ ◡ Joꝉ fiꝉ Rañ ij. m̃. ◡ Aᷗ de
Crūꝑ iiijᵒʳ. m̃. ◡ Wiꝉꝉ de Tremmettes ij. m̃. ◡
Roꝑ le Brun ij. m̃. ◡ Roᵹ̃ de M'lay C. soꝉ ◡
Roꝑ de Arcy ij. m̃. sup Gaufꝛ̃ de Salse-
mare ◡ duobȝ militibȝ Joꝉ de Hastiñᵹ̃
iiij. m̃. ◡ Wiꝉꝉ fiꝉ Guariñ iiij. m̃. ◡ Wiꝉꝉ de
Curtenay iiij. m̃. ◡ Osꝑ le Sor ij. m̃. ◡ Joꝉ
de Turviꝉꝉ sup Galienā de Tᵘviꝉꝉ ij. m̃. ◡
Wiꝉꝉ Paineꝉꝉ ij. m̃. ◡ Joꝉ de Borhā ij. m̃. ◡
duobȝ militibȝ Roᵹ̃ de Basinghā iiij. m̃.
liꝑ Raᷗ fiꝉ Briañ ◡ Raᷗ de Martiwasꝉ
ij. m̃. ◡ Miloñ de Suꝰꝉy iiij. m̃. ◡ Regiñ de
Hedoñ sup Vieꝉ Engainne ij. m̃. ◡ Wiꝉꝉ
Tᵃsgoz ij. m̃. ◡ Wiꝉꝉ de Weꝉꝉ ij. m̃. ◡ Roᵹ̃
de Neviꝉꝉ iiij. m̃. ◡ v. militibȝ Huᵹ̃ de
Neviꝉꝉ x. m̃. liꝑ Roꝑ fiꝉ Nigeꝉꝉ ◡ Roꝑ de
Tintaioꝉꝉ iiij. m̃. ◡ Riᷓ fiꝉ Artᵃi ij. m̃. ◡
Roꝑ de Chaundos vj. m̃. ◡ Thoꝱ de
Fraxiñ ij. m̃. ◡ Thoꝱ de Plūꝑge ij. m̃. ◡
Henꝛ̃ de la Puꝱꝉay iiij. m̃. ◡ Gaufꝛ̃ de
Saukeviꝉꝉ ij. m̃. ◡ Raᷗ de Marcy ij. m̃. ◡
Wiꝉꝉ fiꝉ Hamōis iiij. m̃. ◡ Osꝑ de Avenebiꝛ̃
ij. m̃. ◡ militi Margarete de Lucy ij. m̃. ◡
Giꝉ Foliot ij. m̃. ◡ Wiꝉꝉ de Cressy ij. m̃. ◡
Roꝑ de Fonoiz iiij. m̃. ◡ Giꝉ Mauduit

Wiłł de Erleseia ij. m̄. ⸴ Joħ de Mundeviłł ij.m̄. ⸴ Huḡ de Avereng̈ ij. m̄.

S* DC. li. 't iiij⁻ˣˣ. li. xiij. sol iiij. đ.

Memb. 3.

PREST' fčm militib₃ apud Dubliñ ⸴
đ Dñica ī octab̄ Asūpcionis
B'e Mař ⸴ corā com̄ de Ferrař
't R. de Marisč. Fčm est presť
Flandř sup feoda sua.

Milites Flandř.   Wiłł de Sčo Om̊o iiij. m̄. ⸴ Wiłł de
Cresek̄ iiij. m̄. ⸴ Petř de Kaeu iiij. m̄. ⸴
Thom̄ Keret iiij. m̄. ⸴ Baldewiñ de
Dudaviłł iiij. m̄. ⸴ Wiłł de Frisa iiij. m̄. ⸴
Wiłł Bu℣y ij. m̄. ⸴ Osti de Everinghā
ij. m̄. ⸴ Joħ frī suo ij. m̄. ⸴ Eustacħ de
Es ij. m̄. ⸴ Guidoñ de Punches ij. m̄. ⸴
Gileb̄ de Wyme ij. m̄. ⸴ Rob̄ de Wa℣ham
ij. m̄. ⸴ Ernulf frī suo ij. m̄. ⸴ Joħ de
Freseneviłł sup ℣rā p̄ris sui ij. m̄. ⸴ Gui-
doñ de Freseneviłł ij. m̄. ⸴ Lambekiñ de
Roillecurt ij. m̄. ⸴ Ađ de Aunvois ij. m̄. ⸴
Wiłł Rullarđ ij. m̄. ⸴ Aleliñ de Maroił
ij. m̄. ⸴ Petř de Delettes ij. m̄. ⸴ Thom̄ de
Bavelinghā ij. m̄. ⸴ Wałt le Buc ij. m̄. ⸴
Baldewiñ frī suo ij. m̄. ⸴ Danieł de Cur-
t*y ij. m̄. ⸴ Bernarđ de Ballol iiij. m̄. ⸴
Bivarđ de Cratelup̄ ij. m̄. ⸴ Girarđ de
Furnivałł x. m̄. ⸴ Alañ fił Alexandř
ij. m̄. ⸴ vj. militib₃ Nichoł de Stuteviłł
xv. m̄. lib̄ Eustacħ de Stuteviłł ⸴ Roḡ de
La Thucħ vj. m̄. ⸴ Huḡ de Ballol xij. m̄. ⸴
com̄ Ebroič x. m̄. lib̄ Engeram̄ Pointełł ⸴

Walt La Aleman ij. m̃. ⸭ Will Espec
ij. m̃. ⸭ Roğ de Portes ij. m̃. ⸭ Ric̃ fil Rob
de Cornub ij. m̃. ⸭ Will de Scobir̃ ij. m̃. ⸭
Barthol Caret ij. m̃. ⸭ Gil de Turbvill
ij. m̃. ⸭ Rad de Caugy ij. m̃. ⸭ Roğ Corbet ij. m̃. ⸭ Rad de Gresel ij. m̃. ⸭ Will
de Gresel ij. m̃. ⸭ Rob de Burgat x. m̃.
lib Rob de Neireford . Fulcoñ fil Guariñ
viij. m̃. ⸭ viij. militibȝ com̃ Wareñ xx. m̃.
lib Malveisin ⸭ Will de Harpetr̃ fil Joh
iiij. m̃. ⸭ Jacobo de Novo M'cato x. m̃.
lib Roğ de Novo M'cato ⸭ Pagañ de
Burchill ij. m̃. ⸭ Will de Furch ij. m̃. ⸭
Herb de Bolebech ij. m̃. ⸭ Ric̃ de Gre-
mested ij. m̃. ⸭ Drogo de Vernū ij. m̃. ⸭
Gaufr̃ de La Huse ij. m̃. ⸭ Rad de Sc̃o
Audoeno ij. m̃. ⸭ Henr̃ de Heriz de
Cornub ij. m̃. ⸭ Walt de Launcy iiij. m̃. ⸭
Rob de Cryctot de Herford ij. m̃. ⸭ Ric̃
de Biclesdoñ ij. m̃. ⸭ duobȝ militibȝ Henr̃
de Oilly iiijᵒʳ. m̃. lib Walt de Tywe ⸭
Gaufr̃ de Apeltoñ ij. m̃. ⸭ Fulcoñ Doiry
C. sol lib Lamb Doiri ⸭ Rob de Ros
xx. m̃. lib W. señ ⸭ Walt de Everell
ij. m̃. ⸭ Rob de Ropell x. m̃. lib W. señ ⸭
Walt Le Neve ij. m̃. ⸭ Walt de Treilly
ij. m̃. ⸭ Yvoñ de Heriz iiij. m̃. ⸭ Stef de
Gaunt j. m̃. ⸭ Nichol de Stutevill j. m̃. ⸭
Norm̃ de Arcy v. m̃. ⸭ Will de La Land
j. m̃. ⸭ Will de la F'te vj. m̃. ⸭ militibȝ
Rob de Mauduit Camer̃ iiij. m̃. lib Joh
fil Will ⸭ Rob de La Mare j. m̃. ꝑ se t
Walt de Nevill ⸭ Roğ La Veill j. m̃. ⸭
Pagañ de Chauwurc̃ iiij. m̃. ⸭ Huğ de

Chauwurc̄ iij. m̄. ⸴ Gil̄ de Gaunt C. sol̄
lib̄ Stef̄ de Gaunt ⸴ militib3 Thom̄ de
Sc̄o Walerico v. m̄. lib̄ Rad̄ Gernun ⸴
Rad̄ de Tony C. sol̄ ⸴ trib3 militib3 Rob̄
de Tateshal̄ iij. m̄. lib̄ Rob̄ de Arge-
thorp̄ ⸴ Rob̄ de Sutton̄ ij. m̄. ⸴ Roḡ de
Ver j. m̄. ⸴ Rad̄ Gernun C. sol̄ ⸴ Alan̄
Basset ij. m̄. ⸴ Henr̄ fil̄ Gerold̄ ij. m̄. ⸴
Huḡ de Samf̄ iij. m̄. lib̄ Jordan̄ de Pelehā ⸴
Alb'co de Marines iiij. m̄. ⸴ Joh̄ Russol̄l̄
j. m̄. ⸴ vj. militib3 com̄ Alb'cy vj. m̄. ⸴
Rad̄ de la Neuland̄ j. m̄.

S̄ᵃ CCC. m̄. ⁊ Liij. m̄.

PREST' fc̄m militib3 apud Dublin̄ ⸴
die Lun̄ ī vigil̄ Sc̄i Barthol̄.

q' solvit.
Com̄ de Ferrar̄ xxx. m̄.] ⸴ Wil̄l̄ de
Curtenay iiij. m̄. ⸴ Wil̄l̄ de Cresek̄ vj. m̄. ⸴
com̄ de Melleto xv. m̄. ⸴ Petr̄ de Croun
v. m̄. ⸴ Roḡ de Chesneduit ij. m̄. sup
Rob̄ de Vet̄i Ponte ⸴ militib3 com̄ de
Aubemarl̄ xv. m̄. lib̄ Eborard̄ de Beiver̄ ⸴
Thom̄ Malesmeins ij. m̄. ⸴ Wal̄t de
Clifford̄ juveni ij. m̄. ⸴ Roḡ de Clifford̄
ij. m̄. ⸴ Gileb̄ de Sey ij. m̄. ⸴ Rob̄ fil̄
Mondr̄ v. m̄. ⸴ militib3 Wil̄l̄ de Cantelup̄
C. sol̄ sup dn̄m suū lib̄ Saudebroil̄l̄ ⸴ Wil̄l̄
Daco ij. m̄. ⸴ Oliver̄ de Vallib3 iij. m̄. ⸴
Michael̄ de Puinges iij. m̄.

Petr̄ ⸴ carpentar̄.
EAD' die ib̄ ⸴ magr̄ Nichol̄ s̄ᶦ vᵗᵒ. car-
pentar̄ xv. sol̄ ⸴ maḡro Osb̄ sibi qᵃrto
petᵃrio3 xij. sol̄ ⸴ Alb'co Fossatori iij.
sol̄ ⸴ maḡro Pinel̄l̄ ⁊ maḡro Ernulf̄ s̄ᶦ

xiij°. xl. sol ⸲ maḡro Will Engol sibi
alłi j. m̃.

Thõ fił Ađ ⸲
Fri Thõ elemoš.

Ead' die ib̃ ⸲ [Thõ fił Ađ sup libacões
suas iiij. m̃. ⸲] fri Thõ elemosinař sup
elemosinā v. m̃.

G. Lułełł ⸲
Ernałđ ⸲ M. de
Cigony.

Ead' die Dn̄ica ib̃ ⸲ Gaufr Lułełł ⸲
maḡr Ernałđ ⸲ ł Math de Cigony clico
ad faciend prest marinełł ł galiotis
CCC. łi. lib eisđ.

Đ Luñ in vigił Sc̃i Barthoł ib̃ ⸲ Gaufr
Lułełł ⸲ maḡro Ernałđ ⸲ ł Math de Cigony ad faciend prest marinełł CCC. łi.
lib eisđ.

Ead die eisđ ib̃ ⸲ ad faciend prest
marinełł ł galiotis C. łi. que veñunt de
catałł venditis illius navis que veñat de
Norm̃ ł capta fuit i Wałł.

Aymer de Berbe-
rilł ł sociis suis.

Ead' die ib̃ ⸲ Aymer de Berberilł ⸲ ł
Reiño ⸲ ł Rađ de Samf Lx. sol: ᵽcia
ps debet subtᵃhi q' ꝯputatʳ i libacioñ
Aymar.

Maḡro Rađ Coco.

Mag'ro Rađ Coco ij. m̃. ⸲ Ric de La
Land j. m̃.

W. de Sc̃o
Maxenc̃.

Ead' die ib̃ ⸲ Will de Sc̃o Maxenc̃
ij. m̃. p com̃ Sarr.

Ric de Plesseto.

Ric de Plesseto clico ij. m̃. p ℞.

Joh de Curcy.

Ead' die ib̃ ⸲ Joh de Curcy de prestito xx. m̃. lib Rađ de Chambr p ℞.

Com̃ Wintoñ.

Ead' die ib̃ ⸲ com̃ Wintoñ x. m̃. lib
Petr de Sc̃o Edward.

G. Laḋ eꝱ ⁊
sociis suis.

Đ Marᵲ in f Sͨͥ Barthoᷝ apud pᵃtum
juxᵃ Dubliñ ⸝ Gaufᵲ Luᵗeᷝᷝ ⸝ maᵹro
Ernaldᷟ ⸝ ⁊ Matho de Cygoñ ad faciendᷟ
prestiᵵ marineᷝᷝ ⁊ galiotis CCCC. ᷝi. liᵬ
eisd̄.

Joh fiᵗ Phiᷝ.

Eᴀᴅ' die iᵬ ⸝ Joh fiᷝ Phiᷝ x. soᷝ p ᵲ.

     Pʀᴇsᴛɪᵵ' fͨm militibȝ apud pᵃtum
     juxᵃ Dubliñ ⸝ đ Marᵲ in f Sͨͥ
     Barthoᷝ.

Militibȝ coͫ Wareñ xx. ͫ. liᵬ Malveisin miᷝ ⸝ militibȝ coͫ David xx. ͫ.
liᵬ Barthoᷝ de Mortuo Mari ⸝ militibȝ
coͫ Herfordᷟ xx. ͫ. liᵬ eidᷟ Barthoᷝ ⸝
Riͨ Briwerᵲ iij. ͫ. ⸝ Godefᵲ de Crau-
cumᵬ ij. ͫ. ⸝ Rogᷝo Paupi ij. ͫ. ⸝ [mili-
^{q' reddidit.}
tibȝ Roᵬ fiᷝ Roᵹ x. ͫ. liᵬ Roᵹ Paupi ⸝]
Gaufᵲ de Sey juveni ij. ͫ. ⸝ tribȝ militibȝ
Gaufᵲ de Sey p̃ris iiij. ͫ. liᵬ Engeraͫ de
Sey ⸝ Riͨ de Kanviᷝᷝ iiij. ͫ. ⸝ Henᵲ de
La Mara de Norͫ iij. ͫ.

Coͫ Sarᵲ.

Eᴀᴅ' die Martis iᵬ ⸝ coͫ Sarᵲ sup
feudū suū de Ꝑmino Sͨͥ Michaeᷝ xxx. ͫ.
liᵬ Henᵲ Corbiñ.

    Đ Jovis sequente apud Fissegardᷟ ⸝
Eustach de Balloᷝᷝ miᷝ xx. soᷝ.

Sᵃ Loj. ͫ. ⁊ đi.

Đ Veñis proxᵃ apud Haᵥfordᷟ ⸝ coͫ
Sarᵲ sup feudū suū de Ꝑmino Sͨͥ Michaeᷝ
xv. ͫ. liᵬ Lamᵬ Teutonico ⸝ Gaufᵲ de
Sey p̃ri x. ͫ. liᵬ Engeraͫ de Sey ⸝
Nichoᷝ de Kenet v. ͫ. ⸝ Wiᷝᷝ de Bello

Cāpo x. m̃. lib Miloñ camerař suo ⸗
Gaufř de Sey juveni v. m̃. ⸗ Ađ de Novo
M'cato C. sol lib Henř de Vernoill ⸗
Stef Harengot iiij. m̃. lib Huḡ de
Greneforđ.

G. Lutℓett.

Eᴀᴅ' die ib ⸗ Gaufř Lutell ꝉ Henř fil
Com̃ Lx. li. lib eisđ ad facienđ prest
marinell.

Eađ die apud Cadewell ⸗ Norm̃ de
Arcy iij. m̃. lib Rič de Wigenon.

Đ Sab proxīa apud Margan ⸗ Rič de
Samf mil ij. m̃. lib Stef de Bayusa.

H. de Ver.

Đ Luñ prox* apud Novū Burgū ⸗
Henř de Ver ad facienđ prest servientib;
qui ibant cū constabul Cest'e ī Wallia
CC.xl. li. lib eiđ.

Ruffᵒ Archeř.

Đ M'cuř ī fest Sc̃i Egiđ ap̃ Bristoll ⸗
Ruffo Archer de Genua sup pacac̃oem
suā xx. s̃. p Regē.

Ernalđ de Acclent.

Eᴀᴅ' die ib ⸗ mag̃ro Ernalđ de Auclent ad opus p'um xx. m̃. lib eiđ.

Mag̃ro Simoñ sup
J. arcℎ Wygorñ.

Đ Jovis prox* p⁹ Nativ̄ B'e Marie
apud Merleberḡ ⸗ mag̃ro Simoñ de
Walteham sup J. arcℎ Wygorñ j. marc̃
lib Willo de Londoñ clico.

H. de Ver.

Đ Sab px* apud Merlebgam ⸗ Henř
de Ver ad facienđ prestit bal ꝉ servientib; CCC. m̃. lib eiđ.

Aymař ꝉ Reño.

Eᴀᴅ' die apud Divisas ⸗ Aymař de
Berbezill ꝉ Reynero de Clery xl. sol⸗

medietas debet subtrahi q' 9putat^r in libacione Aymar̃.

Thom̃ Fl. [THOM' Flechar̃ dim̃ marc̃.]

Henr̃ de Ver. D Veñ prox^a p^9 Exaltõm Sc̃e C^rcis apud Bristoll, Henr̃ de Ver ad faciend̃ lib̃ bal̃ 't servientib; CC. m̃. lib̃ eid̃ H.

G. Lut'ell. D Luñ in vigil̃ Sc̃i Math̃i Ap̃li apud Bristoll, Gauff̃ Lut'ell eunti ī nunciū dñi Reg̃ ī Hib̃ de prest̃ xx. m̃. p R.

Thom̃ fil̃ Ad̃. EAD' die ib̃, [Thom̃ fil̃ Ad̃ eunti sil̃r ī Hib̃ sup lib̃ suā v. m̃.]

Richo Lond̃. RICHER' Lond̃ magr̃o magne galie de prest̃ iiij. m̃. p Reg̃.

Watekiñ de Bello Cāpo, Thom̃ Flechar̃, Walt̃ de Balloet. EAD' die ib̃, Watekiñ de Bello Cāpo j. m̃., [Thom̃ Flechar̃ sup lib̃ suā j. m̃.,] Walt'o de Balloet mil̃ de prest̃ iiij. m̃. p R.

Gauf r̃ de Sc̃o Dionis̃, Rog̃ de Str'toñ. EAD' die ib̃, Gauff̃ de Sc̃o Dionis̃ de prest̃ xx. sol̃, Rog̃ de Strattoñ mil̃ Joh̃ fil̃ Hug̃ ad cariand̃ obsides Hib̃ usq; Winlesour̃ d̃i. m̃. sup dñm suū.

Magr̃o Simoñ de Walthehā. EAD' die ib̃, magr̃o Simoñ de Waltehā j. m̃. sup archid̃ Wygorñ lib̃ Willo de Londoñ cl̃ico.

Vyelet. D Mercur̃ prox^a apud Brug̃ Walt'i, Vyelet Vidulatori sup lib̃ suas j. m̃.

Daniel̃ Pinc' ñ. EAD' die ib̃, Daniel̃ Pinc'ne ad lib̃ cuj^9dā hõis qui custodivit vina dñi Reg̃ v. sol̃.

Guaŕ fiŧ Geroltŧ.   Đ Jovis prox* añ f Sc̃i Michael apud
Stokes Curcy⸔ Guaŕ fiŧ Geroltŧ ad ludū
suū xx. soŧ p ℞. Pŧ Henŕ fiŧ Com̃.

H. de Ver.   Đ Dñica prox* apud Soc⸔ Henŕ de
Ver ad faciendŧ prestiŧ x. baŧ euntibჳ ĩ
Waŧŧ ad Roþ de Veŕi Ponte xl. soŧ.
p ℞.

Com̃ Sarŕ.   Đ Luñ prox* iþ⸔ com̃ Sarŕ sup feudŧ
suū x. m̃. liþ Roþ de Cam̃la.

Reyño ⁊ sociis
suis.   Đ Jovis in c*stiñ Sc̃i Michael apud
Dorcestŕ⸔ Reyño⸔ ⁊ Aymaŕ⸔ ⁊ Radŧ
de Samf ẽvientibჳ xxx. soŧ. *T*cia ps*
*debet subt*hi q' ჳputaŕ in liþac̃oe*
Aymaŕ.

H. fiŧ Com̃.   Đ Veñ prox* apud Corf⸔ Henŕ fiŧ
Com̃ ad CC. ⁊ xxij. lepoŕ ⁊ Lx. valt*ŕ
xx. soŧ. p ℞.

W. de Bello Cãpo.   Đ Dñica prox ap̃ Beŕ⸔ Watekiñ de
Bello Cãpo sup liþ suas j. m̃.

H. fiŧ Com̃.   Ead' die apud Gillingehā⸔ Henŕ fiŧ
Com̃ ad pascendŧ lepoŕ dñi ℞. v. soŧ p ℞.
liþ eidŧ.

Sup Wiŧŧm Bri-
werŕ.   Ead' die iþ⸔ Thom̃ de Tetteburñ⸔
vadleto Wiŧŧi Briwerŕ⸔ custodi canū
suoჳ⸔ sup eundŧ W. đi. marc̃.

S tocius prestiti ჶbata $\overline{XI.CCCC.}$ ŧi. ⁊ xvij. ŧi. xij. đ. Ex*
hac s fuẽnt ples ჶciales sũme ĩ roŧlo Roþ de Glouc̃.*
In hac s ჳtineŕ presŧ sc*ptū ĩ dorso ħ⁹ roŧli.*

Com̃ Sarŕ.   Đ Jov̄ prox* p⁹ octaþ Sc̃i Michael
apud Gillingehā⸔ com̃ Sarŕ sup feudū
suū v. m̃. q*s dedit Barbereŧŧ ad adq'e-

tandū finē quē fecat cū Rege de xl. m̄.
p̄ habenda custodia t̄re Henr̄ fil Roḡ⌐
t̄ p̄ maritaḡ ejusd̄ H. uñ id̄ com̄ fuit pl̄.

Sup W. de Hare-
curt.

D Sab̄ ī f Sc̄i Dioniš apud Clarendoñ⌐
Will̄o venatori Will̄i de Harecurt̄ d̄i. marc̄
sup dn̄m suū.

Feud Will̄i de
Sc̄o Audomaro.

D Dn̄ica proxᵃ apud Wintoñ⌐ Will̄o
de Sc̄o Audomaro de feudo suo viij. m̄.
lib̄ Giloñ⌐ t̄ ita qˡetus est dn̄s Rex de
eo de feudo suo anni xij^{ml}.

J. Stoillehunting.

Joh'ı Stoilleluntinḡ sup corp⁹ suū xij. s̄.
p R̝.

Com̄ Sarr̄.

D Mercur̄ proxᵃ ap̄ Frigidū Mantellū⌐
com̄ Sarr̄ sup feudū suū v. m̄. lib̄ Roḡ de
Hovedenḡ.

H. de Ver.

D Luñ ī festo Sc̄i Luc̄ Ewangeliste ap̄
Winlesour̄⌐ Henr̄ de Ver ad faciend̄ lib̄
bal̄ t̄ s̄vientibȝ CC. li. xxvj. li. lib̄ eid̄
H. t̄ Godescall̄.

Rein̄o de Cleri.

D Luñ prox̄ añ f Aplo̸ Simonis t̄
Jude apud T'rim Londoñ⌐ Rein̄o de
Clery dū fuit apud Winlesour̄ p p̄cept̄
dn̄i Reḡ xv. sol̄.

Eustach̄ Monacho.

D Sab̄ prox̄ p⁹ f Aplo̸ Simoñ t̄ Jud̄
apud Hamsted̄⌐ Eustach̄ Monacho de
prestito x. m̄. usqₐ ad f Sc̄i Andr̄ p Reḡ.

Sup Thom̄ fil Ade.

Ead' die apud Merleb̄gam⌐ Ric̄ Hib̄-
nienš sup lib̄ Thom̄ fil Ad̄ fr̄is sui dū fuit
ī Hib̄ d̄i. marc̄.

W. de Bello Cāpo.

D Mercur̄ prox̄ p⁹ f Om̄ium Sc̄o̸ apud
Neutoñ⌐ [Watekiñ de Bello Cāpo sup lib̄

suas iij. marc̃ p Regē lib Hug̃ Le Poheir:] ^{q' ĩ lib'}
't hic īcepim⁹ ad faciend lib suas.

Memb. 2.

Thom̃ fil Ad.

Đ Jovis in f Sc̃i Martiñ apud Heke_
ham ˕ [Ric̃ Hibniensi sup lib Thom̃ fil
Ade frĩs sui dū fuit ī Hib di. marc̃ p
magr̃m Ernaldū.]

Joħ Marisc̃.

Đ Vener̃ prox̃ apud Clivā ˕ [Joħi Ma_
rescall iij. m̃. p magr̃m Ernaldū lib Walt̃o
Revell hõi ip̃ius Joħis.]
q' solvit ap̃d Notingeham.

Joħ Batall 't socio suo.

Ead' die ib ˕ Joħi Batall 't socio suo
x. sol sup libaciones suas .s. d̃ Veñ in
vigil Sc̃i Edmundi ap̃ Salvatā ˕ in exp̃ñ
valt*riog̃ 't lepor̃ p unā noctem ap̃ Mel_
doñ x. s̃. lib Micħ hõi Henr̃ fil Com̃.

Aymar̃ 't Reiñ o.

Đ Sab in f Sc̃i Edmund ap̃d Notinge_
ham ˕ Aymaro 't Reiñlo de Cler̃ xl. s̃. ⸳
*medietas debet subt*hi r̃õè p̃dc̃a.*
[Eid Aymaro ap̃d Cnapp̃ iij. s̃.]
q' in rollo libacionū.

Henr̃ de Ver.

Ead' die ib ˕ Henr̃ de Ver ad faciend
prestit bal 't servientibȝ CCC. m̃. p ℞. ˕
q*s recepam⁹ de Briañ de Insul 't Phil
Marc̃.

S. de Talintoñ.

Ead' die ib ˕ Simoñ de Talintoñ clico
magri R. de Marisc̃ xl. s̃. p magr̃m
Ernald.

Sc̃da s cũ p̃stito ĩ dorso rolli CCCC.Lxxj.li. xvij. s̃. ix. d. ob.*

Elemosinař.　D Luñ proẍ post f Sc̃i Edmunđ apud Notingeham ⌐ elemosinař sup elemosinā C. sot lib f̃ri Thoɱ̃.

Rob de Percy.　D Mercuř proẍ apđ Haywuđ ⌐ Rob de Pcy ad exp̄nsas militū nūcioʒ Hispañ Lx. sot lib eiđ.

W. de Ireby.　D Dñica añ f Sc̃i Andř Apli apđ Notingehā ⌐ [Witto de Ireby ad suos canes quos ħt ad vulpes j. ɱ̃. p ꝶ.]
　　　　　q' ɫ Roɫlo Mise.

H. de Ver.　D Martis ī f Sc̃i Andř ib ⌐ Henř de Ver ad facienđ lib bat ꞇ servientibʒ CC. ti. lib eiđ H.

R. de Pcy.　Ead' die ib ⌐ Rob de Percy ꞇ Joħ de Winťburñ ctico ad facienđ exp̄ñ miliť Hispañ Lx. s̃. lib Joħi de Winťburñ.

Thoɱ̃ Flechař.　D Jovis proẍ apđ Clipestoñ ⌐ [Thoɱ̃ Flechař de presť sup lib suā đi. marč p coɱ̃ Sarř.]

Rob de Pcy.　Ead' die ib　Rob de Percy ꞇ Joħi de Winťburñ ctico ad exp̄ñ mit Hispañ xij. s̃. lib eisđ.

H. de Ver.　D Dñica prox* apđ Lexintoñ ⌐ Henř de Ver ad facienđ prestiť bat ꞇ servientibʒ xl. s̃. p ꝶ. lib eiđ.

H. fit Coɱ̃.　D Luñ in f Sc̃i Nicħ apđ Lexintoñ ⌐ Henř fit Coɱ̃ ad lepoř dñi ꝶ. Lx. s̃. p ꝶ. lib Micħ ħõi suo.

Mag̃ro Ernalđ.　Ead' die ib ⌐ mag̃ro Ernaldo eunti cū guarderoba apđ Bevlacū xl. s̃.

W. de Ireby.

D᷑ Veñ prox᷄ aᵽd Haentoñ mañſiū B. de Insuł ͵ [Wilekino de Ireby ad expñ canū gupillerez qᵒs custodit j. m̃. p ℟.]
q' ĩ Rotlo Mise.

Aymař.

D᷑ Saƀ prox᷄ añ f Sc̃i Thom̃ Aᵽli aᵽd Kirkehā ͵ [Aymaro solo j. m̃.]
q' in libacionibȝ.

H. de Ver.

D᷑ Dñica prox᷄ aᵽd Crec ͵ Henř de Ver ad facienđ liƀ bał ꞇ servientibȝ C. łi. xiij. łi. x. s̃. liƀ eiđ p ℟.

Robiñ de Stantoñ.

Eᴀᴅ' die iƀ ͵ Robino de Stantoñ ꞇ sociis suis sup Huĝ de Nevitł de prestito xx. soł liƀ eiđ p ℟.

Wał de Bello Cāpo.

D᷑ Martis in festo Sc̃i Thom̃ aᵽd Crec ͵ [Watekiñ de Bello Cāpo sup liƀ suas j. m̃.]

J. Marescatł.

D᷑ Saƀ in festo Natał Dñi aᵽd Eborac̃ ͵ Joħi Marescatł v. m̃. liƀ David̃ cłico suo.

Elemosinař.

Eᴀᴅ' die iƀ ͵ elemosinař sup elemosinā cenꞇ soł liƀ aƀbi de Binedoñ.

Roƀ de Percy.

Eᴀᴅ' die iƀ ͵ ad exᵽnsas nūcioȝ Hispañ C. soł liƀ Roƀ de Percy.

Burĝñ Bristotł.

Eᴀᴅ' die iƀ ͵ Regiñ de Turc qⁱ venit cū robis que fꞔunt aᵽd Bristotł ex pte burĝnsiū de Bristollo sup eosđ xx. soł.

H. de Ver.

D᷑ Dñica in c᷄stiñ Natał Dñi aᵽd Eborac̃ ͵ Henř de Ver ad facienđ liƀ bał ꞇ servientibȝ CC. libř liƀ eiđ q̃ veñunt de fine cłicoȝ eᵽatᵒ Norwic̃.

H. de Ver.

D᷑ Dñica in c᷄stiñ Circūcisionis Dñi aᵽd Notinĝ ͵ Henř de Ver ad facienđ liƀ

baĪ 't servientibȝ CCCC. ƚi. liƀ eiđ que
veꝫunt de fine ꝑdc̃oȥ cƚicoȥ.

Elemosinař.

ABB'I de Binedoñ sup elemõs j. m̃.
liƀ eiđ.

Roƀ de Pcy.

EAD' die Dñica ad exp̄nsas nūcioȥ
Hispañ C. soƚ liƀ Roƀ de Pcy.

Com̃ Sarř.

Ɖ Luñ proxᵃ iƀ ✓ com̃ Sarř sup feuđ
suū xx. m̃. liƀ Joħi Bonet.

Aymař 't Reineř.

EAD' die iƀ ✓ Aymaro 't Reiꝫo de
Clery sup liƀ suas j. m̃. ⫶ *medietas debet*
subtᵃhi r̃oe ꝑdc̃a.

H. fĭt Com̃.

EAD' die iƀ ✓ Henř fiĪ Com̃ ad lepor̃
dñi ℞. v. m̃. liƀ Hug̃ de Blancmosƚ.

Roƀ de Pcy.

EAD' die iƀ ✓ Roƀ de Pcy ad ꝯducenđ
nūcios Hispañ usqᷓ Dovř C. soƚ.

Com̃ Sarř.

Ɖ Jovis in E'pħia Dñi aꝑd Noting̃ ✓
com̃ Sarř de feudo suo de t̃mino NataĪ
Dñi anno J. xij°. C.Lxvij. m̃. 't đi. 't ita
qᶦet⁹ est dñs Rex de dc̃o t̃io ⫶ 't iđ com̃
đȝ v. m̃. ad minus.

Thom̃ Flechař.
Riċ Hiƀ.
Thom̃ fĭt Ađ.

[Ɖ Veñ proxᵃ iƀ ✓ Thom̃ Flechař sup
liƀ suā dim̃ marc̃ ✓ Riċ Hiƀniensi sup liƀ
fr̃is sui Thom̃ fiĪ Ađ j. m̃.]

W. de Bello Cāpo.

[EAD' die iƀ ✓ Watekiñ de Bello Cāpo
sup liƀ suas ij. m̃.]

H. Poinz.

HUG' Poinz miĪ sup Niċħ �premᵗ suū
iij. m̃. p ℞.

Reynꝫio de Clery.

EAD' die iƀ ✓ Reiꝫo de Clery sup liƀ
suas đi. marc̃.

O. Cłico.

Odon' Cłico ad 9ducenđ caretas de guarderob apđ Luā x. s̃. dum fuit hostiari⁹ guarderob.

Simoñ de Waltham.

Ɖ Dñica proxᵃ apđ Lincolñ ⌐ mag̃ro Simoñ de Waltham xxx. soł sup arcħ Wigorñ lib Wiłło de Lonđ cłico.

Helto cłicus Wiłłi Briweř.

Ɖ Luñ proxᵃ apđ Kirketoñ ⌐ [Heltoñ cłico Wiłłi Briweř v. s̃.] *q' reddidit.*

Aymař.

Ɖ Jovis proxᵃ apđ Lindbgam ⌐ Aymaro de Berbeziłł sup lib suas đi. marc̃. Ɖ Dñica proxᵃ apđ Stamf ⌐ iij. đ. [Henř fił Coñ ad ludū suū sup debiƚ qđ ei debetʳ in camła xxv. s̃. ⌐ iƚ viij. đ. ob.]

q' ei 9putantʳ ⌐ ꞇ sūt ĩ Rołło Mise.

[Ead' die ib ⌐ Joħi fił Bernarđ xx. soł p ℞.] *q' reddidit.*

Archiđ Huntindoñ.

Ɖ Luñ proxᵃ apđ Bramtoñ ⌐ Arcħ Huntindoñ xvij. s̃. v. đ.

Joħ fił Phił.

Ead' die ib ⌐ Joħ fił Phił v. s̃. p ℞.

[Ead' die ib ⌐ dño Ep̃o Wintoñ x. m̃. p se ip̃m lib Dioniš cłico suo.]

q' reddidit.

Henř fił Coñ.

Ɖ Martis proxᵃ apđ Bramtoñ ⌐ Henř fił Coñ ad lepoř dñi ℞. iiij. m̃. lib Hug̃ de Blancmosƚ.

Coñ de Frař.

Com' de Frař ad ludū suū ap̃ Lincolñ vj. s̃. x. đ.

[Thom' Marescałł usq, ad 9poƚ suū v. s̃.]

q' reddidit 9poƚ ꞇ sūt in Rołło Mise.

W. de Londoñ

    b. Ð Dñica p͞x ante Conⱅsionē S͞ci Pauł ap̃d Lund̃ ⸒ Wiłł de Lund̃ cłico de prest̃ j. m̃. p magr̃ Arñ ⸴ ead̃ die ib̃ ⸒ [Roelañ Bloet de p̃stito j. m̃. lib̃ Robiñ Le Mansel.] *q' reddidit.*

T'ric⁰ Teuto-
nicus.

    a. EAD' die ib̃ ⸒ Terrico Teutonico eunti ĩ nūcium dñi ℞. ad dñm Impatorē xl. m̃. p ℞.

    [PETRO de Ruscełł xx. s̃.] *q' reddidit.*

Aymar̃.

    [EAD' die ib̃ ⸒ Aymaro de Berbeziłł j. m̃. sup lib̃ suas.]

H. de Ver.

    EAD' die ib̃ ⸒ Henr̃ de Ver ad faciend̃ prestit̃ bał 't servientib₃ iiij˟. łi. lib̃ eid̃.

Constabular̃ Cest'e.

    Ð Jovis prox͏ᵃ ap̃d Hamsted̃ ⸒ constabular̃ Cest'e v. m̃. lib̃ Hugōi socio suo.

W. de Bello Cāpo.

    [EAD' die ib̃ ⸒ Watekiñ de Bello Cāpo sup lib̃ suas xx. s̃. ⸴ ibid̃ Henr̃ fił Coñ iij. m̃. sup debit̃ qd̃ ei debet͏ʳ in caña lib̃ Ph̃ hōi suo.] *q' ei ꝯputant͏ʳ ĩ Rołlo Mise.*

    Ð Veñ prox͏ᵃ ap̃d F'gid̃ Mantełł ⸒ [Henr̃ fił Coñ ad ludū suū x. s̃. ⸴ it̃ ib̃ ⸒ ad ludū suū xx. s̃. ⸴ et t̃cio ib̃ ⸒ ad ludū suū xv. s̃.] *q' ꝯputant͏ʳ ĩ Rołlo Mise.*

Magr̃ Simoñ de
Waltham.

    Ð Dñica prox͏ᵃ ib̃ ⸒ magro Simoñ de Walteham x. s̃. Constabular̃ Cest'e d̃₃ xl. s̃. de ludo suo ad tab̃las ⸴ it̃ debet de ludo suo xxv. soł.

H. fił Coñ.

    EAD' die ib̃ ⸒ Henr̃ fił Coñ ad lepor̃ dñi ℞. j. m̃. lib̃ Hug̃ de Blancmost̃.

W. de Sĉo Maxencio.	EAD' die iƀ ⌐ Wiȿȿo de Sĉo Maxencio iij. m̃. p Ƀ.
Joħ Bataȿȿ.	Ɖ Jovis in cˢtiñ Purificõis B'e Marie ⌐ Joħi Bataȿȿ ʔ Petro socio suo sup liƀ suas ij. m̃. ⌐ [Thom̃ Flecheꝛ dim̃ marĉ.]
Maꝏr Ernalȿ.	EAD' die iƀ ⌐ maꝏro Ernaldo ad faciend̃ soltā de expñ de Creiȿ Lxxiiij. s̃. x. d̃. oƀ.
H. de Ver.	Ɖ Dñica proxᵃ aꝑd Clarendoñ ⌐ Henꝛ de Ver ad faciend̃ liƀ baȿ ʔ servient̃ euntibℨ I Pictav̄ vjˣˣ. m̃. xij. m̃. p Ƀ. liƀ eid̃.
H. de Ver.	Ɖ Martis proxᵃ aꝑd Caneford̃ ⌐ Henꝛ de Ver ad faciend̃ prestiȿ baȿ ʔ ᶝvientibℨ xliiij. ȿi. p Ƀ. liƀ eid̃.
H. fiȿ Com̃.	EAD' die iƀ Henꝛ fiȿ Com̃ ad cañ dñi Ƀ. morantes aꝑd Winȿ C. s̃. p Ƀ. liƀ Wiȿȿo de Neviȿȿ.
Roƀ de Turneħ.	EAD' die iƀ ⌐ Roƀ de Turneħ ad opus ostᵣcarioℨ iiij. m̃. liƀ Joħi fiȿ Bernard̃.
Riĉ de Mariscis.	Ɖ Mercuꝛ proxᵃ iƀ ⌐ Riĉ de Mariscis xxx. marĉ p Ƀ. liƀ Simoñ de Talinton.

Tᵣcia sᵃ cū prestiȿ i dorso roȿȿi miȿȿ CCCC. ȿi. xxxvj. ȿi. ʔ vj. s̃. x. d̃.

Aymaꝛ.	[Ɖ Veneꝛ ꝓxīa iƀ ⌐ Aymaꝛ de Berbeziȿȿ sup liƀ suas iij. m̃.] *q̓ in Roȿȿo Mise.*
Riĉ de Mariscis.	Ɖ Saƀi proxᵃ aꝑd Gillingħ ⌐ maꝏro Riĉ de Mariscis x. m̃. p Ƀ. liƀ Simoñ de Taligtoñ.

H. fit Cõm.

Ead' die iɓ ⏌ Henr̄ fil Cõm ad leporar̄ dn̄i ℞. j. m̄. liɓ Hug̃ de Blancmust̄⁚ [et ad opus p̕um ad ludum suū ap̃d Tissebir̄ xv. s̃⸱ sup debitū qđ ei debet̄ in cam̃a.] *q' i Rotlo Mise.*

W. de Harec't.

Đ Martis prox⁎ iɓ ⏌ Will̃o de Harec't C. s̃. ad opus constabl̄rii Cestr̄.

Thõm fit Ađ⸱

[Ead' die iɓ ⏌ Ric̄ Hiɓnien̄s j. m̄. sup liɓ T. fr̄is sui p magr̄m Ernalđ.]

W. de Sc̃o Audoeno.

Đ Saɓi prox⁎ p⁹ Cin̄les ap̃d Winton̄ ⏌ Walt̃o de Sc̃o Audoeno sup exp̄nsas eq⁹⹁ ℞. fc̃as ap̃ Sc̃m Edwarđ j. m̄. un̄ đʒ responđe.

H. de Ver.

Ead' die Saɓ iɓ ⏌ Henr̄ de Ver ad facienđ liɓ bal̃ t̃ ꝫvientibʒ qui fl̃unt cū eo ap̃d Winton̄ CC. l̄i. xlvj. l̄i. x. s̃. liɓ eiđ.

Thõm Flechar̄.

Đ Dn̄ica prox⁎ ap̃d Porcestr̄ ⏌ [Thõm Flechar̄ eunti ī pat̕am suā đi. marc̄ p ℞. sup liɓ suā.]

W. de Ireby.

Đ Martis in Cathedra Sc̃i Pet̕ ap̃d Winton̄ ⏌ Willekin̄ de Ireby ad can̄ suos xxv. s̃⸱ liɓ eiđ.

Cõm Winton̄.

Đ Jovis prox⁎ ap̃d F̕gid̃ Mantell̃ ⏌ liɓavim⁹ S. de Q⁰ncy cõm Winton̄ CC. m̄. ad facienđ liɓ C. mil̃. t̃ C. ꝫvient̃ qui fl̃unt c̃ eo Ī Scocia.

W. de Sc̃o Audoeno.

Ead' die iɓ ⏌ Walt̃o de Sc̃o Audoeno Lxv. s̃. ad exp̄nsas dn̄i ℞. fc̃as ap̃ Sc̃m Edwarđ ⏌ un̄ đʒ responđe.

Walt de Verduñ.　　D· Saƀi prox* aꝓ Merleƀgam ⸜ Walꝉo
de Verdun miꝉ x. m̃. solvendas a die Sc̃i
Mıcħ in xv. dies anno regni ℞. J. xiij°.
Pꝉ com̃ Sarȓ.

W. Malet.　　Eᴀᴅ’ die iƀ ⸜ Wiꝉo Malet xx. s̃.

Com̃ Sarȓ.　　Com’ Sarȓ sup feudū suū xv. m̃. ꝉ eas
reddidit Mag̃ro Ernaldo ꝓ debito qꝺ ei
pᶦus debuerat.

Joħ Bataꝉ.　　D· Dñica iƀ ⸜ Joħi Bataꝉ ꝉ socio suo
ij. m̃.

W. de Ireby.　　Eᴀᴅ’ die iƀ aꝓ Cyrieꝉ ⸜ Wiꝉo de Ireby
ad canes suos xx. s̃. p ℞.

D· Luñ prox* aꝓ Bradenestoꝅ ⸜ [Henȓ
fiꝉ Com̃ sup debiꝉ suū x. m̃. liƀ Wiꝉo fiꝉ
Ricarꝺ ħõi suo.]
q’ i Roꝉlo Mise.

Com̃ Sarȓ.　　Dɪᴇ Martis prox* aꝓ Dudintoñ ⸜ com̃
Sarȓ sup liƀ suā x. s̃. ad ludū suū.

H. de Ver.　　D· Veneȓ prox* pᵒ octaƀ Sc̃i Matħi
Aꝓli aꝓd Bristoꝉ ⸜ Henȓ de Ver ad
facienꝺ liƀ baꝉ ꝉ Ꝫvientibȝ CCC. m̃. liƀ
eiꝺ q̃ veꝫunt de tħauro Bristoꝉ.

H. de Ver.　　Eᴀᴅ’ die Veneȓ aꝓ Winꝷburñ ⸜ H. de
Ver ad opᵒ Elie de Mareviꝉ miꝉ de liƀa-
c̃õibȝ suis q̃ aretᵒ fꝫunt x. m̃. ⸝ ꝉ iꝺ
pdonavit de liƀ suis xv. m̃. liƀ eiꝺ Elie.

P. de Kaeu.　　D· Saƀi prox* aꝓ Berkeꝉ ⸜ Petro de
Kaeu miꝉ de Flandȓ sup feuꝺ suū de ꝷio
Pasc̃ v. m̃. p ℞.

Cõm Albicus.

D Dñica prox⁰ aꝑ Glouc̃ ⸝ [cõm Al-
ƀico de prestiꝉ x. m̃. liƀ Wiꞇꞇo de Om̃ibȝ
Sc̃is.] *q' reddidit.*

Vyoleꞇ vidulatori.

D Luñ prox⁰ iƀ ⸝ Wioleꞇ vidulatori
sup liƀ suas j. m̃. p ℞.

Memb. 1.

W. de Ireby.

D Mercuꞇ aꝑd Herford̃ ⸝ Wilekiñ de
Ireby ad canes dñi ℞. xx. s̃. p ℞.

Joħ fiꞇ Roƀ.

Ead' die iƀ ⸝ [Joħ fiꞇ Roƀ sup ꝑrem
suū ij. marc̃ liƀ Barthoꞇ mag̃ro suo.]
q' reddidit.

Elemosinaꞃ̃.

Ead' die iƀ ⸝ fꞃi Thom̃ elemosinaꞃ̃
sup elemosinā v. m̃.

Wilekiñ de Ireby.

D Veneꞃ̃ prox⁰ añ mediā Q⁰dragesimā
aꝑd Kilpec ⸝ Wilekiñ de Ireby ad canes
suos ad morand̃ aꝑ Herford̃ ij. m̃. p ℞.
liƀ eid̃.

H. fiꞇ Cõñ.

Ead' die iƀ ⸝ [Henꞃ̃ fiꞇ Cõñ ad opus
leporaꞃ̃ dñi ℞. euntiū phendinare aꝑ
Herford̃ dū dñs Rex fuit ī Wallia iij. m̃.
p ℞. liƀ eid̃ H.] *q' in Roꞇlo Mise.*

Ric̃ de Samford̃.

Ead' die iƀ ⸝ Ric̃ de Samford̃ eunti
phendinare aꝑ Herford̃ p ꝑcepꞇ dñi ℞.
dū dñs Rex fuit ī Wallia cū xj. lepoꞃ̃ ⸝ ꞇ
xxij. canibȝ de mota ⸝ ꞇ iiij. valꞇ⁰riis ⸝ ꞇ
unius bernaꞃ̃ v. s̃. p ℞. liƀ Joħi Walens̃.

Wilekiñ de Ros.

D Saƀi prox⁰ aꝑ Bergeveny ⸝ Wilekino
de Ros sup ꝑrem suū j. m̃. liƀ Roƀ de
Gartoñ.

Hugōi de Nevill ad ludū suū aƥd
Hayam ij. s̃.

Ric̃ Anglic͎. Đ M'cur̃ prox̄ᵃ aƥ Herford͵ Ric̃ Anglico clico Rob fil Rog̃ de prest̃ d̃i.
marc̃.

Com̃ Albicus. Ead' die ib͵ [com̃ Albico de prestit̃
xv. m̃. p Ṙ. lib Willo de Omib3 Sc̃is.]
*q' reddidit tol p̃l iiij. m̃. qᵃs deb3
q' nō reddidit.*

H. de Ver. Ead' die ib͵ Henr̃ de Ver ad faciend̃
ƥstit̃ bal 't svientib3 vjˣˣ. m̃. x. s̃. p Ṙ.

Wilekin̄ de Ireby. Đ Vener̃ prox̄ aƥd Ledebir̃͵ Wilekin̄
de Ireby ad canes suos v. m̃. p Ṙ. lib eid̃
W. 't Costard̃.

Gauff̃ de Lucy. Đ Ven̄ px̄ᵃ ante Florid̃ Pasch̃ aƥd
Dunestapl͵ Gauff̃ de Lucy eunt̃ i Pic-
taviā i nūcium d̃ũi Ṙ. v. m̃.

Rob de Dunt. Ead' die ib͵ Rob de Dunt eunt̃ siter
in Pictav̄ xl. s̃.

Watekin̄ de Bello Cāpo. Đ Sabbi px̄ᵃ aƥd Hatfeld̃͵ [Watekin̄
de Bello Camp̃ sup lib suas xx. s̃. lib
Hug̃ le Poher.]

Thom̃ Estʳmy. Đ Lun̄ px̄ aƥd Londoñ͵ Thoũ' Estʳmy
ij. m̃. p Ṙ.

H. de Vernoit. [Henr' de Vernol mil dim̃ marc̃.]
q' reddidit.

Rob de Samford̃. Rob'm de Samford̃ aƥd Wudestok d̃i.
marc̃ lib Ramesam hōi suo.

Com̃ Sarr̃. [Com' Sar̃ aƥ Herford̃ j. m̃. lib Johi
Bonet.] *q' reddidit.*

Elemosinaꝛ.

D· Veneꝛ Crucis Adhorande aꝑd Turrim Londoñ fꝛi Thom̃ elemosinaꝛ sup elemosinā C. s̃. liƀ eiđ T.

Engelarđ de Cygonñ.

D· Saƀi prox* in vigiƚ Pasch· Mathõ hõi Engelꝛ de Cygonñ venienti ad dñm ℞. cū pisce 't reʋtenti ad dñm suū v. s̃. sup dñm suū.

Aymaꝛ.

D· Dñica in die Pasche aꝑ Turrim Londoñ· [Aymaꝛ sup liƀacões suas ij. m̃.] q' ĩ Misa.

Roḡ Paupi.

Roɢ' Paupi vj. s̃.   q' reddidit.

H. de Ver.

D· Luñ in c*stiñ Pasche aꝑd Lameñ· Henꝛ de Ver ad facienđ liƀaciones baƚ 't Ʂvientibȝ L. m̃. p ℞.

Joñ Bataƚƚ.

D· Martis prox* ibiđ· Joñi Bataƚƚ 't P. socio suo sup liƀ suas xx. s̃.

Com̃ Sarꝛ.

D· Mercuꝛ prox* aꝑd Cnapꝑ· com̃ Sarꝛ ad ludum suū x. s̃.

Q*rta s* cū prestito in dorso roƚƚi CCC. ƚi. Lxiiij. ƚi. xiiij. s̃. viij. đ.

Wiƚ de Ros.

D· Veneꝛ prox* post diem Pasche aꝑd Cnapꝑ· Wilekiñ de Ros sup ꝑrem suū j. m̃. liƀ Roƀ de Gartoñ.

Roƀ pischatori.

Ead' die iƀ· [Roƀ pischatori sup liƀaciones suas j. m̃.] q' in Roƚƚo Liƀacionis.

Vyoleꝛ vidđ.

. . . . vidulatori sup liƀaciones suas j. m̃.

P. de Maulay.

E . . . . . . Cnapꝑ Petro de Maulay ad exꝑnsas hominū suoꝝ dum iꝑe nō fuit ad curiā xx. s̃. liƀ Odoñ cƚico suo.

Rič Briwerř.

. . . . Rič Briwerř sup Wiłł p̄rem suū ij. m̃. liɓ Hugōi de Clottoñ.

Eađ die ibiđ⌐ Wilekiñ de Torrintoñ sup Wiłłm Briwerř j. m̃. liɓ Herɓto de Pinu.

Archiđ de Tointoñ.

Đ Mercuř prox^a post clausum Pascha ap̄d Lameɦ⌐ W. archiđ Tauntoñ ad quatuor naves que duxeřt bladū in Walliā ad Falcoñ de Porthesmutɦ xx. m̃. liɓ Thom̃ de Wilardeby ad deferenđ usq̄ ad dčm archiđ.   •

Eađ die ibiđ⌐ Watekiñ de Bello Cāpo sup̄ liɓ suas ij. m̃. p ℞. liɓ Herɓto de Pinu.

Elemos. . . . .

Ead' die ibiđ⌐ elemosinař sup elemosinā xiij. m̃. liɓ fři Thom̃⸴ et sūt ei ret° ad p̄ficienđ plenarie elemosinā a die Ascensionis Dñi usq̄ ad Pascha anno ˡtč. xij°. xij. m̃. xiij. ş.

Đ Luñ prox^a ap̄d Turrim Londoñ⌐ Joɦi Batałł ˡt socio suo iij. m̃. de presť sup liɓ suas p ℞.

. . . . . iscis.

Đ Mercuř prox^a apud Chileham⌐ mag̃ro Rič de Mariscis j. m̃. de prestito liɓ mag̃ro Simoñ de Waltham.

H. fił Com̃.

Đ Luñ in festo Sči Marci Ewangeliste ap̄d Havering̃⌐ [Henř fił Com̃ ad opus leporař dñi ℞. euntiū phendinare ap̄d Huntinduñ iiij. m̃. liɓ Wiłło fił Rič.]
q' 9putantʳ in Rołło Mise.

Joɦ Batałł.

Đ Martis prox^a ibiđ⌐ Joɦi Batałł ˡt socio suo sup liɓ suas j. m̃.

Eps̃ Wintoñ.

EAD' die ap̄d Chelemerefor͡d ⸝ quatuor militib; dñi Wintoñ euntib; cū jocalib; dñi ℞. ap̄ Norhamtoñ de prestit̃ xl. s̃. sup dñm suū lib̃ Rob̃ de Hotot.

Ric̃ Hib̃niens̃.

Ð Mercur̃ prox^a ibi͡d ⸝ [Ric̃ Hib̃niensi sup lib̃ suas dum frat̃ ejus fuit in Hib̃ j. m̃.]

Hic p̃cepit dñs Rex qd̃ Ric̃ Hib̃niens̃ h̃ret vadia fr̃is sui.

VIELET vidulatori sup lib̃ suas ap̄ Gipeswic̃ j. m̃.

H. de Ver.

Ð Luñ in vigil̃ Invenc̃ois Sc̃e Crucis ap̄d Norwic̃ ⸝ Henr̃ de Ver ad facien͡d lib̃ bal̃ t̃ s̃vientib; vj^xx. xviij. m̃. lib̃ ei͡d H. p ℞.

Quinta s^a C.xxv. li. xiij. s̃. iiij. d̃.

S^a prest̃ qd̃ Joh̃ Batal̃ t̃ socius suus h̃uerunt in hoc rotl̃o viij. li. iij. sol̃ iiij. d̃.

Memb. 8. in dorso.

M^d de D. marc̃ quas G. de Lucy t̃ Joh̃s de Wint̃burñ cl̃icus recep̃unt de scacc̃o ad facien͡d prestitū marinel̃ t̃ nautis apud Portesm̃ venientibus cū eis ĩ serviciū dñi Reg̃ usq, in Hib̃.

Ð Sab̃ proxīa p^9 Asc̃nsionē Dñi apud Sueinesheiam ⸝ Guidoni cl̃ico de prestito v. marc̃ sup Regiñ de Cornhul̃ lib̃ ei͡d Guidoni. It̃ ei͡d alias apud C^ucem sup Mare v. m̃. It̃ ei͡d d̃ Ven̄lis ĩ f̃ Marie Magdaleñ ap̄ C^acf̃gus ij. m̃.

Ð Ven̄lis prox^a post octab̃ Ascensionis ⸝ Wil̃o de Jaucūbe militi sup

W. archiđ Huntindoñ xl. soł apud Cᵘcem
sup Mare lib eiđ Witło.

Đ Sab in vigił Penteč ib ⸲ Robino de
Samforđ ad capā emendā ad opᵍ suū
x. soł.

Đ Mercur̃ in vigił Sc̃i Joħ Bapt̃ ap̃
Kilkenñ ⸲ Witło de Jaucūb sup arcħ
Huntedoñ v. m̃.

[Ep'o de Norwič C. libr̃ ⸴ pł com̃ Sarr̃
⸺ Guariñ fił Geroldi.]
q' ex alia pte rotli.

Memb. 7. *in dorso.*

HENR' cłico ij. m̃. ib sup magr̃m Ernałđ ⸺ p eum.

Apud Aestoñ ⸲ Ric̃ de Marisč v. soł
lib Regiñ Sumetar̃ p Rob de Glouč.

Die Luñ proxīa pᵍ f Sc̃i Swithuni apud
pᵃtum subtᵍ Kendles ⸲ Petᵒ de Maulay
de prestito x. marč lib Odoñ cłico.

Đ Luñ in octab Sc̃i Jacobi Apli apud
Cracfgus ⸲ Ric̃ de Marisč iiij. m̃. ⸺ dim̃
lib Ric̃ de Oylly ⸴ it eiđ x. soł lib.
Robino de Kerstein ap̃ Havͦforđ ⸴ itͦum
eiđ xiij. s̃. iiij. đ. lib Thom̃ de la Pulle
ap̃ Cracfgus ⸴ it eiđ viij. đ. quos dedit
cᶦdā nūcio ap̃ Stottoñ mañiū ep̃i Dun-
holm̃ ⸴ it eiđ apud Four̃ iiij. m̃. lib Simoñ
cłico ⸴ it eiđ xx. soł apud Kendles lib
Simoñ cłico ⸴ eiđ R. ap̃ Wintᶜburñ
iiij. soł lib Joł de Cam̃a ⸴ R. de Gub

vj. đ. Ex hiis p̃stiŧ reddidit Simõ de Talitoñ cłicus vj. m̃. ⁊ đi.

[Đ Mercuř prox* post octaƀ Aploʒ Petⁱ ⁊ Pauli apud p*tum jux* Luvet⸝ Michaeł ⁊ Gileƀto socio suo venatoribʒ cū xxiiij. canibʒ v. s̃. ⸝ Walŧo Luveŧŧ cū xxiiij. canibʒ v. soł⸝ Joħi Stulto cum xxix. canibʒ v. soł⸝ Thom̃ Porkerez cū xxiij. canibʒ ad porcos v. s̃.]

S xx. soł.

Đ Marŧ prox* añ Asūpcionē B'e Marie apud Grenarđ Castř⸝ Ric̃ de Thuit Pet° de Maulay viij. soł liƀ H. cłico.

Memb. 4. in dorso.

PREST' fc̃a venatoribʒ.

S xx. soł.

Đ Mercuř prox* post octaƀ Aploʒ Petⁱ ⁊ Pauli apud p*tum jux* Luvet⸝ Michaeł ⁊ Giŧ socio suo venatoribʒ cū xxiiij. canibʒ v. soł⸝ Walŧo Luveŧŧ cum xxiiij. canibʒ v. soł⸝ Joħi Stulto cū xxix. canibʒ v. soł⸝ Thom̃ de Porkerez cū xxiij. canibʒ ad porcos v. soł.

S ix. m̃.

Đ Dñica prox* post Natiṽ B'e Marie apud Houtoñ⸝ Burneŧŧ cū xvij. canibʒ j. m̃. ⸝ Wiŧŧo venatori cū xiiij. canibʒ j. m̃. ⸝ Neelot cū xviij. canibʒ j. m̃. ⸝ Ric̃ de Brademeř cū xxij. canibʒ xv. soł⸝ Wiŧŧo cū xxiij. canibʒ xvj. soł⸝ Ric̃ Pinchuñ cū xv. canibʒ j. m̃. ⸝ Walŧo Luveŧŧ cū xvj. canibʒ j. m̃. ⸝ Joħi Stulto cū xvj. canibʒ j. m̃. ⸝ Joħ fiŧ Phił cū x. canibʒ ix. soł.

Sᵃ C. sol.

D Dñica ꝓxīa pᵍ f Sc̃i Matħi Aꝑli apud Soc ⸜ Willo venatori cū xiiij. canibȝ x. sol ⸜ Neelot cū xviij. canibȝ j. m̃. ⸜ Willo May cū xxiij. canibȝ j. m̃. ⸜ Burnell cū xvj. canibȝ x. sol ⸜ Ric̃ de Brademeꝛ̃ cū xx. canibȝ j. m̃. ⸜ Walťo Luvell cū xvj. canibȝ x. sol ⸜ Willo de Hispañ cū xvj. cañ d̃i. marc̃ ⸜ Ric̃ Pincon cū xiiij. cañ d̃i. marc̃ ⸜ Joħi Stulto cū xiiij. cañ d̃i. m̃. ⸜ Joħ fil Phil cū x. cañ x. sol.

Sᵃ xiiij. s̃. viij. đ.

D Jovis proxᵃ pᵍ f Om̃ium Sc̃oȥ apud Houtoñ ⸜ Ric̃ Pincon cū xix. canibȝ d̃i. marc̃ ⸜ Walťo Luvell cū xiiij. canibȝ v. s̃. ⸜ Will de Hispañ cū viij. canibȝ iij. sol.

Sᵃ xl. s̃.

D Mercuꝛ̃ proxᵃ pᵍ f Sc̃i Dioniṡ aꝑd Odiham ⸜ Willo de Hispañ cū xiij. canibȝ x. s̃. ⸜ Walťo Luvell cū ix. cañ dim̃ marc̃ ⸜ Joħi Stulto cū xiij. cañ x. s̃. ⸜ Ric̃ Pincon cū xvij. cañ j. m̃.

D Martis in festo Sc̃i Andr̃ aꝑd Notiñg̃ ⸜ Guiot venatori cum xxj. cañ j. m̃. ⸜ Ric̃ Pincon cū xviij. cañ x. s̃. ⸜ Walťo Luvell cum xiiij. cañ dim̃ marc̃ ⸜ Willo de Hispañ cū v. cañ iiij. s̃.

D Sab in die Natal Dñi aꝑd Eborac̃ ⸜ Guiot venatori cū xxiij. cañ dim̃ marc̃ ⸜ Walt Luvell cū xij. cañ iiij. s̃. ⸜ Wilek de Hispañ cū v. cañ ij. s̃. ⸜ Ric̃ Pincon cū xvj. cañ v. s̃.

Sᵃ xx. s̃.

D Dñica in cᵗstiñ Circūcisionis Dñi aꝑd Notiñg̃ Guiot venatoꝛ̃ cū xxiij. cañ dim̃ marc̃ ⸜ Walt Luvell cū xij. cañ v. s̃. ⸜

Witt de Hispañ cū v. cañ ij. s̃. iiij. d̃. ɔ
Ric̃ Piucon cū xvj. cañ vj. s̃.

Đ Veñ in c'stiñ E'p̃hie Dñi ap̃d No-
ting̃ ɔ Guiot̃ venator̃ cū xxiij. cañ d̃i. m̃. ɔ
Walt̃ Luvett̃ cū xij. cañ v. s̃. ɔ Witt de
Hispañ cū v. cañ ij. s̃. iiij. d̃. ɔ Ric̃ Pincon cū xvj. cañ vj. s̃.

Đ Sab̃ prox^a ap̃d Newerc ɔ Wiot̃
venator̃ cū xxiij. cañ d̃i. m̃. ɔ Walt̃ Luvett̃
cū xij. cañ v. s̃· ɔ Witt̃o de Hispañ cū
v. cañ ij. s̃. iiij. d̃. ɔ Ric̃ Pincon cū xvj.
cañ vj. s̃. ɔ euntib3 phendinare ap̃d Stam-
ford̃.

Đ Luñ prox p⁹ f Sc̃i Hilar̃ ap̃d Stan-
ford̃ ɔ Wiot̃ venator̃ cū xxiij. cañ d̃i marc̃ ɔ
Walt̃ Luvett̃ cū xij. cañ v. s̃. ɔ Witt̃o de
Hispañ cū v. cañ ij. s̃. iiij. d̃. ɔ Ric̃ Pincon
cū xiiij. cañ vj. s̃. p ℞.

Đ Martis in ꝯᵛsioñ Sc̃i Pauli ap̃d
Winlesour̃ ɔ Guiot̃ venator̃ cū xxiij. cañ
ix. s̃. ɔ Ric̃ Pincon vj. s̃. ɔ Walt̃ Luvett̃
v. s̃.

Đ Luñ prox^a p⁹ Purific̃ōm B'e Marie
ap̃ Caneford̃ ɔ Guiot̃ venatori cū xxiij.
canib3 x. s̃. ɔ Ric̃ Pincon cū xiiij. canib3
viij. s̃. viij. d̃. ɔ Walt̃o Luvett̃ cū xj. canib3
viij. s̃.

Đ Dñica prox^a p⁹ f Sc̃i Mathie Ap̃li
ap̃ Chiriel ɔ Ric̃ Pincon cū xvj. canib3
dim̃ m̃. ɔ Luvett̃ cū xij. canib3 v. s̃.

D Mercuꝛ prox* añ mediā Quadrageš aꝑ Herforð ⌐ Rič Pincon cū xv. canibȝ v. ŝ. ⌐ Luveꞇ cū xiij. canibȝ v. ŝ. ⌐ p H. de Neviꞇ.

D Jovis prox* p⁹ mediā Quadrageš aꝑ Herforð Rič Pincon c̃ xvj. canibȝ v. ŝ. ⌐ Walꝰo Luveꞇ cū xiij. canibȝ v. ŝ. ⌐ p ℞.

D Luñ ī vigiꞇ Sc̃i Matħ Aꝑli aꝑ Bris-toꞇ ⌐ [Rič de Marisc̃ xv. m̃. liꞇ Simoñ de Talintoñ c̃lico corā Roꞇ de Glouč.]

q' solvit aꝑ Sudhamtoñ.

D Luñ prox* añ f Sc̃i Michaeꞇ apud Porstoꞇ eið R. iiij. soꞇ liꞇ Rič de Oilly.

D Saꞇ in festo Sc̃i Edmunð aꝑd No-tingeham ⌐ Henꝛ de Cornhuꞇ ⌐ c̃lico maꞔri Roꞇ de Gloucestꝛ ⌐ sup dñm suū xx. ŝ. p magꝛm Ernalð.

Huɢ' de Neviꞇ ⌐ apud Gaytintoñ ⌐ ad buscā ibi exꝑnsam adquietandā quando dñs Rex ibi fuit viij. ŝ. iiij. ð. oꞇ.

D Luñ prox* post fesꞇ Sc̃i Edmunð aꝑ Notingeham ⌐ maꞔro Rịč de Marisc̃ x. ŝ. ⌐ liꞇ Roꞇ de Kesttein v. ŝ. aꝑ Salvatā ⌐ ꞇ Regiñ Sumetaꝛ aꝑ Notingehā v. ŝ.

D Mercuꝛ prox̃ aꝑd Haywuð ⌐ eið R. de Marisc̃ xx. ŝ. liꞇ maꞔro Wiꞇꞏo Coco suo.

[Reiner' ðȝ xij. ð.]

Joʜ' Bataꞇ ꞇ socius suus debent v. soꞇ de supplusaꞔ liꞇacionū.

Sᵃ presͭ qᵈ habuit G. Luᵗeⱨ ꞇ H. fiⱡ
Coɱ ad naⵒ ꞇ galias MM. ⱡi. ꞇ D. ⱡi. iñ
deficiūt xxxix. soⱡ iiij. ᵭ.

Memb. 2. in dorso.

Mᵈ qᵈ dñs B. de Insuⱡ ᵭȝ xv. m̃. ꞇ
maǥr Ernaldus xv. m̃. ⸴ qᵃs debuim⁹
cepisse de coɱ Sarꝛ ⸴ ij. ŝ. iij. ᵭ. oᵬ.
defeꞔunt ī uno sacco de Notingehā⸴ et
de xx. ŝ. qᵒs ⱨuit quidā ad emenᵭ unū
rūcinū aᵽ Stawā.

PRESTIͭᵀ᾽ fc̃m austᵣcariis.

Đ Dñica in vigiⱡ Om̄ium Sͨõȥ apud
Merleᵬgam ⸴ ad op⁹ austᵣcaꝛ xv. m̃. liᵬ
Joⱨi fiⱡ Bernarᵭ.

Đ Mercuꝛ prox̃ p⁹ fesͭ Sͨ̃i Clementis
aᵽd Haywuᵭ ⸴ Joⱨi fiⱡ Bernarᵭ xx. m̃.
ad op⁹ austᵣcarioȥ liᵬ eiᵭ.

Đ Dñica in cᵃstiñ Nataⱡ Dñi aᵽd
Eboraᵭ ⸴ ostᵣcaꝛ x. m̃. liᵬ Joⱨi fiⱡ Bernarᵭ.

Đ Veneꝛ in cᵃstiñ Sͨ̃i Hilaꝛ aᵽd Lincolñ ⸴ ostᵣcaꝛ x. m̃. liᵬ Joⱨ fiⱡ Bernarᵭ.

Đ Dñica proxᵃ añ Conⵒsionē Sͨ̃i Pauli
aᵽd Londoñ ⸴ ostᵣcaꝛ x. m̃. liᵬ Joⱨi fiⱡ
Bernarᵭ.

MAG᾽ʀo R. de Marisͨ̃ aᵽ Clarendoñ
ij. ŝ. qᵒs dedit nuncͨ̃ Briañ de Insuⱡ.

Memb. 1. *in dorso.*

RIC' de la Mare ap̃ Turrī Londoñ x. s̃.

Post q'rtam s'm.

Ɗ Sab̃i in septimañ Pasche ap̃d Cnapp̃ ⸴ Burnell̃ cum xxj. cañ x. s̃. ⸴ Luvell̃ cū ix. cañ dim̃ m̃. ⸴ Joħ Stulto cū xiiij. cañ dim̃ m̃.

Q'nta sᵃ xxiij. s̃. iiij. d̃.

INDEX.

A.

AARON, Judæus, 54.
Abbe, Radulfus le, 96.
Acclent, v. Auclent.
Acra, Derkinus de, 177, 198, 215.
——— Walterus de, 123.
Acstede, Roulandus de, 186, 201, 220.
Adæ, filius, v. Filius Adæ.
Ad, Adam, 153.
——— carettarius, 128, 135, 143.
——— ——— de camera, 118, 122, 137.
——— homo Comitis Wintoñ, 118.
——— homo Henrici filii Hervici, 155.
——— hostiarius, 58.
——— nuntius Prioris de Lautoñ, 124.
——— serviens Regis, 88.
——— vadletus Thomæ de Gaweie, 120.
Aencurt, Johannes de, 182.
Aeston, 247.
Aguillun, R., Constabularius de Walingford, 69.
Agulun, Robertus, 98.
Aies, Willielmus de, 4.
Aimarus, 173.
Ainvois, Adam de, 208.
Aire, Gilbertus de, 68, 69.
——— Philippus de, 52 bis, 69.
Alani, filius, v. Filius Alani.
Alantre, Bertramus filius, 37.
Alanus, 153.

Alba Landa, Abbas de, 113.
Albamarl, Albemarl, Abbas de, 106.
——— Comes, 43, 57, 68 ter, 91.
——— B. Comes, 33, 41.
Albeñ, G. de, 104.
Albeneto, Willielmus de, 219.
——— juvenis, Willielmus de, et Willielmus pater ejus, 192.
Albeny, Philippus de, 119.
——— Willielmus de, 34, 35.
Albericus vel Albricus, 123, 127.
——— Comes, 109, 127, 131, 145, 149, 183, 216, 226, 242, 243.
——— Constabularius, 117.
——— Constabularius Scardeburg, 160.
——— fossator, 196, 206, 209, 226.
Albervill, Hugo de, 114.
Albricy, milites Comitis, 226.
Aldebir, Willielmus de, 202.
Aldrecot, Walterus de, 128, 138.
Aleliñ de Maroil, 224.
Aleman, Walterus le, 213, 225. (v. etiam Alemannus.)
Alemañ, Robertus de, 146, 160, 168.
——— Robinus de, 120, 126, 156.
——— . . . de, 109, 121.
Alemannia, Walterus de, 207.
Alemanniæ, Imperator, 156.
——— Rex, Otho, 133.
Alemannus, Walterus, 186. (v. etiam Aleman.)

VIDELICET,

Apud

A.

ABBEND', *v.* Abingdon.
Abingdon. Abbend̄ (*Berks*), 97.
Alenc̄, *v.* Alençon.
Alençon. Alenc̄, Aulenc̄, (*Normandy*,) 18, 57, 58.
Andel̃, *v.* Andely.
———— insulam, *v.* L'isle d'Andely.
Andeliac̄, insulam, *v.* L'isle d'Andely.
Andely. Andel̃ (*Normandy*), 21, 28, 29, 31. (*v. etiam* L'isle d'Andely.)
Andely Roche. Rupem Andel̃, 24, 28, 40. (*v. etiam* L'isle d'Andely.)
Angr̃, *v.* Ongar.
Arch̄, *v.* Arques.
Arg̃, *v.* Argentan.
Argent̃, *v.* Argentan.
Argentan. Arg̃, Argent̃, (*Normandy*,) 23, 24, 25.
Arques. Arch̄ (*Normandy*), 32.
Asel̃, *v.* Ashley.
Ashley. Asel̃ (*Hamps̃*), 3.
Aulenc̄, *v.* Alençon.
Aurivall̃, *v.* Orival.

B.

Barneville (*Normandy*), 22, 33.
Beaumont. Bellum Montem (*Normandy*), 20.
Belenc̄b, *v.* Bellencombre.
Bellencombre. Belenc̄b (*Normandy*), 32.

Bellum Montem, *v.* Beaumont.
Bois. Boiz (*Normandy*), 64.
Boiz, *v.* Bois.
Bonam Villam super Tokam, *v.* Bonneville-sur-Touque.
Bonneville-sur-Touque. Bonam Villam super Tokam (*Normandy*), 14, 62, 66, 73.
Bradenstoke. Bradenestosc̄ (*Wilts*), 7.
Bradenestosc̄, *v.* Bradenstoke.
Bridgenorth. Brug̃, Bruges, (*Shrops̃*,) 10, 83.
Bris (*Normandy*), 69.
Brug̃, *v.* Bridgenorth.
Bruges, *v.* Bridgenorth.
Bur̃, *v.* Bures.
Burbage. Burbeg̃ (*Wilts*), 75.
Burbeg̃, *v.* Burbage.
Bures. Bur̃ (*Normandy*), 22, 67, 70.
Burton (*Staff*), 10.

C.

Cadom̃, *v.* Caen.
Caen. Cadom̃ (*Normandy*), 27, 66, 67, 68.
Cambr̃, *v.* Chambrai.
Castrum de Vire, *v.* Vire.
Chambrai. Cambr̃ (*Normandy*), 59.
Château-Neuf-sur-Sarte. Novum Castrum super Sartam (*Anjou*), 20.
Château de Vire, *v.* Vire.
Cheleswrth̄, *v.* Chelsworth.
Chelewor, *v.* Chelsworth.
Chelewor̄h, *v.* Chelsworth,

LONDON. Printed by GEORGE E EYRE and ANDREW SPOTTISWOODE,
Printers to the Queen's most Excellent Majesty. 1844.

1. The Joanna Story
2. The Isabella Story & the
   political reasons for the marriage

pp 82-3